LETTRES
ET OPUSCULES INÉDITS
DU COMTE
JOSEPH DE MAISTRE

PRÉCÉDÉS D'UNE NOTICE BIOGRAPHIQUE

PAR LE COMTE RODOLPHE DE MAISTRE
SON FILS

DEUXIÈME ÉDITION
REVUE ET AUGMENTÉE DE NOUVELLES LETTRES

TOME SECOND

PARIS
CHARPENTIER, LIBRAIRE-ÉDITEUR
19, RUE DE LILLE
—
1853

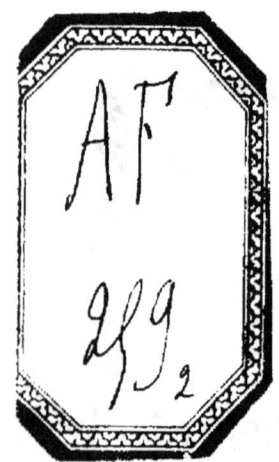

LETTRES ET OPUSCULES

INÉDITS

DU COMTE

JOSEPH DE MAISTRE.

Tout exemplaire de cet ouvrage, non revêtu de ma signature, sera réputé contrefait.

Hug Vaton

SE TROUVE ÉGALEMENT :

A PARIS........	GAUME frères.
—	JACQUES LECOFFRE ET Cie, libraires.
—	SAGNIER ET BRAY, libraires.
ANGERS.....	BARRASSÉ frères, imprimeurs-libraires.
—	LAINÉ frères, imprimeurs-libraires.
BESANÇON....	TURBERGUE, libraire.
—	CORNU, libraire.
BORDEAUX....	LAFARGUE, imprimeur-libraire.
—	CHAUMAS, rue du Chapeau-Rouge.
—	DUCOT, libraire de l'archevêché, rue Poudriot, 6.
BOURGES.....	MANCERON, imprimeur
CAEN........	CHENEL, libraire.
DIJON........	HÉMÉRY, libraire.
LILLE........	LEFORT, imprimeur-libraire.
LIMOGES.....	LAFERRIÈRE, libraire.
LYON........	BACHU fils, libraire.
—	PERISSE frères.
—	GIRARD ET JOSSERAND, libraires.
MARSEILLE...	CHAUFFARD, libraire.
METZ........	PALLÉZ ET ROUSSEAU, libraires.
MONTPELLIER.	SÉGUIN fils, libraire.
NANTES......	MAZEAU, libraire.
NIMES.......	Is. VATON, libraire.
RENNES......	VANNIER, libraire.
—	VERDIER, libraire.
ROUEN.......	FLEURY fils aîné.
TOULOUSE....	LÉOPOLD-CLUZON, libraire.
VANNES......	LAFOLGE, successeur de DE LA MARZELLE.

PARIS. — TYPOGRAPHIE DE FIRMIN DIDOT FRÈRES, RUE JACOB, 56.

LETTRES ET OPUSCULES

INÉDITS

DU COMTE

JOSEPH DE MAISTRE,

PRÉCÉDÉS D'UNE

NOTICE BIOGRAPHIQUE

PAR SON FILS

LE COMTE RODOLPHE DE MAISTRE.

Deuxième édition,
REVUE, CORRIGÉE ET AUGMENTÉE.

Tome deuxième.

PARIS,

A. VATON, LIBRAIRE-ÉDITEUR,
RUE DU BAC, N° 50.
CHEZ CHARPENTIER, RUE DE LILLE, 17.

—

1853.

LETTRES ET OPUSCULES

INÉDITS

DE

M. LE COMTE JOSEPH DE MAISTRE.

LETTRES.

LETTRES INÉDITES

DE

M. LE COMTE JOSEPH DE MAISTRE.

162. — † A M. l'abbé Vuarin.

Turin, 20 décembre 1819.

Mille et mille grâces, très-cher apôtre, des envois intéressants que vous me faites. Certainement ce bref serre le cœur au premier coup d'œil; mais, en examinant la chose de plus près, on voit en général, sans pouvoir encore pénétrer jusqu'au fond, qu'il pourrait bien y avoir dans toute cette affaire quelque chose de caché, quelque mystère inconnu tout à fait favorable à la vérité. Le pape, mon cher abbé, est conduit aujourd'hui comme il l'était hier; et quelquefois même en faiblissant il nous conduit à de grands résultats qu'il ignore lui-même. Voyez les barrières qui tombent de tout côté. Le conseil de Genève, tout en chantant victoire, traduit cependant et enregistre les brefs du saint-père. Ils ont beau traduire *Fideles Christi* par *Fidèles au Christ*, tout cet argot protestant ne fait rien à la chose. N'avez-vous pas vu que la séparation du dix-septième siècle purifia le catholicisme, et que la véritable *réforme* s'opéra parmi nous ? Le même miracle, ou même un miracle beaucoup plus grand, est sur le point de s'opérer. L'impertinent génie protestant épousera la soumission catholique, et il en résultera quelque chose de meilleur que ce que nous voyons.

Je tremble tout comme vous, je pleure tout comme vous, sur tout ce qui se passe, et j'éprouve des moments d'abattement que je vous ai fait connaître; mais ensuite je me relève, et je vous fais part aussi des idées consolantes qui se présentent à moi. La manière dont mon livre sera reçu prouvera beaucoup en bien ou en mal. J'ai écrit pour que vous soyez servi sur-le-champ : vous recevrez deux exemplaires ; faites-en passer un, je vous en prie, au chevalier d'Olry, en attachant légèrement sur le revers du premier feuillet la note ci-jointe. Je n'ai que cinquante exemplaires pour moi; ils ne toucheront pas terre. Sur le reste, je serai forcé de m'observer : après le naufrage, il faut être sage. Ne riez pas, s'il vous plaît.

Vos deux brochures sont charmantes. J'aime bien surtout la *manie athanasienne*, rien n'est plus parfait; laissez-les dire et laissez-les faire! *Dabit Deus his quoque finem.*

Il faut maintenant travailler sur monseigneur de Lausanne. Croyez-vous que Rome, qui va son train, et qui avance en reculant, n'ait pas spéculé sur ce personnage? Il faudra agir dans le même sens. Ce prélat, qui ne peut ignorer ce que l'on craint, mettra de la gloire peut-être à nous détromper. Ne doutez pas un moment que ses réclamations n'aient beaucoup plus d'influence sur ce que nous appelons les *puissances,* que tout ce qu'aurait pu faire votre supérieur actuel. Quant à notre cabinet, il est nul sur ce point.

Je voulais bien draper le Célérier; mais les heures passent sans qu'il m'ait été possible de saisir la plume. Je ne suis plus au monde; adressez désormais vos lettres au *feu comte, etc.*, encore une fois s'il me vient quelque chose, etc. — Votre *post-scriptum* est impayable ; je serais allé vous embrasser à Genève pour cette seule page, si je n'avais pas craint de vous trouver à dîner chez M. Célérier.

Bonjour donc, Monsieur l'abbé. Je cachète à la hâte.

---

163. — **A M. l'abbé Rey, vicaire général de Chambéry.**

Turin, 26 janvier 1820.

Il n'y a rien de si aimable que ce que vous dites dans votre lettre du 24. Je passe sur les exagérations : c'est un vice de l'amitié ; on ne l'en corrigera jamais. Il me paraît cependant, toute humilité et toute vanité à part, que l'ouvrage fera quelque bien. Vous me parlez de mon talent *pour faire rire en raisonnant*. En effet, je me sens appelé à mettre les questions les plus ardues au niveau de toutes les intelligences ; et je puis dire comme Boileau : *C'est par là que je vaux, si je vaux quelque chose.* Enfin, Monsieur l'abbé, nous verrons. Ne manquez pas de m'instruire de tout. Qu'est-ce que vos prêtres ont dit de l'article d'*Honorius*, et de ma note sur la procession *Ex Filio*? Cette idée me vint tout à coup en lisant je ne sais quel vieux livre, et je la crois décisive. On m'écrit de France que *personne n'a poussé plus loin la justification d'Honorius*, ce qui m'encourage beaucoup. Je crois bien qu'il y aura des tempêtes ; mais la plus forte viendra du Nord, et je me résigne d'avance à tout le mal qu'elle pourra me faire. Croyez que le chapitre sur la Russie tombera à Saint-Pétersbourg comme une bombe. Ame au monde ne s'y doute des *témoignages russes*. Quand ils verront ce tableau, ils demeureront frappés de stupeur, et ensuite de colère. Mais qu'arrivera-il à l'auteur? *Je l'ignore.* Qui sait si celui qui a dépensé 20,000 roubles pour nous faire insulter par un enfant (en science) voudra supporter les représailles? C'est ce que nous verrons encore. En attendant, mon très-cher abbé, je suis très-aise que mon livre repose dans votre bibliothèque, et qu'il y ait été placé, de ma part, par la main de ma représentante.

Votre *Oraison funèbre* a été fort goûtée ici, et déclarée la meilleure de toutes sans difficulté. Je ne serais pas étonné, en vérité, que vous en eussiez quelque preuve ostensible. En tout cas, vous aurez toujours maintenu, de votre côté, l'honneur de la langue. — Hélas! elle expire chez moi. Bientôt on dira dans ma famille : « *Mon grand-papa, il s'appelait Zoseph : il était tout le zour dans sa sambre.* » — A cela point de remède. — *Sine me, liber, ibis in* URBEM.

Au reste, mon cher abbé, le *Pape* et tout ce que vous connaissez ne sont que des bluettes, en comparaison de tout ce que recèle mon portefeuille. Je ne sais si je me déciderai; j'ai deux grands ennemis : mes affaires et ma paresse.

Votre très-humble serviteur et bon ami.

---

164. — A M. l'abbé Rey, vicaire général de Chambéry.

Turin, 9 février 1820.

Je suis fort en arrière avec vous, Monsieur l'abbé; mais la ponctualité, comme vous le savez assez, n'est plus à mon usage depuis que je suis *attelé* au char de la justice. Tous les jours je vois mieux que je suis déplacé : on me jette dans les emplois au moment où il en faudrait sortir. Je pourrais servir encore la bonne cause et jeter dans le monde quelques pages utiles, au lieu que tout mon temps est employé à signer mon nom, ce qui n'est pas cependant une brillante affaire. Malheureusement je ne puis détacher ces chaînes, qui sont si précieuses pour ma famille. Hélas! Dieu veuille qu'au prix de toutes les meurtrissures imaginables, je puisse les porter encore longtemps pour me donner un successeur! L'année 1819 m'a nourri d'absinthe; tout s'éteint autour de moi. Que m'importe un peu de bruit que je fais! On écrira sur ma triste pierre : *Periit cum sonitu;* voilà tout. On jalouse mes titres, mon rang et ceux de mon fils, sans savoir ce qu'ils coûtent à mon cœur. Je les céderais tous pour un bon ménage allobroge, tel que je l'imagine. Les Alpes me séparent du bonheur: cependant, le croirez-vous? j'ai plus à me louer de ce pays que de ma propre patrie. Il paraît qu'ici on m'a tout à fait pardonné ma langue et ma naissance; mais il y a tant d'autres malédictions attachées à ce séjour, qu'il est impossible d'en faire le catalogue. Je ne puis les reprocher à personne; elles n'appartiennent qu'aux circonstances, et rien ne peut les écarter. J'aurais perdu l'esprit, si je songeais à perdre des revenus considérables que je ne puis trouver ailleurs, et qui peuvent encore enfanter quelque chose.

Les gens qui jalousent mes emplois, mon rang et mon attitude à la cour, ne connaissent pas toutes mes dignités; ils ne savent pas que je suis pénitent noir à Chambéry. Voilà, cher abbé, ce qui me reste de ma patrie. Mon grand-papa me donna mon livre et mon habit en 1768; mais Dieu sait s'ils ne sont pas égarés! Quoi qu'il en soit, je pourrais être *recteur*, et c'est l'unique emploi à ma portée dans ma chère patrie.

Il faut que vous me fassiez un plaisir. On veut savoir, dans un pays étranger, si les visitandines sont rétablies dans leur maison primitive, ou s'il y a quelque espérance de ce rétablissement? Faites-moi, je vous prie, un petit historique sur ce point, et, s'il vous est possible, par le premier courrier, car l'on me presse, et je suis en coulpe. Je me vois obligé à faire des extraits en fait de lettres, de réponses, etc. Je me tue, et je suis toujours en arrière.

J'ai été extrêmement approuvé à Rome. Par une délicatesse que vous comprenez de reste, je n'avais pas voulu envoyer mon livre directement au S.-P. ; j'ai laissé faire au ministre : je n'y ai rien perdu. Le pape a dit : *Laissez-moi ce livre, je veux le lire moi-même.* De toutes les personnes à qui j'ai fait remettre l'ouvrage à Paris, M. de Chateaubriand seul m'a répondu. Le silence de MM. de Bonald et de Marcellus m'étonne fort ; probablement ils craignent l'influence du jour. Vous verrez qu'incessamment les libéraux me feront déchirer officiellement. Ce livre me donnera peu de contentement dans les premiers temps; peut-être me donnera-t-il beaucoup de désagréments; mais il est écrit, et il fera son chemin en silence. Rodolphe peut-être recevra les compliments. La grande explosion des *Considérations sur la France* s'est faite plus de vingt ans après la date du livre. Une figure que j'aurais voulu voir, c'est celle de notre cher abbé de Th.... Comment sa modestie a-t-elle supporté l'audace d'un laïque qui ose traiter ces sortes de matières? Ne m'a-t-il point trouvé ignorant? On m'a déjà transmis une de ses critiques sur les conciles, auxquels il attribue le pouvoir de déclarer le pape hérétique, *s'il y échoit.* Le hardi pénitent noir a de grands doutes sur cette proposition. Qui sait si M. l'abbé de Th.... n'est point pénitent blanc? Jadis nous eûmes déjà une petite prise au sujet de la rétractation de ce pauvre hère de Panisset (1), qu'il avait faite, et que je lui refis d'un bout à l'autre, ce qui n'empêcha pas la pièce d'être insérée avec de grands éloges dans les *Annales ec-*

---

(1) Évêque constitutionnel du *Mont-Blanc.*

clésiastiques. Aujourd'hui, voilà encore un dissentiment. Soutenez-moi de toutes vos forces, mon très-cher abbé, car il faut que j'aie au moins un grand vicaire pour moi. Pour ce qui est des *vacherins* (1) (exemple de transition!), jamais je n'en ai mangé de meilleurs. Ma femme m'en donne quand je suis sage, ou quand elle me croit tel. Mais je la séduis, et presque tous les jours j'en tire quelque chose. Grand merci donc, Monsieur l'abbé, et mille fois grand merci. Il n'y manque que vous pour les ravager avec nous. Encore une fois, je n'en ai pas mangé de meilleurs; et *quant* à la lettre imprimée de l'archevêque de Chambéry, c'est encore un chef-d'œuvre de bonté, d'attachement et de douleur étouffée. Est-ce vous qui me l'avez envoyée, ou l'abbé calviniste de Genève? Parmi les lettres qui pleuvent à flots sur ma table, celle-là s'est trouvée sous ma main, et je ne sais qui je dois remercier. Ce qu'il y a de sûr, c'est qu'elle sent le vacherin. — Les dames vous saluent; et moi je suis pour la vie, avec tous les sentiments que vous me connaissez,

Votre très-humble et très-obéissant serviteur.

Nota manus.

---

165. — A mademoiselle Constance de Maistre.

Turin, 21 février 1820.

Mon très-cher enfant, je n'ai qu'à signer tout ce que tu me dis dans ton inestimable lettre du 19. Il n'y a rien de plus vrai, rien de plus éloquent; j'en ai été enchanté, je

---

(1) Fromage de Faucigny.

t'assure. Mais sais-tu ce que c'est que ce crime affreux? je viens de l'écrire à ton oncle : *c'est l'épouvantable assurance de la restauration française.* Tout ce que tu dis sur le roi est vrai; cependant il y a encore dans le fond de ce cœur je ne sais quels atomes qui viennent de saint Louis. Il a dit à quelqu'un, en confidence : « Vous êtes surpris des « concessions que je fais aux libéraux; il y en a quatre « qu'ils n'obtiendront jamais de moi : les frères de la Doc-« trine chrétienne, les jésuites et les Suisses. » (J'oublie l'autre.) Au reste, tout me porte à croire que les affaires de la France se lient à des événements généraux et immenses qui se préparent, et dont les éléments sont visibles à qui regarde bien; mais ce majestueux abîme fait tourner la tête : j'aime mieux regarder ma poupée, qui me fait du bien au cœur et point de mal à la tête. Viens donc, ma chère enfant, viens te réunir à moi; nous reprendrons notre ménage comme nous pourrons. Je t'ai dit une des grandes raisons qui s'opposent à mon voyage en Savoie : si je ne puis les surmonter, je te verrai quatre jours plus tard.

Le grand crime du 13 éclipse le *Pape*, déjà repoussé dans l'ombre par le gouvernement. Tu as dû observer que tous les journaux se sont tus, même ceux qui avaient promis de parler; j'entends bien qu'en mettant la main sur l'issue d'une fontaine, on ne réussit qu'à la faire jaillir plus loin un instant après; mais, en attendant, elle cesse de couler. Rusand m'écrit par ce courrier qu'après un mouvement assez vif, l'écoulement s'est tout de suite arrêté, et que la vente va très-lentement. Qui pourrait penser à mon livre après ce qui s'est passé? Dans vingt ans peut-être il en sera question. Au reste, je pense comme toi sur mon caractère, et je passe volontiers condamnation sur le côté faible. *Dieu le fit pour penser, et non pas pour vouloir.* Je ne sais pas agir, je passe mon temps à contempler. *Ipse fecit nos, et non ipsi nos.*

Adieu, ma chère Constance, ma poupée, ma follentine, *aut si quid est dulcius.*

---

166. — A M. le comte de Marcellus.

Turin, 13 mars 1820.

Monsieur le comte,

Comment dites-vous? *Il a fait un livre en* 1817, *donc il est vivant en* 1820. Belle logique vraiment, et qui ne manquera pas de vous faire beaucoup d'honneur à la tribune! Le fait est que vous n'avez rien prouvé, *et que mon épitaphe subsiste* comme la remarque de Dacier. Je suis ravi, Monsieur le comte, que ce livre posthume ne vous ait pas déplu, et que vous consentiez à lui donner une place honorable dans votre bibliothèque. L'approbation des hommes tels que vous doit être toute la récompense de mes travaux, qui n'ont pas été légers. Je ne me plains pas du silence de vos journaux, ils sont distraits par un grand crime, et d'ailleurs ils manquent de courage; mais j'ai vu avec chagrin que des hommes de bon sens soient aveugles au point de me reprocher mes attaques contre l'Église gallicane : certes, il faut avoir sur les yeux ce *quadruple bandeau* dont je parle quelque part, pour déraisonner à ce point. J'ai dit que *l'Église gallicane était l'un des foyers de la grande ellipse; qu'elle avait été pendant la révolution l'honneur du sacerdoce catholique; qu'on ne pouvait rien sans elle, et que l'œuvre de la restauration commencerait par elle* quand elle voudrait. Que veut-elle de plus? Que j'adopte ses insupportables préjugés, et que je lui dise, *Vous avez raison, Madame*, quand ses erreurs arrêtent tout? — Oh! pour cela non. Il faudra bien qu'elle avale le calice de la vérité. Si elle veut ensuite le vomir, au lieu de le laisser passer *in succum et sanguinem*, tant pis pour elle. Cette obstination la priverait d'une gloire immortelle. Je ne sais au reste, Monsieur le comte, si j'ai raison ou tort ; personne n'a droit de se juger lui-même ; mais je sais bien que nul homme peut-être n'a été placé dans des circonstances plus favorables que moi pour juger la question sans préjugés. Né dans une maison de haute magistrature, élevé dans toute la sévérité antique, abîmé dès le berceau dans les études sérieuses, membre d'un sénat gallican pendant vingt ans, président d'un tribunal suprême *en pays d'obédience* (comme on dit) pendant trois ans ; habitant pendant quatre ans d'une contrée protestante très-instruite, et livré sans relâche à l'examen de ses doctrines ; puis, transporté dans une région gréco-russe, où, pendant quatorze ans de suite, je n'ai cessé d'entendre agiter les prétentions de Photius et de sa postérité religieuse ; en possession des langues nécessaires pour consulter les originaux ; profondément et systématiquement dévoué à la religion catholique ; grand ami de votre nation, que je touche par tant de points et surtout par la langue ; très-humble et très-obéissant serviteur de l'auguste maison qui vous gouverne, je vous le demande, Monsieur le comte, qu'est-ce donc qui me manque pour juger en connaissance et en conscience ? On me dira *peut-être*, ou pour mieux dire *sûrement* : — *Avec toutes ces données, vous pouvez vous tromper.* Sans doute ; mais si j'étais mis dans la balance avec le plus habile gallican, je l'emporterais au jugement d'un Juif, d'un Turc ou d'un Chinois. — Je ne sais comment cette petite apologie est tombée de ma plume ; je la confie à votre justice personnelle, car votre nation est trop occupée pour être juste.

J'ai lu avec une satisfaction toute particulière les discours que vous avez prononcés ou que vous vouliez prononcer *pro rostris*. J'y ai retrouvé votre bon sens, votre force et votre talent ordinaire ; mais ce qui m'a surpris par-dessus tout, c'est la collection de vos idylles : elle m'a fait violer mon vœu, assez bien gardé depuis un grand nombre d'années, *de ne plus lire des vers :*

Nunc itaque et versus et cætera ludicra pono, etc.

Je ne reçois plus chez moi de bacchantes, encore moins de nymphes ; mais quant à vos bergères, j'ai dit tout de suite : *Faites entrer.* Je les ai trouvées très-sages et très-aimables ; je ne vous connaissais pas ce talent, Monsieur le comte : il est digne de vous, et l'on vous voit dans vos idylles. J'oserais bien assurer, sans autre témoignage, que vous n'avez jamais tué personne ; j'ajoute très-sérieusement que ce livre suffit pour inspirer au lecteur le désir d'être votre ami. Votre talent poétique a d'ailleurs je ne sais quelle grâce de Sicile qui nomme votre précepteur : ἀδὺ δὲ καὶ τὺ συρίσδες.

Je suis ravi, Monsieur le comte, que le *Lépreux de la vallée d'Aoste* soit tombé dans vos mains. Cherchez donc, je vous en prie, le *Voyage autour de ma chambre*, afin que tous nos opuscules vous soient connus. Je ne vous dis rien de tout ce qui vient de se passer : *animus meminisse horret!* Ce n'est pas qu'il n'y eût beaucoup à dire, et dans un sens fort éloigné des lamentations ordinaires.

Conservez-moi votre bienveillance, je vous en prie, et croyez aux sentiments les plus sincères d'estime, d'attachement, de haute et respectueuse considération avec lesquels je suis, etc.

167. — † A M. l'abbé Vuarin.

Turin, 25 mars 1820.

Monsieur l'abbé,

Je vous dois depuis un siècle deux lettres et mille remercîments. Je ne puis vous rendre le plaisir que vous m'avez fait en réunissant sur ma table deux lettres d'un grand vicaire qui trouve l'écrit passablement misérable, et celle d'un écrivain protestant qui le porte aux nues et en espère beaucoup pour la grande cause. Voilà de ces disparates véritablement *humains*. Ici l'ouvrage a une action sourde, mais très-marquée. Quelqu'un disait l'autre jour à quelqu'un : « Quand on a lu l'*Indifférence* et le « *Pape*, on est vaincu, il n'y a pas moyen de reculer. » J'ai beaucoup de témoignages de ce genre; mais nul ne m'a flatté autant que celui de M. de Haller, qui porte avec tant de distinction un nom si difficile à porter. Il me fait trop d'honneur en me supposant habile dans sa langue; je la déchiffre assez difficilement, mais je suis extrêmement aidé par mes enfants, qui l'entendent et la parlent couramment. Je suis parvenu, à l'aide de mon fils, à lire la moitié de *la Messiade* de Klopstock, mais sans la goûter beaucoup; ce qui me prouve que mon oreille était encore fermée. Rien, au reste, ne pouvait m'arriver de plus flatteur que de me trouver d'accord mot à mot avec M. de Haller. Les derniers moments de son illustre père m'ont beaucoup occupé jadis; mais je ne veux pas commencer ce grand chapitre.

J'ai lu avec beaucoup de plaisir la réponse à M. Célérier, qui est écrite avec beaucoup d'esprit et de sagesse. L'auteur a parfaitement bien fait de mettre pour ainsi dire les protestants de notre côté, en ayant l'air de faire cause commune avec eux. — Et en effet, la cause est bien *commune* contre les ariens. Je suis fâché de n'avoir pu contribuer en rien à votre bonne œuvre anticélérienne, mais il n'y a pas eu moyen ; je m'acquitte avec beaucoup de résignation de mes pénibles fonctions, mais peut-être que j'aurais de meilleures choses à faire. Je dis *peut-être*, car qui peut se juger? Cependant il me vient des témoignages qui me semblent annoncer des succès assez évidents. Je voudrais au moins avoir le temps de revoir, d'achever et de publier un grand ouvrage de prédilection ; mais, hélas ! je vois passer les jours sans pouvoir rien achever. Il est bien entendu que si nous mettons enfin la main à l'anti-Sturdza, toutes les pièces vous seront remises ; mais, en vérité, la chose va assez lentement, et, comme on dit vulgairement, *d'une aile seule*. Rome, comme vous venez de le voir, n'est pas encourageante. Je sais bien qu'il faut la servir, comme les autres souverainetés, malgré elle ; cependant l'humanité ne saurait être totalement effacée, et dans certain moments on se sent engourdi. *Sed de his coram.*

Le rétablissement des évêchés de Savoie est désormais certaine. Annecy surtout (ou Genève, si vous voulez) est sur pied, et il n'est pas nécessaire de vous nommer la tête qui doit porter la mitre de saint François de Sales. M. l'abbé de Thiollat s'en tirera comme il pourra ; mais je ne puis parler d'évêchés (1), mon cœur se fend.

Si vous jugez à propos de copier à M. Haller quelques mots de ma lettre pour entretenir l'amitié, *per me licet*.

Je suis de tout mon cœur, avec les sentiments les plus distingués d'affection et de considération, Monsieur l'abbé,

Votre très-humble et très-obéissant serviteur,

M.

---

(1) Son frère André, évêque nommé d'Aoste, était mort depuis peu.

168. — A M. le vicomte de Bonald, à Paris.

Turin, 25 mars 1820.

Monsieur le vicomte,

Je profite d'une occasion russe parfaitement sûre pour répliquer tout à mon aise à vos deux lettres du 15 décembre et du 14 février. Je copie ces dates sans rire, puisque nous sommes convenus de ne jamais nous gêner, et d'attendre l'inspiration pour prendre la plume. Je dirai d'abord, en vous copiant, Monsieur le vicomte : *Je l'ai lue votre aimable lettre.* Il n'y a rien qui me plaise, qui me réjouisse, qui me console autant que vos lettres ; mais celle que vous m'avez écrite le lendemain du jour affreux a pour moi un titre particulier. J'aime à voir votre cœur se répandre et vos idées se précipiter immédiatement après cet attentat qui écrase la pensée avant de la faire renaître, qui vous stupéfie d'abord, pour vous entraîner ensuite dans le champ immense des profondes réflexions et des sublimes espérances. Nous chantons bien à l'église, *Felix culpa!* pour le plus grand de tous les crimes, puisqu'il a perdu le genre humain. Pourquoi ne nous permettrions-nous pas la même exclamation en voyant dans l'avenir tout ce que doit produire cette grande mort toute vitale et vivifiante? Notre exclamation dérogerait-elle au respect sans bornes, à la tendre et profonde compassion que nous devons aux augustes affligés? J'imagine que non. N'en doutez pas, Monsieur le vicomte, nous venons de voir la fin des expiations. Le régent même et Louis XV ne doivent plus rien, et la maison de Bourbon a reçu l'absolution...

Comment descendre de là jusqu'à mon livre! J'aurais

tort cependant, et je serais formellement ingrat, si je ne vous en parlais; car comment passer sous silence tout ce que vous m'adressez d'obligeant et d'encourageant à propos de cette production? Le jugement de M. de Fontanes m'a surtout excessivement flatté. Les lettres s'accumulent sur mon bureau; je voudrais bien vous les faire lire : celles des protestants sont curieuses. Le croiriez-vous, Monsieur le vicomte? j'ai particulièrement spéculé sur eux. J'appuie beaucoup plus d'espérance sur l'Angleterre que sur l'Autriche, par exemple, ou sur tout autre pays qui a laissé pour ainsi dire *pourrir* la vérité chez elle. Le catholicisme me fait honte. Si le flambeau *n'est pas remué*, suivant les saintes menaces, il nous brûlera au moins pour nous avertir qu'il est encore là, et nous l'aurons bien mérité.

Aucun de vos journaux n'a osé prendre la parole en France sur mon ouvrage. Si l'horrible forfait du 13 a paralysé toutes les plumes et distrait les yeux de tout autre objet, je n'ai rien à dire; mais si le silence de ces journaux tient à d'autres causes, je m'attendais, je vous l'avoue, à plus de courage et de générosité. Quel étranger vous a jamais et plus connus et plus aimés? Quel écrivain vous a rendu plus de justice? J'ai surtout porté votre clergé aux nues; et parce que j'ai frappé sur quelques préjugés dont il convient qu'il se défasse pour servir avec plus de succès la grande cause, le voilà qui demeure étourdi du coup, comme si j'avais nié l'existence de Dieu! Il vaut donc mieux lui faire entendre la vérité tout entière, et c'est ce que je ferai. — Mais peut-être que tout ceci n'est qu'un rêve, et que votre clergé sait déjà à quoi s'en tenir.

Il me semble, Monsieur le vicomte, qu'il y a dans mon livre assez de matériaux pour fournir à la discussion sans toucher le moins du monde au gallicanisme. — Mais, encore une fois, tout est petit dans ce moment devant les grands événements qui agitent l'Europe. O Espagne, Espagne! que vas-tu donc nous faire voir? — Tout autre chose que ce que nous attendions ; mais, en attendant, il faut rougir pour elle. *Comment en un plomb vil l'or pur s'est-il changé?* Comment la noble Espagne s'est-elle laissé acheter, chez elle, par l'or des facteurs américains? — C'est qu'elle n'a plus de *grands*.

Je me suis informé de l'œuvre des petits Savoyards : il m'a été répondu que le roi l'a constamment soutenue, et que dernièrement l'œuvre a reçu 600 francs de la part de notre gouvernement. J'ai peu d'espoir d'obtenir des libéralités extraordinaires. Nous sortons du naufrage, tout est réglé, tout est mesuré. Il faudra se contenter du présent, et espérer un meilleur avenir.

Adieu mille fois, Monsieur le vicomte; n'ayez pas peur qu'aujourd'hui je vous cite Catulle. Je pense plutôt à Jérémie. Ne m'oubliez point; aimez-moi même toujours un peu, si vous en avez le temps. Faites tête à l'orage, et, pour qu'il ne se moque pas de vous, moquez-vous de lui.

Je suis pour la vie, avec tous les sentiments que je vous ai voués, etc.

---

169. — † **A M. l'abbé Vuarin.**

Turin, 29 avril 1820.

Monsieur l'abbé,

Croyez-moi, tout cela n'est pas grand'chose : ce sont nos saintes maximes pures et simples, maximes fondamentales sans lesquelles le monde croulerait, et qui sont exécutées invariablement sur toute la surface du monde catholique : la seule différence est qu'au lieu de tenir ces maximes manuscrites dans les archives de l'État, comme s'il s'agissait de quelque grand mystère politique, on les publie à son de trompe avec le beau monosyllabe LOI en tête, ce qui amuse ces messieurs, comme ces petits fusils qu'on donne aux enfants pour faire l'exercice. Je ne suis pas sur les lieux, mais je crois que vous vous exagérez les choses. Il n'en reste pas moins vrai que l'Église romaine a mis le pied dans Genève, que son gouverneur est obligé de traiter avec *la bête, qui avance en reculant*, comme j'ai eu l'honneur de vous le dire. Je gémis avec vous, et autant que vous, sur la tournure exclusivement politique que prennent certaines choses; cependant il y a des compensations sur le point que nous avons en vue. *Macte animo!* Allez votre train, et laissez passer les LOIS.

Quant au livre, je vous avoue que dans les parties que j'ai parcourues (car je n'ai pas tout lu) j'en ai été assez content : il me faudrait peu de peine pour *catholiser* le tout.

Quant à *Jésus* ou *Josué*, ou *Josua*, certainement c'est le même nom; car, dans une langue qui n'écrit pas ses voyelles, si l'on me présente P R, je suis bien le maître de lire *Père*, ou *Poire*, ou *Pire*, ou *Para*, ou *Prie*, etc.; mais je n'en ai pas moins senti la malice qui voudrait arguer de l'identité de nom à l'identité de nature. Monseigneur l'évêque de Pignerol est averti de la page où se trouve la charmante *Profession de foi*. Tout le livre, au reste, n'est qu'une comédie criminelle, même dans ses parties extérieurement bonnes; on sent l'hypocrite qui veut singer l'enseignement légitime. Le défaut de principe gâte tout.

On a beaucoup célébré en France le *pauvre Pape*, entre

autres dans *l'Ami de la Religion*, **le Défenseur**, et les *Archives*. Cependant *il a extrêmement choqué* (ce sont les propres paroles de l'abbé de Lamennais, qui m'a écrit) *une foule de gens du vieux clergé et autres;* en sorte que je suis extrêmement étonné de n'avoir vu paraître aucun article furibond contre moi : c'est apparemment parce que cet article serait assez difficile à faire; il faudrait me blesser sans blesser d'autres choses un peu plus respectables que ma chétive personne.

C'est M. l'abbé de Lamennais qui tient la plume dans *le Défenseur,* pour les articles qui me regardent.

Quand vous écrirez au bon d'Olry, souvenez-vous de me *rappeler* à lui. Je n'ai pu voir encore le gentilhomme polonais; ma vie, ma position, mes occupations me rendent à peu près nul pour les étrangers.

Recevez les nouvelles assurances de tous les sentiments que vous connaissez, et qui sont invariables.

Votre très-honoré et très-obéissant serviteur,

Nota manus.

---

170. — A madame de Maistre (1).

Chambéry, juillet 1820.

Ma chère Azélie,

Quoique votre galant me donne régulièrement de vos nouvelles, cependant je suis enchanté d'en recevoir de votre main. Mon imagination paternelle ne vous abandonne pas un moment; elle s'amuse à côté de vous, et ne s'amuse

---

(1) Sa belle-fille.

guère ailleurs. Comment vous exprimer, chère Azélie, tout
ce que vous faites éprouver à mon cœur? Je ne suis point
en peine du bonheur de Rodolphe : parlez-moi du vôtre.
Êtes-vous contente de votre époux? Ne pensez-vous point
encore à divorcer? Expliquez-moi bien cela, je vous en
prie : c'est sur vous que se réunissent toutes les affections
de la famille. Nous vous avons tous épousée, et votre bonheur est notre grande affaire. Je grimpe à Lémens quand
je le puis, pour parler de vous avec la bonne tante. Demain,
nous faisons ensemble la course d'Aix : jugez, jugez, ma
très-chère fille, s'il y sera question de vous! Je vous recommande mon Rodolphe; aimez-le de tout votre cœur, et
soyez publiquement sa *maîtresse;* une fois qu'on est bien
affichée, on ne s'embarrasse plus de rien. Ce mot de *maîtresse* me plaît infiniment. Je veux que vous commandiez
à votre ami, que vous soyez despote chez lui (quoique ce
mot n'ait point de féminin), et que votre suprême sagesse
y mène tout. Comme j'ai une maîtresse aussi, j'ai employé
toute mon éloquence à lui vanter sa nouvelle fille; mais le
plus grand éloge que je puisse faire de vous, chère Azélie,
c'est la tendresse que vous m'avez inspirée. Constance
vous fait ses tendres compliments. Adieu mille fois, mes
chers et bons enfants, que je ne sais plus séparer; je vous
serre, avec mes vieux bras, sur mon jeune cœur.

---

171. — † A M. l'abbé Vuarin, curé de Genève.

Turin, 26 août 1820.

Monsieur l'abbé,

Je saisissais la plume pour vous apprendre que j'étais
encore en vie, lorsque votre dernière lettre m'est arrivée;

je ne savais rien de votre excursion à Troyes. Quel esprit vous pousse comme une paume passant d'une raquette à l'autre? Je pense que c'est un esprit blanc, meilleur encore que celui de Socrate. Je vous envie le plaisir que vous avez eu de faire connaissance avec cet excellent évêque de Troyes, qu'on ne saurait assez louer. Il est du petit nombre de ces hommes précieux destinés à souffler sur le feu sacré en attendant que d'autres viennent le recueillir; alors il s'allumera et jettera des flammes immenses, mais nous n'y serons plus; — et qu'est-ce que cela fait?

Revenons à l'excellent évêque; j'attends avec un extrême empressement son oraison funèbre de l'infortuné duc de Berry. Il a eu grandement raison de ne pas la faire *à l'eau tiède*. J'ai beaucoup admiré le roi très-chrétien, qui n'a pas voulu que les voûtes de Saint-Denis entendissent cette pièce; voilà ce qu'on appelle un jugement sain et des précautions ultra-sages!!! C'est cette prudence admirable qui engendre les Louvel et les hommes du 16 août. — Qui peut comprendre de pareilles têtes? Nous verrons encore des choses étranges; mais un grand miracle final est infaillible.

Toutes vos histoires de Genève sont très-intéressantes; la procession en chemises surtout est impayable. Cependant, Monsieur l'abbé, ayez la bonté de vous rappeler ce que j'ai eu l'honneur de vous dire plus d'une fois à travers les persécutions et les brocards : L'œuvre avance. Qu'on appelle vos surplis *chemises*, et vos bonnets carrés *cornes*, les surplis et les bonnets ne sont pas moins là. — Et qui l'eût dit, il y a trente ou quarante ans?

Le plan de l'église catholique bâtie à Londres est ici; elle coûte deux millions. Les marbres, les peintures et les artistes même sont venus d'Italie. C'est là, Monsieur l'abbé, où se prépare le grand œuvre.

Ah! si jamais la même foi parlait deux langues..., etc.

C'est un homme de votre connaissance qui a écrit cela.

Je suis bien aise que vous ayez vu M. de Saint-Priest. C'est un digne homme, dont l'histoire est curieuse; je ne sais s'il vous l'aura dite. Où sont ses enfants?

Je connais parfaitement l'abbé Nicole : c'est bien l'un des plus fins merles que j'aie vus de ma vie. Il fera un bien immense à sa place, s'il l'a résolu. Quant à vous, Monsieur l'abbé, vous avez parfaitement bien fait de ne pas quitter la vôtre : elle est trop importante pour qu'il vous soit permis de *renâcler*. Genève seule occuperait un homme d'État, mais l'on n'y pense seulement pas. Si la chose dépendait de moi, vous auriez de mes nouvelles.

J'ai lu avec un plaisir extrême l'ouvrage de M. de Haller que vous m'aviez adressé; mais lorsqu'il m'arriva j'étais en France, uniquement occupé du mariage de mon fils. Mes trois enfants savent l'allemand; une de mes filles m'a lu en français l'ouvrage en question. La lecture de l'allemand me prend beaucoup de temps; je n'en ai plus assez pour déchiffrer. Je vous le répète, j'ai été ravi de cette production. Il est impossible de trouver un homme plus véritablement philosophe, plus sage, plus instruit, animé de vues plus sûres et plus générales. Il serait impossible de disputer avec lui sur aucun point; enfin, Monsieur l'abbé, je ne connais pas de plus digne *complice* de notre grande conjuration. En disant la vérité à l'Espagne, il l'a dite à tous les hommes; mais, si je ne me trompe infiniment, il aura bientôt un texte plus terrible et plus important: l'Angleterre me paraît assez disposée à nous donner quelque tragédie du grand genre. — Ce ne sera pas sans l'avoir bien mérité! C'est par ces épreuves épouvantables que nous devons passer pour arriver... Ici je m'arrête. Je salue cet avenir que je ne dois pas voir.

Ma lectrice m'avait proposé de traduire l'ouvrage de M. de Haller, et nous étions prêts à mettre la main à l'œuvre, lorsque les papiers publics m'ont appris qu'il avait été traduit à Paris. C'est fort bien fait.

Dites-moi, je vous prie, si M. de Haller est fils du célèbre Albert? Dans ce cas nous dirons : *Nec degenerem progenerant aquilæ columbam.* — Voilà que j'oublie mon Horace! il fallait dire *imbellem;* mais vous me pardonnerez en songeant à quelle distance je suis de mon collége.

J'ai été on ne peut plus content de votre compliment à l'évêque du congrès: les comédiens qu'on nous lance nous obligent de l'être.

Il me paraît impossible que mon dernier ouvrage n'ait pas pénétré dans la curieuse Genève. S'il vous arrive quelque jugement un peu remarquable (surtout en mal), faites-le-moi connaître.

Voilà bien quatre pages, si je ne me trompe ; c'est un phénomène dans les formes. Mais voyez ce qui m'arrive : à force d'écrire, je ne sais plus écrire, je ne forme plus mes lettres. Je fais des *pááááátés;* enfin vous ne saurez bientôt plus me lire, — et alors je ne vous écrirai plus. En attendant cette triste extrémité, recevez l'assurance la plus sincère de mon estime sans bornes et de ma haute considération.

---

172. — A M. l'abbé de Lamennais.

Turin, 6 septembre 1820.

Monsieur l'abbé,

Je commence par vous remercier de votre livre (deuxième volume) comme si je l'avais reçu, puisque vous avez eu la bonté de m'apprendre que vous aviez donné ordre qu'il me fût adressé; cependant je ne l'ai pas reçu : heureusement, j'ai trouvé un ami qui me l'a prêté; presque en même temps j'ai reçu votre lettre du 28 août, qui m'a fait toute la peine possible en m'apprenant tous les chagrins que vous donne ce second volume. J'y ai trouvé, je puis vous l'assurer sans flatterie, d'aussi bonnes intentions et le même talent que dans le précédent : pensées fortes et profondes, grandes vues, style pur, élégant, grave en même temps, et très-fort adapté au sujet; souvent enfin la *pointe* de Sénèque et la *rondeur* de Cicéron.

Je ne suis point étonné, au reste, de la guerre qu'on vous fait. L'homme d'esprit qui vous défia, à l'apparition de votre premier volume, de faire le second, n'avait pas tant tort; le sujet de l'indifférence religieuse expose continuellement l'auteur à en sortir, parce qu'il est continuellement tenté de démontrer par de nouveaux arguments la vérité de cette religion, sur laquelle on se permet la plus téméraire indifférence. C'est autre chose encore dans votre second volume, où vous examinez les sources de la vérité : nouvelles tentations de sortir de votre sujet, qui, à prendre la chose rigoureusement, est renfermé dans les quatre derniers chapitres de votre premier volume. A Dieu ne plaise, cependant, que je veuille vous disputer les heureux préparatifs et les superbes vérités *concomitantes* dont vous avez flanqué ce bel édifice! mais je dis que vous gagnerez à ne pas sortir de ce cadre. Dans le premier volume, vous étiez constamment poussé dans le royaume d'Abbadie; dans le second, vous entrez sans le vouloir sur les terres de Malebranche. — Qu'est-ce que la vérité, Monsieur l'abbé? Le seul qui pouvait répondre ne le voulut pas. Vous savez sans doute que le traité du docte Huet *sur la faiblesse de l'esprit humain* alarma plusieurs lecteurs; et Voltaire ne manqua pas de dire qu'*il réfutait la démonstration évangélique.* Il vous arrive quelque chose de semblable. La première partie de votre second volume alarmera de fort honnêtes gens, et d'autres hommes, beaucoup plus nombreux, feront semblant d'être alarmés, il faut vous y attendre : *Humani a te nil alienum putes.* Je le dis dans un sens nouveau, mais très-vrai. J'ai bien compris la raison par laquelle vous échappez aux attaques qu'on vous porte, celle de la *raison universelle.* Le temps me manque, Monsieur l'abbé, pour me jeter dans cet océan. Je vois bien quelques véritables difficultés, mais je ne cesserai de vous dire : *Courage !* Votre idée à l'égard de Rome est excellente ; j'y ai des amis importants, ou, pour mieux dire, *amis d'amis;* mais c'est égal : je vais écrire sur-le-champ, et je ne doute pas que votre soumission ne soit fort agréée. Quant à la France, autant que je puis en juger de loin, je vous conseille de laisser tomber l'affaire. Ne répondez rien; allez votre chemin sans faire attention aux cigales : l'hiver viendra bien après l'automne. Si j'avais un conseil à vous donner, ce serait celui-ci, avec votre permission : *Ne laissez pas dissiper votre talent.* Vous avez reçu de la nature un *boulet*, n'en faites pas de la *dragée*, qui ne pourrait tuer que des moineaux, tandis que nous avons des tigres en tête. On s'empresse d'attacher votre nom à une foule de sujets, ce qui est bien naturel; mais, croyez-moi, n'en faites rien. Recueillez vos forces et votre talent, et donnez-nous quelque chose de grand.

Après tout, Monsieur l'abbé, nous avons tous un grand défaut, dont il n'y a pas moyen de nous défaire : c'est d'être fils d'un homme et d'une femme ; y a-t-il rien d'aussi mauvais sur la terre ? Nous avons beau faire, vous et moi, et tous nos confrères les humains, je dis les mieux intentionnés, dans tout ce que nous faisons il y aura toujours des taches humaines : *Et documenta damus qua simus origine nati.* C'est cependant une assez belle consolation pour vous de savoir, sur la parole d'honneur de tous les gens de goût, qu'après vous avoir soumis à la critique la plus sévère, vous ne serez *plus* que l'un des plus grands écrivains du siècle. — Pauvre homme! prenez patience.

Il ne me reste qu'à m'acquitter à votre égard d'un devoir bien précieux pour moi : celui de vous remercier des beaux et intéressants articles que vous avez bien voulu me consacrer dans *le Défenseur*. J'en ai lu trois, et je ne sais si j'ai lu le dernier. Je souhaiterais, mais bien en vain, qu'ils fussent aussi dignes de moi qu'ils sont dignes de vous.

Je suis, avec la plus haute considération, etc.

---

173. — A M. le vicomte de Bonald, à Paris.

Turin, 4 décembre 1820.

Monsieur le vicomte,

Comment pourrai-je reconnaître assez la manière excessivement honorable pour moi avec laquelle vous avez bien voulu vous exprimer sur mon dernier ouvrage dans le numéro du *Défenseur*, où vous défendez avec tant de logique et d'éloquence le second volume de M. l'abbé de Lamennais, l'un des premiers *complices* de notre bande ? Est-il possible, Monsieur le vicomte, que j'aie si bien réussi auprès de vous, et que, dans cette page si précieuse pour moi, l'amitié n'ait point *fourré* de ses exagérations ordinaires? Enfin, je mets tout au pire : il me restera toujours votre illusion, qui sera infiniment précieuse pour moi, puisqu'elle ne peut être que l'ouvrage de ce sentiment que je mets au rang de mes propriétés les plus chères. Je trouve aussi M. l'abbé de Lamennais bien heureux d'avoir eu un patron tel que vous. Je viens de lui écrire longuement, et je lui donne quelques explications sur un article de mon livre qui l'avait fort intrigué : c'est celui de la vie commune des souverains et des familles royales *naturelles*. Je vous en conjure, Monsieur le vicomte, examinez cet article de bien près avec vos excellents yeux. Si, en général, les rois ont plus de vie que nous; si les règnes s'allongent à mesure que la religion se purifie; si les règnes catholiques sont les plus longs, n'est-ce pas une mine bien digne d'être creusée ?—Mais si les règnes catholiques sont de vingt-cinq ans, comme en France, en Piémont et ailleurs, et si la vie commune des hommes n'est que de vingt-sept ans, comment n'y aurait-il pas plus de vie dans la maison royale ? Il faudrait alors que tous les souverains fussent montés sur le trône en tombant dans le berceau. Examinez bien, je vous prie.

Quant au célibat, j'ai l'intime conviction d'avoir poussé la question à bout; j'espère que le fameux argument tiré de la population est détruit par la racine; et nous pouvons dire, *Salutem ex inimicis nostris*, puisque c'est le protestant Malthus qui en a fait les plus grands frais.

Je ne doute pas, Monsieur, qu'à la fin nous ne l'emportions, et que la victoire ne demeure à la langue française. Mais il arrivera des choses extraordinaires qu'il est impossible d'apercevoir distinctement. Dans une de mes *Soirées de Saint-Pétersbourg*, j'ai rassemblé tous les signes (j'entends ceux qui sont à ma connaissance) qui annoncent quelque grand événement dans le cercle religieux. Si l'ouvrage s'imprime, vous m'en direz votre avis, et j'espère, en vertu de l'étonnante correspondance qui se trouve entre nos deux têtes, que mes raisons ne vous paraîtront pas *toutes*, et *absolument*, mauvaises. Souvent, en vous lisant, Monsieur le vicomte, il m'arrive d'éclater de rire en retrouvant les mêmes pensées et jusqu'aux mêmes mots qui reposent dans mes portefeuilles. Cette conformité est bien flatteuse pour moi. Il n'y a rien de si consolant qu'un tel accord. Il faudrait que cet accord fût général, car le malheur du bon parti est l'isolement. Les loups savent se réunir; mais le chien de garde est toujours seul. Enfin, Monsieur, quand nous aurons fait ce que nous pouvons, nous mourrons tranquilles; mais, autant que nous le pourrons, soyons d'accord et travaillons ensemble. L'homme qui a pu en persuader deux ou trois autres et les faire marcher dans le même sens, est très-heureux, à mon avis. C'est une conquête formelle. Voilà pourquoi j'ai tant travaillé à détruire toutes les petites pointilleries qui séparaient nos Églises, au grand détriment de la religion. Vous verrez bientôt mon dernier effort sur ce grand sujet. Quand j'aurai vidé mes portefeuilles russes, je m'arrêterai tout à coup, car je n'ai plus le temps d'écrire; je n'ai pas même celui de corriger. *Salut et attachement, frère et ami.* Souvenez-vous toujours de moi, je vous en prie, et croyez-moi plus que jamais, et pour toujours, votre dévoué serviteur et ami.

---

174. — † **A M. l'abbé Vuarin.**

Turin, 22 janvier 1821.

Mon très-cher abbé,

Une seule raison pouvait m'empêcher de répondre sur-le-champ à votre lettre du 2 janvier : c'était celle d'être dûment malade et étendu tout de mon long. Ce fâcheux état, qui dure depuis plus d'un mois, m'a forcé d'interrompre mes fonctions et a suspendu toutes mes correspondances; aujourd'hui cependant je commence à être beaucoup mieux, et j'en profite pour dicter quelques mots à votre adresse. J'ai été sans exagération ravi de votre sermon; il n'était pas possible d'être plus vigoureux, plus vrai, plus pressant que vous ne l'avez été, ni de profiter avec plus d'habileté d'une circonstance unique pour saisir les batteries de votre ennemi et les tourner contre lui. Souvenez-vous bien de ce que j'avais l'honneur de vous dire il y a environ trois mois : *en reculant, elle avance.* C'est un étrange spectacle que celui de votre sermon, prononcé à Genève en présence d'un fragment catholique du gouvernement. N'avez-vous point ensuite été un peu trop chaud, et n'avez-vous point outrepassé d'*une mortelle ligne* certaines lignes imperceptibles qui séparent ceci de cela? C'est à vous à en juger plus qu'à moi; et d'ailleurs ce doute rentre dans le cercle des infiniment petits, auxquels je fais peu d'attention : dans ce moment il ne faut voir que les masses.

Mon digne et excellent ami, l'évêque de Pignerol, vient d'arriver. Je me suis empressé de lui communiquer votre pièce, dont il ne manquera pas de me parler bientôt.

J'ai lu avec beaucoup d'intérêt votre petit pamphlet traduit de l'anglais. Sans doute qu'une réunion entre l'Église anglicane et la romaine serait une des choses les plus désirables; mais elle devrait être précédée d'un certain préliminaire dont l'exposition m'entraînerait trop loin. Il y aurait dans ce moment de superbes choses à faire et à dire; mais *qui peut ne veut, et qui veut ne peut.* Ah! si quelque ange avec ses belles ailes dorées pouvait entrer tout à coup dans le cabinet toujours mobile d'un certain personnage, et qu'avec son air doucement fulminant il daignât lui dire,

Assieds-toi si tu as peur, et lis tranquillement les sept ou huit chapitres que voilà, nos affaires iraient bien, surtout s'il avait la bonté d'ajouter : *Si tu ne m'écoutes pas, tiens pour sûr que le châtiment ne se fera pas attendre*. Mais je compte peu sur cette apparition, de manière que je demeure toujours dans le doute qui terminait un certain mémoire que vous avez lu dans le temps, et que je ne cesse de recommander à vos méditations, à vos clefs, et à votre prudence.

Que je voudrais pouvoir être du voyage que vous allez entreprendre, ou tout au moins vous charger de papiers pour tous ces *complices* que vous me nommez! mais il n'y a pas moyen : mille choses, et surtout le temps, manquent pour les correspondances. Cette cruelle maladie me retarde encore et me nuit étrangement. Dites-leur au moins (*à ces brigands*) tout ce que vous pourrez trouver de plus tendre de ma part; assurez-les de mon invincible adhésion à notre conjuration, et de ma ferme résolution de ne rien oublier dans ma petite sphère pour l'amener à bien. Cette année verra paraître une seconde édition bien perfectionnée *du Pape*, et l'ouvrage sur l'Église gallicane et les quatre articles, qui doit, selon moi, produire nécessairement une très-grande explosion. D'autres années, si Dieu me les accorde, produiront d'autres choses; mais, comme vous savez : *à chaque jour suffit sa* malice.

J'ai reçu le second volume de M. de Haller; faites-lui passer, je vous en prie, mes remercîments les plus empressés. C'est un tourment pour moi de ne pouvoir dévorer ses ouvrages. J'attends le bon vouloir de messieurs les traducteurs. En attendant, j'espère trouver assez de secours chez moi pour m'en approprier au moins les plus beaux endroits dès que je serai remis. J'ai lu avec beaucoup de plaisir, dans *le Défenseur*, les articles de M. de Haller sur *la noblesse :* la raison en personne ne parlerait pas mieux raison. Sur cela, Monsieur l'abbé, je prends congé de vous, en vous souhaitant un heureux voyage et vous assurant de mon éternel attachement.

Dispensez-moi de signer *e lectulo*, 22 janvier 1821.

LETTRES

DE

M. LE COMTE JOSEPH DE MAISTRE

A

MADAME LA COMTESSE D'EDLING,

NÉE DE STOURDZA,

d'origine grecque (1).

Madame,

Rien au monde ne pouvait m'être plus agréable que la lettre que vous m'avez fait l'honneur de m'écrire. J'étais déjà infiniment sensible à la bonté que vous avez eue de vouloir bien vous informer de mes nouvelles auprès de l'intéressante Sophie, qui s'est acquittée très-exactement de cette commission. Jugez combien vous avez ajouté à ma reconnaissance en prenant la plume vous-même pour me prouver, d'une manière si aimable, qu'il y a toujours place pour moi dans votre mémoire! Je me tiens très-honoré de vous avoir appris un mot; mais ce qui me serait un peu plus agréable, ce serait de jouir avec vous de la chose

---

(1) Autrefois attachée comme demoiselle d'honneur à l'impératrice Élisabeth, épouse de l'empereur Alexandre. Elle est morte à Odessa en 1844. Elle était d'un esprit sérieux et aimable, intelligente et curieuse sans pédantisme, religieuse par réflexion comme par sentiment, attachée d'ailleurs à l'Église grecque.

même dont je n'ai pu **vous** apprendre que le nom. *Castelliser* avec votre famille serait pour moi un état extrêmement doux, et puisque vous y seriez, il faudrait bien prendre patience; mais, hélas! il n'y a plus de château pour moi. **La foudre a tout frappé, il ne me reste que** des cœurs : c'est une grande propriété, quand ils sont pétris comme le vôtre. L'estime que vous voulez bien m'accorder est mise par moi au rang de ces possessions précieuses qu'heureusement personne n'a droit de confisquer. Je cultiverai toujours avec empressement un sentiment aussi honorable pour moi. Jadis les chevaliers errants protégeaient les dames, aujourd'hui c'est aux dames à protéger les chevaliers errants : ainsi **trouvez bon que** je me place sous votre *suzeraineté*, s'il vous arrive d'échanger votre nom contre celui de quelque **homme** aimable qui sache ce que vous valez (les autres peuvent **bien** aller se promener). Je compte sur votre maison pour y raisonner, rire, pleurer, *voire même* dormir, suivant mon bon plaisir. Et **quand même vous seriez encore quelque temps au rang des honorables et gentilles demoiselles, vous pourrez toujours me protéger.** Rien n'empêche même, ce me semble, **que,** dans très-peu de temps, vous ne puissiez sans conséquence, les jours où je serai extrêmement triste, venir me chercher dans votre voiture, pour me conduire à la promenade. Tout le monde dira : « Place à mademoiselle **de S...** qui mène l'aveugle! donnons-lui un ducat. » Et, sans **mentir, ce ducat sera bien tout aussi noblement gagné que celui des dames** (1). Au reste, ce n'est qu'un projet : vous pouvez changer et ajouter tout ce qu'il vous plaira. Que dites-vous de l'impromptu de mon frère, qui est parti su**bitement pour la frontière de Perse, après avoir été fait colonel dans la suite de Sa Majesté Impériale?** Permettez

---

(1) Allusion à un usage russe.

que je l'acquitte, car il est parti si subitement qu'il n'a eu le temps de remplir aucun devoir. Il était militaire, mais son emploi était civil, et il ne pouvait espérer d'avancement militaire. D'ailleurs, il y avait quelque chose de chanceux dans cet état, et tout l'agrément qu'il présentait tenait à cette bonne tête qui est allée fermenter à la Chaussée-d'Antin, rue Blanche, n° 19. Voilà, je crois, de solides raisons. Quant au voyage de Tiflis, c'était une dépendance nécessaire de la promotion. Dans l'univers entier, il y a toujours un tant-pis à côté d'un tant-mieux. Au reste, il y a plus de vingt ans que les tant-pis nous accablent; nous devons être endurcis. Je gémis comme vous de cette folle obstination de notre ami Tch...f(1), qui aime mieux manquer de tout à Paris que d'être ici à sa place, au sein d'une grande et honorable aisance. Mais regardez-y bien, vous y verrez la démonstration de ce que j'ai eu l'honneur de vous dire mille fois. Je suis moins sûr de la règle de trois, et même de mon estime pour vous, que je ne le suis d'un profond ulcère dans le fond de ce cœur, plié et replié, où personne ne voit goutte. Ce monde n'est qu'une représentation : partout on met les apparences à la place des motifs, de manière que nous ne connaissons les causes de rien. Ce qui achève de tout embrouiller, c'est que la vérité se mêle parfois au mensonge. Mais où? mais quand? mais à quelle dose? C'est ce qu'on ignore. Rien n'empêche que l'acteur qui joue Orosmane sur les planches ne soit réellement amoureux de Zaïre; alors donc, lorsqu'il lui dira,

Je veux, avec excès, vous aimer et vous plaire,

il dit la vérité; mais s'il avait envie de l'étrangler, son art

---

(1) L'amiral Tchitchagoff.

aurait imité le même accent, *tant les comédiens imitent bien l'homme!* Nous, de notre côté, nous déployons le même talent dans le drame du monde, *tant l'homme imite bien le comédien!* Comment se tirer de là? Pour en revenir à notre ami Tch...f, je sais d'abord qu'aucune des raisons qu'il allègue ne sont les vraies, et je crois savoir de plus qu'il s'agit d'orgueil blessé. Le reste est lettre close. Il est bien ce qu'on appelle votre ami, mais pour de certaines confidences, *ci vuol altro*. Lorsque deux êtres parfaitement en harmonie se rencontrent par hasard, lorsqu'une parfaite confiance est la suite d'une longue et douce expérience, lorsque les portes sont fermées et que personne n'écoute, lorsque la peine d'un côté a besoin de parler et que la bonté de l'autre a besoin d'entendre, alors **il peut arriver,** comme l'a dit divinement Jacques-Bénigne, que *l'un de ces cœurs, en se penchant vers l'autre, laisse échapper son secret.* Mais il faut cela, et cent autres petites circonstances qui n'ont point de nom, pour entendre ce qu'on appelle **un** secret. Jugez si j'ai la moindre prétention à transvaser ces deux cœurs de la rue Blanche, n° 19! Mais je ne sais pourquoi ma plume s'avise ainsi de moraliser et de battre la campagne. Le tout est sur son compte, car je ne m'en suis pas mêlé. Je veux seulement dire que nous ne savons rien du secret. Je plains beaucoup madame Tch...f, qui va faire ses couches dans cette boîte étroite que vous me décrivez ; le mari me dit seulement un petit appartement. Votre raison, qui a toujours raison, l'a surtout dans cette occasion. C'est un déplorable caprice, et rien de plus. — L'histoire de votre jésuite américain est curieuse ; ici ses collègues ne le connaissent point. Le monde est plaisant dans ce moment. Hier, on disait que le roi de Prusse était sur le point de se faire capucin. J'opinai tout de suite pour qu'on le fît pape sur-le-champ, et qu'il allât résider à Londres. J'espère que vous n'y savez pas d'empêchement. Je prie vos excellents parents d'agréer mes hommages; si vous me faites l'honneur de parler quelquefois de moi, je l'entendrai certainement. Revenez tous en bonne santé. Recommandez à mademoiselle Hélène de rapporter précisément les mêmes yeux. Sur cet article, la moindre innovation serait dangereuse. Je vous remercie de nouveau d'un souvenir auquel j'attache le plus grand prix. Agréez la profonde estime et le tendre respect avec lequel je suis de tout mon cœur, etc.

A la même.

Madame,

Ce n'est pas un petit phénomène qu'en trois jours je n'aie pu trouver physiquement le temps de vous faire ma cour. On dit ordinairement, *Il ne m'a pas été possible*, et l'on sait ce que cela vaut; mais, pour le coup, ce n'est pas une façon de parler. Il y a longtemps qu'il ne m'était arrivé d'être aussi étouffé par mille *seccature* combinées. J'ai su que vous aviez formé le bon propos de m'écrire, et je vous en remercie comme de la chose même, car je sais bien que vos déclarations ne sont pas des paroles. J'ai grande envie que vous soyez ici, ne voyant pas ce qu'il y a de très-amusant pour vous dans ces jardins; je crains d'ailleurs que l'humidité ne vous pénètre dans votre chambre, et que nous ne soyons obligés de vous faire sécher ici, ce qui est toujours très-dangereux. Outre ces considérations purement physiques, il y a bien aussi un peu d'égoïsme dans mon désir, car vous manquez extrêmement dans ce petit cercle intime qui me devient toujours plus nécessaire à mesure que le chagrin agit davantage sur moi.

Ce n'est pas qu'il augmente en dimensions, mais il devient tous les jours plus pesant. Vous savez qu'il ressemble au mouvement quand il a une cause continue ; sa triste puissance ne cesse d'augmenter rapidement ; le martyre paternel a recommencé d'ailleurs le 5 de ce mois. Je n'ai pas de nouvelles de mon fils depuis le 1ᵉʳ de juillet, sans doute parce qu'il marche. Il est attaché au général Wittgenstein, qui est entré en Bohême, comme vous savez, avec un superbe corps. Rodolphe avait porté au comte Wittgenstein une lettre de recommandation très-chaude de la part de l'amiral T...f (1). Le premier a répondu : « Je suis charmé d'avoir pu remplir vos intentions, en plaçant votre jeune protégé auprès de moi. » C'est là où nous nous en sommes tenus, la délicatesse ne permettant point de rompre entièrement avec l'amiral, tant que ce dernier n'a point pris de démission absolue. Si cependant cet état dure, il faudra bien prendre un parti. Mon Dieu, Madame, quels incroyables travers se trouvent dans notre pauvre tête humaine ! Que de talents, et même de véritables vertus, inutilisés *par je ne sais quel orgueil insensé et incurable!* J'en reviens toujours à dire que personne ne le connaît. Il y a quelque chose au fond de ce cœur qui le ronge et l'exaspère (2). Qu'est-ce que ce quelque chose ? Je n'en sais rien. Je lui ai dit et écrit plus d'une fois : « Je ne sais pas ce que c'est, mais je sais bien que c'est quelque chose. » Il ne répond rien. — J'ai été le voir l'autre jour, et il m'a fait promettre de retourner. J'y serais allé demain, sans la fête de vendredi ; lundi, je crois, j'exécuterai ma promesse, quoiqu'il m'en coûte beaucoup de quitter mon fauteuil et le *trantran* de mes occupations. Il s'occupe toujours de sa douleur. Il m'a demandé une inscription latine pour le tom-

(1) Tchitchagoff.
(2) Rapprocher cette lettre de celle que le comte de Maistre écrit à l'amiral sur la mort de sa femme. T. Iᵉʳ, p. 313 des *Lettres et opuscules inédits.*)

beau de sa femme, destinée uniquement à dire que ce monument, imaginé par lui, fut exécuté par tel et tel. Je la lui ai envoyée; il la fait graver. Il me demande dans sa lettre : « Pourquoi un monument de bronze doit durer plus que « le plus bel ouvrage du ciel? » Il ajoute, par réflexion : « Pourquoi la dentelle d'un tel chef-d'œuvre doit durer « plus que lui? » — Et, frappé de ce puissant argument contre *ELLE* (1), il me somme de répondre dans ma première lettre. Je lui réponds que je ne sais comment il s'embarrasse dans une chose aussi simple, puisqu'il est *visible* que Dieu ne sait pas faire les femmes aussi bien, à beaucoup près, que les hommes savent faire les dentelles. — Si vous trouvez la réponse bonne, Madame, je vous prie de la signer. Jamais ma métaphysique n'avait été aussi embarrassée. Il est bien dur d'être obligé de convenir ainsi de *SES* torts. Quelle tête, bon Dieu! Mais, pour en revenir à ses torts à lui, qui sont d'un autre genre, je ne saurais vous dire à quel point je suis fâché de le voir engagé par engagement dans une route évidemment mauvaise. Voilà un chapitre à ajouter au traité de saint Augustin, *De l'utilité de croire*. Quel véritable croyant se laissera jamais dominer dans sa conduite morale et politique par de telles *billevesées!* Au surplus, il m'a rendu service, il m'aime, il est malheureux; c'en est assez : jamais je ne cesserai de l'assister comme un malade. Et vous, Madame, venez à votre tour m'assister un peu par deux de ces trois raisons, quoique la maladie soit heureusement bien différente. J'attache un prix infini à l'honorable attachement que vous m'accordez. Tout mon chagrin est de m'être inscrit si tard dans la liste de vos amis. Mais, sur ce point, je suis sûr de n'avoir pas tort. Je compense un peu cet inconvénient de pure chronologie par une connaissance parfaite de ce que

---

(1) La Providence, dont l'amiral T...f se plaisait à nier l'existence.

vous valez. Agréez donc l'assurance la plus sincère de mon respectueux dévouement.

A la même.

Madame,

Comment pourrai-je vous exprimer le plaisir que m'a fait la nouvelle que je viens de recevoir de notre aimable amie, au sujet de Monsieur votre père? Ce plaisir est proportionné au chagrin que m'avait causé la nouvelle contraire. J'étais sur les braises, voyant l'épée qui pendait sur la tête de l'excellente Roxandre, sans savoir à qui m'adresser pour en apprendre davantage. Madame de S. m'a rendu un véritable service en me communiquant, sans le moindre retard, la nouvelle du mieux, qui lui est sans doute venue de vous. Je vous félicite de tout mon cœur d'avoir reçu la consolation avec la nouvelle du malheur: puisse le bon papa être bientôt parfaitement rétabli! Hélène aura bien fait son devoir, ainsi que la courageuse maman; cependant vous aurez manqué là: personne ne devrait souffrir chez vous quand vous êtes absente. Je me suis occupé sans cesse de vous, je puis vous l'assurer, dès le moment où j'ai eu connaissance de l'incommodité de monsieur votre père. Je voulais et je ne voulais pas vous écrire, je voulais et je ne voulais pas aller à Czarsko-Selo. J'écrivais à madame de S., et j'attendais avec une extrême inquiétude les renseignements dont j'avais besoin. Ils sont arrivés tels que nous les désirions. Tout à l'heure, sept heures du soir, j'irai m'en féliciter avec notre amie commune, qui partageait bien mes inquiétudes. Ah! le vilain monde! Souffrances si l'on aime, souffrances si l'on n'aime pas. Quelques gouttes de miel, comme dit Chateaubriand, dans une coupe d'absinthe. — Bois, mon enfant, c'est pour te guérir. — Bien obligé; cependant j'aimerais mieux du sucre. — A propos de sucre, j'ai reçu votre lettre du... Vous ne l'avez pas dit, mais n'importe, en vérité, j'ai beaucoup goûté vos réflexions sur le temps qui court. Pendant toute la cérémonie, je n'ai cessé de songer à cette *loterie* dont vous me parlez. Quelle *mise*, Madame, et quel *lot!* Je ne puis m'en divertir avec le *beau diable,* car il nous a quittés. Que dire de ce que nous voyons? Rien. *Et quel temps fut jamais plus fertile en miracles?* Nous en verrons d'autres, tenez cela pour sûr, et ne croyez pas que rien finisse comme on l'imagine. Les Français seront flagellés, tourmentés, massacrés, rien n'est plus juste, mais point du tout humiliés. Sans les autres, et peut-être malgré les autres, ils feront... — Eh! quoi donc? — Ah! Madame, tout ce qu'il faut et ce qu'on n'attend pas. — Voilà un vers qui est tombé de ma plume; mais n'ayez pas peur de la rime, c'est bien assez de la raison, si elle y est. D'ailleurs, c'est vous qui êtes le sujet de cette lettre; je n'aime pas battre la campagne. Un véritable rimeur qui aurait la rime et la raison ferait fort bien de rimer à Roxandre. Certes, il aurait beau jeu : prendre, entendre, comprendre, etc.; pendre même pourrait servir avec les précautions nécessaires, il ne devrait effacer que rendre. Et sur ce, que Dieu vous bénisse, et daigne prolonger la vie de tout ce qui rend la vôtre heureuse !

P. S. Je m'aperçois qu'en griffonnant mes pieds de mouche mal formés, je ne serai bientôt plus lisible. Je vous enverrai une loupe, Madame.

LETTRES

A la même.

Avant votre départ, Madame, je vous demandai votre adresse à Czarsko-Selo. Vous me répondîtes : *Je vous écrirai moi-même.* Il me sembla voir dans cette réponse une volonté ou une velléité de n'être pas prévenue, de sorte que je ne me déterminais point à vous écrire, quoique notre aimable amie m'ait offert deux ou trois fois de se charger de mes lettres. Mais aujourd'hui j'ai un motif excellent pour vous écrire, car c'est pour vous demander pardon. Mon fils est parti le 27 après midi; le 29 après midi, il était à Riga; le 30, il m'a écrit sous la même enveloppe avec le marquis Paulucci. Il y avait une troisième lettre pour vous, Madame, que le marquis me charge de faire tenir à l'aimable madame de S. (pur compliment; rien n'est plus faux). Même forme, même grandeur, impatience de lire, etc.; enfin, que voulez-vous que je vous dise? Au lieu de faire sauter le cachet de la mienne, mes doigts étourdis, conduits par de mauvais yeux, ont décacheté la vôtre. Il serait inutile de vous dire que je ne l'ai pas lue. C'est le devoir de tout honnête homme, mais je porte l'idée de ce devoir jusqu'à la superstition : je ne m'aviserais pas de lire une ligne adressée à mon fils. Je n'ai pas même tiré la lettre de son enveloppe, tant j'ai été prompt à m'apercevoir de ma distraction. Je n'en suis pas moins extrêmement mortifié. Pardon mille fois. Depuis que vous nous avez quittés, mon âme ne s'est occupée que de choses tristes. Mon fils m'a quitté. Jamais mon triste veuvage n'avait pesé si cruellement sur moi. J'étends mes bras au milieu de mes quatre murs : ils ne trouvent qu'un livre ou un laquais. Le premier, quoique muet, vaut mieux, parce qu'il ne vole pas. Il s'en faut que ce soit assez. Je vois notre excellente

amie madame de Swetchine autant que je puis. Elle m'entend fort bien et me console beaucoup. J'en ai besoin de toute manière. — Voilà d'étranges nouvelles. Quand les affaires tourneraient bien dans le sens européen, comme sujet du roi de Sardaigne, et comme père, je n'en serais pas moins *exécuté*. Ainsi, Madame, priez pour les morts.
— Mais vous qui êtes vivante, vous qui avez précisément l'âge de mon Adèle, que faites-vous dans vos bosquets, et comment vous portez-vous? J'imagine que vous serez encore plus goûtée dans cette solitude, par la raison nullement profonde que plus on vous voit, et plus on aime à vous voir. C'est cependant une grande ignorance ou une grande impuissance de ne savoir lasser personne : mais chacun a ses défauts. Vivez comme vous pourrez avec le vôtre. Adieu, Madame ; je vous quitte pour aller me traîner ici et là, et même à la campagne. Mon fils m'ordonne de quitter ma table, et sa tendresse *m'envoie promener*. Je lui obéis; et moi, Madame, je vous *ordonne* de vous bien porter, comme on dit en latin ; et si, après avoir reçu un ordre pour votre santé, vous me permettez de vous en adresser un autre relatif à la mienne, je vous *ordonnerai* de penser à moi. Recevez l'assurance bien sincère de mon tendre et inviolable respect.

A la même.

Par charité, Madame, si vous y êtes encore à temps, faites-moi le plaisir d'enjoindre à ma chère gouvernante de ne point interposer sa subtile personne dans le transport de mes meubles. Ses yeux seuls doivent veiller à l'emballage chez moi, et ceux de la petite Finnoise chez vous pour la réception. L'œuvre ne doit se faire que par les hommes : qu'elle en choisisse et qu'elle en paye autant qu'il sera nécessaire. J'espère que vous ne lui refuserez pas vos conseils pour le choix de ces hommes, dont, après tout, le nombre ne doit pas égaler à beaucoup près celui des soldats de S. M. I. Je croyais ma voiture chez vous ; j'avais donné l'ordre de l'y conduire. Mon premier ministre jure qu'il n'en sait pas davantage. Quel génie l'a mené chez le grand Joachim? Je l'ignore. Un jour, je lui demandais, pour parler, s'il pourrait abaisser son sublime talent jusqu'à raccommoder ma voiture, qui était encore fort bonne, mais dont le vernis devait être changé? Il me dit qu'il n'emploie pas sa docte main à ces ouvrages de second ordre ; mais qu'il pourrait, si je le voulais, les faire exécuter dans sa cour et sous ses yeux. Nous en demeurâmes là. A présent il va s'exercer, ainsi que sur le drochky et le traîneau, et me faire peut-être un petit compte de mille roubles, dont je ne suis nullement coupable. — Ah! que j'ai besoin de me marier! — Mais plaignez-moi ; rien n'est plus douteux que mon *établissement*. Des lettres que j'ai reçues ici me font craindre infiniment que mes pauvres femmes ne puissent avoir de passe-ports. Bientôt je saurai mon sort. Je suis sur les braises. Adèle m'écrit : *La tête me tourne ; je ne puis me persuader que nous ne puissions pas partir.* — Hélas! qui sait? J'ai été enchanté de tout ce que vous me dites sur le *beau diable* et sur les personnes qu'il a mises en mouvement. Tout cela est excellent; mais que dites vous de ce double commandement? Cela ne se voit qu'ici. S'il venait à être vainqueur par terre et battu sur mer, n'est-ce pas que cela serait drôle? Pour moi, je le crois très-capable de faire ce qu'on appelle *un beau coup*, parce qu'il a une tête ascendante, et c'est de quoi il s'agit dans le monde. Qui pourrait d'ailleurs lui refuser la qualité, qui n'est pas mince, de connaître, de chercher et d'aimer les honnêtes gens? L'idée que vous terminez par

Amen est bien importante. Combien elle a roulé dans ma tête ! Elle est très-exécutable au moyen d'une fière bonne foi, sans autre ingrédient. Si j'étais à Saint-Pétersbourg, j'irais souvent, pendant l'été actuel ou prochain, voir ce magnifique pont de pierre qui sera de bois ; et, par occasion, je pourrais aussi rendre mes devoirs à cette personne de Constantinople que vous connaissez. Quant au saint synode et à mademoiselle de B...(1), je pourrais les passer sous silence. Il est impossible de faire marcher quatre merveilles de front. Si vous savez encore quelque chose ou de Moldavie ou d'ailleurs, envoyez-moi cela comme on jette une *grivna* (2) à un mendiant. Je suis ici dans un désert et une ignorance de toutes choses qui passe l'imagination. J'ai bien ri du commerce épistolaire dont vous me parlez ; mais vous avez bien jugé de ma discrétion : je n'en parlerai à personne, pas plus que de la maxime générale que vous y joignez. Jamais je n'ai trahi votre sexe. Si l'homme était jeune, il ferait brûler la demoiselle comme un tison. Elle fumera au moins. J'accepte, avec une reconnaissance infinie, la déclaration que vous me faites. Croyez bien que, *per parte mia*, votre estime et même votre confiance (en mettant toujours à part les correspondances officielles, comme celles de Sophie) *sont une portion intégrante de mon bien-être*. J'espère que cette tournure technique est assez respectable. Présentez toujours autour de vous mes tendres et respectueux hommages. Je vous plains beaucoup pour le jour de la séparation. C'est une véritable *amputation*. Combien je suis sensible au souvenir du vénérable papa ! Faites parvenir le mien, je vous en prie, par monts et par vaux, jusqu'à lui et monsieur son fils. Je ne sais, Madame, ni quand ni comment vous me reverrez, ni quelle mine

---

(1) Personnes qui demeuraient dans un même pavillon que madame de S.
(2) Petite monnaie d'argent valant dix kopecks. — Le comte de Maistre écrivait de Polotsk.

3.

vous me trouverez. Tout est douteux, excepté, entre autres choses, le respect infini et le dévouement particulier dont je fais profession pour votre excellente personne.

A la même.

Madame,

Pour établir la grande vérité que les voyages forment les jeunes gens, le digne Voltaire citait fort à propos Sem, Cham et Japhet. — J'espère que bientôt nous aurons une autorité de plus, et que l'excellente Roxandre joindra incessamment son nom à ceux de ces trois grands patriarches. Quoique nous la tenions pour Européenne, et par conséquent fille de Japhet, il est vrai cependant qu'elle est un peu voisine de Sem, et qu'à ce titre le pays des miracles et des révélations lui est moins étranger qu'à nous. Quand vous posséderons-nous donc encore, aimable et respectable amie? et quand pourrons-nous *deviser* avec vous autour de la table ronde, où le thé ne paraîtra que pour la forme? — Placée entre madame de S...ne et moi, nous comptons vous presser sans miséricorde, comme une orange. Le mieux pour vous sera de nous laisser faire; vous ne pouvez en conscience nous refuser cette *limonade*. Que vous aurez de choses à nous dire, et que j'aurai pour mon compte de plaisir à vous entendre! Je vous ai envié celui de parcourir un pays si intéressant dans un moment d'enthousiasme et d'inspiration. Je ne cesserai de le dire comme de le croire: l'homme ne vaut que parce qu'il croit. Qui ne croit rien ne vaut rien. Ce n'est pas qu'il faille croire des sornettes; mais toujours vaudrait-il mieux croire trop que ne croire rien. Nous en parlerons plus longuement. Quel immense sujet, Madame, que les considérations politiques dans leurs rapports avec de plus hautes considérations ! Tout se tient, tout *s'accroche*, tout se marie ; et lors même que l'ensemble échappe à nos faibles yeux, c'est une consolation cependant de savoir que cet ensemble existe, et de lui rendre hommage dans l'auguste brouillard où il se cache. Depuis que vous nous avez quittés, j'ai beaucoup griffonné, mais je ne suis pas tenté de faire une visite à M. Antoine Pluchard (1). Il n'y a point ici un théâtre pour parler un certain langage. Le grand théâtre est maintenant fermé ; et qui sait *si* et *quand* et *comment* il se rouvrira (2) ? Je travaille, en attendant, tout comme si le monde devait me donner audience, mais sans aucun projet quelconque que celui de laisser tout à Rodolphe. Si par hasard, pendant que je me promène encore sur cette pauvre planète, il se présentait un de ces moments d'à-propos sur lesquels le tact ne se trompe guère, je dirais à mes chiffons : *Partez, muscade !* Mais quoique je regarde comme sûr que ce moment arrivera, cependant son importance même me persuade qu'il est encore fort éloigné. A vous donc la balle ! mais, en attendant, rien ne nous empêche de nous féliciter ensemble sur l'événement qui me paraît infaillible. La fermentation que vous avez vue annonce l'explosion qu'on verra. Je voudrais encore jaser avec vous ; mais toujours on prend mal son temps, on se laisse saisir par des occasions qui vous *talonnent*, et j'y suis particulièrement sujet. Je m'en confesse ; ainsi point de représailles, je vous en prie. Je me recommande de tout mon cœur à votre souvenir ; vous savez le prix que j'y attache : personne ne vous estime, ne vous aime, ne vous vénère plus sincèrement que moi.

(1) Libraire-imprimeur à Pétersbourg.
(2) Le comte de Maistre entend Paris.

A la même.

Madame,

J'ai reçu avec beaucoup de plaisir et une extrême reconnaissance la lettre que vous avez eu la bonté de m'écrire le 17 du mois passé. J'allais moi-même vous attaquer, lorsque votre *gentilissimo foglio* est arrivé, et je l'aurais fait plus tôt, si j'avais été possesseur de ma tête; mais j'étais, depuis plusieurs jours, à peu près fou. Sur quelques mots arrivés, je ne sais comment, à mon oreille attentive, j'avais deviné que mon fils avait été blessé. L'imagination paternelle, brodant sur ce texte léger, et profondément affectée d'ailleurs de l'effroyable malheur de cette pauvre comtesse Strogonoff, avait porté les choses au pire. Très-mal à propos, les personnes instruites ne voulaient pas m'instruire; moi, je n'osais point interroger. Enfin, Madame, très-persuadé que, dans ces sortes de positions, il ne faut pas porter sa triste figure dans le monde, je m'étais enfermé dans ma tanière plus mort que vif, respirant sans vivre, lorsqu'un étranger eut la charité, au pied de la lettre, de me dire précisément les mêmes choses que vous me dites. Cependant, au moment où je vous écris, je n'ai point encore de lettres de Rodolphe. — Malgré tout ce qu'on me dit, je suis fort en peine, non pas tant pour cette blessure de Troyes que pour tout ce qui a suivi; car il fait chaud dans cette France. Tout ce qui se passe me rappelle la fameuse réponse faite à Charles-Quint par un gentilhomme français, son prisonnier. — *Monsieur un tel, combien y a-t-il d'ici à Paris?* — Sire, *cinq* JOURNÉES (avec une profonde révérence). Au reste, Madame, après le congrès qui a donné à *notre ami* Napoléon les deux choses dont il avait le plus besoin, le temps et l'opinion, on n'a le droit de s'étonner de rien. Il faut avouer aussi que cet aimable homme ne sait pas mal son métier. Je tremble en voyant les manœuvres de cet enragé, et son ascendant incroyable sur les esprits. Quand j'entends parler, dans les salons de Pétersbourg, de ses fautes et de la supériorité de nos généraux, je me sens le gosier serré par je ne sais quel rire convulsif aimable comme la cravate d'un pendu.

Après tout cependant, et en admettant même toutes les catastrophes préliminaires dont on nous menace, il faut que justice se fasse et que le monstre périsse. La raison un peu illuminée ne peut admettre l'établissement tranquille de cet homme ni celui de sa race. Les succès qui l'ont accompagné si longtemps pouvant inviter les demoiselles à épouser des hommes mariés, vous sentez combien il est important pour votre ordre qu'il fasse très-mauvaise fin, afin que les usages salutaires et éprouvés subsistent tels qu'ils sont. Ce point ne me paraissant nullement douteux, passons à un autre. Je vous invite de toutes mes forces, Madame, à employer toutes les forces et toute l'attention de votre bon esprit pour suivre et reconnaître à fond cette fermentation morale dont vous me parlez, et qui semble s'accroître tous les jours. Examinez-la dans les hommes, **dans les femmes**, dans les catholiques et dans les **protestants**. Voyez si elle se fait en plus ou en moins, si elle ôte des dogmes aux premiers et si elle en donne aux seconds; examinez-les bien sur la divinité du Verbe, sur les sacrements, sur la hiérarchie, sur l'essence et les droits du sacerdoce, sur les idées mystiques, et sur les auteurs qui, dans ce genre, ont obtenu leur confiance. Voyez surtout (et ceci est le plus essentiel) si ces nouvelles idées atteignent la science, et quelle espèce de coalition ces deux dames ont faite ensemble. Si j'en juge par ce que je vois ici, aucun savant n'a prêté l'oreille à la nouvelle doctrine. Je ne vois parmi ses disciples que de fort honnêtes gens sans doute, mais qui ne savent rien du tout, ou qui savent très-mal, ce qui est bien pire. Prenez bien vos notes, Madame, et puis vous nous écrirez, réservant ce que vous jugerez convenable pour les premières soirées que nous passerons ensemble. Enfin, je compte sur vous; ne trompez pas mes espérances.

Je m'étonne que vous n'ayez pu rien savoir du *Bègue* (1), d'autant plus qu'il s'était fixé à Stuttgard, où il est peut-être encore. Sur ce point le sort me lutine, car il ne m'a pas été possible d'apprendre un mot à cet égard. Je prends donc le parti de n'y plus penser, et de m'en reposer pleinement sur le Maître, qui ne permettra, je pense, aucun *sproposito*. Le *salmigondis* chrétien que vous me décrivez est charmant. Ah! si ce jeune homme dont vous me parlez, et que vous attendiez, voulait *approcher* des sacrements, comme il serait aimable et chéri du ciel! Mandez-moi ce qui en est.

Voulez-vous que je vous conte à mon tour quelque chose dans le genre du *salmigondis?* — Le samedi saint, un jeune nègre de la côte de Congo a été baptisé dans l'église catholique de Saint-Pétersbourg. Le célébrant était un jésuite portugais; la marraine, la première dame d'honneur de la feue reine de France, madame la princesse de Tarente; le parrain, le ministre du roi de Sardaigne. Le néophyte a été interrogé et a répondu en anglais. *Do you believe?* — *I believe*. En vérité, ceci ne peut se voir que dans ce pays, à cette époque. — La bonne amie Sophie est toujours telle que vous l'avez laissée, c'est-à-dire bonne et aimable au superlatif, mais *sans principes fixes* pour la santé. Je ne puis vous dire combien ce tem-

---

(1) Il s'agissait d'un agent du roi de Sardaigne qu'on avait expédié à l'empereur de Russie, sans en prévenir le comte de Maistre.

pérament m'impatiente. Au premier coup d'œil, elle a l'air parfaitement bien portante, et jamais on n'est sûr d'elle. C'est la seule manière dont elle trompe. Cependant elle se porte bien mieux que la pauvre petite Nadine, qui me paraît fort mal *acheminée*. On dit bien qu'il y a du mieux, mais je ne m'y fie guère. Je sens combien cette douce société est nécessaire à l'excellente dame. Si les choses tournent mal, ce qui me paraît probable, ce sera un coup terrible pour elle. Sous ce rapport seul, j'en serais extrêmement affligé; mais la jeunesse disparaissant dans sa fleur a quelque chose de particulièrement terrible. On dirait que c'est une injustice. Ah! le vilain monde! J'ai toujours dit qu'il ne pourrait aller, si nous avions le sens commun. Si nous venions à réfléchir bien sérieusement qu'une vie commune de vingt-cinq ans nous a été donnée pour être partagée entre nous, comme il plaît à la loi inconnue qui mène tout, et que si vous atteignez vingt-six ans, c'est une preuve qu'un autre est mort à vingt-quatre, en vérité chacun se coucherait, et daignerait à peine s'habiller. C'est notre folie qui fait tout aller. L'un se marie, l'autre donne une bataille, un troisième bâtit, etc., sans penser le moins du monde qu'il ne verra point ses enfants, qu'il n'entendra point le *Te Deum*, et qu'il ne logera jamais chez lui. N'importe, tout marche, et c'est assez.

Voilà une énorme lettre; qui sait si vous l'achèverez! J'espère un peu que oui, puisque vous me dites que mes lettres ne vous ennuient point du tout. Voudriez-vous me tromper? Ma foi, je n'en crois rien. Je suis toujours porté à vous croire sur tout. J'espère qu'à votre tour vous ne doutez pas du prix que j'attache à votre souvenir et à tous les témoignages que vous m'en donnez. Je n'aurais pas le moindre talent pour le genre persuasif, si la justice que je rends à votre mérite n'était pas au premier rang des choses dont il ne vous est pas permis de douter. Je n'ai jamais varié sur cet article de foi, depuis le moment où le plus heureux hasard me conduisit en Grèce. Je ne connais aucune personne de votre sexe plus digne de concentrer toutes les affections, toute l'estime, toute la confiance d'une créature un peu raffinée de notre espèce. J'ai vu ce matin l'excellent frère Aleco, avec lequel nous avons beaucoup parlé de notre cher amiral. Vous savez ou vous ne savez pas qu'il part pour l'Angleterre. Il s'est félicité avec moi sur ce qu'enfin il est libre ; mais il a parlé tout seul, et s'il a compté sur mon approbation, il s'est trompé. Heureusement il s'en passera aisément, ainsi que de toutes les autres. Quel étrange phénomène moral que cet homme ! Jamais je n'en ai vu qui entende mieux et qui écoute plus mal. Je me recommande instamment à votre précieux souvenir, vous priant **de vouloir** bien m'écrire un peu, si vous voulez me **faire beaucoup** de plaisir. — *Ed in tanto pieno di venerazione e di ossequioso attacamento, riveritamente m'inchino al di lei distintissimo merito.*

LETTRES

ADRESSÉES

A M. LE COMTE JOSEPH DE MAISTRE.

Lettre de M. le baron d'Erlach de Spietz, ancien bailli de Lausanne, à M. le comte de Maistre.

Berne, 22 août 1797.

La très-intéressante lettre que vous avez eu la bonté de m'écrire, Monsieur le comte, le 2 août, a fait un assez long circuit ; elle a d'abord été me chercher à Frauenfeld, et m'a enfin trouvé à Bade, d'où je suis de retour depuis avant-hier. Elle m'a fait, malgré ce retard, le plus grand plaisir ; elle m'a prouvé que vous aviez la bonté de penser encore à moi ; et les détails ont été pour nous aussi neufs que si je l'avais reçue plus tôt, vu qu'on était très-mal informé de ce qui s'était passé. Cet événement singulier que vous avez si bien dépeint est, je crois, unique dans l'histoire ; je n'en connais du moins aucun qui lui ressemble ; mais je ne puis m'empêcher de regretter que le gouvernement ait pris ce moment pour faire un décret pareil contre la noblesse : il me paraît injuste, inutile, et peut-être même dangereux. Quoi qu'il en soit, je souhaite que cette secousse soit la dernière que vous ayez à essuyer, et que vous puissiez demeurer spectateurs tranquilles des convulsions qui vont agiter l'Italie encore longtemps, et qui ramèneront peut-être les temps des Condottieri, des Guelfes et des Gibelins ; alors il vous faudra un monarque d'un caractère fort et vigoureux, qui puisse délivrer ce beau pays du fléau des républiques. C'était bien le comble du délire des philosophes modernes, que la manie d'établir partout des républiques, et, qui pis est, des démocraties. Le gouvernement républicain en général, mais surtout le démocratique, est le plus mauvais de tous; il ne convient qu'à de très-petits États pauvres; encore la corruption, et surtout la vénalité, ne tardent-elles pas à s'y établir: il n'y a qu'à venir voir nos républiques en Suisse. Dans les aristocraties, on trouvera partout moins de liberté personnelle que dans les monarchies; et dans les démocraties on ne trouvera que désordre et anarchie. Nous avons eu un moment critique en juin et juillet. Bonaparte, à l'instigation du brouillon Coineyras, a tout à coup demandé à la république du Valais passage sur son territoire pour les armées françaises et cisalpines, pour avoir une communication facile entre ces deux républiques; il a même envoyé Coineyras à Saint-Maurice pour solliciter une prompte réponse. Le Valais a répondu qu'il ne pouvait consentir à rien sans l'aveu du corps helvétique, dont la diète allait commencer le 3 juillet. Les députés valaisans y sont venus; le corps helvétique a pris sur-le-champ et à l'unanimité la résolution de dire à la république du Valais qu'elle devait refuser le passage; 2° de faire des représentations sur cette demande au directoire exécutif, au nom duquel Bonaparte avait parlé, et de lui déclarer qu'on n'y consentirait jamais. Le directoire a répondu d'une manière très-satisfaisante, et l'affaire en est restée là. On prétend que Bonaparte a dit, en recevant la lettre négative du Valais: « Voilà la première nation qui ose me dire, Non. » J'ignore si cette anecdote est vraie. Depuis lors nous sommes fort tranquilles; mais nous avons aussi le poison dans l'intérieur, et ce poison tôt ou tard nous consumera, s'il n'arrive pas un autre ordre de choses en France. Il existe une société de vrais propagandistes dans les cantons protestants de Glaris et d'Appenzell, dont le but est de révolutionner toute la Suisse ; ce sont eux qui ont fomenté les troubles de Zurich, et puis ceux du pays de Saint-Gall, dans lequel ils ont jeté beaucoup d'argent, qui leur a vraisemblablement été fourni par Coineyras et Bonaparte. Ces derniers troubles viennent d'être apaisés pour le moment par les cantons protecteurs de Saint-Gall ; mais cette paix plâtrée ne durera pas longtemps. Le peuple, à qui on a accordé tout ce qu'il a demandé, n'est pas content, et veut encore davantage. L'abbé a ratifié les concessions, mais il s'est enfui très-mécontent en Allemagne, et le couvent est partagé en deux factions, dont l'une soutient l'abbé, et l'autre le peuple.

Ma correspondance avec le baron a eu des malheurs : deux de ses lettres ont été perdues, les miennes retardées. Les siennes ne m'apprennent pas grand'chose ; il n'est ni clair ni concis : soit que ce soit son goût ou soit nécessité, son style est souvent énigmatique, et il substitue souvent aux noms propres des épithètes très-difficiles à deviner ; mais son cœur est toujours excellent.

J'ai fait communiquer votre lettre, Monsieur le comte, par ma femme, à M. Mallet ; je ne l'ai point vu encore depuis mon retour ; je le crois sur le point de partir, car vous savez l'injustice basse, lâche et vraiment républicaine qu'on exerce vis-à-vis de lui : il a toujours employé sa plume à la défense des gouvernements, il a écrit nommément pour le nôtre dans une époque critique ; et, pour récompense, on le chasse. La reconnaissance est une vertu non-seulement inconnue aux républiques, mais elle est même incompatible, et plus un homme a de mérite, moins il doit s'y attendre : il n'y a que les sots qui ne font ombrage à personne, et qui sont chéris.

Adieu, Monsieur le comte ; ma femme me charge de

mille choses pour vous ; vous me feriez bien plaisir si vous vouliez me donner de vos nouvelles dans vos moments perdus. Ne doutez surtout jamais, je vous prie, des sentiments bien sincères d'amitié, de dévouement et de considération distinguée que je vous ai voués, et avec lesquels j'ai l'honneur d'être, Monsieur le comte,

Votre très-humble et obéissant serviteur,

D'ERLACH DE SPIETZ.

Lettre du cher Nicolas de Maistre à madame la comtesse Ponte, née de Ruffia.

Vigevano, 17 mai 1798.

Vous me reprochez, ma chère comtesse, de ne vous avoir pas instruite moi-même de nos succès : je vous assure qu'on m'a bien ôté l'envie d'écrire. Depuis le 17 avril que j'ai quitté Novare, je n'ai pas passé deux nuits au même endroit. On m'a encore chargé de **conduire les prisonniers à Casal** ; et depuis quatre jours que je suis à Vigevano je passe quinze heures au lit pour me restaurer un peu ; car je suis de la nature des chevaux anglais, qui galopent jusqu'au moment où ils crèvent. Vraiment, je n'en puis plus ; mais notre victoire a été complète, et il la fallait telle, car je vous assure que l'État était en grand danger. Surtout, il n'y avait pas de temps à perdre : le temps est court à la guerre. Je n'ai rien à me reprocher sur cet article : à peine m'eut-on permis de marcher, que je pris la course. Après quatre heures de marche forcée, j'arrivai au plus fort du combat, au moment où Alciati, avec quatre cents hommes seulement, faisait face à un ennemi deux fois plus nombreux, et qui avait de l'artillerie. Il avait été forcé de se placer derrière la rivière de Strona, et défendait le pont et le village de Gravelone. Si j'avais perdu dix minutes, peut-être tout était perdu : aussi je fus le bienvenu. Je ne me fis point annoncer, on ne me fit point faire antichambre, et à peine je parus, qu'on me pria à danser. Alciati vint à moi, et me dit qu'on allait se tuer toute la journée d'un bord de la rivière à l'autre; qu'il fallait quelque chose de décisif; qu'il pensait que l'on pouvait passer la rivière, et voler sur les canons à armes blanches. Je ne balançai pas; je me jetai dedans... *Savoie ! Savoie ! en avant !...* Ce vieux mot, tout écrasé qu'il est, nous fait toujours battre le cœur. Mes chers grenadiers dans l'instant sont autour de moi ; l'enthousiasme se communique; bientôt tous les braves sont sur l'autre bord. J'avais à peu près trois cents hommes, dont cent du régiment de la marine. L'ennemi, qui ne s'attendait pas à ce renfort et qui comptait sur la rivière, avait réuni ses forces sur la droite, pour forcer le pont de Gravelone; et il était faible sur la gauche, où je fis mon attaque. Le général français qui commandait le vit d'abord, et il prit deux compagnies sur la droite pour les amener sur la gauche ; mais il n'y fut pas à temps : nous avions déjà culbuté ce qui était devant nous; nous avions fait taire le canon de la gauche, mais surtout nous avions déjà frappé le coup sur l'opinion. L'épouvante fut générale, et bientôt la déroute complète. Tout fut écrasé ou dispersé; il n'en resta pas dix ensemble. Nous poursuivîmes l'ennemi sans relâche jusqu'au village d'Ornavazzo, à trois milles du champ de bataille, où nous nous arrêtâmes enfin, vaincus par la fatigue; car depuis douze heures (sans boire ni manger) nous n'avions pas cessé de marcher et de nous battre. Voilà, ma chère comtesse, une petite idée de ce qui me regarde dans cette affaire. Vous voyez que j'ai été heureux. Je me suis trouvé dans un moment décisif, important pour tout le monde, et où ce que j'ai fait a pu m'appartenir; car, dans le fond, je n'ai pas servi autrement ce jour-là que pendant toute la guerre. Lorsque Colli se faisait chanter, le vieux Savoie était toujours à la tête de sa colonne; mes chasseurs étaient ses gardes du corps. Ma plus grande jouissance a été de secourir mon régiment même, mes propres camarades; car, des quatre cents hommes qu'avait Alciati, deux cents étaient de Savoie. Je suis fâché qu'une simple lettre ne me permette pas de vous écrire les détails; de vous parler surtout du brave d'Oncieu, qui, sur le bruit public, avait pris la poste; qui arriva la veille de la bataille; qui, au moment de son arrivée, marcha pour reconnaître l'ennemi; qui donna dans le gros de l'armée, n'ayant que quarante hommes; qui trompa l'ennemi, en l'attaquant avec audace; qui perdit quinze hommes sur quarante, sans perdre son terrain; qui se retira quand il le voulut, sans être poursuivi. Le lendemain, quand les deux colonnes de Savoie se joignirent, le premier que je vis fut d'Oncieu. Je le croyais à Turin, dans les bras de sa femme, et je le trouve sur le champ de bataille! Nous ne nous quittâmes plus.

Je puis vous assurer, ma chère comtesse, que, s'il vous était possible de sentir un instant ces grandes agitations de l'âme, vous en seriez enchantée. On n'est heureux que lorsqu'on est fortement ému; et si les batailles étaient quelque chose de fort commun, que l'on pût voir très-souvent, je suis persuadé que les vieux soldats finiraient par ne pouvoir plus s'en passer, et qu'ils en prendraient une tous les matins, comme ils prennent l'eau-de-vie.

(Copié sur l'original, à Turin, le 25 mai 1798.)

Lettre du roi Louis XVIII au comte de Maistre.

A Varsovie, ce 25 juin 1801.

Reçue à Morzinka, près Pétersbourg, le 27 juin (9 juillet).

Votre excellent ouvrage m'a donné, Monsieur, presque autant de droits sur vous, qu'il vous en a donné sur moi. Je ne chercherais cependant pas à vous dérober quelques-uns de ces moments qui sont tous dus à mon frère, à mon ami, à mon compagnon d'infortune, si je n'avais d'autres titres à faire valoir auprès de vous. Mais l'amitié promise de votre part au comte d'Avaray en est un plus puissant ; c'est à ce sentiment, qui est aussi ma propriété, puisqu'il appartient à mon ami, que j'ai recours aujourd'hui avec une pleine confiance. Je laisse à celui qui forme entre nous un lien qui m'est précieux, à vous développer ma pensée ; mais je me suis réservé à moi-même le plaisir de vous assurer, Monsieur, de tous les sentiments que vous m'avez inspirés, et qui ne finiront qu'avec ma vie.

Louis.

Réponse du comte de Maistre.

Saint-Pétersbourg, 28 juin (10 juillet 1804.

Sire,

L'inestimable conquête que j'ai faite à Rome, en devenant l'ami de l'ami de Votre Majesté, me procure aujourd'hui un honneur auquel je n'avais nul droit de m'attendre. Quoiqu'il me soit impossible de répondre par ce courrier à la lettre qui m'a transmis celle de Votre Majesté, je ne puis néanmoins tarder un instant de mettre à ses pieds ma vive et respectueuse reconnaissance. Oui, sans doute, Sire, l'ami, le frère, le compagnon d'infortune du roi, mon maître, a toute sorte de droits sur ma personne; mais l'honorable tâche que Votre Majesté veut bien m'imposer présente, du moins dans la forme qui me semble prescrite, des difficultés que je soumettrai incessamment à son coup d'œil pénétrant. Aujourd'hui, je ne puis exprimer que des actions de grâces.

Je croyais, Sire, n'avoir plus rien à laisser à mon fils : je me trompais. Je lui léguerai la lettre de Votre Majesté.

Je suis, etc.

Lettre du comte de Maistre à l'empereur Alexandre.

Saint-Pétersbourg, 6 (18) avril 1805.

Sire,

Son Excellence monsieur le ministre de la marine vient de me faire connaître que Votre Majesté avait daigné attacher mon frère à son service, en lui confiant la place de directeur de la bibliothèque et du musée de l'Amirauté. Votre Majesté Impériale, en me le rendant, me rend la vie bien moins amère. C'est un bienfait accordé à moi autant qu'à lui. J'espère donc qu'elle me permettra de mettre à ses pieds les sentiments dont cette faveur m'a pénétré. Si je pouvais oublier les fonctions que j'ai l'honneur d'exercer auprès de Votre Majesté Impériale, j'envierais à mon frère le bonheur qu'il aura de lui consacrer toutes ses facultés. Jamais, au moins, il ne me surpassera dans la reconnaissance, le dévouement sans bornes, et le très-profond respect avec lequel, etc.

Signé, DE MAISTRE.

Réponse de Sa Majesté Impériale.

Saint-Pétersbourg, ce 19 avril 1805.

Monsieur le comte de Maistre,

J'ai lu avec plaisir la lettre que vous m'avez écrite à la suite de l'emploi que j'ai confié à votre frère. Il m'a été agréable d'avoir pu, par ce que j'ai fait pour lui, vous donner aussi une preuve de mes dispositions à votre égard. Le dévouement sans bornes avec lequel vous servez Sa Majesté Sarde est un titre à mon estime particulière, dont j'aime à vous réitérer ici le témoignage certain.

Signé, ALEXANDRE.

Lettre du vicomte de Bonald au comte de Maistre.

Paris, 7 octobre 1814.
Reçue le 28 décembre.

Monsieur,

Je n'ai reçu qu'hier (4) la lettre que vous m'avez fait l'honneur de m'écrire en date du 1er (13) juillet. Elle a mis trois mois en route. Je pense qu'elle est venue, à cause de la brochure qui y était jointe, par une occasion qui est sûre sans doute, mais qui est bien lente.

J'ai vu, avec un plaisir difficile à exprimer, que vous aviez reçu, dans le temps, une réponse que j'avais hasardée à travers les flots et les armées. Je n'osais pas m'en flatter. J'aurais eu l'honneur de vous écrire par plusieurs officiers russes que j'ai vus à Paris, si l'on ne m'eût donné l'espoir de vous voir ici, et même prochainement : votre lettre ne m'en dit rien, et je crains bien que tout ce qui se passe dans notre Europe ne vous retienne encore dans la vôtre.

Je n'ai pas pu lire encore ce que vous avez eu la bonté de m'envoyer. Un de vos zélés admirateurs, M. de Fontanes, grand maître de l'université, me l'a arraché. Très-sûrement, je le ferai imprimer ; mais je le réunirai avec vos *Considérations*, dont toutes les éditions sont épuisées et que l'on demande inutilement. Le volume sera d'une grosseur raisonnable, et je pense que je trouverai quelque imprimeur plus traitable que M. Pluchart.

Depuis le 1er juillet, il se passe ici bien des choses qui ne vous feront pas changer d'avis, pas plus qu'à moi, sur la folie des constitutions écrites : nous y sommes tout à fait. A qui le devons-nous ? Est-ce à des volontés armées, ou à de secrètes insinuations ? A l'un et à l'autre, sans doute. Mais jamais la philosophie irréligieuse et impolitique n'a remporté un triomphe plus complet : c'est sous l'égide des noms les plus respectables, et à la faveur des circonstances les plus miraculeuses, qu'elle a introduit en France, qu'elle y a établi ce que l'homme de l'île d'Elbe lui-même aurait toujours repoussé, et dont il avait même déjà culbuté les premiers essais. Si l'Europe est destinée à périr, elle périra par là ; et le prodige de la restauration dont elle abuse sera cette dernière grâce que le pécheur méconnaît, et après laquelle il tombe dans un irrémédiable endurcissement. Religion, royauté, noblesse, tout est dépouillé, tout est réduit à vivre de salaires et de pensions, tout est en viager, et à fonds perdus... Le presbytérianisme de la religion suivra le popularisme de la constitution politique, à moins que la religion, plus forte, ne ramène le gouvernement à la monarchie. J'avais écrit quelque chose sur ce sujet, à l'instant que le sénat fit paraître son projet ; j'y annonçais, pour la révolution française, une issue semblable à celle de la révolution d'Angleterre en 1688, si l'on s'obstinait à vouloir nous constituer. Des considérations puissantes, des autorités respectables, me firent supprimer cet écrit ; le coup d'ailleurs était porté, et rien ne pouvait nous sauver. Peut-être manquait-il à l'Europe cette dernière expérience, et toujours aux dépens de la France.

Vous aurez pu voir que les mêmes choses ramènent dans le gouvernement les mêmes personnes. On n'a exclu que les régicides, et ils se plaignent hautement de cette exclusion comme d'un tort ; et ils osent imprimer, publier, avec noms et adresse d'auteur, leurs réclamations, et justifier leur régicide ou le rejeter sur le parti opposé : cela fait horreur, et flétrit l'âme à un point qu'on ne saurait dire. Avec une autre conduite, on aurait tout rétabli, on aurait rebâti sur les fondements, au lieu qu'on bâtit à côté des fondements.

Les puissances étrangères, si elles ont influé sur la constitution de la France, sont bien aveugles de ne pas voir que la France ne peut leur servir qu'étant monarchie, et qu'avec toute autre forme de gouvernement elle ne peut être pour eux qu'un sujet d'inquiétude, d'alarmes, de dépense et de dangers, fatale aux forts, inutile aux faibles, importune à tous. La politique guerrière est grande et noble ; la politique législative, incertaine, étroite et faible. Il y avait tant d'enthousiasme en France, tant de dispositions à rentrer dans les voies de la justice, que tout eût été possible, et même la résurrection des morts. Mais dans un siècle de peu de foi, on doute, et on est perdu ; et, au lieu de cette foi qui transporte les montagnes, on agit par de petites considérations qui échouent devant un fétu.

Je n'ai rien demandé que la croix de Saint-Louis, que j'ai obtenue. Le roi m'a traité avec une bonté particulière. Les ministres voulaient me faire conseiller d'État ; je ne suis rien, je n'ai même été consulté sur rien. Je ne me présente jamais pour quoi que ce soit. Ici comme ailleurs, sans doute, et plus qu'ailleurs, il faut payer d'effronterie ; tous les autres titres sont inutiles sans celui-là. Au fond, où que l'on soit, il faut coopérer à quelque chose qui répugne à la justice ou à la charité, et dans la législation, ou dans l'exécution, ordonner ou mettre en pratique des lois spoliatrices ; et en vérité, quelque imposante et légitime que soit l'autorité dont elles émanent, je ne brigue pas la faveur d'un regret, si ce n'est d'un remords : mais il faut vivre, et je n'ai que ma place de l'université, que j'ai acceptée par force, que je quitterai sans regret, et qui est menacée au moins de réduction ; et j'ai beaucoup d'enfants et de petits-enfants ; et à soixante ans, et après la restauration, et après avoir obstinément refusé du tyran la fortune la plus brillante, et après quarante ans de travaux, je ne sais ce que je deviendrai. Je vois qu'en général on redoute certains noms et certaines opinions ; rien de trop prononcé ne convient.

Cependant, je crois que nous serons tranquilles ; nous tomberons peut-être petit à petit, sans écroulement bruyant et total. Je ne parle toutefois que d'après les apparences ; car, au fond, je ne puis renoncer à l'idée que la France est appelée à une sorte de magistrature religieuse et politique. Soit par l'exemple de ses malheurs, soit par celui de ses vertus, elle doit toujours instruire : dans ce moment, ma pauvre patrie est abaissée, déshonorée à un point qui m'arrache, en vous écrivant, des larmes amères. Tous les jours elle s'enfonce davantage ; et ce désolant spectacle du crime triomphant y détruit toute la morale, et jette dans les âmes une indifférence mortelle pour tout ce qui est grand, noble et élevé.

16 novembre.

Vous vous étonnerez peut-être, Monsieur, du long intervalle de temps qui sépare cette seconde partie de ma lettre de la première. Votre ouvrage, que j'avais prêté au grand maître avant de le lire moi-même, parce qu'il m'a surpris au moment que je venais de le recevoir, fut par lui prêté à d'autres. J'en avais parlé à mon imprimeur, qui, se trouvant chez moi en mon absence, au moment que l'on venait de me le rapporter, s'en empara pour l'imprimer, ce qui a été fait avec la petite note que vous aviez indiquée, à propos de la déclaration du clergé de France (*On s'apercevra, à la lecture de cet ouvrage, que l'auteur n'est pas né en France*). L'ouvrage est imprimé; il l'a même été avant la promulgation de la loi sur la liberté de la presse. Il a fallu cependant le montrer à la censure. En attendant, il circule, à la satisfaction de tous les bons esprits; j'en ai fait à votre intention présent à bien du monde. C'est un livre excellent; ce sont vos belles *Considérations*, c'est vous, Monsieur, et vous tout entier; je dirai même, c'est moi, car j'y retrouve tous mes sentiments et toutes mes opinions : je le répète, c'est un livre d'or. *Opus aureum!* Je me sers des mêmes expressions que Leibnitz en parlant de l'*Exposition de la foi* par Bossuet, dans un écrit *autographe* que j'ai vérifié moi-même. Trouvé à la bibliothèque de Hanovre, porté ici, on le traduit dans ce moment (il est en latin). Leibnitz y discute tous les dogmes controversés entre les deux communions, et se range toujours du parti catholique; au point que ce qu'il dit sur l'autorité du pape n'aurait pas pu paraître sous le règne de l'homme au cœur et même au masque de fer. Je vous apprends l'existence de cet ouvrage peu connu, pour votre satisfaction; nous n'avons pas besoin, nous, de cette autorité, ni d'aucune autorité humaine; mais celle-là fait plaisir; et quoiqu'on sache marcher seul, on est bien aise de se trouver en si bonne compagnie. Connaissez-vous un ouvrage très-original, d'un homme plus original encore que son ouvrage, et que j'ai vu ici : *De l'Angleterre*, par **M.** *Rubichon*, fait et imprimé à Londres, où l'auteur (négociant français, né à Grenoble) réside depuis vingt-cinq ans? Lisez cela, je vous prie : il y a plus que de l'esprit. Je vous trouve un peu anglican dans les éloges que vous donnez, non à la constitution, je crois, de l'Angleterre, mais à son esprit public, qui ne me paraît être, comme celui des anciens, que la haine des autres peuples, la jalousie des autres commerces, l'envie contre toutes les autres supériorités, etc. Je vois qu'ils nous font bien du mal : nous le leur rendons par une belle haine dans ce moment. Les uns par crainte de ce que les Anglais veulent faire, les autres par ressentiment de ce qu'ils ont fait, quelques-uns par esprit national et dépit de voir la France abaissée devant sa rivale, s'accordent assez dans le même sentiment d'humeur contre elle. Cette triste et haineuse disposition fait trembler, surtout avec le peu d'accord qui règne au congrès. J'ai vu des lettres de ce pays-là, qui ne donnent pas grande espérance de paix et de modération. Il serait mal et odieux de faire regretter l'homme qu'on a détrôné. On veut affaiblir la France : il ne fallait que *l'apaiser*, calmer sa fièvre. Malheureusement on a fait tout le contraire, en laissant des espérances même aux désirs les plus chimériques : les grands pénitenciers de l'Europe auraient dû opérer notre conversion, en *éloignant* les occasions et les tentations de rechute. On a beau faire, on sentira que la France ne joue pas un assez grand rôle dans cette réunion de souverains ; elle seule avait, comme aînée de la grande famille, la clef des affaires communes.

Sans elle, on n'aurait rien fini à la paix de Westphalie ; sans elle encore, on ne fera rien à Vienne. Mais si l'on n'y fait rien, on se séparera prêt à faire quelque chose ; et quoique l'extrême lassitude éloigne pour le moment le danger, le feu couvera sous la cendre, et l'incendie éclatera. Nous croyons ici qu'il y a près de votre empereur un homme bien dangereux, Suisse de nation, grand partisan de constitutions écrites et des choses qui ne s'écrivent pas. C'est un affreux déchaînement d'athéisme dans toute l'Europe, et une rage de détruire le catholicisme portée à son dernier excès. Heureusement on aperçoit, au centre, un grain de senevé qui peut devenir un grand arbre : les Jésuites rétablis à Rome. Un de mes enfants, prêtre, est auprès de notre ambassadeur ; il me marque qu'ils reçoivent beaucoup de novices, et même des seigneurs romains. Ils avaient, sous un autre nom, recommencé ici il y a plusieurs années. Ils furent persécutés ; ils reparaissent aujourd'hui, et les évêques leur confient les petits séminaires. Mais il faudra avoir la truelle dans une main, et l'épée de l'autre : *Bella, horrida bella!...*

Vous lisez nos journaux, et vous y voyez nos misères ; vous avez lu la discussion sur les malheureux dépouillés. On ne rend qu'à ceux qui avaient déjà : aux princes ou aux grandes familles propriétaires des bois, qui composent à elles seules la masse des biens non vendus. Cette restitution ne passe pas la Loire. Pour nous, possesseurs de biens féodaux, nous ne retrouvons rien, pas même un acquéreur avec qui l'on puisse traiter. Cependant ces discussions ont jeté un grand discrédit sur les biens d'émigrés, et on ne trouve plus à les vendre ni à les engager. Mais, dans tout cela, la grande émigrée, la religion, ne compte pour rien ; elle a encore quelques millions de bois non vendus et qu'on veut vendre à toute force, pour assurer le succès du grand plan de finances de notre ministère, qui ne rêve que le système anglais du crédit illimité. Pour moi, sans trop savoir pourquoi, je pense que ce système *transmarin* de finances ne nous convient pas plus que leur système politique, leur système littéraire, leur accent, leurs coutumes. **Prudens Oceano dissociabili**, etc. Oserai-je vous le dire, à vous, Monsieur, qui regardez cet événement comme très-éloigné, l'Europe ne sera guérie de cette maladie de constitutions écrites et de pouvoir partagé, et de crédit, et de commerce, etc., que lorsqu'elle aura vu, par l'exemple de l'Angleterre, que tout cela ne saurait empêcher une grande catastrophe, et ne fait que la hâter... Et cet exemple, que cette île orgueilleuse doit à la chrétienté, en expiation de tant d'autres qu'elle lui a donnés, et qui ont été si déplorablement suivis ; cet exemple, elle le lui donnera... peut-être avant peu.

Quant à notre pauvre France, éternel objet de mes douleurs, de mes regrets, de mes vœux, de mes pensées, excellente au midi, faible au milieu, mauvaise au nord, qui s'est trop ressenti des calamités de la guerre, elle se traîne comme elle peut sous sa nouvelle constitution, sous des impôts énormes que sa fidélité à des engagements méprisés par celui-là même qui les avait formés a forcée de continuer ou même d'accroître ; en sorte qu'il vaudrait beaucoup mieux, sous le simple rapport d'intérêt, avoir été fournisseur qu'émigré.

Je vois, Monsieur, par certains passages de votre dernier *essai*, que je me suis rencontré avec l'ouvrage dont vous me parliez dans votre première lettre, sur la philosophie, dans un ouvrage que je vais publier. Rien ne prouve mieux que la vérité n'est pas de l'homme, et que tous puisent à une source commune quand ils la cherchent. J'y traite de grandes questions de morale et de philosophie bien oubliées aujourd'hui. Il va paraître une belle vie de Mgr Bossuet, par l'ancien évêque d'Alais, auteur de la *Vie de Fénelon*. C'est un des grands admirateurs de votre essai, et mon ami particulier. A cela près, toute notre littérature est en brochures à dix sous, ou en articles de journaux.

Je finis, Monsieur, cette longue épître, qui aurait dû

vous parvenir plus tôt. J'ai voulu vous donner des nouvelles de votre ouvrage. Il n'est pas encore répandu; mais, avec les suffrages que je lui connais, il a obtenu tous ceux que vous pouvez désirer dans la capitale. C'est avec un extrême plaisir, c'est avec orgueil que je m'en déclare l'éditeur : c'est vous prouver à la fois ma haute considération pour vos talents, et mon profond et respectueux attachement pour votre personne. C'est avec ces sentiments que je suis, Monsieur, votre très-humble et très-obéissant serviteur.

Le vicomte DE BONALD.

Je vois souvent le bon évêque de Chambéry ; je lui remettrai quelques exemplaires pour les faire passer à monsieur votre frère.

Lettre du vicomte de Bonald au comte de Maistre.

Paris, le 22 mars 1817.
Reçue le 22 avril N. S.

Que je serais coupable envers vous, Monsieur le comte, si j'avais pu me défaire d'une mauvaise habitude qui m'a dominé toute la vie : celle de ne pouvoir écrire, aux hommes que j'aime et que j'estime, que dans une entière liberté d'esprit, autant au moins que ma position privée et publique le comporte ! Je ne pourrais vous dire à quel point, depuis le commencement de cette pénible session, j'ai été absorbé par un courant d'affaires et de devoirs qui m'ont laissé à peine le temps de prendre du sommeil ou mes repas ; si ce n'était mon inaltérable santé, je ne crois pas que j'eusse pu y résister. D'ailleurs ces fonctions, si nouvelles pour moi, de législateur, ont bouleversé entièrement ma manière libre et indépendante de travail; et ce travail obligé, à jour et à heures fixes, est ce qui m'a le plus coûté et a le plus dérangé ma vie d'écrivain. Mais, avant de **vous parler,** ou de vous, Monsieur le comte, ou de moi, il faut bien que je vous parle de l'adorable comtesse, et que je vous remercie de me l'avoir fait connaître. Si j'avais à vous peindre son esprit, son âme, ses principes, je serais fort embarrassé de pouvoir vous en donner une juste idée: heureusement, vous la connaissez mieux que moi, parce que vous l'avez vue plus tôt et plus longtemps; et vous suppléeriez, s'il le fallait, à l'insuffisance du portrait et à la faiblesse du peintre. Il me suffira de vous dire, Monsieur, que, quand je vous aurai connu vous-même et en personne, comme je connais aujourd'hui votre Franco-russe, il ne me restera, je crois, plus personne à voir sur la terre, et j'aurai le type dans les deux sexes de la perfection, de l'intelligence et de la raison. Je n'ai pas pu, autant que je l'aurais voulu, cultiver la connaissance de madame de S... D'abord, parce que la Chambre m'occupe jusqu'à l'heure du dîner, et qu'après cette heure j'ai rarement trouvé madame de S... chez elle : tout le monde se la dispute; elle veut avec raison connaître les salons de Paris, et certes elle y est justement admirée, et j'ai eu occasion d'entendre souvent parler de son extrême amabilité. J'aurais moi-même pu la voir dans ces brillantes réunions; mais elles conviennent mieux aujourd'hui à un étranger qu'à un Français. Ce sont souvent des arènes politiques. J'aime peu les disputes de société ; et, comme je l'ai dit quelquefois, j'ai écrit dix volumes sur ces objets-là, pour être dispensé d'en parler; aussi je suis très-peu répandu et n'ai vu que des *ultras*, si toutefois ce mot, tout latin qu'il est, n'est pas pour vous de l'iroquois ou du *mantchou*. Vous savez comme nous où nous en sommes. A prendre les choses de plus haut, notre Chambre infortunée de 1815, qui donnait de si belles espérances, et avait montré que la révolution n'avait rien détruit en France de tout ce qu'elle y avait étouffé ; notre Chambre fut irrévocablement condamnée le jour qu'elle rejeta la vente des biens publics, des communes, de l'État et de la religion : sa dissolution fut jurée lorsque ceux de qui cette mesure paraissait dépendre n'en avaient encore ni la volonté ni peut-être la pensée. On travailla donc à l'obtenir, malgré les assurances formelles de satisfaction données par le maître. Les uns tremblèrent pour leurs places, les autres pour le retour des Jésuites, d'autres pour les biens nationaux, etc.; et de toutes ces craintes sans fondement se grossit l'orage du 5 septembre. Je n'y avais pas été trompé, et dès la séparation de la Chambre j'avais prévu et prédit sa dissolution. Vous avez vu, dans les journaux, les manœuvres employées pour obtenir d'autres choix dans beaucoup de départements, surtout dans ceux du midi; elles ont été sans succès, et nous nous sommes trouvés plus de la moitié de la dernière Chambre et quatre-vingt-dix de sa majorité. — Tous les moyens employés pour nous désunir ont été inutiles. Le découragement même qui suit une lutte pénible et toujours malheureuse n'a pu nous rebuter ; et à la question de la vente des bois, qui a terminé notre discussion et notre session, nous nous sommes trouvés le même nombre. C'est faire sa retraite sans perdre un seul homme. Cette minorité a paru encore trop forte et surtout trop indépendante ; et, pour obtenir à l'avenir une majorité plus décidée, on a proposé une loi d'élection non populaire, car le peuple en est exclu, mais révolutionnaire, dans ce sens qu'elle met l'élection dans les mains de cette classe intermédiaire, besogneuse, jalouse, suffisante, qui a fait la révolution et qui en entretient l'esprit. Notre opposition a été très-forte, mais il a fallu céder au nombre ; et, dans cette belle manière de faire les lois, la voix d'un sot, plus d'un côté que d'autre, est l'*ultima ratio populi*. Cette loi a donc passé, comme toutes les autres, comme la vente des bois, inutile aux finances de cette année, insuffisante pour nos besoins, mais qui renouvelait le scandale de l'expropriation de la religion, et y associait le roi et les Chambres. Voilà la vraie raison de cette mesure, je veux dire la raison publique, car il y en a de privées qui sont infâmes et honteuses : nous sommes retombés dans les mains des agioteurs, des spéculateurs de la bande noire, des acquéreurs, des Juifs et des Arabes ; ils nous gouvernent, ils gouvernent tout ; et nous pourrions dire avec Mahomet :

Le temps de l'Arabie est à la fin venu.

Nous avons heureusement défendu le ministre de la guerre, violemment attaqué parce qu'il a formé et qu'il conserve comme il peut une armée fidèle, notre unique et dernière ressource, et qu'on attaque dans son chef et dans ses membres de toutes les manières. Que veut-on ? Je l'ignore, et ne sais trop s'ils le savent eux-mêmes. Ils veulent faire peur au successeur, s'ils ne peuvent faire mieux. 1688 les tente, comme leur a dit M. de Chateaubriand ; et, fermant les yeux sur les différences entre l'Angleterre et la France, surtout sur les différences religieuses, qui ne sont rien aux yeux des ignorants athées, ils voudraient pouvoir terminer de même notre révolution. — Tout ce qu'il y a d'impur les seconde ; ils disposent de tout le civil, de toutes les plumes, car ils ont enchaîné la presse ; ils disposent de plus encore ; mais ici... *approuvez le respect qui me ferme la bouche.*

Les premières élections qui vont se faire décideront de beaucoup de choses. Les deux partis extrêmes s'agitent. Le parti mitoyen, ouvertement favorisé par les ministres, qui voudraient toujours marcher sur une lame de couteau, pourra-t-il en triompher? C'est assez incertain. Ce parti est peu connu dans les provinces, et ses opinions mitoyennes, qui s'assortissent naturellement à des esprits médiocres et à des caractères sans énergie, sont peu propres à attirer les regards d'une assemblée d'électeurs. Soixante-six (à peu près) membres nouveaux entreront dans notre Chambre. Cette forte dose doit changer les proportions et la nuance. S'il vient des ultra-jacobins, plusieurs du ventre se réuniront à nous : si ce sont des royalistes, les choses resteront à peu près sur le même pied. Nous avons perdu treize des nôtres par la sortie du cinquième; peut-être en regagnerons-nous davantage. A Paris, il paraît que les choix seront mauvais, si toutefois on peut faire quelque conjecture plausible sur les résultats de ces hordes tumultueuses, et qui donneront peut-être des produits fort inattendus. On a changé, pour en obtenir de meilleurs, presque tous les préfets des seize départements où l'élection va se faire, et successivement on changera tout ce qui ne sera pas en harmonie avec le système dominant. Peut-être prend-on beaucoup de peine pour se perdre; car s'il est vrai que la peine poursuit le coupable, il est vrai aussi que le coupable poursuit la peine ; et j'ai connu des coquins qui n'ont été tranquilles que lorsqu'ils ont été pendus. Ou la France, ce premier-né de la civilisation, périra la première, ou elle renaîtra la première à l'ordre. Cette réflexion me soutient contre les inexprimables douleurs que me cause une conduite telle que celle que je vois tenir. Ce qu'il y a de déplorable, c'est qu'elle a commencé avec la Restauration, et que la faute n'en est pas tant à nos princes qu'à d'autres. La grande erreur de l'Europe est d'avoir regardé Bonaparte comme toute la révolution, et d'avoir cru qu'en le chassant tout était fini : c'était le contraire. Il comprimait la révolution, tout en s'en servant ; et dès que cette main de fer n'a plus pesé sur elle, elle s'est relevée plus forte que jamais. Je le disais à M. Canning, et il ne me parut pas éloigné de le penser. Personne n'a connu ni la France, ni la société, ni Dieu, ni l'homme. Avec un grain de foi on aurait transporté des montagnes, et on a échoué contre des grains de sable.

Je vous prie d'accepter tous les discours importants que j'ai prononcés dans cette session. Je les ferai imprimer avec ceux de la session dernière, à la suite des *Pensées* que je me propose de donner au public. Elles rouleront toutes sur le sujet de vos méditations et des miennes. Mais les laissera-t-on circuler librement? Je l'ignore, et ne serais pas étonné que les éditions de Voltaire, qui se publient avec un incroyable fanatisme et sont tolérées avec une déplorable faiblesse, n'eussent plus de faveur auprès du gouvernement que mes pensées politiques, morales et religieuses. Cet ouvrage publié, je me propose de regagner mes rochers, pour en revenir au mois d'octobre ou de novembre, s'il y a, à cette époque, une France, un gouvernement, des Chambres, etc...

Adieu, Monsieur le comte ; j'ai éprouvé une inexprimable douceur à m'entretenir avec vous : nous parlons la même langue, hélas! trop peu entendue. L'ignorance des hommes d'État fait pitié, plus encore que leur corruption ne fait horreur, si même leur ignorance n'est pas leur seule corruption. Croyez-moi, *les hommes qui, par leurs sentiments, appartiennent au passé, et par leurs pensées à l'avenir, trouvent difficilement leur place dans le présent.* C'est une de mes pensées, elle s'applique à vous et un peu à moi. Si vous quittez Pétersbourg, je saurai votre marche ; et puissé-je être assez rapproché de vous pour avoir le bonheur de vous voir et de vous entendre, et de vous porter moi-même l'hommage de la plus haute estime et de la plus tendre amitié !

Le vicomte DE BONALD.

Lettre du vicomte de Bonald au comte de Maistre.

Au Monna, près Millon (Aveyron), le 11 juillet 1817.

La nouvelle de votre arrivée à Paris, Monsieur le comte, que j'ai lue dans les journaux, m'a inspiré de vifs regrets de l'avoir sitôt quitté. J'avais prolongé mon séjour loin de ma famille beaucoup plus que je ne l'aurais voulu : les devoirs et les affections me rappellent auprès de tout ce qui m'est cher ; mais, malgré de si justes motifs, j'aurais différé encore mon départ, si j'avais pu me flatter de voir une fois un des hommes de l'Europe pour lequel j'ai conçu les profonds sentiments d'estime, de respect et d'attachement. Sans doute, Monsieur, vous ne ferez à Paris qu'un séjour assez court ; et vos affections pour le sol natal, dont vous avez été si longtemps absent, vous ramèneront en Piémont, où vous trouverez, je l'espère, des traces moins profondes de l'orage qui a bouleversé l'Europe, et dont les derniers éclats retentissent encore aux lieux où il s'est formé. Cette considération, et le juste désir de revoir au plus tôt le lieu et les personnes qui vous sont chères, peuvent seuls contre-balancer dans votre cœur la satisfaction de vivre dans un pays assez heureux pour avoir enfin une constitution écrite, un pouvoir divisé en deux Chambres, des Chambres divisées en parti ministériel et en parti d'opposition, et tout l'accessoire de ces divisions constitutionnelles, au milieu desquelles et au moyen desquelles doit s'élever et s'affermir la paix du dedans et du dehors, le retour à la religion, l'affection pour ses maîtres légitimes, la justice, l'ordre et la sécurité publique. Comment a-t-on pu jusqu'à présent, dans votre patrie, fermer les yeux à de si grands bienfaits? et comment le peuple piémontais et savoyard a-t-il préféré le bonheur routinier dont il jouissait autrefois, à l'avenir brillant et bruyant que les nouvelles institutions promettent aux États qui les adoptent? J'imagine, Monsieur le comte, que vous allez le faire rougir de sa léthargie, et lui porter l'évangile des idées libérales, de ces idées que la cour que vous quittez propage et garantit avec tant de persévérance et de conviction. Je regrette vivement de ne pouvoir m'en entretenir avec vous, et puiser à la source dont le grand réservoir est au Nord, où vous avez fait sans doute une ample provision de cette eau salutaire. J'ai eu occasion de voir, chez madame la comtesse de S..., de fervents adeptes, et même dans une classe qui devrait être moins pressée d'accueillir ces nouvelles doctrines ; et j'ai félicité un pays qui compte des hommes élevés en dignité, si parfaitement désabusés des grandeurs de ce monde, et si désintéressés sur le bonheur.

J'attendrai dans mes rochers la prochaine convocation des Chambres, où, bien malgré moi, j'ai été appelé à figurer. Un moment je m'étais flatté d'une seconde dissolution ; il paraît qu'il n'y faut plus compter, et que la roue de fortune, qui fait sortir de cette loterie le cinquième des billets tous les ans, tournera encore. Je n'ai jamais été heureux au jeu, et mon billet ne doit sortir que dans quatre ans, si, dans quatre ans, il n'y a pas du nouveau.

Je désire, Monsieur, que vous retrouviez dans tout ce que je publie, soit comme député, soit comme écrivain, les mêmes principes pour lesquels nous avons l'un et l'autre combattu avec si peu de succès. Nous en serions découragés sans doute, si nous n'attendions pas un avenir pour le triomphe de la vérité, comme pour la justification de ses défenseurs. Ne pas retenir la vérité captive, la publier sur les toits, voilà le devoir de l'homme de bien; souffrir persécution pour elle, voilà peut-être sa récompense.

Aucun autre sentiment, aucun autre espoir ne m'a mis la plume à la main, et je n'éprouve, je vous l'assure, qu'un mécontentement très-vif de l'importunité de la petite célébrité qui me poursuit. Je ne suis vraiment heureux que dans ma triste et sauvage solitude, où je jouis des miens et de moi-même, au milieu de travaux champêtres et d'hommes bons et simples, qui ont encore conservé le souvenir du bien qu'on leur a fait et la reconnaissance de celui qu'on voudrait leur faire.

J'adresse cette lettre à madame de S..., que votre arrivée à Paris a comblée de joie. C'est une amie digne de vous, et un des meilleurs esprits que j'ai rencontrés, effet ou cause des qualités du cœur les plus excellentes dont une mortelle puisse être douée.

Agréez, Monsieur le comte, ce nouveau témoignage d'un éternel et respectueux attachement.

Le vicomte DE BONALD.

P. S. Je relis, Monsieur, votre dernière lettre datée de Saint-Pétersbourg, et j'y remarque que vous me donnez votre adresse chez M. le comte Alfieri, votre ambassadeur, que j'ai eu l'avantage de rencontrer quelquefois dans le monde.

Lettre du vicomte de Bonald au comte de Maistre.

2 décembre 1817.

Monsieur le comte,

Suis-je assez malheureux ! Quand je suis en Allemagne, vous êtes je ne sais où ; je viens en France, vous êtes en Russie ; je retourne dans mes montagnes, vous arrivez à Paris ; je reviens à Paris, vous voilà à Turin, et nous semblons nous chercher et nous fuir tour à tour. J'avais eu l'honneur de vous écrire à ma campagne, quand je vous sus à Paris, et, ne sachant pas bien votre adresse, je mis ma lettre sous le couvert de madame de Sw..... Je ne sais si elle vous est parvenue; mais je n'ai plus trouvé ici cette excellente et spirituelle femme, qui n'a de russe que son nom, et qui d'ailleurs est toute Française pour nous, et des bonnes et anciennes Françaises d'opinions, de sentiments, de goûts, de grâces, de bontés et de politesse... Ne la reverrons-nous plus ici, et ne vous y verrai-je jamais vous-même ?

Mais, Monsieur le comte, s'il ne nous est pas donné de nous voir au moins par la partie matérielle de notre être, il nous est permis de nous connaître, et surtout de nous entendre d'une manière intime et complète, dont j'avais fait depuis longtemps la remarque avec orgueil pour moi et avec une bien grande satisfaction comme écrivain, parce que cette coïncidence a été pour moi comme une démonstration rigoureuse de la vérité de mes pensées. J'ai éprouvé l'impression de plaisir et de consolation qu'un homme égaré dans un désert éprouverait en entendant la voix d'un homme qui vient à son secours.

Je sais qu'à parler en général, il y a dans la vérité une force d'impression qui se fait sentir vivement, et qui ne permet quelquefois pas même le doute ou la crainte ; mais, après tout, comme les faibles humains sont trop souvent égarés par des lueurs trompeuses qui paraissent de la lumière à des yeux malades, il est consolant et rassurant, plus que je ne peux vous le dire, de se trouver, sans communication préalable, en concert de pensées et d'opinions avec quelque bon esprit qui, sous l'influence d'autres impressions et par d'autres méthodes, est parvenu aux mêmes résultats. C'est ce sentiment réel et profond qui me fait éprouver ce que vous me dites, Monsieur le comte, de la coïncidence de mes pensées avec les vôtres ; et moi, qui jamais n'ai su me juger moi-même, et à qui surtout manque cette grâce d'état qui met l'écrivain dans une béatitude anticipée et lui fait regarder ses ouvrages comme des chefs-d'œuvre, j'avais besoin, pour croire à moi-même, d'un témoignage tel que le vôtre, et tel que celui de quelques amis qui connaissent, aiment et admirent vos écrits ; j'en avais d'autant plus besoin, que mes pensées, attaquées avec fureur dans plusieurs journaux, n'ont pu être défendues que par mes amis ; car je ne descends jamais dans l'arène pour me défendre moi-même. Au reste, je crois que vous verrez cet ouvrage, et peut-être d'autres du même auteur, traduits en Italie par les ordres de l'archiduc Maximilien de Modène, et j'ai reçu plusieurs lettres à ce sujet de son bibliothécaire. On m'a dit aussi que les *Pensées* avaient été traduites en allemand. Ces ouvrages doivent perdre aux traductions, parce que ce qu'on appelle le trait, et qui est essentiel dans la pensée, n'est pas le même dans les diverses langues. On imprime à présent des Considérations morales et philosophiques sur les plus importants objets de la morale et de la philosophie. — Certes, il faut avoir de la foi à sa doctrine pour oser écrire dans l'état où nous nous trouvons, au milieu de ces tempêtes délirantes qui vont devenir plus violentes encore par la nouvelle composition de notre assemblée. Aussi, je n'y entre pas sans éprouver un sentiment inexprimable de douleur et de dégoût... Nous allons délibérer ou plutôt nous battre sur la liberté de la presse, le Concordat, la loi du recrutement, et l'instruction publique... Concevez-vous une nation qui se recommence ainsi comme si elle sortait de ses forêts, et chez qui tant d'hommes sans éducation littéraire et scientifique, sans études sérieuses, sans connaissances préalables, viennent disserter sur ces grands objets qui rempliraient des bibliothèques, et ont occupé tant de grands esprits? — Concevez, Monsieur le comte, s'il vous est possible, la patience qu'il faut avoir pour écouter, pendant quatre ou cinq heures tous les jours, des déraisonnements passionnés; et encore s'il n'y avait au fond que cela! Les assemblées parlantes me deviennent insupportables. Je n'ai pu même prendre sur moi d'aller, quoique j'en sois, à l'Académie, autre assemblée, et où l'on déraisonne tout aussi bien qu'ailleurs. Je ne vous donne point de nouvelles; vous êtes en mesure de juger ce que nous sommes et où nous allons. D'ailleurs, il y a pour moi des choses absolument inexplicables, et dont l'issue ne me paraît pas au pouvoir des hommes, en tant qu'ils agissent par leurs propres lumières et sous la seule influence de leurs volontés; et, en vérité, ce que je vois de plus clair dans tout ceci... est *l'Apocalypse*.

Vous êtes, ce me semble, plus que nous dans votre ancien état en Piémont. Vous ne faites pas parler de vous, et rien n'est plus heureux pour un État comme pour une femme. Je voudrais bien apprendre par vous que, là où vous êtes, vous êtes apprécié autant que vous êtes connu, et que l'on donne quelque exercice à vos talents et quelque influence à vos vertus! Je suis tenté de vous dire : « *Souvenez-vous de moi quand vous serez dans votre royaume;* » et si vous connaissez (et sans doute il y en a plus d'un) quelque Piémontais qui ait de bonnes raisons pour désirer de quitter son pays et de vivre en France sous la douce influence des idées libérales, dans l'aimable compagnie de nos *liberaux*, qui veuille me donner dans vos fertiles plaines à peu près le même bien qui reste à ma femme et à mes enfants (car, pour moi, je suis complétement hors d'intérêt dans les questions de propriété), en vérité je serais bien tenté de changer mon domicile, si je pouvais vivre auprès de vous, et trouver dans quelque coin de la terre ce repos qui me fuit !

Donnez-moi, Monsieur le comte, de temps en temps de vos nouvelles ; instruisez-moi surtout de ce qui vous sera personnel, à quoi je prends un vif intérêt. L'élévation d'un homme de bien me rafraîchit le sang, et il me semble que je suis élevé avec lui. Instruisez, éclairez; vous êtes sur un plus petit théâtre, mais vous y avez la liberté de vos mouvements, et votre voix s'entend de loin.

Recevez, Monsieur le comte, l'assurance de la plus tendre, de la plus sincère estime, et de l'attachement respectueux avec lequel je suis votre très-humble et très-obéissant serviteur,

Le vicomte DE BONALD.

P. S. Je ne connais pas l'ouvrage de M. de Montlosier dont vous me parlez. Je le chercherai. Il a bien voulu parler souvent de moi, et pas toujours dans des écrits imprimés.

Lettre du vicomte de Bonald au comte de Maistre.

Paris, 15 décembre 1817.

Monsieur le comte,

Je profite, pour répondre à la lettre que vous m'avez fait l'honneur de m'écrire le 15 du mois dernier, du départ pour Naples, où il va comme attaché à l'ambassade, du fils de mon collègue M. Benoît, conseiller d'État *destitué*, excellent jeune homme, dont notre abbé Lamennais a fait un disciple, ou plutôt un frère ou un fils. Il doit passer par Turin, et m'a promis de vous remettre ce paquet : j'y joins quelques détails sur une œuvre à laquelle j'appartiens moi-même, dirigée, sous l'autorité des ecclésiastiques les plus recommandables, par un nombre considérable de jeunes gens ou autres de toute condition, depuis la pairie jusqu'à l'humble place de commis, qui se dévouent à cet acte sublime et touchant d'humanité avec une ferveur, un zèle, une tendresse véritablement admirables. Quand on est trop aigri par tout ce qu'on voit, ce qu'on entend; quand on est prêt à désespérer de la France, il faut, pour *rasséréner* son âme, aller voir les différentes œuvres entreprises par ces jeunes gens, dont mon ami et parent M. de Roussy, que je vous ai recommandé, était un des plus fervents instruments. Ce sont ici les petits Savoyards qu'on catéchise, dont on soigne et la conduite et l'existence; là, ce sont de petits malheureux condamnés à plusieurs années de prison presque avant l'âge de raison, en qui la malice a devancé l'âge, et qui dans les prisons, confondus avec de grands scélérats, sans travail, sans instruction, livrés à la corruption la plus profonde, et à de détestables et trop certaines leçons de crime, sous des hommes qui, *à la lettre*, le professaient; des malheureux, dis-je, recueillis à l'expiration de leur peine dans une maison gouvernée par de bons Frères de la Doctrine chrétienne, et toujours par les soins et sous la surveillance de la société des jeunes gens, instruits des devoirs de leur religion avant d'être rendus à la société, et même élevés dans une profession quelconque, pour leur donner les moyens de gagner leur vie. Ailleurs, ce sont les hôpitaux et les malades visités dans tout Paris par ces mêmes jeunes gens, qui suppléent au petit nombre d'ecclésiastiques dans tout ce que peuvent faire des laïques pour instruire, consoler, ramener, servir cette immense multitude d'infirmes que cette ville immense et corrompue vomit dans les hospices, où presque tout le bas peuple va terminer sa misérable existence. L'œuvre des petits Savoyards vous intéressera particulièrement, Monsieur le comte, et nous continuons ici envers eux les soins de votre administration paternelle. On leur ferait beaucoup plus de bien si on avait plus de ressources; mais il y a ici tant d'objets d'un intérêt majeur qui ne sont entretenus que par les aumônes des fidèles, et même on peut dire *des royalistes;* grands et petits séminaires, hospices pour les enfants de tous les âges, secours pour tous les âges, etc., etc., qu'on visite au milieu de toutes les pertes qu'ont éprouvées les familles les plus opulentes, et du peu de ressources qu'on trouve généralement dans celles qui se sont enrichies : l'abondance des ressources rappelle tout à fait la cruche inépuisable de la veuve de Sarepta. Si votre gouvernement, Monsieur le comte, voulait nous envoyer quelque secours, et coopérer à une bonne œuvre dont tous les fruits ne sont pas perdus pour lui lorsque ces braves enfants reviennent dans leur pays, nous les recevrions avec reconnaissance; je sais qu'une autre fois M. le marquis de Sostegno, votre ambassadeur ici, a fait parvenir quelque secours à la société.

Nous voici, Monsieur le comte, en pleine eau : notre session a commencé, et tout annonce qu'elle sera orageuse ; le changement inévitable à faire à la loi des élections a exaspéré au dernier point tous ceux qui avaient compté sur son résultat nécessaire, la destruction de la monarchie et de la religion : jusqu'à présent il est difficile de prévoir de quel côté se jetteront les ministériels qui peuvent faire pencher la balance. Leur parti est réduit depuis que les uns ont pris à droite, et les autres à gauche; mais, tel qu'il est, il se trouve encore assez fort pour décider une délibération ; il se jettera sans doute du côté où les ministres inclineront eux-mêmes, et les ministres paraissent divisés. C'est un chaos à n'y rien comprendre. Jamais société n'a été gouvernée ainsi, et ne s'est trouvée dans un pareil état.

J'ai lu à M. de Marcellus et à M. O'Mahony l'article de votre lettre qui les concernait. Ce jeune O'Mahony, fils d'un brave maréchal de camp destitué du commandement de Rennes, plein d'esprit et d'amabilité, en a été singulièrement frappé, et a voulu prendre copie de ce qui le regardait.

J'ai mis, Monsieur le comte, trop de prix à apprendre à l'Europe que j'avais l'honneur de vous compter au nombre des personnes qui m'honoraient de leur suffrage et de leur amitié, pour avoir laissé échapper l'occasion de le dire dans un article du *Conservateur*, où cette révélation venait tout naturellement. Faut-il que l'Europe périsse avec tant de lumières, de connaissances, et même de vertus ? Quelques misérables sophistes sans talent, sans pudeur, la plupart diffamés, en deviendront-ils les régulateurs et les oracles? Cette idée est accablante ; c'est la fin des sociétés, si ce n'est pas la fin du monde. Faites venir de Paris, je vous prie, *les Missionnaires de* 93, ouvrage en 1 vol., qui se vend chez Le Normant : vous n'y apprendrez peut-être rien que vous n'ayez su, et *tout vous y paraîtra nouveau*.

Vous ne faites pas parler de vous, Monsieur; on ne dit rien des libéraux du Piémont. Les nôtres portent toute leur attention sur l'Angleterre et sur l'Allemagne, où ils cherchent à occuper les souverains, pour qu'à leur tour ils les laissent faire ici leurs folies. Il est temps cependant de s'y opposer. Plus tard, il ne sera plus temps; leur audace croît tous les jours, et jamais l'enfer n'a vomi plus de blasphèmes, plus de calomnies, plus d'appels à la licence et à la révolte.

Adieu, Monsieur le comte. Me voilà au combat; encouragez-moi de la voix et du geste; et si je suis forcé de quitter encore ma patrie, que je trouve sous vos auspices, dans les grottes les plus reculées de vos montagnes, un lieu où je puisse finir en paix une vie si agitée!

Ah! que je serais heureux, si vous pouviez m'envoyer, pour *le Conservateur*, quelques miettes de votre table opulente! Vous pouvez croire, et je vous en donne ma foi de chrétien et de gentilhomme, que l'anonyme que votre position vous commande serait religieusement gardé, et que, hors Dieu, vous et moi, personne ne le saurait.

BONALD.

Lettre du vicomte de Bonald au comte de Maistre.

1818.

Je crains, Monsieur le comte, qu'une lettre que j'ai eu l'honneur de vous écrire il y a quelque temps ne vous soit pas parvenue. Je l'avais tout simplement mise à la poste, en prenant la précaution de l'affranchir jusqu'à la frontière; mais nous sommes curieux dans ce pays, et je fais passer celle-ci par la voie de votre ambassadeur. J'y joins un exemplaire d'un nouvel ouvrage sur ma philosophie, qui est aussi la vôtre et celle, j'espère, de tous les bons esprits : il est vrai qu'elle est encore celle du petit nombre ; car aujourd'hui qu'il n'y a plus de doctrine générale, au moins de fait, et que cependant chacun veut prendre sa part du progrès des lumières, il n'y a que des doctrines individuelles, et c'est à qui aura la plus folle. Mon ouvrage a obtenu ici des suffrages recommandables, et c'est ce qui me donne plus de confiance pour vous l'envoyer. Les journaux n'en ont pas encore parlé ; il y a peu de jours qu'il est en circulation, et les journalistes veulent prendre du temps. Mon premier dessein avait été seulement de réfuter *Cabanis*. A mesure que j'avançais, l'étoffe s'étendait, et je cherchais alors à lui ôter un caractère trop polémique envers un seul livre, et à lui donner celui d'une réfutation plus générale : vous verrez si j'ai réussi. On l'a trouvé parfaitement clair ; cette qualité est presque de trop pour un lecteur tel que vous, qui devine même ce que l'auteur aurait dû mettre dans son ouvrage, et à plus forte raison ce qu'il y a mis ou voulu y mettre. Mais, enfin, vous l'aurez lu plus tôt, et vous pourrez me faire l'amitié de m'en parler plus tôt aussi, et de m'en parler avec une entière sincérité, et comme d'un ouvrage qui me serait tout à fait étranger, et que j'aurais lu comme vous.

Je joins à cet envoi celui de mes opinions pendant cette triste session ; elle est à la veille de finir. Nous y aurons parlé littérature dans la liberté de la presse, et militaire par la loi du recrutement. Nous espérions, après ou avant de parler finances, faire de la théologie dans la question du Concordat ; mais vous savez qu'après qu'il nous a été envoyé, et après un mois de discussions dans la commission, tout étant à peu près arrangé, les ministres n'en ont plus voulu, au moins tel qu'il avait été réglé avec le

Saint-Père, et ont proposé de réduire à soixante-dix-huit le nombre des évêchés fixés à quatre-vingt-douze par le Concordat, et de le décréter ainsi, sauf l'éventualité d'un arrangement nouveau avec Sa Sainteté. M. de Marcellus a écrit au pape, de son chef, et il en a reçu un bref désapprobateur de toutes ces mesures ; ce qui, joint à la résistance mesurée des évêques consultés, a tout arrêté. Les ministres ont été ou paru furieux, et la chose en est là. Assurément ils auraient fait passer la circonscription après avoir fait passer la conscription : voilà où nous en sommes.

L'affaire de Lyon est un grave incident d'un grand procès. Nous demandons des explications, nous attendons des réponses annoncées. Rien ne paraît, que les démentis donnés par le préfet, le commandant, le maire, le grand prévôt ; tous parfaitement d'accord sur les faits, sur les intentions, sur l'opinion qu'ils ont eue de l'esprit des conspirateurs.

Que dites-vous du congrès? On devrait vous y envoyer. Je n'en attends rien de vrai, rien de fort; des demi-vérités, des demi-mesures, et la fausse honte de revenir sur ses erreurs ; peut-être quelque autre illusion comme celle de la sainte-alliance, dont on n'avait pas assez jugé les suites politiques quand elle a été proposée par un peuple qui n'a pas la lumière, mais qui est habile à tromper et fort pour asservir.

Donnez-moi, je vous prie, de vos nouvelles, de votre santé, de votre situation. Je m'intéresse infiniment à tout ce qui vous est personnel, et je désirerais vous savoir heureux, s'il y a pour les bons quelque autre bonheur ici-bas que de souffrir persécution pour la justice.

Vous connaissez, Monsieur le comte, mon tendre et respectueux attachement pour vous et pour tout ce qui me vient de vous.

BONALD.

Lettre du vicomte de Bonald au comte de Maistre.

Paris, 3 janvier 1819.

J'eus l'honneur, Monsieur le comte, de faire passer l'année dernière, à votre adresse à Turin, par la voie de votre ambassade à Paris, un exemplaire de mes *Réflexions philosophiques sur les premiers objets des connaissances morales*, qui venaient de paraître. J'y joignis une lettre, et je n'ai pu savoir encore si cet envoi vous avait été fait, ou plutôt si vous l'aviez reçu. Je vous devais l'hommage de cet écrit, qui a eu quelque succès, et je saisis avec joie l'occasion qu'il m'offrit de vous renouveler l'expression de mes sentiments. Je partis peu après de Paris pour mes rochers, d'où je ne suis revenu que depuis quelques jours, pour la triste et pénible mission dont je me suis chargé pour la quatrième fois. J'espère que cette lettre sera plus heureuse. J'y joins un exemplaire de ma réponse à l'ouvrage de madame de Staël, réponse abrégée, dans laquelle j'ai repoussé ses doctrines beaucoup plus que je n'ai répondu à l'auteur. Il aurait fallu pour cela un écrit aussi volumineux que le sien, et je n'en avais ni le temps ni la force : tel qu'est celui-ci, on en a été content ici; on y a trouvé de la raison et de la politesse. Il ne fallait pas oublier que je répondais à une femme, à une grande dame qui avait des amis même dans nos rangs : vous en jugerez.

J'ai appris par quelqu'un de vos compatriotes que vous avez été mis par votre digne souverain à la tête de la chancellerie de justice, à ce que je crois; car j'ignore s'il y a dans cette division de votre administration quelque chose de relatif à la politique. Quoi qu'il en soit, plus le cercle sera étendu, mieux vous y êtes placé. Cette nomination m'a rafraîchi le sang. Il y a donc encore un pays en Europe où la vertu et le talent sont bons à quelque chose ! Vos journaux n'en ont pas parlé, pas plus que de votre ordonnance en faveur des *spoliés :* ils n'en parleront pas, crainte de scandale. L'annonce d'actes de justice envers les choses ou envers les personnes pourrait tirer à conséquence ; elle ne pourrait pas en faire naître l'idée, mais elle risquerait d'exciter quelques regrets : c'est là que nous en sommes.

Vous aurez été instruit, et peut-être mieux que moi, du désordre et de l'*imbroglio* politique où nous nous sommes trouvés pendant dix à douze jours, avec un gouvernement sans ministre aucun. De ce chaos est sorti une création toute nouvelle et tout à fait différente de celle qui devait naturellement en résulter, s'il n'y avait pas eu une inconcevable absence de sang-froid et de jugement. Vous savez, Monsieur, avec quels éléments commence notre Chambre ; et les élections qui restent à faire dans quelques départements non représentés, à cause de doubles nominations ou de démissions, ne nous en promettent pas d'une autre espèce. Si vous me demandez où l'on va et ce qu'on veut, je croirai vous en donner une idée assez juste en vous disant, comme je le pense, qu'on veut creuser une mine sous la monarchie, la charger, et puis se tenir prêt à y mettre le feu, sans avoir dans le moment, je crois, l'intention de la faire sauter. Vous concevrez notre position en vous disant qu'on peut faire tout en France, bien et mal, avec le roi, et qu'on ne peut rien faire sans lui. Ainsi, nous parlerons encore à des sourds. Notre minorité sera renforcée par des ministériels effrayés un peu trop tard sur les suites d'un système qu'ils ont trop fidèlement servi ; mais je doute, malgré leurs promesses, qu'ils puissent nous donner la majorité, et l'autorité a de trop puissants moyens de séduction. La Chambre des pairs est mieux organisée, et tout annonce que sa majorité sera bonne; mais elle ne peut rien faire, et ne peut qu'empêcher; et puis, si nous étions trop forts ou que nous allassions trop vite, on aurait recours à la dissolution, qui, forçant de rouvrir les élections dans toute la France sous l'empire de la détestable loi que nous avons portée, serait sans doute la *consommation:* au reste, nous ne sommes pas seuls menacés, et les petites puissances, en attendant les grandes, seraient ébranlées et entraînées dans notre chute.

Aujourd'hui que le favori a culbuté ses rivaux, qui ont fait d'énormes fautes, qu'il les a culbutés à l'aide des *indépendants,* sentira-t-il que ces instruments, bons pour détruire, sont impuissants à rien fonder? Aura-t-il assez de force de caractère et de génie pour leur faire *front,* et les combattre avec une majorité qu'il aurait si facilement? Sentira-t-il que, s'il les ménage ou s'il s'en sert, il sera leur première victime, et qu'il ne peut les abattre qu'en s'en séparant avec éclat, et même avec scandale? C'est la seule ressource qui nous reste aujourd'hui; mais les choix faits ou annoncés pour des places subalternes éloignent ce dernier espoir, et la France sans doute ne sera pas sauvée, si elle doit l'être par des hommes.

Qu'est devenue madame de S.? Où qu'elle soit, faites-lui, je vous prie, parvenir mes respects.

Adieu, Monsieur le comte; croyez que je voudrais être dans le pays que vous habitez; on nous dégoûte de notre propre patrie; nous y sommes, comme les premiers chrétiens, livrés aux bêtes et déchirés par des monstres. Une haine invincible de la noblesse, du clergé, de toutes institutions bonnes et utiles, perce de toutes parts : tout est couvert d'un nom révéré et des formes les plus légales. Nous périssons aux cris de *Vive le roi et la charte!* — Lisez-vous *le Conservateur?* Nous nous y défendons de notre mieux. Cette session sera longue, si elle n'est pas abrégée par une nouvelle dissolution. Je cède, en venant ici, au devoir le plus impérieux. On m'a retiré, par des lois ou des ordonnances, la plus grande partie de ce qu'on m'avait donné, ce qui fait à peu près tous mes moyens d'existence, et mon séjour ici est très-onéreux à ma famille : encore s'il était utile à l'État !

Recevez, Monsieur le comte, l'expression bien sincère de mes vœux, de mon attachement, et de mon respect.

Le vicomte DE BONALD.

Lettre du vicomte de Bonald au comte de Maistre.

Paris, 30 mars 1819.

Hier 29 mars, Monsieur le comte, j'ai reçu le matin votre lettre du 10 juillet de l'année dernière 1818, et le soir la dernière que vous m'avez fait l'honneur de m'écrire en date du 22 présent mois. La première m'a été remise par M. Rusand, libraire de Lyon, que le hasard me fit rencontrer, et qui, l'ayant depuis longtemps envoyée ici à sa maison de librairie, de l'ordre sans doute de M. Frèrejean à qui vous l'avez confiée, n'étant pas venu lui-même à Paris, n'avait pu éveiller la négligence de ses commis, qui avaient laissé cette lettre dormir au fond d'un portefeuille, où ils n'auraient sûrement pas laissé si tranquille une traite sur moi, s'ils en avaient eu une. La seconde lettre m'est parvenue par la voie ordinaire, et je n'y ai trouvé d'extraordinaire que la singulière rencontre du même jour. C'étaient deux amis qui m'arrivaient, l'un de la Chine, l'autre du Piémont, et qui m'arrivaient au même instant ; car ici l'éloignement des temps compense la distance des lieux.

et depuis le 10 juillet on aurait fait la moitié du tour du globe.

Enfin je les tiens, et je suis convaincu que vous avez reçu les petits présents de l'amitié que j'avais en vérité cru, ainsi que ma lettre, oubliés pour toujours au fond de quelque magasin de douanes. J'aurai bientôt quelque chose à y joindre, car je veux être tout entier dans votre cabinet de livres, et qu'à ce *moi*, si je peux ainsi parler, il ne manque que moi-même. J'ai donné des *Mélanges*, c'est-à-dire des dissertations insérées presque toutes dans des journaux du temps, et d'un temps où il y avait et plus de liberté pour les auteurs et plus de respect pour la vérité, et même plus de surveillance sur les mauvaises doctrines qu'aujourd'hui; des dissertations sur différents points de politique, de morale, de littérature, toujours appliquées à ma manière, qui heureusement est la vôtre, de considérer la religion dans la politique et la politique dans la religion. On en avait été content dans ce temps, et la publication ne leur a rien fait perdre de l'estime qu'on leur avait accordée. J'aurai l'honneur de vous les faire passer. Je loge sous le même toit qu'un excellent Savoyard employé ici, le *factotum* de votre comtesse de Viry; et c'est lui qui a bien voulu vous faire l'envoi de mon opuscule sur ou contre la fameuse baronne. Je vous avais fait passer les *Réflexions* par la voie de votre ambassade. De tout ce que vous voulez bien me dire à propos de ce dernier ouvrage, ce qui m'a le plus flatté est la conformité que vous avez remarquée entre mes opinions et les vôtres, et cet unisson de pensées et de sentiments qui me donne à moi-même la plus sûre garantie de la vérité de mes opinions, garantie dont tout auteur a besoin, et moi plus qu'un autre.

(Pour ne pas oublier de vous parler de l'ouvrage de Leibnitz, ce qui déjà m'est arrivé en vous écrivant, je place ici, en parenthèse, que l'ouvrage n'a pas encore paru, mais qu'il est incessamment attendu.)

Depuis le 10 juillet 1818, notre politique a fait bien du chemin. Triste reste de la majorité de 1815, nous défendons sur la décisive brèche la place si vivement attaquée, et dont les dehors ont été emportés. Vous avez vu nos dernières élections de remplacement. Benjamin Constant est un des plus sages : jugez du reste ! Nous avons, suivant l'expression du général la Fayette, perdu la bataille des élections, et ce nouveau convoi est entré pour ravitailler la place. Les destitutions continuent leur train, et tombent toutes sur une seule couleur. La Chambre des pairs, si considérablement renforcée, peut à peine contenir ses membres; nous, nous serons ou dissous après la session, ou doublés. La majorité dans les deux Chambres est fixe et systématique : que pourrions-nous faire? Nous ne parlerons plus. Il n'est plus question du Concordat, mais beaucoup de changements dans les cadres de l'armée faits par le duc de Feltre, beaucoup d'alarmes, beaucoup d'inquiétudes... d'étranges espérances, de grandes craintes. Nous n'y pouvons plus rien, la question est hors des Chambres... Le gouvernement n'est plus... J'ai bien fait de ne pas l'approuver; on finira par être de nos avis. Je ne vous parle pas de la licence des écrits, elle passe tout. Un jeune homme, nommé ..., publie un pamphlet où il menace de la *mort à domicile*, au cas que les étrangers rentrent; car il est évident que nous les aurons rappelés... Il est fait maître des requêtes : voilà où nous en sommes. Où y a-t-il sûreté? je l'ignore; sécurité, aucune; luxe, plaisirs, dépenses, tant qu'on en veut; esprit, très-peu, et il baisse sensiblement... Des colléges, de bons principes, des œuvres de charité excellentes, de l'attachement à la religion, des jeunes gens parfaits... il y a de tout cela, surtout à Paris. Que faut-il craindre, que faut-il espérer?... Nous ne ressemblons pas mal à un homme en profonde léthargie qui, les yeux et les oreilles ouverts, verrait faire les apprêts de son enterrement sans pouvoir bouger. Notre position est unique dans l'histoire, et vous en voyez la cause première. Il y a des choses surnaturelles contre lesquelles nous nous débattons en vain. Les moments sont marqués, et sans doute il faut les attendre. Notre session sera fort longue. On fera passer avec cette majorité tout ce qu'on voudra, et sans doute on voudra en profiter. Si on ne dissout pas cette année, j'en ai encore pour deux ans : c'est trop, et la place n'est pas tenable. Je ne me décourage cependant pas. Si je croyais à la ruine totale de la France, je croirais à la fin de la civilisation et de l'Europe. Plus je vois, plus je crois que son salut viendra de nous, ou ne viendra pas.

Je vais voir la comtesse de S..., et lui parler de vous. Elle loge rue de Grenelle Saint-Germain; toujours bonne, toujours aimable, toujours spirituelle : si nous n'avions que de ces étrangers-là ! A propos d'étrangers, je ne connais plus rien à leur politique, et quelquefois je crois trop la connaître. *Aura-t-elle toujours des yeux pour ne point voir ?*

Quel plaisir m'ont fait les détails que vous me donnez sur votre position ! La vertu et le mérite servent donc à quelque chose, et du moins on les apprécie dans un coin de terre ! Ils sont ailleurs titre de réprobation, et caution de haine et d'outrages. Après les *Réflexions philosophiques*, on m'a ôté une pension qui m'était nécessaire : celle qui me reste n'est pas payée depuis huit mois, et je crois fort qu'elle ne le sera plus : il me reste heureusement la moitié, sur le trésor royal, de ce que Bonaparte m'avait forcé d'accepter; sans cela, je demanderais mon pain. Je ne vis, sous les Bourbons, que des bienfaits de Bonaparte, que je n'ai jamais voulu servir ! Je n'ai écrit que pour les rois, et je n'ai reçu de marques d'estime que du peuple, qui a toujours voulu me députer pour défendre ses intérêts. D'autres n'écrivent que pour les peuples, et en sont amplement récompensés par les rois. Heureusement, je puise mes consolations à une autre source, et à la même où je puise mes devoirs.

Je m'avise un peu tard que si vous ne pouvez écrire que des billets, vous ne pourrez lire que des mémoires : cette lettre en a la longueur, et elle vous prendra le temps de lire plusieurs suppliques. Vous la pardonnerez au besoin que j'avais de vous écrire. C'est un entretien avec un ami (permettez-moi ce mot si doux, Monsieur le comte), avec un ami absent depuis longtemps, et qu'on retrouve enfin, et, j'espère, pour ne plus le perdre.

Agréez, Monsieur le comte, l'assurance la plus vraie de tout l'attachement et le respect que vous inspirez, et avec lesquels je suis votre très-humble et très-obéissant serviteur,

Le vicomte DE BONALD,

rue Palatine, n° 5.

C'est un peu tard vous parler de l'horrible affaire Fualdès ; mais votre lettre du 10 juillet et l'affaire Kotzebue me la rappellent. Je refusai d'être du jury. Je n'aime pas le jury, dont je n'ai jamais fait partie ; et je ne voulais pas commencer par cette affaire horrible mon apprentissage. Je n'ai jamais cru que la cupidité fût la cause de cet assassinat. Fualdès était ruiné, et même sa fortune n'aurait pu tenter la cupidité de tant de gens, même avant qu'il l'eût perdue. La cupidité tue et ne torture pas, et il y a eu des détails dans cette affaire, un luxe d'atrocité, d'audace et d'impudence inexplicable. J'y ai toujours vu de la franc-maçonnerie : ils l'étaient tous, et lui plus qu'un autre. Les francs-maçons, dans ce moment, veulent acheter la maison Bancal, la raser, et élever un monument à Fualdès sur le sol : ce qui n'empêche pas ma conjecture. Tous, du reste, étaient républicains, patriotes, fédérés, et tout ce que vous voudrez, et Fualdès plus que tous. Mais ce n'est qu'entre complices qu'on se punit, et cet assassinat avait l'air d'une *sentence*. Avec cela un secret impénétrable a resté sur le fond, s'il y en a un, et les coupables ont emporté leur secret avec eux, et sont morts en renégats. La seconde affaire est aussi inexplicable que la première. Un *alibi* a été attesté par des hommes très-dignes de foi, et je les connais ; les assertions de madame Manson n'étaient pas moins positives. En général, on les croit coupables. Cette madame Manson était un mince sujet, comme vous voyez, que personne ne voyait. Je connais son père, à qui j'ai vendu une terre, et ne la connais pas, elle. Il n'y a pas dans tout cela une personne estimable. La bonne société ne les voyait pas, quoiqu'ils appartinssent tous à la bonne bourgeoisie. Je vous remercie de votre intérêt pour mes enfants. Le plus jeune, ecclésiastique, est ici, attendant, en travaillant beaucoup, que son évêque l'appelle ; et son évêque de Chartres attend lui-même son église, qui attend elle-même le Concordat. Depuis votre lettre, Monsieur le comte, du 10 juillet, vous avez eu le malheur de perdre monsieur votre frère, évêque d'Aoste : c'était un homme d'un vrai mérite, et digne du nom qu'il portait. Mon Dieu, que de pertes nous faisons dans ce genre, et combien il y en a d'irréparables !

Lettre du vicomte de Bonald au comte de Maistre.

Paris, 10 juillet 1819.

J'ai vu, Monsieur le comte, le jeune M. de Gabriac, qui m'a donné de vos nouvelles comme je n'en ai pu jamais avoir moi-même, je veux dire *de visu;* et il m'a appris en même temps qu'il avait porté la lettre qui m'avait été envoyée par madame la duchesse d'Escars. Je vous en remercie doublement, car vous avez à peine le temps de penser à vos amis; et, pour mon compte, je suis loin de demander que vous preniez sur vos grandes occupations celui de leur écrire.

Notre session rend le dernier soupir, et je me dispose à aller me remettre dans mes montagnes; car ma santé est un peu altérée, et autant par les inquiétudes de notre position que par excès de travail. Nous en reviendrons, si nous en revenons, je ne sais quand. La longueur démesurée de cette session retardera sans doute les suivantes, et plût à Dieu qu'elle pût les éloigner tout à fait!

Vous me demandez ce que je pense de la charte... Il me semble, Monsieur, que mon opinion sur le compte de cette aventurière n'est pas plus équivoque que la vôtre : c'est une œuvre de folie et de ténèbres : je m'en suis toujours expliqué sur ce ton, même à la tribune; et cette opinion bien connue m'est peut être plutôt pardonnée que les hommages hypocrites de quelques autres. Cependant elle a des partisans sincères, surtout parmi les pairs, qu'elle a assez bien traités, et qui se croient dans le meilleur des mondes possibles. Heureusement, la dernière atteinte portée à leur Chambre et l'avilissement de leur haute dignité les ont un peu dégrisés; même tous les bons esprits ne sont pas loin de convenir qu'elle ne nous convient pas;

mais on ne sait comment en sortir, ni revenir à de meilleures idées : et peut-être est-ce de toute autre manière que par des combinaisons humaines et des projets médités que nous y reviendrons.

J'ai vu ici votre bon curé de Genève. Il m'a communiqué bien des choses, une, entre autres, excellente, faite pour être lue à un grand personnage près de qui vous avez longtemps été, qui nous fait tant de mal, et qui aurait pu faire tant de bien. Il y a des vérités fortes et presque dures ; mais comment réveiller autrement les esprits engourdis? Dieu veuille bénir cette œuvre, et dessiller les yeux à ceux qui ont la puissance, ou la donner à ceux qui ne l'ont pas ! car je pense quelquefois qu'il faudrait à l'Europe un homme aussi fort pour le bien que nous en avons vu un puissant et fort pour la destruction. Mais *virum non cognosco*, pouvons-nous dire ; et il faudrait d'étranges combinaisons pour une seconde réaction de ce genre. En attendant, avez-vous vu, Monsieur, de conduite plus étrange que celle de notre ministère, qui tâche péniblement à donner la force aux révolutionnaires et à l'ôter aux royalistes par tous les moyens qui sont en son pouvoir, tantôt en excluant les royalistes des élections, tantôt en les destituant des places; et tandis qu'on empoisonne le civil, je veux dire la justice et l'administration, on corrompt le militaire en faisant à la sourdine rentrer dans les rangs des officiers de Waterloo, à la place des royalistes qu'on met à la retraite ? Tout cela se fait de par le roi de France, le roi *très-chrétien*, qui se croit monarchique, qui se croit catholique, et qui veut être sacré ; et tout cela se fait encore en dépit des réclamations les plus vives et les plus courageuses de tout ce que la France compte d'hommes forts et éloquents, et n'est appuyé et défendu que par un tas d'écrivassiers sans génie, sans lumières et sans vertu : voilà où nous en sommes. O heureux et trois fois heureux ceux qui, comme vous, Monsieur, habitent un pays où la raison, la vertu sont comptées pour quelque chose, et si elles n'appellent pas toujours aux places, du moins n'en excluent pas!

Notre session de huit mois, dont trois sans rien faire et cinq d'un travail excessif, tire à sa fin. Nous regagnons tous nos foyers; et ceux qu'on accuse d'ambition retournent à leurs charrues avec un plaisir indicible, et laissent ici les intrigants de la capitale se disputer les lambeaux de notre pauvre monarchie... Et cependant, faut-il désespérer de la France?... Non sans doute, si l'Europe n'est pas condamnée à périr tout entière, et si la comète ne doit pas encore s'approcher de notre planète assez pour la réduire en cendre; car si le monde doit périr par le feu, suivant une tradition si ancienne et même si respectable, ce sera sans doute quelqu'un de ces astres errants qui, libre des lois ordinaires de conservation qui régissent et maintiennent à leur place les autres corps célestes, vient comme un voleur, et sans être attendu, nous menacer de sa flamboyante chevelure : *et diri toties arsere cometæ*. Mon cher comte, l'aveuglement des rois est un phénomène cent fois plus effrayant; et avec leurs courses continuelles, au lieu d'être fixes, autrefois, comme le soleil, au centre de leurs États, pour tout éclairer et tout vivifier, ils ne sont plus aussi que des astres vagabonds qui troublent le système des sociétés, et n'y portent, avec leurs faiblesses ou leurs erreurs, que le désordre et le ravage.

Que pensez-vous de l'ouvrage de votre semi-compatriote, M. de Haller de Berne? J'en ai vu l'analyse, et il me paraît sur une bonne voie politique, autant que protestant peut y être. Le bon comte de Salis m'en avait parlé avantageusement. J'ai écrit à M. de Haller, en signe de confraternité de principes. Le connaissez-vous? Je vais partir, et si vous voulez me gratifier d'une de vos lettres, elle me trouvera à Millau (Aveyron). Je suis tout auprès de cette ville. Vous ne voulez plus de cérémonie, mais vous permettez l'amitié et la vénération : je vous les ai vouées depuis longtemps.

P. S. Le bon Savoyard s'appelle M. Duclos, ami de la comtesse de Viry.

Lettre du vicomte de Bonald au comte de Maistre.

1819.

Monsieur le comte,

J'ai eu indirectement de vos nouvelles par mon respectable ami le comte de Marcellus, à qui vous avez écrit une lettre qu'il m'a promis de me faire lire à notre prochaine entrevue à Paris. J'y ai vu avec peine, dans le peu qu'il m'en cite, que vous vous plaignez de votre santé, et qu'à tous les sujets de peine dont ce malheureux temps afflige les hommes de bien, il se joint d'*autres épines*, que votre prévoyance et le rang où vous êtes placé vous font encore mieux sentir, et qui s'enfoncent cruellement dans votre cœur. « *Votre esprit*, dites-vous, *s'en ressent ; de petit il est devenu nul : hic jacet ; mais je meurs avec l'Europe.* Oh! pour le coup, Monsieur le comte, vous me permettrez de n'en rien croire, et je ne crois pas même à la mort de l'Europe ; je croirais plutôt, si vous le voulez, à la fin du monde. Mais alors, comme dit Ériphile :

Nous ne mourrons pas seuls, et quelqu'un nous suivra.

Non, Monsieur le comte, votre esprit ne se ressent de

ces terribles événements que pour s'élever encore plus haut, pour en mieux voir les causes et les effets, et pour déplorer plus vivement qu'avec tous les moyens de salut on ait pu se perdre si bêtement, si gratuitement; mais du moins, s'il faut périr, vous périrez avec honneur au milieu d'un État *restauré* autant qu'on lui a permis de l'être, aussi monarchique et aussi catholique que la force prépondérante des maîtres de l'Europe, ou de ses tyrans, comme vous voudrez, ont voulu qu'il le fût, et plus peut-être qu'ils n'ont voulu. Mais nous, nous qui devions aspirer à l'honneur de rendre à la France la noble magistrature qu'elle a exercée en Europe, nous finissons, si nous devons finir, la honte et la risée des autres nations, entre des jacobins et des banquiers, avec des députations de régicides, un ministère aveugle ou corrompu, pas un homme fort à la tête des affaires; nous finissons dans une abnégation entière de raison, de vertu, de religion, de bon sens, d'esprit même; nous finissons sans gloire et sans éclat; nous tombons de pourriture, de gangrène. Et cependant voilà un noble exemple que l'Allemagne vient de nous donner, si toutefois elle ne se borne pas à des paroles et à des notes diplomatiques: car si sa forme complexe lui permet de mettre dans ses actions autant de vigueur que dans ses propositions, quel en sera l'effet sur notre gouvernement? S'apercevra-t-il que, par cela seul que les jacobins en sont furieux, il doit s'en réjouir, et se hâter d'imiter un si bel exemple? Quoi qu'il en soit, on ne peut aller plus avant dans le système que l'on suit depuis quatre ans, sans tomber franchement dans 93. Tous les systèmes de conduite ont leur plus haut période, leur *nec-plus-ultrà*, après lequel il faut changer de direction; et cet apogée révolutionnaire, nous venons de l'atteindre par la nomination de Grégoire à la Chambre des députés. Mon premier dessein avait été, s'il pa

Chambre, de me démettre avec éclat ; car mes sens se révoltaient à l'idée d'échanger des paroles avec un tel collègue, et de me trouver assis dans la même enceinte, respirant le même air, prenant part aux mêmes délibérations. Mais lorsque l'on combat avec ses amis, il faut savoir subordonner son avis au leur dans les choses qui ne sont pas ouvertement criminelles. J'attends donc d'être à Paris, et peut-être d'ici là y aura-t-il quelque révolution de système. Les journaux l'annoncent, et le retard même de notre convocation, qui ordinairement suivait immédiatement la fin des élections, me fait croire qu'il y a de l'agitation et de l'embarras dans les conseils.

Il me semble, Monsieur, que le nuage se dissipe; et les *Mémoires de Jacques II*, écrits par lui-même, et dont je n'ai vu encore que ce que les journaux en ont cité, me paraissent jeter un grand jour sur les événements, au moins pour les yeux obstinés à demeurer fermés. Ce malheureux prince, qui ne manquait ni d'esprit ni de courage, se disculpe des calomnies dont il a été l'objet, et attribue la révolution qui le fit descendre du trône à une conjuration qui s'était formée, contre la dynastie des Stuarts, au moment même de sa restauration sous Charles II. Elle n'avait pas eu assez d'espace pour éclater pendant la vie de ce roi, et avait même employé le temps de son règne à user la monarchie et à accroître ses propres forces. Elle fit éruption à l'avénement de son infortuné frère, et la famille des Stuarts, au moins la branche légitime, fut à jamais exilée. (Si la France n'eût pas fait la faute de la laisser éteindre dans le célibat ecclésiastique, il est possible que notre révolution n'eût pas eu lieu.) Cette déplorable histoire est la nôtre de point en point, et jusque-là les deux révolutions ont été calquées l'une sur l'autre. Je ne serais pas embarrassé de prouver que tout ce qui s'est fait en France, depuis 1814, a été conduit et calculé sur ce plan, même dans les actes du gouvernement; et peut-être déchirerai-je le voile dans le *Conservateur*. Il y a cependant des différences à notre avantage : la première est que l'Angleterre était protestante, et que la France est catholique. Or, c'est le protestantisme et son esprit, et ses principes, et son fanatisme, et ses prétentions, qui ont le plus poussé aux deux révolutions et y poussent encore; et la haine furieuse contre notre religion et ses ministres a plutôt pour objet leur attachement à la monarchie que leurs fonctions même religieuses. La seconde différence est que les grands d'Angleterre, et même la noblesse du second ordre, avaient acquis ou reçu les biens du clergé sous Henri VIII et ses successeurs; au lieu que les acquéreurs, en France, sont presque tous de la classe commerçante ou même inférieure; différence très-grande, car je ne doute pas que le changement de famille régnante, en Angleterre, n'ait eu pour cause les alarmes des possesseurs de biens religieux, qui voulaient mettre l'illégitimité de leurs possessions sous la garde de l'illégitimité du trône; et je ne doute pas davantage que cette cause, en France, ne soit le mobile de la conjuration contre la maison de Bourbon. Mais nos acquéreurs n'ont ni la même influence ni le même crédit, et aussi ils cherchent une force dans le gouvernement, et malheureusement l'y ont trouvée.

J'ai osé faire, à la vive sollicitation de mes amis, l'article *Louis XVI* dans la grande *Biographie* de M. Michaud. J'ai longtemps résisté, et je sentais la difficulté de traiter ce sujet dans un petit nombre de pages, et de le traiter en présence du temps et des hommes contemporains, même de ses proches. Mais j'ai craint que cet article, confié à un autre, ne fût un texte à des flatteries envers le pouvoir actuel, et ne l'égarassent encore davantage. Je l'ai fait servir, et j'y ai mis toute ma politique telle que vous la connaissez. Je ne sais, au reste, s'il sera approuvé. Je vous ferai passer la feuille, si elle est imprimée.

Vous avez, Monsieur le comte, dans votre pays un de mes parents, excellent homme de tout point, et destitué de la préfecture de la Vendée pour son royalisme et son esprit religieux. C'est M. de Roussy, mari de mademoiselle de Sales, dernière d'une des branches de la famille de votre saint évêque de Genève. La famille de mademoiselle de Sales, petite-fille de la marquise de Gralier, a perdu des biens dans la révolution, situés, je crois, près d'Annecy; il est à la poursuite de l'indemnité que votre souverain a promise. J'ose vous recommander ses intérêts. Il est digne de votre bienveillance; et, quoiqu'il ait été sous-préfet à Annecy, sous Bonaparte, je crois qu'on lui rend justice, et qu'il y a toujours fait tout le bien qui dépendait de lui et donné les meilleurs exemples.

Au nom de Dieu, Monsieur le comte, ne vous découragez pas! Comptez un peu sur l'étoile de la France. Je le dis en homme religieux, et je sais à qui je parle. Comment désespérer d'une nation qui a été sauvée, il y a à peine trois siècles, par une bergère? Dans des temps de simplicité, son salut lui vint d'une simple fille; dans des siècles de lumière, il viendra peut-être par des gens d'esprit. Il y a beaucoup de bon esprit en France, et plus qu'on ne pense; et si la France peut secouer le joug des révolutionnaires, vous êtes tous sauvés.

Il me tarde d'apprendre par vous-même des nouvelles de votre santé : c'est pour vous la seule chose qui m'inquiète. Les journaux vous apprendront notre convocation; elle sera suivie de près de mon départ, et alors, si vous me faites l'honneur de me répondre, je pourrai recevoir votre lettre à Paris, à mon adresse ordinaire. Agréez mes plus tendres hommages.

DE B.

Lettre du vicomte de Bonald au comte de Maistre.

14 février 1820.
Reçue le 29 février.

Je ne peux, Monsieur le comte, commencer ma lettre sans vous parler du terrible événement qui a plongé tous les gens de bien, les vrais Français, dans la plus profonde douleur; vous l'aurez appris par les courriers, et aucun détail encore n'est venu jusqu'à vous. Quel coup et quel avenir! L'esprit se confond, le cœur se serre en pensant à tout ce que cet événement peut recéler d'événements. On dit la duchesse enceinte; mais quel espoir, et surtout après la terrible secousse qu'elle a éprouvée! Les Chambres ont été assemblées sur-le-champ, pour voter de stériles compliments au roi. Que lui dire avec espoir d'être écouté? Que lui inspirer avec certitude d'en être entendu? Nos détestables écrits, nos pardons scandaleux, nos jugements plus scandaleux encore... les régicides rappelés, nommés, excusés, devaient en enfanter d'autres, et la cause produit son effet.

Je voulais d'abord vous parler de votre ouvrage; et ma lettre, remise à aujourd'hui, a rencontré un déplorable sujet qu'il a fallu répandre dans votre sein avant toute autre chose. Je l'ai lu ce bel ouvrage; et ceux mêmes qui y trouvent ce que vous avez voulu y mettre, et qui s'en alarment pour des opinions sucées, pour ainsi dire, avec le lait dans leur éducation cléricale ou magistrale, ceux-là sont les premiers à admirer (le mot n'est pas assez fort), à se confondre d'admiration devant le beau génie qui leur a fait ce beau présent. Je vous nommerais MM. de Fontanes, Marcellus, le cardinal de Bausset, le duc de Richelieu, *e tutti quanti*. J'en parlai à un évêque un peu récalcitrant,

« Après l'avoir lu, me dit-il, je serai peut-être moins galli-
« can que je n'étais : mais si j'étais mécréant, j'en serais
« plus chrétien ; et si j'étais dissident, j'en serais plus ca-
« tholique. » Pour moi, Monsieur, qui vous remercie bien
sincèrement de la place que vous avez quelquefois donnée
à mon nom et à mes écrits, je ne peux assez vous dire
combien j'y ai trouvé de raison, d'esprit, d'élévation, d'érudition, de choses neuves et originales ; mais, comme je l'ai
dit, les rois, pour le goûter, ne sont peut-être pas assez
chrétiens, et les évêques ne sont pas assez politiques. Il
faut avoir considéré la religion dans ses grands rapports
avec la société, pour en sentir toute l'importance et en
goûter toute la vérité. Un effet général qu'il a produit, est
qu'une fois commencé, on ne peut plus le quitter : il faut,
bon gré mal gré, aller jusqu'au bout ; et M. de Fontanes,
entre autres, l'a tout lu dans un jour. Je puis en dire autant, quoique j'aie été forcé d'y mettre un peu plus de temps.
Je voudrais bien en parler dans le *Conservateur*. J'ignore si
messieurs du comité directeur de cet écrit me le permet-
tront, à cause de l'ultramontanisme, dont quelques gens
ont peur, quoique, depuis la restauration, ce sentiment de
répulsion se soit bien affaibli en France.

Je vous ai écrit il y a deux mois ; je vous envoyais quelques pièces relatives à une bonne œuvre qui intéresse
votre gouvernement. Le fils de mon bon collègue M. Benoît, jeune homme excellent, ami et disciple de M. l'abbé
de Lamennais, était nommé à la suite de l'ambassade de
Naples, et devait partir de jour en jour. Il voulait passer
par Turin ; et le moyen à un Français instruit d'y passer
sans vous voir ! Je lui avais donc remis ce paquet. Son
départ est retardé, je le retire, et vous l'envoie avec cette
lettre par l'entremise d'un bon Savoyard qui la fera passer
par votre ambassade ; vous en ferez, Monsieur, tel usage
que vous voudrez. Vous m'avez fait dire les plus jolies

choses par Catulle ; et si je n'en avais pas vu le nom au bas, ayant un peu oublié ce grave auteur, j'aurais cru les vers de vous, tant ils sont faciles et agréables. Vous avez voulu m'épargner la méprise ; c'est pure charité à vous, pour m'épargner un aveu d'ignorance ou un défaut de mémoire.

Je finis, comme j'ai commencé, par vous parler de notre douleur : elle est même populaire ; mais combien de cœurs riants sous des dehors tristes ! que de profondes hypocrisies ! quelle conduite ! et qu'on fait de mal à l'Europe par celle de notre gouvernement depuis le 5 septembre 1816, jour de funeste mémoire ! — Je ne forme pas de conjectures sur tout ceci : — un parti infernal s'agite, complote, exécute sous les yeux des autorités ; et, enlacés par nos lois, par nos formes, garrottés par la charte, nous nous laissons tout doucement conduire dans l'abîme où toute l'Europe, si elle n'écoute pas vos leçons, et je peux y joindre les miennes, descendra avec nous.

Je finis, Monsieur le comte, par vous renouveler tous mes remerciments, toute ma gratitude, toute mon admiration, et l'assurance du tendre et respectueux attachement que je vous ai voué.

DE BONALD.

Lettre du vicomte de Bonald au comte de Maistre.

3 de l'an 1821.

Reçue le 10.

Monsieur le comte,

Je suis trop heureux d'avoir pu trouver une occasion favorable de dire au public tout le bien que je pense de votre bel ouvrage. Ce n'est pas une illusion de l'amitié ; c'est une conviction de la raison, une certitude du bien qu'il peut faire, et de celui qu'il a déjà fait ; c'est surtout une satisfaction inexprimable de me retrouver toujours, Monsieur, sur la même ligne de pensées, de sentiments, d'affection. En vérité, lorsqu'on n'est pas dominé par l'orgueil satanique qui est le partage de nos ennemis, à la vue de l'épouvantable confusion qui règne en Europe, dans les esprits mêmes de ceux de qui dépendent nos destinées, on a besoin que l'approbation de quelques hommes supérieurs vienne vous donner la confiance qu'on ne s'est pas tout à fait trompé, et qu'on n'a pas sacrifié à des illusions ou à des erreurs santé, fortune, loisirs, faveur, et tout ce qu'on aurait trouvé sous d'autres drapeaux. Vous voyez, Monsieur, ce qui se passe en France ; et vous n'en serez que plus attaché à cette pensée dominante de l'influence que nous pouvons prendre en Europe, et du bien que de meilleurs exemples peuvent lui faire; c'est ce que j'ai tâché d'exprimer dans l'Adresse au roi, dont j'ai été un des rédacteurs. Il a bien fallu y nommer la charte, quoique je la regarde comme la boîte de Pandore, au fond de laquelle il ne reste pas même l'espérance ; je puis le dire hautement, dans le salon des ministres comme dans le cabinet de mes amis. Le roi y a répondu mieux et plus positivement qu'il n'avait jamais fait. Nous avons une Chambre excellente, meilleure peut-être qu'en 1815, décidée à tout pour conserver l'union entre les bons, malgré quelques dissidences d'opinion. Nos adversaires sont peu nombreux, mais décidés à suppléer au nombre par l'audace et l'opiniâtreté. Tout assure la victoire au bon parti, mais une victoire achetée par tous les dégoûts et tous les orages que les méchants sont capables d'exciter. Ce qui me confond, ce qui me plonge dans la stupeur, est que des gens d'esprit appellent cela un gouvernement! Depuis longtemps on ne gouverne plus la France, on la dispute. Nous avons donc remporté une pleine victoire à la bataille des élections, victoire due uniquement au zèle et au bon esprit des royalistes, aidés jusqu'à certain point par le gouvernement, qui a peut-être mieux réussi qu'il ne croyait, et trouve peut-être la dose trop forte. Une autre victoire a été l'introduction de Villèle et de Corbière dans le ministère. Je suis arrivé tard, et n'ai point assisté aux négociations ou aux intrigues qui ont amené ce résultat. Chateaubriand, rentré en faveur, y a beaucoup travaillé; c'est le grand champion du système constitutionnel : il va le prêcher en Prusse, et n'y dira pas de bien de moi, qu'il regarde comme un homme suranné, qui rêve des choses de l'autre siècle. J'aurais bien des choses à vous dire là-dessus : cette raison, autant que toute autre, a fait cesser malgré moi *le Conservateur*, et a comprimé la vogue du *Défenseur*, au point que je doute qu'il puisse se soutenir. Villèle et Corbière aideront un jour à porter Chateaubriand au ministère des affaires étrangères, qui se trouve assez naturellement sur le chemin des ambassades; c'est un très-grand coloriste, et surtout un très-habile homme pour soigner ses succès. Pour moi, mon cher comte, sans fortune, mais sans ambition, trop heureux si, n'ayant pas une si nombreuse et si pauvre famille, je pouvais vivre à un écu par jour, indépendant de tout le monde, et ne relevant que de Dieu et du roi, j'attends que l'expérience, qui se déroule tous les jours, vienne justifier la vérité de ce qu'on appelle mes *systèmes*, et ces vues politiques et religieuses qu'on me fait l'honneur, l'insigne honneur de croire que je partage avec M. l'abbé de Lamennais, M. de Haller, etc... Je reviens à notre Chambre : j'ai demandé aux ministres, j'ai dit à tout le monde, si l'on ne se servirait pas d'un instrument si fort et si sûr, pour autre chose que pour obtenir quelques douzièmes en avance sur les contributions et un budget. N'y a-t-il pas d'autres leçons à donner à l'Europe, et ne pourrions-nous pas relever l'étendard de la religion et de la royauté, et y rallier, de vœux et d'espérances, tous les honnêtes gens d'Espagne, de Portugal, de Naples, qui gémissent sous l'absurde et féroce tyrannie de leurs *carbonari* et de leurs *libéraux ?* Ne pourrions-nous pas seconder la diplomatie européenne, ou même en faire davantage, supposé encore qu'elle veuille ou qu'elle puisse faire quelque chose? Car il me semble que le *vent du nord* a soufflé sur les projets de l'Autriche, et les a desséchés ou refroidis dans leurs germes. Aujourd'hui le bruit court que le roi d'Espagne est déposé. Le roi de Naples laisse de précieux otages entre les mains de ses révolutionnaires : sa famille, et ses serments... Qu'espérer de tout ceci, quand on considère l'éloignement de Naples, l'isolement de l'Espagne, et le peu de temps qu'il faut aux libéraux pour tout détruire et tout renverser? Il ne vous échappe pas plus qu'à moi que ce sont les couronnes les plus catholiques, les différentes branches de la maison de Bourbon, celles qui ont détruit il y a soixante ans l'ordre célèbre qu'elles auraient dû défendre, qui sont presque exclusivement les victimes de cette terrible vengeance, la France, l'Espagne, Naples, Lisbonne, et qui expient si cruellement les crimes des Choiseul, des Pombal, de d'Aranda, et de l'autre dont j'ai oublié le nom (1). Je crois, et ne puis le dire qu'à un petit nombre de sages, que c'est la ruine de cet ordre si nécessaire à la chrétienté qui entraîne l'Europe dans l'abîme, et qu'elle n'en peut sortir qu'avec lui : mais qui lèvera la pierre qui couvre le sépulcre où il est enseveli? La *Compagnie du Diable* ne peut reculer que devant la *Compagnie de Jésus*, et nous avons des hommes très-nobles et très-influents, qui aime-

(1) Tanucci.

raient mieux revoir les Cosaques dans Paris que les Jésuites. A tout ce qu'on propose de bon et de fort, on répond que la France n'est pas encore mûre, que ce qu'on demande est intempestif; comme s'il y avait rien d'intempestif que le mal, pour lequel les méchants trouvent toujours les choses assez mûres, et les mûriraient en serre chaude si elles ne l'étaient pas. Comme les bonnes doctrines sont vivantes en France, et ne sont peut-être que là, rien en France ne se fait, ne se fera jamais que par élan; et cet élan, dont on a eu une nouvelle preuve aux élections, hâte plus le bien, dans une heure, que toute l'expectative de nos *Fabius* législateurs ne le ferait dans un siècle.

Mes pensées, comme mes affections, se sont souvent reportées vers votre pays : on ne peut pas douter qu'on ne le travaille; le fourneau est chauffé à la fois de trois côtés, par la France, la Suisse et l'Italie; et j'admire comment vous vous soutenez, malgré les annonces tous les jours répétées de révolution. Dieu vous conserve cette tranquillité si précieuse, et puissiez-vous ne trouver chez vous ni de *Quiroga* ni de *Pepe!* Vous me disiez, dans une de vos lettres, qu'il n'y avait plus de grands en Europe. J'en vois assez pour être tout à fait de votre avis : c'est la noblesse qui manque partout, et les grands seigneurs en ont détruit l'esprit, comme ils en ont et peut-être parce qu'ils en ont englouti les fortunes. La mollesse, le plaisir, la vanité, la fureur des jouissances et du luxe ont abâtardi ces antiques races, mon cher comte; le pouvoir défaillit parce qu'il n'a plus de *ministres,* et jamais la famille ne périt que par la faute de ceux qui sont chargés de la conserver.

Je relirai avec attention les endroits de votre grand ouvrage dont vous me parlez, et j'aurai l'honneur de vous en entretenir; en attendant, je vous dirai que je trouvai bien beau, bien vrai, et passablement hardi à vous, homme de cour et ministre d'État, ce que vous dites sur le *mariage* des princes. Que de fois, avant d'avoir eu de si belles preuves du courage et de l'esprit de notre auguste veuve, n'ai-je pas dit que le mariage le plus *politique*, pour notre malheureux prince, eût été un mariage avec la *Vendée*, avec quelque belle et bonne fille d'un *Vendéen !* Mais même dans ce pays de l'honneur et de la fidélité, on n'aurait pas pu trouver mieux que ce que nous avons. Il ne me reste, Monsieur le comte, qu'à vous remercier de votre bon souvenir, et à vous renouveler l'assurance de tous les sentiments d'admiration et de véritable et éternel attachement que je vous ai voués à la vie et à la mort.

DE BONALD.

Lettre de M. l'abbé Rey, vicaire général de l'archevêque de Chambéry, depuis évêque d'Annecy.

Chambéry, 5 février 1820.

Monsieur le comte,

Votre Excellence aura lu sans doute ce qui advint un beau dimanche, l'an 94 de notre ère, au plus jeune des apôtres ; le voici : « *Et accepi librum de manu angeli, et devoravi illum : et erat in ore meo tanquam mel dulce : et cum devorassem eum, amaricatus est venter meus.* » Eh bien ! Monsieur le comte, les Français, voire même les Savoyards, ont reçu bien incontestablement de la main d'un ange, dont on fait la fête le 19 mars, certain livre doux comme du miel à la lecture : tous l'ont dévoré, mais dans plusieurs *amaricatus est venter ;* et rien ne prouve mieux l'excellence du livre, et la bonté du remède qu'il donne à certains estomacs qui ont la maladie des parlements. Je connais des estomacs pour qui la douceur du livre n'a pas fini dans l'œsophage, et qui l'ont trouvé infiniment plus doux encore en le savourant, en le ruminant; mais les estomacs où ce remède angélique a trouvé des *humeurs peccantes*, en latin *peccatrices*, ont éprouvé et éprouvent encore de rudes tranchées. Ah! comme c'est drôle de voir certains gros ventres tout *amariqués* par l'effet de cette lecture! Rien ne m'étonne, rien ne m'afflige en tout cela; c'est l'effet naturel d'un remède divin contre une maladie humaine. Mais ils auront beau faire, la potion est avalée; et la pharmacie angélique où elle a été préparée a si bien proportionné, arrangé, conditionné la dose, qu'elle aura infailliblement son effet, mais *tempore suo*.

En attendant, les Français n'ont pas voulu relever le gant et se venger en écrivant *mieux que vous, contre vous*. Ils ont trouvé plus expédient de saisir l'ouvrage que d'y répondre. Il est certain que l'un est plus facile que l'autre; mais malheureusement la main friponne ne s'est appesantie sur le nid que lorsque les oiseaux en étaient presque tous sortis, et je sautais de joie hier en apprenant que deux ballots étaient arrivés à la douane.

Je sais que, parmi les motifs de l'humeur gallicane, *Bossuet* et le *temporel des rois* jouent un grand rôle : attaquer notre *dogme national!*

Que dites-vous, Monsieur le comte, d'un *dogme national?* Pour moi, je n'en connais que de *catholiques;* et dès qu'il est national, il n'est plus dogme.

Agréez, etc.

REY, vicaire général.

Lettre de M. Alphonse de Lamartine à M. le comte de Maistre.

Paris, 17 mars 1820.

Monsieur le comte,

J'étais à toute extrémité quand j'ai reçu la charmante lettre que vous avez bien voulu m'écrire en m'adressant votre bel ouvrage. Je profite des premières forces de ma convalescence pour y répondre, et vous remercier à la fois et du livre et de la lettre, et surtout du titre flatteur de neveu, dont je m'honore ici auprès de tout ce qui vous connaît : ce titre seul vaut une réputation, tant la vôtre est établie à un haut degré parmi tout ce qui apprécie encore un génie vrai et profond dans un siècle d'erreurs et de petitesses. Le nombre en est encore assez grand : il semble même s'accroître tous les jours. M. de Bonald et vous, Monsieur le comte, et quelques hommes qui suivent de loin vos traces, vous avez fondé une école impérissable de haute philosophie et de politique chrétiennes qui jette des racines, surtout parmi la génération qui s'élève : elle portera ses fruits, et ils sont jugés d'avance. Je puis vous dire, avec la sincérité d'un neveu d'adoption, que votre dernier ouvrage a produit ici une sensation fort supérieure à tout ce que vous pouviez paternellement en espérer. Vous aurez été surpris que les journaux, surtout ceux qui devaient principalement adopter vos idées, soient restés presque dans le silence à votre égard; mais cela tient à quelques préjugés du pays, dont vous sapez si admirablement les ridicules prétentions gallicanes, et à un *mot d'ordre* qu'on a cru devoir religieusement observer, et dont j'ai donné l'explication pour vous à Louis. Cela n'a, du reste, arrêté en rien la rapide circulation de l'ouvrage; au contraire, il est partout, et partout jugé avec toute l'admiration et l'étonnement qu'il mérite : c'est assez vous dire que de vous assurer que vous êtes à votre place à la tête de nos premiers écrivains. Si un neveu avait le droit de représentation, je vous donnerais un conseil, d'après l'opinion que j'ai entendu exprimer universellement : ce serait de publier sur-le-champ votre grand ouvrage en portefeuille, et, aussitôt après, une édition complète de vos œuvres : je ne doute nullement que cela ne mît le sceau à votre solide gloire. En attendant, je suis chargé, par des hommes dignes d'être entendus de vous, de vous faire une requête respectueuse en leur nom et au mien. Voici ce dont il s'agit : *Le Conservateur* finit; un journal dans le même sens, mais dépouillé des rêveries constitutionnelles le plus possible, lui succède ; il se nomme *le Défenseur;* il est rédigé par MM. de Bonald, l'abbé de Lamennais, Saint-Victor, Genoude, plusieurs autres hommes distingués et quelques autres inconnus, au nombre desquels ils ont bien voulu m'admettre; ces Messieurs, tous de votre école et selon votre cœur, osent vous prier de détacher, de temps en temps, de votre portefeuille quelques pages de politique ou de métaphysique, dont ils honoreront leur journal, avec ou sans nom, selon vos convenances et vos ordres. J'ai déjà chargé Louis, avec qui je partage mon *action*, de vous adresser cette prière au nom de tout ce que la France possède d'hommes dignes de vous; je l'ai chargé en même temps de vous faire passer, de ma part, un petit volume intitulé *Méditations poétiques*, comme un faible hommage de mon admiration et de tous mes sentiments pour vous. Ces sentiments mêmes vous demandent quelque indulgence pour ma pauvre poésie.

Je vous demande pardon, Monsieur, de prolonger si longtemps cette conversation avec vous; mais on n'écrit pas souvent à M. de Maistre. J'espère être incessamment plus heureux encore, et avoir l'honneur de vous voir à Turin, où je vais passer bientôt en allant à Naples. Daignez me rappeler, Monsieur, à mes cousines, à qui vous me donnez le droit de donner ce nom, et agréez l'hommage invariable de mon profond respect et de ma haute admiration, avec lesquels j'ai l'honneur d'être, monsieur le comte,

Votre très-humble et obéissant serviteur,

Alphonse DE LAMARTINE.

Lettre de M. l'abbé F. de Lamennais à M. le comte de Maistre.

Saint-Malo, le 5 février 1820.

Monsieur le comte,

J'apprends que vous avez eu l'extrême bonté de me destiner un exemplaire de votre dernier ouvrage. M. de Lamartine veut bien prendre le soin de me le faire parvenir dans ma solitude, où je l'attends avec l'impatience que doit avoir de connaître une nouvelle production de votre génie, tout homme qui s'intéresse à la religion et à la société. En défendant l'autorité du saint-siége, vous défendez celle de l'Église, et l'autorité même des souverains, et toute vérité, et tout ordre. Vous devez donc compter sur de nombreuses contradictions; mais il est beau de les supporter pour une telle cause. L'opposition des méchants console le cœur de l'homme de bien. Il se sent plus séparé d'eux, et dès lors plus près de celui à qui le jugement appartient, et à qui restera la victoire.

Daignez agréer l'hommage de mon admiration, ainsi

que le profond respect avec lequel j'ai l'honneur d'être, monsieur le comte,

Votre très-humble et très-obéissant serviteur,
L'abbé F. DE LAMENNAIS.

Lettre de M. l'abbé F. de Lamennais à M. le comte de Maistre.

Paris, 18 mai 1820.

Monsieur le comte,

Vos lettres ne sont pas seulement une instruction pour moi, elles sont encore un encouragement; ainsi, chaque fois que vous voulez bien me faire l'honneur de m'écrire, je vous dois une double reconnaissance. La vive impression que votre bel ouvrage avait faite sur certaines personnes commence à s'affaiblir. Il n'avait d'abord été question de rien moins que d'une censure. Je ne sais pas comment on s'y serait pris pour éviter, en la rédigeant, le scandale et le ridicule. Il y avait, disait-on, dans votre livre, trois ou quatre hérésies au moins. On nommait des gens qui les avaient vues; mais l'embarras était de les retrouver : on n'en a pu venir à bout, et ce grand bruit a fini par un silence profond. Le bien que vous avez fait est immense, il restera. On ne guérit pas certains préjugés dans certaines têtes; mais on empêche qu'ils passent dans d'autres têtes, et le temps, que rien ne supplée, rend à la vérité tous ses droits. Une des choses que j'admire le plus dans la conduite du saint-siége, c'est la patience avec laquelle il attend : *Patiens, quia æternus.*

Ne doutez pas, Monsieur, que je ne rende compte de

votre ouvrage ; je ne manquerai certainement pas cette occasion d'être utile et de m'honorer. Il y aura bien quelque difficulté de la part de la censure ; mais je m'en tirerai de manière ou d'autre. Ce qui me contrarie le plus, c'est qu'il faut que j'achève auparavant la préface de mon deuxième volume, dont il y aurait de l'inconvénient à retarder la publication. Cette préface doit être assez longue, et ma très-mauvaise santé me force quelquefois de cesser tout travail pendant des semaines entières. J'espère cependant être libre dans un mois ou un mois et demi. Je commencerai, comme vous le désiriez, par citer les éloges que vous faites du clergé français. Quant aux passages que je croirai susceptibles d'être modifiés pour l'expression, je les noterai à une seconde lecture, et j'userai de la permission que vous me donnez, avec tant d'indulgence, de vous soumettre mes observations. Elles seront, au reste, fort peu nombreuses. Je ne me rappelle en ce moment que d'un mot ; vous dites, je crois, quelque part, *Le concile déraisonna ;* cela peut être, mais il ne faudrait pas, ce me semble, le dire si crûment.

Je suis extrêmement touché de la peine que vous a causée l'insertion, dans *le Défenseur*, de deux lettres excellentes écrites par vous à une dame russe, et destinées à rester secrètes. Vous avez assurément raison de vous plaindre. On ne dispose pas d'un nom tel que le vôtre sans y être auparavant bien autorisé. J'en ai parlé dans ce sens à messieurs du *Défenseur*, gens aussi honorables par leur caractère que distingués par le talent. Ils ont été singulièrement peinés d'avoir paru manquer d'égards, en cette occasion, pour un des hommes qu'ils respectent et qu'ils vénèrent le plus. La vérité est qu'ils n'ont eu que l'apparence d'un tort ; et je suis chargé, par eux, de vous offrir, avec l'expression de leurs regrets, toutes les excuses possibles. Un ecclésiastique estimable leur remit un petit recueil imprimé à Rome, et où se trouvent vos deux lettres. Ils ignoraient absolument qu'elles y fussent sans votre consentement. Cet ecclésiastique insista sur l'utilité de les répandre davantage, surtout en France, et les lettres elles-mêmes parlaient encore beaucoup plus haut dans le même sens. Voilà les faits, Monsieur ; s'ils justifient les personnes qui dirigent *le Défenseur*, ils ne diminuent point le regret qu'elles éprouvent de vous avoir, bien contre leur gré, causé un moment d'ennui.

Vous connaissez sûrement les lettres du cardinal Litta sur les quatre articles. Il serait très-bon de les faire réimprimer avec des notes dans ce pays-ci. Si vos occupations vous permettaient de consacrer quelques instants à la rédaction de ces notes, vous rendriez un grand service à notre pauvre Église de France. Je me chargerais volontiers des soins de l'impression, et l'auteur des notes resterait aussi inconnu qu'il voudrait l'être. Je vous supplie d'y penser. L'ouvrage du cardinal Litta a fait un bien réel. J'ai vu, depuis deux ans, beaucoup de prêtres en chercher des exemplaires ; mais il n'y en a plus. Il serait aisé de le répandre dans les séminaires, où on le lirait avec fruit. C'est des jeunes gens qu'il faut s'occuper. Il y a partout une tendance marquée vers les bonnes doctrines. Quel dommage si, faute de soins, cet heureux germe ne se développait pas ! Il y a aujourd'hui quelque chose de très-favorable au bien. Les méchants n'ont plus de doctrines proprement dites ; ils s'agitent, ils crient, mais ils n'enseignent pas ; ils ont tout détruit, tout perdu, jusqu'à l'erreur même.

Quiconque, maintenant, veut avoir un principe, une idée, est contraint de venir la demander à la religion. Cela est admirable, et on le sentira bien mieux encore dans quelque temps.

Pardon, Monsieur, de mon bavardage. J'abuse de votre temps en vrai Breton ; mais il y a un peu de votre faute, et vous portez la peine de votre indulgence.

J'ai l'honneur d'être, avec respect, Monsieur le comte,

Votre très-humble et très-obéissant serviteur,

L'abbé F. DE LAMENNAIS.

Lettre de M. l'abbé F. de Lamennais à M. le comte de Maistre.

Saint-Brieuc, 2 janvier 1821.

Monsieur le comte,

J'ai fait part à M. Genoude de ce que vous m'avez fait l'honneur de me marquer relativement à votre grand ouvrage, et je ne doute pas qu'il ne se fasse un véritable plaisir d'en surveiller l'impression. Je voudrais qu'il pût paraître à peu de distance de celui qui s'imprime à Lyon ; car les livres sont comme les hommes, ils s'entr'aident, et il est avantageux d'agir sur beaucoup d'esprits à la fois. Je suis étonné que Rome ait eu tant de peine à comprendre vos magnifiques idées sur le pouvoir pontifical. J'ai vu en France des gens du monde, très étrangers assurément à la théologie, les saisir parfaitement à une première lecture. Notre nation a, je l'oserai dire, cet avantage, que tout ce qui est naturel et vrai entre avec une facilité extrême dans les têtes. S'il m'était permis de juger les Romains par les livres qui nous viennent de leur pays, j'aurais quelque penchant à croire qu'ils sont un peu en arrière de la société. On dirait, à les lire, que rien n'a changé dans le monde depuis un demi-siècle. Ils défendent la religion comme ils l'auraient défendue il y a quarante ans.

Ils semblent toujours parler à des gens qui admettraient certaines bases générales, des principes et des faits, qui malheureusement sont bien loin aujourd'hui d'être admis. Aussi ce genre de preuves ne fait-il maintenant aucune impression sur les esprits, comme je suis tous les jours à même de le remarquer. Je connais même plusieurs personnes qui, de chrétiennes qu'elles étaient, sont devenues incrédules en lisant les apologies de la religion. Ce n'est pas que ces apologies ne soient certainement très-solides : elles étaient excellentes pour le temps où elles ont paru, lorsque tout était stable, et qu'il existait des idées universellement reçues ; mais elles ne répondent pas, ou elles répondent mal, à la raison qui les interroge dans un autre état de société. Il ne faut pas qu'on s'y trompe à Rome : leur méthode traditionnelle, où tout se prouve par des faits et des autorités, est sans doute parfaite en soi, et l'on ne peut ni l'on ne doit l'abandonner ; mais elle ne suffit pas, parce qu'on ne la comprend plus : et depuis que la raison s'est déclarée souveraine, il faut aller droit à elle, la saisir sur son trône, et la forcer, sous peine de mort, de se prosterner devant la raison de Dieu.

Je désirerais de tout mon cœur partager vos espérances sur l'avenir ; mais je vous avoue que ma faible vue ne saurait apercevoir, dans ce monde qui se dissout, le germe d'une restauration complète et durable. Je cherche vainement à concevoir par quel moyen le genre humain pourrait guérir de la maladie dont il est atteint. Puissé-je me tromper ! mais je la crois mortelle. Remonter du fond de l'erreur au sommet de la vérité, malgré les passions, malgré la science, malgré l'imprimerie, cela me paraît contraire à tout ce que nous connaissons des lois qui régissent le monde moral. Le dirai-je ? Il me semble que tout se prépare pour la grande et dernière catastrophe ; et peut-être est-ce aux nations que s'applique le mot terrible de saint Paul : *Impossibile est cos qui semel sunt illuminati, etc. Rursus renovari ad pœnitentiam.* Cependant, plus les ténèbres iront s'épaississant, plus la véritable lumière jettera d'éclat au milieu d'elles, *in tenebris lucebit.* L'état intérieur de l'Église deviendra chaque jour plus parfait, parce qu'il n'y aura plus de milieu entre la foi et le néant, de croyance entre la vertu et le crime, entre le bien et le mal, entre le ciel et l'enfer ; et déjà nous voyons commencer cette séparation tranchante. Tout est extrême aujourd'hui ; il n'y a plus de demeure mitoyenne, il n'y a plus de terre. Oh ! Monsieur, que le spectacle que nous avons sous les yeux est grand !

Je me propose d'aller à Paris vers la fin de ce mois. J'y verrai M. de Bonald, et nous nous consolerons de bien des choses en parlant de vous. Si vous me faites l'honneur de m'écrire, veuillez m'adresser vos lettres chez M. de Saint Victor, rue du Cherche-Midi, n° 15.

J'ai l'honneur d'être, avec le plus tendre respect, Monsieur le comte,

Votre très-humble et très-obéissant serviteur,

F. DE LAMENNAIS.

OPUSCULES.

LETTRE

DU MARQUIS HENRI DE COSTA,

GENTILHOMME DE LA CHAMBRE DE S. M. LE ROI DE SARDAIGNE,
CHEF DE L'ÉTAT GÉNÉRAL, ETC.,

PÈRE D'EUGÈNE,

A SON AMI, L'AUTEUR DU DISCOURS (1).

Saint-Dalmas, 1er septembre 1794.

Cher ami,

Je partais au moment où je vous ai écrit la dernière fois, et je ne pus vous dire qu'un mot à compte de tout ce que je vous dois pour votre excellent ouvrage. J'en suis chaque jour plus content, et je ne puis croire qu'il soit du nombre de ceux qui périssent; il fera, je l'espère, connaître aux âges à venir les charmes et les vertus de mon fils, et les grands talents de mon ami. J'approuve fort les raisons qui vous ont déterminé à lui donner la forme qu'il a, et à lui donner du volume au moyen de quelques accessoires ; enfin il remue tellement mon cœur, que je ne puis croire qu'il n'échauffe et qu'il ne remue pas le cœur des autres. Les larmes qu'il fera couler seront une jouissance pour moi. Hélas ! c'est la seule dont je sois susceptible ; je suis comme un homme à qui on a coupé bras et jambes : ses horribles plaies peuvent se cicatriser, mais il reste pour toujours un être mutilé, digne de pitié et au-dessous de lui-même ! Écrivez-moi la sensation qu'aura faite votre écrit où vous êtes, je vous rendrai compte de celle qu'elle fera deçà les monts, quand je le saurai. Quant à moi, j'en approuve l'ensemble et les détails; et quoique l'immense intérêt du sujet pour moi puisse me faire illusion sur beaucoup de choses, je crois qu'il ne peut que réussir. Si vous m'aviez montré votre manuscrit, je vous aurais fait quelques observations tendant à unir et à simplifier la touche ; c'est ce que j'entendais par ce *faire antique* que je vous proposais pour modèle. J'aurais barré quelques épithètes et retranché quel-

(1) L'original de cette lettre est dans mes papiers. (*Note de l'Auteur.*)

ques expressions trop recherchées, qui ont échappé à votre trop grande facilité et abondance, et qui ôtent, selon moi, un peu de force au style. Votre amour-propre, cher ami, n'eût point été blessé de mes observations : on est trop au-dessus de l'amour-propre quand on est capable de faire ce que vous avez fait. Mais nous eussions peut-être prévenu par là quelques sottes critiques ; tant de gens sont plus habiles à découvrir les petites taches qu'à sentir les grandes beautés !

Votre œuvre a des beautés du premier genre et des morceaux d'un abandon sublime ; l'idée d'appeler l'âme pure et céleste d'Eugène autour de la demeure de ses tristes parents, est ce que j'ai trouvé de plus touchant et de plus heureux. L'apostrophe à sa mère, en l'invitant à détourner ses yeux de ce rivage où nous avions vécu heureux pendant tant d'années, est d'un sentiment et d'une simplicité parfaite. Le portrait physique de la douce et chère créature est aussi un excellent morceau ; si j'avais cru que vous l'envisageassiez sous ce point de vue, je vous aurais fourni un trait de plus. Cet Eugène si modeste, si réservé en toutes choses, si peu tenté de se mettre en vue, prenait à la tête de la troupe la contenance la plus ferme et l'attitude la plus décidée. Ce n'était plus le même, et il avait alors l'air plus à sa place que la plupart des *beaux* et des élégants.

Oh ! mon ami, quel homme aimable et heureux, quel sujet estimable, quel excellent officier il serait devenu ! Sans doute il est plus heureux ; mais je suis bien à plaindre.

Je m'écrase toujours tant que je puis d'occupations de tête et de fatigues de corps. Je viens de passer six jours dans les plus hautes montagnes de la chaîne des Alpes maritimes. J'avais votre œuvre en poche, et je l'ai relue onze fois. Cette comparaison des patriarches exilés et voyageurs m'est revenue plusieurs fois, lorsque, accablé de fatigue et de chaleur, je rencontrais une fontaine dans ces âpres solitudes, et que j'y cherchais quelques moments de repos. Oh ! si mon ange m'y fût apparu alors, comme j'aurais dit adieu au reste de la terre, pour demeurer avec lui dans ces déserts !

DISCOURS

A Mme LA MARQUISE DE COSTA,

SUR

LA VIE ET LA MORT DE SON FILS

ALEXIS-LOUIS-EUGÈNE DE COSTA,

LIEUTENANT AU CORPS DES GRENADIERS ROYAUX DE S. M. LE ROI
DE SARDAIGNE,

Né au château de Villars, en Savoie, le 12 avril 1778; mort à Turin, le 21 mai 1794, d'une blessure reçue, le 27 avril précédent, à l'attaque du Col-Ardent.

Frutto senil in sul giovenil fiore.
TASSO.

Madame,

Les véritables douleurs ne veulent point être distraites, mais il en est peu de ce genre; et lorsque de prétendus consolateurs portent aux douleurs vulgaires de simples distractions, ils sentent qu'elles veulent être amusées, et qu'elles n'ont pas besoin d'être consolées. C'est un commerce de procédés qui n'a rien de répréhensible, puisque tout le monde s'entend.

Mais s'il est peu de véritables douleurs, les véritables consolateurs sont encore plus rares. L'égoïsme et la légèreté fuient la *maison du deuil :* le crêpe funèbre effarouche l'homme léger, la tristesse le fatigue; et si les lois d'une vaine décence l'amènent devant une victime du malheur, il vient la tourmenter avec son visage glacial, il vient lui défendre de pleurer pour se dispenser de pleurer lui-même; il ne lui permet point de montrer à découvert son cœur déchiré; il dit, sans le croire, qu'elle a besoin d'être distraite, car il veut bien *distraire*, mais non pas *consoler*.

Ne vous effrayez point sur mes intentions, Madame, et ne craignez point que je consacre cet écrit à vous distraire. Votre ami connaît toute la profondeur de la plaie qui déchire votre cœur; il sent ce que vous sentez, il a recueilli vos larmes, vous avez vu couler les siennes. Pleurez, ah! pleurez sans cesse l'ange que le ciel vient de vous ravir. Au lieu de vous dire, *Ne le pleurez plus*, je veux vous dire pourquoi vous devez le pleurer encore. Je sais que la plaie de votre cœur saignera longtemps; je sais que vous ne jouissez que de ce qui peut entretenir votre douleur; je sais que *vous ne voulez pas être consolée, parce qu'il n'est plus*. Laissez donc approcher de vous l'amitié compatissante, laissez-la poser une couronne de cyprès sur l'urne de votre fils. Comment pourriez-vous la repousser? elle ne veut que s'attrister avec vous.

Et tandis que je vous rappellerai ce que fut cet enfant extraordinaire, vous trouverez quelque douceur à penser que ce chef-d'œuvre fut votre ouvrage et celui d'un époux digne de vous : ce noble orgueil vous est permis. Ne dites point que la nature avait tout fait; sans doute vous n'aviez point fait ce beau caractère, mais votre mérite fut de le deviner et d'en favoriser le développement. Il faut beaucoup de sagesse et d'attention pour ne pas gêner la croissance de la plante humaine par des soins mal entendus; pour écarter d'elle les plantes parasites et vénéneuses qui se hâtent de lui disputer les sucs de la terre et la rosée du ciel; pour ne pas la courber enfin, en cédant mal à propos à l'envie de la diriger.

Peut-être que l'éducation se réduit à cela. Comment se persuader, en effet, que la nature se soit contredite au point de rendre difficile la chose du monde la plus nécessaire? Le bon sens, éclairé par la vertu, suffit pour donner une excellente éducation. Ce qui nous trompe sur ce point, c'est que nous confondons deux éducations absolument différentes : l'éducation morale et l'éducation scientifique. La première seule est nécessaire, et celle-là doit être aisée. On ne peut nier, sans doute, l'importance secondaire et les difficultés de la seconde ; mais lorsque le décorateur entre dans un hôtel, l'architecte s'est retiré. Croyez, Madame, que l'homme moral est formé plus tôt qu'on ne pense ; et que faut-il pour le former ? Éloigner l'enfant des mauvais exemples, c'est-à-dire du grand monde ; ramener doucement sa volonté lorsqu'elle s'écarte du pôle, et surtout bien agir devant lui.

C'est pour avoir voulu transposer cet ordre que de faux instituteurs ont fait tant de mal à la génération présente. Au lieu de laisser mûrir le caractère sous le toit paternel, au lieu de le comprimer dans la solitude pour lui donner du ressort, ils ont répandu l'enfance au dehors : ils ont voulu faire des savants avant de faire des hommes ; ils ont tout fait pour l'orgueil, et rien pour la vertu ; ils ont présenté la morale comme une *thèse*, et non comme un *code*; ils ont fait mépriser la simplicité antique et l'éducation religieuse. Qu'en est-il arrivé ? Vous le voyez.

Les traités sur l'éducation ont une grande influence sur ce siècle, qui croit si fort aux livres ; mais, avant de lire aucune de ces doctes productions, ne faudrait-il pas se demander s'il peut y avoir un système général d'éducation ? Celui de votre époux fut toujours de rendre l'enfance de ses fils heureuse ; d'écarter d'eux, par tous les moyens possibles, toutes les petites tribulations de leur âge. Et maintenant il s'applaudit, dans sa douleur, d'avoir embelli tous les jours de son fils. « Ne perdez pas une occasion, « dit-il, pendant que vous influerez immédiatement sur « vos enfants, de leur procurer un plaisir, et de leur épar- « gner un dégoût ou un chagrin. Pour les rendre un peu « plus parfaits dans un âge où peut-être ils n'atteindront

« pas, ne courez pas le risque d'attrister leur enfance. »

Je n'ai pas le courage d'examiner si ce système peut être généralisé. On doit tenir pour le système de l'amour, quand on a tout fait par l'amour.

Si, dans la langue qui a produit le nom de votre fils, Eugène signifie Bien-né, on pouvait dire justement à cet enfant chéri ce qu'*Ovide* disait autrefois à son ami *Maximus :*

D'un si beau nom tu remplis l'étendue (1).

Jamais, peut-être, un naturel plus heureux ne sortit des mains du Créateur. Souvent je me suis demandé, avec terreur, s'il est donc possible qu'un méchant naisse d'un père et d'une mère vertueux? Il est impossible de répondre à cette question, qui touche à un mystère impénétrable; mais sur plusieurs questions il vaut mieux croire ce qui est bon, ce qui est utile, ce qui tend à nous rendre meilleurs et à nous élever, toutes les fois du moins que cette opinion n'est pas démontrée fausse. Croyons donc que la vertu se communique comme la vie et avec la vie ; que nous pouvons en développer le germe dans nos enfants par nos exemples, ou l'étouffer par une conduite opposée ; que la volonté ferme de propager le règne de la vertu a de plus grands effets qu'on ne le croit ordinairement. Croyons enfin que si *Marc-Aurèle* donna le jour à *Commode,* et que si *Caligula* le reçut de *Germanicus,* ce sont là des exceptions ou de simples difficultés qui disparaîtraient, si le grand voile était levé.

Vous fûtes un grand exemple, Madame, que les vertus peuvent se communiquer. Portée par l'estime et par la tendresse dans les bras du meilleur des époux, vous jouîtes

---

(1) *Maxime, qui tanti mensuram nominis imples.*
OVID.

du plus grand bonheur que puisse goûter une femme raisonnable et sensible, celui de pouvoir s'honorer de son mari. Le caractère, les talents, la réputation de votre époux devinrent votre richesse, votre propriété, votre bonheur, et tous les liens à la fois vous attachèrent à lui.

Le Bien-né fut le premier fruit de cette union fortunée, et le premier réveil de la raison vous annonça d'abord tout ce que vous possédiez en lui. *Aimer* et *connaître*, c'est la véritable destinée de l'homme : bientôt vous vîtes avec transport que votre aimable *Eugène* était né pour la remplir tout entière. L'amour fut le premier sentiment qui l'avertit de son existence, et jamais une passion dure ou haineuse n'a pu habiter dans ce cœur, né pour aimer. A peine pouvait-il balbutier quelques mots, et déjà une conception hâtive lui fournissait des expressions heureuses qui présageaient une intelligence vigoureuse. On ne peut trop examiner ce signe, qui est le plus infaillible de tous, pour juger un enfant. Observez si, dans son discours, il laisse échapper de ces mots qui expriment des nuances délicates de la pensée ; observez encore si son discours est figuré, s'il sait revêtir sa pensée de formes palpables, et choisir ses métaphores avec justesse. Je n'ai point oublié la joie de votre époux, un jour qu'*Eugène*, dans sa plus tendre enfance, se servit d'une de ces expressions qui lui parut d'un heureux augure. Le hasard, après une sécheresse extrême, avait dirigé la promenade sur une mare très-connue de l'enfant. Au lieu d'un amas d'eau, il ne trouve plus qu'un sol desséché et poudreux. Il s'arrête, avec tous les signes de l'étonnement. Son père, à qui rien n'échappait, saisit le sentiment de son fils et veut le mettre à profit : *Que penses-tu*, lui dit-il, *que soit devenue cette eau ?* L'enfant réfléchit un instant, puis montrant tout à coup sur son visage la joie d'une découverte : *Je crois*, dit-il, *que le soleil l'a bue.*

Rappelez-vous encore cette soirée où vous le trouvâtes occupé à souffler le feu de toutes ses forces dans une chambre sans lumière. « Je travaille, vous dit-il, pour faire revenir mon *nègre*. » Il donnait ce nom à son ombre, dont il s'amusait en faisant des gestes de son âge devant une tapisserie. Personnaliser ainsi son ombre, en saisir les deux caractères principaux, la considérer comme un serviteur, comme un *nègre* fugitif qui disparaît avec la lumière et qu'on rappelle à soi en créant de la flamme, c'est peut-être l'expression la plus originale et la plus étonnante qui ait jamais été rencontrée par un enfant au-dessous de cinq ans.

Tous ces présages ne mentirent point; chaque jour développa dans cette aimable créature de nouveaux talents et de nouvelles vertus. O jours de votre bonheur! jours trop vite éclipsés, où, tout entière à vos devoirs, loin de l'air corrompu des cités, fière de seconder votre époux dans les plus nobles et les plus douces fonctions de la nature, vous avez passé quatorze années de l'union la plus intime, sans autre occupation que celle d'élever une famille charmante, sans autre ambition que celle d'y réussir, sans autre jouissance que celle de contempler vos succès!

Comment pourrais-je oublier ces soirées patriarcales, cette table qu'entouraient un père et une mère adorés, des enfants tous occupés et tous joyeux, un ami heureux du bonheur de tous; ces livres, ces compas, ces crayons, cette instruction si douce et si pénétrante, cette joie ineffable que la nature ne donne qu'à ses enfants; ce bon, cet excellent *Eugène* dominant ses trois frères, moins par la taille que par une raison précoce, et leur rendant, sous des formes enfantines, l'instruction plus sérieuse qu'il recevait de son père? — Mère sensible! mère infortunée! ah! ne permettez point à vos regards de s'égarer sur ce beau *Léman*, qui vous sépare de la terre affligée; vos yeux rencontreraient peut-être sur l'autre rive ce château paisible (1), ce *manoir* de l'honneur antique, où vos mains formèrent le chef-d'œuvre qui devait si peu durer.

Combien de réflexions, Madame, vous avez dû faire dans votre vie sur l'excellence de l'éducation domestique ! Je sais aussi combien votre époux tient à cette espèce d'éducation. Mais peut-être que, pour combattre vos systèmes à cet égard, on pourrait se servir précisément de votre exemple. Si vous dites, « Voyez à quel point nous « avions réussi ! » on répondra : « Puisqu'il faut être *vous* « pour réussir, il faut absolument une éducation publi- « que. » Sur ce point au reste, comme sur tant d'autres, on peut tenir un milieu raisonnable qui accorde les partis opposés. Que les parents à qui la Providence a donné tout à la fois les vertus et les talents, la fortune et le loisir; que ces parents, dis-je, conduisent comme vous leurs enfants aussi loin qu'ils le pourront; mais pourvu qu'on possède le premier et le plus important de tous ces dons, qu'on ne se hâte pas au moins d'arracher les enfants de la maison paternelle, l'asile du bonheur et le berceau des vertus. Ne soyons point les meurtriers de l'innocence, en la précipitant de si bonne heure au milieu des dangers qu'accompagnent nécessairement tous les rassemblements nombreux. L'œil du sage s'arrête douloureusement sur ces amas de jeunes gens où les vertus sont isolées et tous les vices mis en commun.

Si votre fils fut, au pied de la lettre, *un enfant préservé,* vous le dûtes au système de l'éducation domestique; mais si la vertu avait jeté en lui des racines si profondes, s'il parut ensuite dans la société armé de toutes pièces, et si le vice le trouva toujours invulnérable, ce

---

(1) Le château de Beauregard, où le marquis de Costa s'était fixé avec sa famille, est situé sur le bord méridional du lac de Genève, où cet opuscule fut écrit.

miracle fut votre ouvrage, Madame ; ce fut celui de votre époux : vous le devez l'un et l'autre au courage que vous eûtes de contredire les fausses idées de votre siècle, et de rendre l'éducation de vos enfants éminemment religieuse. Les charlatans modernes qui ont usurpé et diffamé le titre de *philosophe*, ont dicté des méthodes bien différentes : ils ont travaillé sans relâche à séparer la morale de la religion ; ils ont dit qu'il n'y avait point encore de morale, que cette science était encore au berceau. Ils nous ont recommandé surtout de ne pas livrer aux prêtres les premières années de l'homme. Un d'eux même est allé jusqu'à soutenir nettement qu'*on ne devait point parler de Dieu aux enfants;* paradoxe qui s'approche assez près de la démence pour n'exciter que la pitié !

Vous avez des enfants, Madame ; ne permettez point qu'ils s'écartent de la route qui avait conduit si loin leur aîné ! Les tempêtes soufflent plus que jamais ; jetons l'ancre au milieu des incertitudes humaines, et ne permettons point qu'on nous arrache nos vertus. Il s'élève déjà de tout côté un cri contre les corrupteurs de la morale ; mais ce cri n'est point encore composé d'assez de voix : contribuons tous à le renforcer. Pour vous, Madame, vous n'avez pas de peine à vous défendre contre les sophistes ; pour les réfuter, le souvenir d'Eugène vous suffit.

Votre ouvrage était fini, et vous n'aviez plus qu'à le conserver. Le goût et les talents innés dans votre famille vous avaient permis de conduire votre fils par vos propres forces beaucoup plus loin que ne l'auraient pu faire des instituteurs ordinaires. Mais, enfin, le moment vint où il fallut dire adieu à votre aimable solitude, et venir, dans une ville considérable, procurer à cet enfant chéri ce qu'on pourrait appeler les embellisements de l'homme. Vous vîntes avec lui dans cette cité célèbre, alors si heureuse parce qu'elle était sage. Il vint, on le vit, on l'aima :

on admira cet heureux naturel, cet instinct de vertu, cette sagesse *qui avait fleuri en lui, comme un raisin mûr avant le terme* (1). Ses talents et ses connaissances n'attirèrent pas moins les regards. A treize ans, il possédait une littérature considérable, une connaissance assez étendue de la langue italienne, une habileté peu commune dans le dessin, des dispositions marquées pour d'autres arts, l'avidité d'apprendre, et le goût du beau dans tous les genres. Votre système de vie vous portait à vous créer une solitude au milieu de trente mille âmes; mais comment échapper à l'œil des bons juges dans une ville où ils se touchaient? Eugène eut une réputation à l'âge où on la cherche.

Des maîtres de tous genres s'emparèrent de lui. Ils purent l'occuper, mais non le lasser. Il eut la double gloire de les étonner et de s'en faire aimer; car on ne l'approchait point sans l'aimer. Il prit bientôt beaucoup de goût pour la musique, il en surmonta les difficultés, et parvint en peu de temps à ce point où l'on n'a plus besoin que du ciel d'Italie. Mais son goût dominant était toujours la peinture; ce goût, qui reproduisait une partie de votre époux, m'a souvent fait rêver. J'aime croire à l'hérédité des talents : elle m'aide à croire à celle des vertus.

Eugène avait surtout succédé à cette verve créatrice qui est la poésie de la peinture comme son premier maître; il voyait ce que les jeunes gens de son âge ne voient pas, il assemblait ce qu'ils ne savaient pas assembler. J'ai souvent observé que les jeux mêmes de sa première enfance étaient pleins d'invention et d'originalité : ses conceptions dans ce genre intéressaient son père, qui rencontrait son propre talent dans une farce enfantine. Excellent père! ta bonté n'était jamais forcée de descendre jusqu'au che-

1) *Eccles.*, LI, 19.

val d'Agésilas; chez toi l'enfance avait du génie, et ses jeux plaisaient à la raison.

Quoique les différents genres de peinture obtinssent le culte du jeune élève, il parut cependant montrer un goût qui tenait de la passion pour les animaux et les compositions champêtres. Ce genre a je ne sais quel charme, et, s'il est permis de s'exprimer ainsi, je ne sais quelle innocence qui s'accordait avec son caractère : les scènes champêtres reposent l'âme et la délassent. Pour louer un paysage, ne dit-on pas qu'il est *tranquille?* Les beautés du premier ordre n'enlèvent point d'adorateurs à des beautés plus modestes, qui s'emparent du cœur en le caressant. L'Énéide est belle, mais les Bucoliques sont aimables.

Il n'est pas douteux, cependant, que si cet enfant si rare avait été destiné à une plus longue carrière, il n'eût atteint les plus grandes conceptions de l'art, comme ses derniers essais l'ont prouvé: mais, à cet âge tendre, il ne pouvait encore s'emparer du genre de l'histoire, qui commençait seulement à s'emparer de lui. Jamais un enfant n'avait donné de plus grandes espérances; et ses progrès sur tous les objets qui l'occupaient étaient réellement prodigieux, lorsque les circonstances l'appelèrent à choisir un état. Hélas! en vous ramenant sur cette époque, mon cœur se serre, et j'ai peine à retenir mes larmes. Je sens trop que vous devez maudire le moment fatal qui entraîna votre fils dans le tourbillon, et le soumit de si bonne heure à tous les hasards d'un état périlleux; mais, Madame, les raisonnements sont antérieurs aux événements, et ce n'est point d'eux qu'ils tirent leur justesse. Ce qui est bon l'est toujours. L'honneur et la raison sont à nous, le reste n'en dépend pas. Parmi nous, tout le monde servait le roi de quelque manière, et celui que son inclination n'appelait point au sacerdoce ou aux emplois civils entrait au service militaire. L'usage avait même prévalu de se jeter dans cette carrière au sortir de l'enfance. Il ne dépend point de nous de créer les coutumes ; elles nous commandent : leurs suites morales et politiques sont l'affaire du souverain, la nôtre est de les suivre paisiblement, d'en tirer parti pour le bien public, et de ne jamais déclamer contre elles. Votre fils entra dans la *légion des campements*, aujourd'hui si distinguée sous le nom de *régiment des grenadiers royaux*. Il avait contracté une espèce de parenté avec ce corps, qui lui présentait un avantage inestimable, le *souvenir de son père*. Deux ans après, lorsqu'au premier signal de la guerre, toute la jeunesse se précipita sous les drapeaux de son souverain, il est clair qu'il aurait été un des premiers à donner son nom : son sort était donc décidé, et une plus longue attente n'aurait fait que le soumettre sans fruit à l'humiliation de voir ses contemporains placés au-dessus de lui. L'examen qu'il vint subir dans la capitale, pour entrer dans un corps qui exigeait des connaissances, fournit déjà l'occasion de le juger. Renfermé dans une chambre, il travaillait à quelques plans qui devaient être le *chef-d'œuvre* de sa réception. Les murs de cette chambre étaient décorés de belles gravures : âgé de treize ans, et amateur passionné du dessin, il ne se permit point, tant que dura son travail, de se lever pour les examiner. Plutarque, en écrivant la vie d'Alcibiade, se garde bien d'oublier l'histoire des *osselets*.

Pour d'autres enfants, l'admission dans l'état militaire n'était qu'une inscription anticipée au rang des hommes, une espèce d'émancipation qui dérogeait à la puissance paternelle, et donnait le droit de ne plus rien apprendre : pour votre fils, ce fut tout autre chose. Il vit dans son nouvel état, non le bonheur d'être libre, mais l'honneur d'être utile et la nécessité d'y travailler. Il eût abhorré un état qui aurait relâché à son égard le lien de l'autorité paternelle. Pour lui, la soumission, fille de l'amour et de la

8.

confiance, était un besoin autant qu'un devoir. Le régiment où il venait d'entrer n'étant sous les armes qu'à une certaine époque de l'année, rien n'était plus conforme à ses inclinations. Ses talents mûrissaient en paix sous le toit paternel : il achevait de se former à toutes les vertus domestiques, n'ayant pas seulement l'idée de se répandre au dehors, et moins encore d'attirer les regards ; car cet enfant, si fort au-dessus des autres, eut toujours le mérite rare de ne pas s'en douter. Vous ne vîtes en lui qu'un nouvel habit : c'était toujours la même douceur, la même pureté, le même goût pour l'instruction, la même rectitude de jugement : le développement du sens moral précédait toujours l'instruction, et vous surprenait souvent. Vous n'avez pas oublié, par exemple, la solidité des objections qu'il fit un jour à son père contre la comédie, quoiqu'on n'eût jamais pensé à lui présenter cet amusement comme quelque chose de répréhensible. Lorsqu'il paraissait sous ses drapeaux, c'était encore l'Eugène de Beauregard, bon, simple et naïf, n'ayant ni le besoin de se cacher ni la prétention de se montrer : passant sans gêne et sans travail entre le mépris des règles, si révoltant dans la jeunesse, et ce pédantisme de l'exactitude qui dit sans cesse, *Regardez-moi :* toujours prêt à s'instruire, parlant peu et écoutant tout, excepté la licence, qui ne remporta jamais la moindre victoire sur ses mœurs, pas même celle d'un sourire. Transporté brusquement du foyer paternel au milieu d'une garnison bruyante, il était permis de craindre pour ses mœurs ; mais bientôt on fut rassuré. Pour lui, le mauvais exemple était nul, ou changeait de nature : il n'avait d'autre effet que de le porter à la vertu par un mouvement plus rapide, composé de l'attrait du bien et de l'action répulsive du mal sur cette âme, pure comme la lumière !

Mais, tandis que vous observiez avec une complaisance

bien légitime les progrès de cette plante précieuse, un épouvantable volcan s'était ouvert à Paris : bientôt son cratère eut pour dimension le diamètre de la France, et les terres voisines commencèrent à trembler. O ma patrie ! ô peuple infortuné ! comment pourras-tu pleurer assez le voisinage funeste qui a versé sur toi un déluge de maux ! Heureux mille fois le Lapon au milieu de ses glaces éternelles ! heureux l'Arabe bédouin sur sa terre *écorchée* par un soleil brûlant ! Si la nature les sépare de nos vices, peut-elle mettre un prix trop fort à ce bienfait ?

La révolution française commençait à peine, et déjà son caractère était prononcé. La liberté prenait, en naissant, une attitude sacrilége. A la place du chapeau antique, les serpents des Furies se dressaient sur sa tête effroyable ; elle agitait des poignards, elle montait sur des cadavres pour se faire entendre de plus loin. Aussi vile que féroce, jamais elle ne sut anoblir un crime ni se faire servir par un grand homme. C'est dans les pourritures du patriciat, c'est surtout parmi les suppôts détestables ou les écoliers ridicules du philosophisme, c'est dans l'antre de la chicane ou de l'agiotage qu'elle avait choisi ses adeptes et ses apôtres : aussi, jamais un abus plus dégoûtant, une prostitution plus révoltante de la raison humaine n'avaient souillé les annales d'aucun peuple. Ce fut même là le trait primordial et caractéristique de la liberté française : on pardonnait plutôt à cette bacchante ses inexpiables forfaits, que ses efforts philosophiques pour les excuser ou pour leur donner des noms respectables. Elle ne parlait que de vertu, de probité, de patriotisme, de justice ; et les sages, consternés, ne voyaient sous ses étendards civiques que des prêtres apostats, des chevaliers félons, des sophistes impurs, des phalanges de bourreaux, un peuple d'insensés, et l'assemblage hideux de tous les crimes qu'on peut commettre sans courage.

Mais c'est précisément parce que la révolution française, dans ses bases, est le comble de l'absurdité et de la corruption morale, qu'elle est éminemment dangereuse pour les peuples. La santé n'est pas *contagieuse;* c'est la maladie qui l'est trop souvent. Cette révolution, bien définie, n'est qu'une expansion de l'orgueil immoral, débarrassé de tous ses liens : de là cet épouvantable prosélytisme qui agite l'Europe entière. L'orgueil est immense de sa nature ; il détruit tout ce qui n'est pas assez fort pour le comprimer : de là encore les succès de ce prosélytisme. Quelle digue opposer à une doctrine qui s'adressa d'abord aux passions les plus chères du cœur humain, et qui, avant les dures leçons de l'expérience, n'avait contre elle que les usages? La souveraineté du peuple, la liberté, l'égalité, le renversement de toute sorte d'autorité : quelles douces illusions! La foule comprend ces dogmes, donc ils sont faux ; elle les aime, donc ils sont mauvais. N'importe, elle les comprend, elle les aime. Souverains, tremblez sur vos trônes!!

Avec quelle terreur nous observâmes en Savoie les progrès de ces doctrines funestes! Heureusement, la conscience nationale combattait puissamment les illusions de l'esprit : l'écume seule de la nation s'avança au-devant des dogmes français ; et aujourd'hui même la Renommée, en nous fatiguant du récit des excès qui déshonorèrent cette malheureuse terre, prononce toujours les mêmes noms, et n'en prononce qu'un petit nombre.

Mais le petit nombre fut suffisant pour nous rendre malheureux : ils vinrent à bout d'engager une querelle avec l'autorité. On ne s'entendit pas. Une dispute de famille fut mal comprise de tout côté. Paris convoita nos montagnes : un petit nombre de scélérats répondit au cri d'appel qui partait de cette ville coupable. Le roi se crut menacé : il arma. Bon prince! père tendre! ah! sans doute tu voulais nous défendre, et tu croyais le pouvoir; sois béni pour tes intentions, lors même qu'elles ont été si cruellement trompées ! Puisse l'ange de la paix te faire encore goûter le bonheur ! puisse-t-il soulager ton cœur oppressé par nos maux, qui sont tiens, et poser encore l'olive sacrée sur tes cheveux blanchis !

Vous savez, Madame, avec quelle noble impétuosité toute la jeunesse de Savoie accourut, au premier danger, autour du drapeau de l'honneur. Depuis longtemps votre époux, rendu à ses foyers, était libre de préférer les honneurs paisibles de la cour aux honneurs périlleux de la guerre; mais, dans ce moment critique, l'amour paternel et l'amour exalté de la patrie l'emportèrent sur toute autre considération: il voulut servir le roi; il voulut être l'*aide de camp* de son fils, et partager tous ses périls. Ce couple chéri s'arracha de vos bras. Qui vous eût dit...? O Dieu, qui commandez de terribles sacrifices, épaississez le voile qui couvre l'avenir ! C'est souvent dans votre bonté que vous nous ôtez même la prévoyance.

La guerre était déterminée, et il était encore permis de n'y pas croire. Les bruits réfutaient les bruits. L'opinion flottait au gré de mille préjugés aveugles. L'un ne voyait pas, l'autre ne voulait pas voir; on passait mille fois de l'espoir à la crainte, et de la crainte à l'espoir : et tous ces balancements cruels nous conduisaient enfin au 22 *septembre* 1792.

Jour effroyable ! sujet éternel de larmes et de désespoir ! nous emporterons tous au tombeau le souvenir que tu nous as laissé. Qui pourrait se rappeler sans frémir ce moment où l'on nous dit, *La Savoie est envahie !* cette dissolution subite et terrible de toutes les autorités, espèce d'agonie qui précéda la mort; la joie transparente des lâches et des traîtres, l'inexprimable douleur des bons, cette force indéfinissable qui fut sentie comme un coup électrique, et qui entraînait tout, même la valeur ; ce fracas sinistre de toutes les colonnes du gouvernement s'abîmant à la fois devant le drapeau tricolore ; et la fidélité sans armes, meurtrie sous les ruines, se débarrassant de tous ces débris, et prenant tristement son vol vers les Alpes ?

Au milieu du désordre universel, Eugène, échappé aux premiers dangers avec une partie de son corps, emportait le drapeau du régiment à travers les précipices des Bauges. Un temps affreux, des chemins effroyables, des fatigues au-dessus des forces de son âge, rien ne put l'engager à se débarrasser de ce fardeau précieux : « Et qui me ré-
« pondra, disait-il, qu'un soldat ne l'abandonnera point ? »
Il arriva au delà de ces montagnes, portant sur l'épaule l'honorable meurtrissure imprimée par son drapeau. A peine il était dans le duché d'Aoste, et déjà son père fut dans le cas de trembler pour ses jours. L'explosion de plusieurs livres de poudre, tout à fait étrangère aux opérations de la guerre, le mit dans un très-grand danger. C'est une chose remarquable qu'il n'y a pas eu peut-être d'enfant de son âge qui, par des accidents malheureux ou des maladies aiguës, ait plus fait souffrir ses parents (hélas ! il ne pouvait leur causer d'autres chagrins). On dirait que la Providence voulait les tenir continuellement en alarmes, et pour ainsi dire *les accoutumer à le perdre*. Bientôt il fut appelé à défendre ce mont Saint-Bernard qu'il avait escaladé en quittant la Savoie : c'est là que son père devait encore subir une épreuve terrible. Au moment où l'ennemi avait fait tous les préparatifs d'une attaque formidable, une maladie mortelle vint de nouveau menacer les jours de son fils : un instant il le crut perdu. Obligé de se séparer de lui pour défendre les retranchements du Saint-Bernard contre une attaque générale qui paraissait décidée, il souhaitait qu'un boulet ennemi vînt lui épargner le malheur de voir mourir son fils : mais l'instant n'était

pas arrivé. La maladie ne fit que déployer le caractère d'Eugène. Il prouva qu'il savait braver la mort, même celle que donne la fièvre, parce qu'il avait assez de force en lui pour n'avoir pas besoin de s'appuyer sur l'orgueil.

Les neiges avaient terminé une campagne sanglante; le régiment des grenadiers royaux vint prendre ses quartiers d'hiver à Asti. Votre fils y trouva, au milieu d'une excellente compagnie, la considération qui le suivait partout. Il se livra aux plaisirs de l'hiver avec une vivacité innocente, un abandon sage qui n'appartenaient qu'à lui. Mais ses loisirs étaient toujours occupés, et chaque jour ajoutait à ses connaissances, comme chaque jour affermissait ses vertus. On ne vit pas sans admiration un jeune homme, et presque un enfant, à la fois simple et habile; réunissant la bonhomie à la pénétration; observant tout et parlant peu; toujours prêt à écouter, ne rivalisant avec personne, ne se préférant à personne, remplissant ses devoirs pour être heureux, et ne voulant être applaudi que par son père et sa conscience.

Tout annonçait que les loisirs du quartier d'hiver devaient se prolonger fort avant dans le printemps. Les neiges couvraient nos montagnes, et paraissaient s'opposer pour longtemps à toute entreprise militaire ; mais les complots de l'intérieur touchaient à leur maturité, et le crime était prêt. La puissance qui le soudoie dans tout l'univers jugea qu'il n'y avait pas de temps à perdre, et qu'il fallait à tout prix attaquer le Piémont. Au fond, il ne devait lui en coûter que des hommes; et certes, elle les méprise trop pour les épargner. Les Français firent donc, de très-bonne heure, des mouvements qui décidèrent les nôtres. Le régiment de votre fils fut appelé un des premiers sur les cimes glaciales de cette partie des Alpes qui sépare le Piémont du comté de Nice. Il avait laissé le printemps dans la plaine, il trouva dans son nouveau poste l'hiver de Sibérie. Le service, dans ces régions glacées, est ce qu'on peut imaginer de plus accablant : il en supporta les fatigues avec le courage d'un vieux grenadier. Joyeux sur les glaces et dans les tanières qui servaient de retraite aux soldats, son calme inaltérable ne l'abandonna jamais ; il en serait descendu sain et sauf avec ses braves compagnons d'armes, des flots de sang précieux auraient été épargnés, si la chaîne de nos postes, si bien liés et si bien fortifiés, avait pu en imposer assez à l'ennemi par le nombre des défenseurs. Mais le roi est quitte envers son peuple, envers l'Europe, et envers lui-même.

Il est bien remarquable, Madame, que, malgré tous nos désavantages, si le droit des gens avait été respecté, nous serions encore en possession des Alpes maritimes ; mais l'invasion du territoire génois rendit notre position si difficile, qu'il fallut renoncer à tout autre espoir qu'à celui de céder honorablement. Par cette manœuvre exécutée le 6 *avril*, l'ennemi prenait nos postes à revers, et nous obligeait d'en prendre de plus étendus. Il nous affaiblit en nous forçant de nous étendre, et prépara la grande attaque du 27. Au premier signal, votre fils se porta en hâte sur une sommité appelée *la Saccarella*, qui domine le *Col-Ardent*. Il était accompagné de son père, qui ne le quittait jamais. S'il arrivait à son fils d'être commandé seul pour une expédition hasardeuse, il le suivait comme volontaire. L'un et l'autre n'avaient qu'une tente, le même lit les recevait, le même manteau les couvrait au bivac : ce père tendre n'osait pas concevoir la possibilité de lui survivre. Revenir avec son fils ou mourir du même coup, c'était tout ce qu'il avait la force de supposer. Hélas ! il se trompait : il était condamné à mourir deux fois.

Du sommet de *la Saccarella*, on vit distinctement l'attaque de la redoute de *Fels;* elle était défendue par le deuxième bataillon du régiment aux gardes : ne pouvant vaincre, il se fit détruire. Ce poste était décisif, et coupait la retraite de la droite, qui se trouva dans le plus grand danger. C'était sur cette cime funeste que votre Eugène devait trouver le dernier théâtre de sa valeur et le terme de sa noble carrière. Une balle l'atteignit à la jambe au moment où il donnait un ordre aux soldats, et se logea profondément dans les chairs. Il n'eut que le temps de se jeter dans les bras de son père, qui le soutint. Malheureux père! oh! qui pourrait décrire tes angoisses? D'un côté, un ennemi furieux, supérieur en nombre; de l'autre, un fils blessé dangereusement, et, suivant les apparences, point d'espoir de retraite. O vous qui lisez peut-être ces tristes lignes, êtes-vous père? vous sentez ce tourment; ne l'êtes-vous pas? il serait inutile de vous le décrire. Heureusement la droite de l'armée fit une défense superbe; elle repoussa quatre fois les Français, quoique très-supérieurs en nombre; et, après en avoir fait une boucherie terrible, elle exécuta une retraite qui serait célèbre si nous savions louer : mais tout nous manque à cette époque désastreuse, et les âmes affaissées n'ont de force que pour gémir.

Le jeune homme, transporté au camp, y reçut les premiers secours de l'art. On parvint ensuite, à travers mille obstacles, à le porter jusqu'à la *Briga*, et de là à Coni, où il fut possible pour la première fois, après trois jours de marche, de lui procurer un chariot couvert de paille. Détournez les yeux, Madame, s'il est possible, de ce chariot, qui était un luxe dans ce moment, pour les arrêter sur cette foule de soldats mutilés étendus sur des roches glacées, invoquant en vain le secours d'un petit nombre de mains impuissantes ou malhabiles. Donnez une larme, Madame, à ces hommes dont on ne sait pas le nom, et qui aimaient tant votre fils! Il est beau de se distraire de la douleur par la pitié.

Enfin, il est à Turin, au milieu des secours de toute espèce. L'art ne croyait point au danger de votre fils; mais cette fois encore l'instinct fut plus habile que l'art. La sœur de votre époux veillait auprès du lit du jeune guerrier, son cœur y remplaçait le vôtre : son cœur infaillible l'avertissait de craindre. Longtemps ses alarmes excitèrent le souris de la science. Hélas! la tendresse n'était que trop clairvoyante : on ne croyait point devoir tout attendre de la nature : la balle ne paraissait point, on la chercha; toujours elle se déroba aux yeux et aux mains habiles qui la cherchaient, et le malade souffrait des douleurs atroces. — Mais que fais-je? et pourquoi raconter moi-même ces tristes détails? Laissons plutôt parler Eugène. Plaçons ici cette lettre si simple et si extraordinaire, qui charma ses souffrances tandis qu'il la traçait, et qui suspendit un instant vos inquiétudes mortelles :

« Ma chère maman, j'ai été blessé à la jambe, comme
« papa te l'aura appris. Je vais te raconter comment l'af-
« faire s'est passée. Le 25 avril, les Français attaquèrent
« chaudement une redoute qui appuyait notre droite. Elle
« était occupée par le corps franc, qui repoussa vigoureu-
« sement l'ennemi. La nuit suivante, nous attaquâmes à
« notre tour la montagne du *Pèlerin;* l'expédition alla
« très-bien : nous prîmes ce poste; mais, à la pointe du
« jour, l'ennemi vint en force pour le reprendre, ce qu'il
« fit après un combat très-chaud de deux heures. Le reste
« de la journée fut assez tranquille; mais le 27, à l'aube
« du jour, l'ennemi attaqua tous les postes du comté de
« Nice, sur une étendue de vingt lieues. Mon bataillon se
« porta tout de suite au secours d'une cime très-élevée,
« appelée *Saccarella,* où l'on avait construit deux *barra-*
« *cons* avec un bout de retranchement. Nous vîmes de là la
« colonne française, à une portée de fusil de notre poste
« avancé, qui buvait et mangeait pour se préparer à l'atta-

« que. Ma compagnie fut mise de réserve, mais non à l'a-
« bri : au contraire, on la mit à ventre découvert sur le
« point le plus éminent. Nous commençâmes à être fusillés
« assez vivement par l'ennemi, qui courut sur nous à toutes
« jambes; et comme j'étais occupé à ranger ma troupe,
« *zac!* j'attrape une balle dans la jambe. Je regarde, et je
« vois mon sang qui sortait à gros bouillons de ma botte.
« Je fis trois ou quatre pas vers papa, qui me soutint par-
« dessous les bras ; et tout de suite on me porta au camp,
« où je fus pansé : puis, comme les autres postes avaient
« plié, ne sachant comment passer, on fit avec deux bâtons
« de tente une civière, où l'on me jucha sur mon matelas,
« et l'on me porta par monts et par vaux à la *Briga*. On
« m'y saigna, et on dilata la plaie. On continua de me por-
« ter jusqu'à Tende, où papa me quitta, à mon grand re-
« gret. Moi, je passai le col et je vins à Limon, où l'on me
« saigna encore. Après un jour de repos, je vins à Coni. Le
« chirurgien fit encore une dilatation, et planta tout son
« doigt dans la plaie pour toucher la balle. Le lendemain,
« on me trouva un chariot, qu'on remplit de paille, et
« j'allai en deux jours à Turin. Le meilleur chirurgien fut
« appelé, lequel me fendit la jambe par devant; mais la
« balle, il ne put la trouver (1). Il espère qu'elle sortira
« d'elle-même par la suppuration. Nos troupes sont sur le
« col de Tende et à Tende. Papa écrit qu'il se porte bien.
« J'ai un grand plaisir que *Victor* (son frère) vienne nous
« joindre. Embrasse de ma part tous mes frères ; mes ami-
« tiés aux gens de la maison. Quand Victor viendra, je vou-
« drais bien qu'il apportât ces deux livres de musique qui
« étaient restés en Savoie, si pourtant on a pu les avoir.

(1) Après deux ans de séjour en Piémont, l'italien commence à poindre dans cet endroit à travers les formes françaises ; mais on sent assez qu'il n'est pas permis de corriger cette lettre.

« Adieu, ma bonne, ma chère maman : ne t'inquiète pas « sur mon compte. Adieu ! porte-toi bien.

« Ton affectionné fils, Eugène. »

Je plaindrais beaucoup l'homme qui ne sentirait pas le mérite prodigieux de cette lettre. Quel calme ! quelle sérénité, au milieu des douleurs les plus aiguës ! mais surtout quel oubli de lui-même ! Conçoit-on qu'un jeune homme de seize ans, infiniment sensible à l'honneur, qui a fait son devoir comme un vieil officier, ne laisse pas échapper une expression capable de faire sentir qu'il est content de lui-même ? Il ne pense nullement à se mettre en vue, à se faire valoir : il ne sait pas dire seulement qu'il *a eu l'honneur* d'être blessé. Cette balle qui déchira ses chairs, ce n'est que du bruit, *zac !* Il parle de son aventure comme un égoïste parlerait du malheur d'autrui. La fièvre qui commençait ses ravages, un traitement nécessairement cruel, rien ne peut répandre dans cette âme la plus légère teinture d'humeur ou d'impatience. Tous ses goûts sont vivants ; toutes ces affections douces ne périront qu'avec lui. Il s'occupe de son père, de ce frère qui vient, à l'âge de treize ans, offrir ses jeunes bras à son souverain ; de ces domestiques, qu'il n'appelle cependant point des *domestiques*, parce qu'ils étaient ses amis ; de ces soldats dont il était les délices, dont l'un s'est exposé de lui-même, dans la retraite, au danger imminent d'être pris ou tué pour sauver le violon d'Eugène, *afin qu'il pût se désennuyer pendant sa convalescence*. Il n'y a pas de place dans sa mémoire pour les meubles précieux laissés en Savoie à la merci des brigands. Portez-lui seulement *ces deux livres de musique, si pourtant ils ont pu échapper*. Après cela, tout est dit : il n'a plus de soucis. *Adieu, ma bonne, ma chère maman : ne t'inquiète pas sur mon compte. Adieu !*
— Hélas ! adieu pour toujours.

Il est probable qu'un accès de joie abrégea ses jours. Le 13 mai, il éprouva un serrement de cœur extraordinaire et une inquiétude mortelle sur le sort de son père, dont on n'entendait plus parler depuis la retraite de Tende. Dans ce moment d'angoisse, il en reçut trois lettres à la fois; il en fut ému au point de jeter des cris de joie : cette émotion fut très-nuisible, et les effets ne tardèrent pas à le prouver. Le 14, la fièvre sévit : de violents frissons, un épanchement de bile, un mal de cœur pénible, annoncèrent tout ce qu'on avait à craindre. Le lendemain, on essaya l'émétique. La journée du 15 fut calme ; mais toujours cette cardialgie cruelle, et point d'appétit. Le 16, on tira la balle; le malade souffrit peu, et parut content. Tout le monde espéra, excepté celle dont la tendresse inquiète ne put jamais être trompée, sa tante (1). Un quart d'heure après, il survint une hémorragie qui dissipa toutes les illusions : la qualité du sang révéla l'arrêt du ciel. La consternation fut au comble autour de ce lit de douleurs. Eugène, calme au milieu du désespoir qui l'entourait, servit de consolateur à ses amis. La mort, qui commença à se montrer à lui, le trouva tel qu'elle l'avait vu au Col-Ardent, calme, serein, et n'ayant pas même besoin de la braver. Son âme, *naturellement chrétienne*, se tourna entièrement vers le ciel. L'espèce de sympathie qui rapproche les belles âmes avait amené près de lui un prêtre tel qu'il le lui fallait. Depuis quinze siècles, on ne demandait que la sainteté à cette classe d'hommes ; aujourd'hui l'héroïsme qui fait braver la mort est encore leur apanage, comme au siècle de *Dèce* et de *Dioclétien*. Celui qui obtint la confiance de votre Eugène lui accorda la sienne. Il lui apprit comment un gouffre s'était ouvert au milieu de la *grande cité*, et comment il était du nombre de ceux

---

(1) La marquise de Faverges.

qui voulaient s'y précipiter pour obtenir qu'il se refermât. Eugène se sentit ranimé, exalté, ravi par cette piété intrépide ; car tout ce qui portait le caractère de l'héroïsme a fait battre jusqu'à la dernière heure son généreux cœur. Il vit approcher, sans pâlir, le moment terrible. Sa piété tendre, sa conscience pure, sa foi vive, le soutinrent constamment. Il ne doutait point qu'au sortir de cette vie il ne dût s'envoler au séjour de la félicité éternelle. Il souhaita à tous ceux qui l'environnaient le bonheur dont il allait jouir. Il pria pour ses parents, les nomma tous, et ne plaignit qu'eux.

L'orage de la révolution avait poussé jusqu'à Turin un solitaire de l'ordre de la Trappe. L'homme de Dieu, présent à ce spectacle, défendait, de la part du ciel, la tristesse et les pleurs : séparé de la terre avant le temps, il ne pouvait plus descendre jusqu'aux faiblesses de la nature. Il accusait nos vœux indiscrets et notre tendresse cruelle ; il n'osait point unir ses prières aux nôtres ; il ne savait pas s'il était permis de désirer la guérison de l'ange. Son enthousiasme religieux effraya celle qui vous remplaçait auprès de votre fils : elle pria l'anachorète exalté de diriger ailleurs ses pensées, et de ne former aucun vœu dans son cœur, *de peur que son désir ne fût une prière* : beau mouvement de tendresse, et bien digne d'un cœur parent de celui d'Eugène.

La nuit du 18 fut pénible ; il éprouva des spasmes violents, et ne prit plus de nourriture, seulement quelques cordiaux. Le 20, le pouls s'éleva encore, mais ce fut le dernier élan d'une flamme prête à s'éteindre. Le soir, tous les symptômes favorables disparurent, et l'espérance s'évanouit : le pouls baissa, la tête s'égara ; — il revint à lui ; — il embrassa sa tante ; — il reçut le dernier sacrement ; — il parla beaucoup de son père, — de sa mère ; — bientôt...

Oh ! s'il avait pu les serrer encore l'un et l'autre dans ses bras défaillants, et coller sur leurs joues humides ses lèvres blanchissantes, quels torrents de délices auraient inondé ce cœur aimant (1) ! Auteurs chéris de ses jours et de ses vertus, vous fûtes son dernier désir, sa dernière pensée ! Il eût pardonné plus aisément à la mort qui le séparait de vous, s'il eût pu l'attendre dans vos bras. Sans doute le sang et l'amitié, se surpassant à l'envi, lui prodiguèrent sans relâche les soins les plus tendres, et l'intérêt profond qu'il inspirait de toute part illustra sa dernière heure. Cependant son lit ne fut point arrosé d'assez de larmes, et ses yeux, en s'éteignant, désirèrent quelque chose (2).

Sa vie fut trop courte, mais elle fut une suite de jours sereins. Il fut heureux seize ans ; ces seize années ont été remplies par de douces occupations, par d'innocents plaisirs, par de glorieux services rendus à sa patrie et à son roi. Il ne connut point les orages des passions ; mais il ressentit vivement l'aiguillon de la gloire, l'exaltation de l'honneur et l'enthousiasme de la vertu : il jouit enfin du plus grand de tous les biens, celui de porter jusqu'à la mort une conscience exempte de reproche, et de ne pas quitter la vie sans avoir acquis dans un âge si tendre des droits à l'estime publique. Il termina sa carrière au lit d'honneur, en finissant sa seizième année et en commençant sa troisième campagne. Il devait, suivant l'expression d'un grand homme, *continuer son père*, et faire longtemps l'ornement de sa patrie : le ciel nous l'a envié ; il ne nous reste que son souvenir.

On imaginerait difficilement un caractère plus parfait.

(1) Assidere valetudini, fovere deficientem. Satiari vultu, complexu, non contigit... noster hic dolor, nostrum vulnus. TACIT., *Agric.*

(2) Omnia sine dubio optima parentum assidente amantissima uxore superfuere honori tuo, paucioribus tamen lacrymis compositus es, et novissima in luce desideravere aliquid oculi tui. ID., *ibid.*

Jamais cet enfant extraordinaire ne montra un seul caprice ; jamais le nuage de l'humeur ne s'arrêta sur son front. Plus simple, plus franc, plus gai que ne le sont les enfants de douze ans, il avait à seize le jugement et la force d'âme d'un homme fait, et chaque jour sa raison acquérait une nouvelle vigueur, tandis que son imagination se parait de nouvelles grâces, de grâces franches et naturelles comme lui.

Son extrême modestie le rendait circonspect avec les personnes plus âgées que lui, et il parlait peu dans le monde ; mais, dans le particulier, sa conversation était pleine d'âme, d'intérêt et de raison ; on aurait pu le faire opiner dans toute question délicate, où l'expérience n'aurait pas été nécessaire.

Quel tact inné de l'honneur il avait reçu de la nature ! Un sentiment douteux ne pouvait germer dans son cœur. C'était toujours vers les voies les plus droites et les plus honnêtes que son inclination l'entraînait. Ah ! s'il fût né dans d'autres temps, s'il eût vécu l'âge ordinaire des hommes, il eût été la fleur des chevaliers.

Le spectacle de la vertu le jetait dans l'enchantement et dans l'exaltation, et le mauvais exemple lui était à peu près aussi utile ; il mûrissait son jugement et affermissait sa morale.

Il avait pour le mensonge, pour l'affectation même et pour l'exagération, qui sont aussi des mensonges, une antipathie inexprimable ; cette antipathie était portée au point qu'affectueux et sensible, il se refusait au plaisir d'être caressant, de crainte de paraître outré dans ses démonstrations.

Sa discrétion, sa prudence naturelles, le rendaient le confident le plus sûr qu'on eût jamais pu choisir. Sa modestie et son tact infaillible l'empêchaient toujours de se tromper sur les choses qui, hasardées devant lui, ne devaient point être répétées : jamais il ne fut tenté de se faire valoir par la révélation d'un secret qu'il tenait de la confiance ou même de la légèreté d'autrui; et jamais il n'employa de ruse que pour défendre son secret contre l'homme indiscret qui voulait le surprendre.

Le trait le plus marquant de son caractère, celui dont il tirait une véritable originalité, c'était l'absence totale d'amour-propre. Il n'avait nul besoin de ce ressort puissant, si nécessaire aux talents médiocres : mais si son extrême simplicité le dépréciait quelquefois au premier coup d'œil, il en était plus sûrement aimé et estimé par ceux qui se donnaient le temps de l'observer. Toujours prêt à s'oublier pour les autres, toujours heureux d'obliger ceux mêmes avec lesquels il était le moins lié, il était impossible de le haïr et difficile de ne pas l'aimer. Ses talents le mettaient souvent à même d'obliger ses camarades. Il avait fait un jour, pour deux officiers, deux copies de la dernière ordonnance pour les camps, avec les plans démonstratifs. Son père fut curieux de savoir à qui était destiné un troisième exemplaire qu'il voyait là, tout aussi parfait que les autres. Il était pour *Brisefer*, soldat de sa compagnie, qui le lui avait demandé pour le montrer à son curé, quand il retournerait chez lui.

Les services qu'il s'efforçait de rendre étaient sans faste et sans empressement affecté. Souvent il lui est arrivé, pour n'avoir pas voulu s'excuser, de demeurer chargé des fautes d'autrui, et de garder sur ce point un secret inviolable, sans l'avoir promis.

C'était par pur instinct qu'il était généreux : il n'était point obligé de remporter une victoire sur lui-même, pour être bienfaisant. C'était sa manière d'être : c'était la suite de ce caractère qui le portait toujours à s'oublier lui-même pour ne s'occuper que des autres. Au camp, sa tente était toujours la dernière tendue; dans les marches, il ne son-

9.

geait jamais à son propre bien-être qu'après s'être occupé de celui des soldats. Cet oubli de lui-même, cette candeur, le rendaient cher aux mauvais comme aux bons. Mais, sans repousser personne, il répugnait, par un sentiment inné, à toute liaison vicieuse. Son cœur aimant cherchait un ami de son âge : s'il l'eût trouvé, si cet ami eût été doué d'une âme telle que la sienne, il s'y serait livré sans réserve. — Ah! sans doute il vaut mieux qu'il n'ait pas connu cette douceur : un cœur de plus saignerait dans ce moment ; sa mort a fait assez couler de larmes.

Son esprit était aussi juste que son cœur était droit et bon. Observateur attentif, rien n'échappait à son discernement. Souvent une ironie fine assaisonnait ses remarques; mais c'était toujours l'ironie du goût et de la raison, jamais celle de la causticité.

Ce n'était pas seulement avec exactitude, c'était avec *amour* qu'il se livrait à ses devoirs. Souvent, il s'était trouvé chargé seul de l'administration de sa compagnie, et pendant ce temps rien n'y était négligé : il comptait dans son régiment pour un des officiers les plus exacts et les plus intelligents dans les manœuvres : enfin, il recueillait avec avidité tout ce qui pouvait ajouter à ses connaissances militaires. Cette ardeur infatigable, jointe à une intelligence rare, en avait fait un bon officier dans un âge où l'on tient de si près à l'enfance. Mais cette heureuse avidité d'apprendre ne se bornait point à son métier : elle s'était étendue à toutes les parties de son éducation. A seize ans il savait trois langues; il avait étudié plusieurs parties des mathématiques, et la fortification ; il avait un fonds considérable de lecture, et des connaissances assez étendues en histoire naturelle et en géographie. L'air d'Italie avait développé en lui un goût vif pour la musique, et il commençait à jouer agréablement du violon. La culture des arts faisait ses délices, et ses talents étaient aussi vrais que ses vertus : ils étaient, ainsi qu'elles, au-dessus de son âge. Son goût pour la peinture le rendait heureux, et déjà il avait passé de beaucoup, dans ce bel art, les bornes de la médiocrité. Ses derniers dessins, faits dans les huttes de *Laution*, représentaient des groupes de soldats dessinés à la plume, d'après nature : plusieurs seraient dignes de *Salvator Rosa*. Le choix de ses sujets aurait seul indiqué la trempe de son âme. Le paysage héroïque, les objets simples et grands de la nature étaient ceux qu'il préférait, et les plus beaux traits de l'histoire venaient d'eux-mêmes s'offrir à ses crayons. Ses dernières compositions historiques furent *la Mort d'Épaminondas* et celle de *Cléobis* et *Biton*, récompensés de leurs vertus par une mort douce et prématurée. Aimable Eugène! lorsque, dans les derniers loisirs d'*Asti*, ton père te voyait traiter ces deux sujets, il ne prévoyait pas que tu dusses montrer sitôt la constance d'*Epaminondas*, et t'endormir du sommeil de *Cléobis*.

Son exactitude à remplir ses devoirs militaires, sa vigueur et sa patience au milieu des plus grandes fatigues, sa tranquillité dans le péril, sa modération et son esprit de justice, lui avaient acquis le respect autant que l'affection des soldats, appréciateurs intègres du mérite de ceux qui les commandent. L'estime de ses braves compagnons d'armes, et les pleurs qu'ils donnèrent à sa mort, sont pour lui le plus bel éloge funèbre. La nouvelle de sa mort répandit une véritable affliction dans le camp : le chevalier B., sous-lieutenant dans sa compagnie, grièvement blessé dans la même affaire, s'écria, en apprenant sa mort : *Ah! ne valait-il pas mieux que je périsse? Ma mort n'eût pas été irréparable comme celle de ce brave Eugène.* Généreux chevalier! vous faisiez ainsi votre éloge sans vous en douter : il faut beaucoup de mérite pour sentir vivement celui des autres.

La valeur, en lui, n'avait rien de théâtral ; elle était naturelle comme toutes ses autres qualités. On le voyait aussi calme dans les combats que dans toutes les autres actions de sa vie. Son œil observateur en saisissait l'ensemble, et il faisait, au milieu de la tempête, des remarques qui annonçaient le talent. La première fois qu'il fut exposé au feu du canon, il en compta les coups : il déterra et mit dans sa poche un boulet de six livres, qui s'était enfoncé à ses pieds ; il sauta au cou de son père : « Je suis bien « heureux, lui dit-il ; je craignais d'avoir peur : tout ceci « ne m'a pas fait baisser la tête. » Il a fait de tous les combats où il s'est trouvé des dessins précieux par leur vérité, esquissés quelquefois dans l'action même. A *Versoix*, à *Saint-Germain*, à *Rocca-Barbona*, il dessina et prit des notes au milieu des coups de fusil. Enfin, son courage n'était pas seulement celui d'un guerrier : c'était la fermeté d'un sage, et cette fermeté s'étendait à tout. Il envisageait d'un œil serein la perte de tous les agréments de la vie, et la destruction de la fortune qui l'attendait. Il ne concevait pas seulement qu'il fût possible de balancer entre le devoir de suivre ses drapeaux, et la tentation de conserver l'héritage de ses pères. Dans les derniers jours de sa vie il montra un autre genre de stoïcisme, en supportant la douleur avec fermeté, en bravant le fer cruellement secourable des chirurgiens, qui s'étonnaient de sa patience. En vain l'humanité même semble leur défendre la sensibilité : celui qui le soignait s'était attaché à lui au point de le pleurer. L'inaltérable douceur, le courage héroïque de cette excellente créature avaient gagné son affection.

Enfin, il envisagea sa dernière heure d'un œil fixe et tranquille ; et quoiqu'il n'eût éprouvé aucun chagrin sur la terre, quoiqu'il eût joui de tout le bonheur que peuvent donner la nature et la vertu, il ne gémit, en nous quittant, que sur la douleur qui allait empoisonner la vie des amis qu'il laissait.

Il semble que toutes les âmes rares doivent s'annoncer par un extérieur frappant ; et c'est dans la physionomie surtout qu'on cherche des signes de cette supériorité. Celui de votre fils, Madame, n'avait cependant rien d'extraordinaire (1). Les roses de la jeunesse s'étaient même fanées pour lui avant le temps, soit que le hâle et les fatigues les eussent fait disparaître de bonne heure, soit que la nature, qui n'aime pas mentir, se fût hâtée de lui donner une apparence virile. Il ne possédait point ce qu'on appelle la *beauté ;* mais il avait je ne sais quelle grâce d'innocence, *plus belle que la beauté* (2). Toutes ses attitudes respiraient la modestie et la réserve. Sa voix était douce, et d'un timbre qui ne pouvait exprimer la colère ni aiguiser le sarcasme. Son œil bleu tendre était grand, lucide, virginal, plein d'une sage intelligence ; et lorsqu'il l'arrêtait sur les objets de son estime ou de son affection, son regard était une caresse. Enfin, quoiqu'il n'eût rien de frappant pour le premier coup d'œil, dès qu'on l'avait observé quelque temps on croyait aisément à ses talents, et volontiers à ses vertus (3).

Tel fut, Madame, l'incomparable enfant que vous avez perdu à seize ans; il a pu illustrer un nom illustre, et laisser de lui un long souvenir. Il n'était pas né, il n'était pas élevé pour les temps abominables où nous vivons : il a quitté ce monde absurde et pervers au moment où l'existence est devenue pour nous un fardeau pénible. Heureux Eugène ! le ciel ne t'a rien refusé, puisqu'il t'a

---

(1) Quod si habitum quoque ejus posteri noscere velint, decentior quam sublimior fuit.

TACIT., *Agric.*

(2) Gratia oris supererat.   ID., *ibid.*

(3) Bonum virum facile crederes, magnum libenter.   ID , *ibid.*

donné de vivre sans tache et de mourir à propos (1).

Il n'a point vu, Madame, les derniers crimes du monstre révolutionnaire (2). Il n'a point vu en Piémont la trahison appelant les hordes dévastatrices sur ce superbe pays, sur ce jardin d'Éden, où toutes les richesses accumulées proclament le gouvernement paternel qui le vivifie; il n'a point vu l'auguste Clotilde, sous l'habit du deuil et de la pénitence, parcourant à pied les rues de la capitale, pour aller dans nos temples pleurer les crimes commis et ceux qu'on voulait commettre. Il n'a pas vu en Savoie les restes déplorables d'une noblesse généreuse entassés par d'autres traîtres dans les maisons d'arrêts (3), et, par un raffinement de cruauté inouï, l'épouse séparée de l'époux, et la fille du père. Il n'a pas vu son aïeul vénérable traîné dans le cachot des scélérats (4); de crédules infortunés arrachés du Piémont par un décret solennel de la nation, menacés de perdre leurs biens s'ils n'obéissaient à ce décret tyrannique, et dépouillés sans pudeur de ces mêmes biens après avoir obéi; condamnés à être les témoins silencieux (5) de la destruction de tout ce qu'ils possèdent, et à manger le pain de la misère au milieu de leurs biens, usurpés et saccagés par des brigands. Il n'a pas vu le sexe (6), l'enfance, la vieillesse, la maladie même et la douleur traitées avec une barbarie insultante qui eût fait horreur à des sauvages. Et si notre exil doit finir, si nous devons enfin revoir notre patrie, il ne gémira point avec

---

(1) Tu vero felix Agricola, non vitæ tantum claritate, sed etiam opportunitate mortis.   Tacit., *Agric.*

(2) Non vidit obsessam curiam, clausum armis senatum.   Id., *ibid.*

(3) Mox nostræ duxere Helvidium in carcerem manus.   Id., *ibid.*

(4) Le marquis de Costa, aïeul du jeune homme, fut longtemps enfermé dans les grandes prisons de Chambéry avec des scélérats, et souffrant des choses qu'on n'a pas la force d'écrire. Il baissa sensiblement dans cette horrible captivité, et mourut peu de temps après.

(5) Cum suspiria nostra subscriberentur.   Tacit., *ibid.*

(6) Tot nobilissimarum fœminarum exilia et fugas.   Id., *ibid.*

nous sur des ruines que les mains de deux générations peut-être ne pourront relever. Il ne verra point cette terre flétrie par l'athéisme et par l'anarchie; cette terre naguère florissante, aujourd'hui sans culte et sans lois, dépouillée de tous ses ornements, comme une veuve désolée tendant les mains au ciel, qui refuse toujours de l'entendre. Il ne verra point sa fortune abîmée, l'héritage de ses pères dévasté, et par quelles mains, grand Dieu! Ah! pleurons sur nous, pleurons sur tout ce que nous devons encore voir et souffrir, et non sur l'ange qui plane au-dessus de ce fleuve de sang et de fange où nous flottons entraînés, sans savoir où nous aborderons!

Il faut avoir le courage de l'avouer, Madame : longtemps nous n'avons point compris la révolution dont nous sommes les témoins; longtemps nous l'avons prise pour un *événement*. Nous étions dans l'erreur : c'est une *époque;* et malheur aux générations qui assistent aux époques du monde! Heureux mille fois les hommes qui ne sont appelés à contempler que dans l'histoire les grandes révolutions, les guerres générales, les fièvres de l'opinion, les fureurs des partis, les chocs des empires, et les funérailles des nations! Heureux les hommes qui passent sur la terre dans un de ces moments de repos qui servent d'intervalles aux convulsions d'une nature condamnée et souffrante! Fuyons, Madame! Mais où fuir? Ne sommes-nous pas attachés par tous les liens de l'amour et du devoir? Souffrons plutôt, souffrons avec une résignation réfléchie, si nous savons unir notre raison à la raison éternelle : au lieu de n'être que des *patients*, nous serons au moins des *victimes*.

Certainement, Madame, ce chaos finira, et probablement par des moyens tout à fait imprévus. Peut-être même pourrait-on déjà, sans témérité, indiquer quelques traits des plans futurs qui paraissent décrétés. Mais par combien de malheurs la génération présente achètera-t-elle le calme pour elle ou pour celle qui la suivra ? C'est ce qu'il n'est pas possible de prévoir. En attendant, rien ne nous empêche de contempler déjà un spectacle frappant : celui de la foule des grands coupables immolés les uns par les autres avec une précision vraiment surnaturelle. Je sens que la raison humaine frémit à la vue de ces flots de sang innocent, qui se mêlent à celui des coupables. Les maux de tout genre qui nous accablent sont terribles, surtout pour les aveugles, qui disent que *tout est bien*, et qui refusent de voir dans tout cet univers un état violent, absolument *contre nature*, dans toute l'énergie du terme. Pour nous, Madame, contentons-nous de savoir que tout a sa raison, que nous connaîtrons un jour. Ne nous fatiguons point à savoir les *pourquoi*, même lorsqu'il serait possible de les entrevoir. La nature des êtres, les opérations de l'intelligence et les bornes des possibles nous sont inconnues. Au lieu de nous dépiter follement contre un ordre de choses que nous ne comprenons pas, attachons-nous aux vérités pratiques. Songeons que l'épithète de *très-bon* est nécessairement attachée à celle de *très-grand*, et c'est assez pour nous. Nous comprendrons que, sous l'empire de l'être qui réunit ces deux qualités, tous les maux dont nous sommes les témoins ou les victimes ne peuvent être que des actes de justice, ou des moyens de régénération également nécessaires. N'est-ce pas lui qui a dit, par la bouche d'un de ses envoyés : « Je vous aime d'un amour éternel (1) ? » Cette parole doit nous servir de solution générale pour toutes les énigmes qui pourraient scandaliser notre ignorance. Attachés à un point de l'espace et du temps, nous avons la manie de rapporter tout à ce point : nous sommes tout à la fois ridicules et coupables.

Qui plus que vous, Madame, a besoin de s'élever à ces

---

(1) Jérémie.

hautes et consolantes pensées? Au milieu de cette masse effroyable de maux que la révolution française a versés sur nos têtes, vos souffrances, par un funeste privilége, s'élèvent au-dessus de mille autres. Le sacrifice même imposé à votre fils disparaît, si on le compare au vôtre : le sien ne fut que la mort; le vôtre est de lui survivre. Sans doute toutes les consolations humaines se réunissent autour de vous; mais combien toutes ces consolations sont vaines! Arrachez donc vos yeux de cette terre, qui n'est plus pour vous qu'un désert ensanglanté. L'homme ne paraît si petit que parce qu'il est courbé vers sa demeure : la stature de cet être est immense; et s'il a la force de se relever quelquefois, il peut encore porter sa tête jusque dans les régions de la paix. Nous sommes tous entraînés avec la rapidité de l'éclair vers ce moment, le dernier des moments, où toutes les passions qui nous agitent aujourd'hui ne seront plus pour nous que des souvenirs inutiles ou amers. Anticipons sur l'instant solennel où nous finirons de mourir. Soulevez le voile : Eugène est derrière. Jadis Socrate, avant de boire la ciguë, disait à ses amis : « Lorsqu'on « disposera de mon corps, ne dites pas qu'on brûle ou « qu'on enterre Socrate; NE ME CONFONDEZ POINT AVEC « MON CADAVRE. » La raison seule n'a jamais rien dit de plus beau. Mais Socrate avait besoin de convaincre ses disciples pour les consoler : plus heureux que lui, je n'ai qu'à vous prier de vous servir de vos principes. *Vous ne confondez point* Eugène *avec son cadavre :* la chrysalide grossière est tombée en poudre; mais le papillon immortel a déployé ses ailes d'or et d'azur pour s'envoler vers sa patrie. Tout ce que nous avons aimé, tout ce que nous avons admiré dans votre fils, vit, et ne mourra jamais (1).

Ombre pure et chérie! si les sentiments qui ont pénétré

---

(1) Quidquid ex Agricola amavimus, quidquid mirati sumus, manet mansurumque est... in æternitate temporum.   TACIT., *Agric.*

nos cœurs dans ce monde survivent à la mort, et nous accompagnent dans l'autre; si, comme de grandes âmes, des âmes généreuses et sensibles aiment à le croire (1), les objets de nos affections ne deviennent point étrangers à notre intelligence au moment où elle se débarrasse de son enveloppe mortelle, reviens! ah! reviens souvent parmi nous! habite encore la demeure solitaire de tes parents désolés! Descends vers eux comme ces génies bienfaisants, envoyés, dans l'enfance du monde, vers les patriarches exilés et voyageurs, pour verser dans leur esprit des instructions utiles, et dans leur cœur le baume du courage et de la consolation! Viens! tu ne changeras point de séjour : le ciel est partout où se trouve la vertu. La nuit, quand tout se tait, quand la douleur, seule avec elle-même, baigne sa froide couche de larmes amères, plane sur ces têtes chéries, et de ton aile éthérée secoue sur elles une rosée balsamique qui les avertisse de ta présence, et les remplisse de pensées célestes.

Ombre amie, oh! que ne puis-je encore te donner cette espèce d'immortalité qui dépend de notre faible nature! Que ne puis-je communiquer à cet écrit quelques étincelles de cette flamme qui soulève ma poitrine et fait battre mon cœur! Non, ce n'est point assez pour l'amitié de pleurer sur ta cendre; je voudrais faire reconnaître ton âme dans ce tableau, dont les larmes ont peut-être affaibli les couleurs; je voudrais élever un monument durable à tes vertus précoces, qui n'ont brillé qu'un instant; je voudrais, s'il était possible, *te raconter à la postérité* (2), et te faire aimer de nos descendants.

(1) Si quis piorum manibus locus, si ut sapientibus placet, etc.
Tacit., *Agric.*
(2) Agricola, posteritati *narratus* et traditus, superstes erit.   Id., *ibid.*

CINQ PARADOXES,

A MADAME LA MARQUISE DE NAV...

LETTRE A L'AUTEUR.

Turin, 10 mai 1795.

.... La Providence, Monsieur le comte, a pris soin de rétrécir nos demeures, assez pour qu'une mère de famille puisse, sans sortir de sa chambre, savoir ce qui se passe dans toutes les pièces de son appartement. Je dois à cet heureux arrangement d'avoir la tête cassée depuis huit jours par les *Paradoxes de Cicéron*, que mon fils explique comme il peut. A la fin, la fantaisie m'a pris de savoir de quoi il s'agit, et je me suis recommandée à M. l'abbé Martin, qui doit être assez las de mon fils pour essayer avec plaisir un autre enseignement : il m'a donc expliqué la chose en gros; et, franchement, je trouve tout cela assez plat. Bon Dieu! à quoi ces graves philosophes s'amusaient-ils? Mais il faut vous dire que ce mot de *paradoxes* m'a rappelé une de nos charmantes soirées helvétiennes, où vous traitâtes si longuement de *l'utilité des paradoxes*. Vous savez si vous fûtes soutenu! Et, véritablement, il faut vous rendre justice, l'approbation générale vous donna tant d'émulation, que, pendant huit jours au moins, vous nous dîtes des choses de l'autre monde. Mais pourquoi, je vous prie, ne me griffonneriez-vous pas quelques paradoxes pour m'amuser? Six au moins, par charité, autant que nous en a laissé Cicéron. Aussi bien, il me semble que vous êtes là, en Suisse, les mains dans vos poches, comme un véritable *sfacendato*, et que c'est vous rendre service que de vous tirer de votre apathie. Si bien donc, Monsieur le comte, que vous me ferez des paradoxes.

RÉPONSE A LA LETTRE DU 10 MAI.

Lausanne, 1er août 1795.

Je ne puis rien vous refuser, Madame la marquise, pas même des paradoxes. S'il était en mon pouvoir de disputer avec vous sur quelque chose, ce serait sur l'épithète dont vous honorez un ouvrage de Cicéron. Avec votre permission, Madame la marquise, il n'a rien fait de *plat*. Mais je n'ai point été mis au monde pour vous quereller : j'aime mieux vous obéir tout simplement, comme il convient à un sujet fidèle. Voilà cinq paradoxes bien comptés, Madame; et si je ne me trompe beaucoup, en les lisant vous louerez ma mémoire. Vous y trouverez une foule de choses que nous avons dites; vous croirez être encore dans cette chaise longue, tenant à la main cet écran qui vous servait de sceptre, et dont vous gesticuliez avec tant de grâce toutes les fois qu'il vous plaisait de prendre la parole au milieu d'un petit cercle d'amis sûrs, et d'interrompre par vos charmantes saillies ce que vous appeliez nos *extravagances méthodiques*.

Non, Madame, je ne dédis point ce que je vous dis un jour sur l'utilité des paradoxes. Vous ne le croirez peut-être pas, mais le fait est cependant que ce genre est ce qu'on peut imaginer de plus modeste. En effet, le paradoxe n'affirme rien, précisément parce qu'il exagère et qu'il s'en vante. Si j'allais dire, par exemple, tout rondement que Locke est un auteur également superficiel et dangereux, il y a tel moderne qui voudrait m'arracher les yeux; mais si je lui dis, *Monsieur, c'est un paradoxe*, il n'a plus ni droit ni raison de se fâcher. Il y a, d'ailleurs, des moments où l'opinion sur certains sujets importants penche trop d'un certain côté. Il est bon de la traiter alors comme les arbres qui se courbent, et de la tirer avec force du côté opposé.

Nous dîmes encore bien d'autres choses à la louange des paradoxes; mais, je vous en prie, permettez-moi de finir : ces mains paresseuses qui ont fait un effort pour vous obéir, veulent rentrer dans mes poches, où vous les avez très-distinctement vues. Je ne puis aujourd'hui obtenir d'elles que l'assurance écrite de ces sentiments qui n'ont plus besoin, j'espère, d'aucune assurance.

PREMIER PARADOXE.

Le duel n'est point un crime.

Avant la naissance des sociétés, — je vous entends, madame la marquise : *Avocat,* passons au *déluge!* — Un peu de patience, je vous en prie ! Je sens bien que je prends les choses de haut, mais c'est une absolue nécessité. Je ne sais si vous avez ouï parler d'un très-grand physicien de votre pays, Dortous de Mairan ? Cet habile homme a fait une dissertation sur la glace, dans laquelle il remonte aux premiers principes des choses : c'est une véritable cosmogonie, ou peu s'en faut ; et comme il prévoyait une objection semblable à celle que vous venez de m'adresser, il observe fort à propos que, *la formation de la glace tenant à tout, il faut tout savoir pour la comprendre.* Il en est de même à peu près de la question présente. Ainsi, Madame, vous auriez mieux fait de ne pas m'interrompre.

Avant donc la naissance des sociétés, les hommes couvraient la terre, mais sans se toucher ; imaginez un grand échiquier, vous aurez une idée du monde : chaque homme *naturel* occupait le milieu d'un carreau avec sa compagne, et de ce point central il exerçait ses facultés en tout sens, sans avoir rien à démêler avec personne. Mais vous ne pouvez ignorer, Madame, une loi éternelle de la nature : *Dès qu'un homme et une femme sauvages ont vécu quelque temps ensemble, il faut agrandir la hutte;* et cette loi ne tendait pas moins qu'à faire naître la société avant le temps, et sans contrat social. Pour prévenir cet inconvénient monstrueux, dès qu'on se trouvait gêné quelque part, il en partait un couple qui poussait le souverain du carreau voisin pour se mettre à sa place ; celui-ci, sans faire aucune difficulté, allait, suivi de sa femme et de ses enfants, rendre la pareille à son voisin ; et ainsi de suite jusqu'aux dernières bornes des déserts les moins habités. De cette manière, l'état de nature se soutint heureusement pendant une longue suite de siècles, et peut-être même subsisterait-il encore, sans un de ces novateurs turbulents qui ne se plaisent que dans l'état où ils ne sont pas. Un jour donc, cet homme, dont l'histoire n'a pu nous transmettre le nom, parce qu'il n'en avait point ; cet homme, dis-je, ennuyé de sa position sans savoir pourquoi, et voulant en changer uniquement pour changer, monta sur un tertre, et se mit à appeler de là tous les hommes naturels de l'univers. La curiosité seule, comme vous sentez bien, suffisait pour les déterminer. Sur-le-champ ils se rendirent à l'appel sans la moindre défiance, et seulement pour savoir de quoi il était question. Dès que l'assemblée lui parut assez nombreuse, l'orateur se mit à dire pis que pendre de l'état de nature, usant de l'artifice grossier, et qui a cependant fait tant de dupes dans tous les temps, de ne présenter que le mauvais côté des choses. « Tout était, « suivant lui, dans une confusion horrible. Les carreaux « n'ayant point de bornes naturelles, il y avait tous les « jours des empiétements et des querelles, surtout par « défaut de cadastre et de mesure commune. » La chasse était, selon lui, une autre source d'abus toujours renaissants : il prétendait avoir vu plus d'une fois des hommes se tuer pour une peau de belette. Mais les femmes lui paraissaient surtout exiger un règlement extrêmement détaillé ; il ne tarissait pas sur tout ce qu'il avait vu, sur tout ce qu'il avait découvert. Enfin, il finit par dire ouvertement que, lorsqu'un enfant avait fait une espièglerie, on ne savait plus à qui appartenait le droit de lui donner le fouet.

Lorsqu'il crut avoir suffisamment préparé les esprits, il vota sans détour pour l'institution de l'état social : cependant, pour ne choquer personne, il demanda seulement qu'on décrétât le principe, en renvoyant à une autre assemblée tout ce qui s'appelle *forme*.

La motion allait passer, lorsqu'un des partisans, ou, si l'on veut, des juges, se leva pour une motion d'ordre.

Cet homme venait d'un petit îlot marécageux formé par une rivière qui est devenue dans la suite extrêmement célèbre. Il avait l'air aisé et le nez au vent. Sa démarche, qui voulait être fière, n'était cependant que hardie; sans autre secours que celui de ses doigts, il était parvenu à donner à ses cheveux un arrangement qu'on pouvait appeler *coiffure*; sa lèvre inférieure avançait légèrement, comme celle de l'Apollon du Belvédère. Il avait tressé avec des joncs une manière de chapeau assez bien tourné, et il l'avait jeté sur l'oreille avec une certaine grâce impertinente qui paraissait faire grande impression sur les femmes, venues là avec leurs maris pour tuer le temps. Il tenait une jambe en avant, le corps en arrière; une de ses mains était passée négligemment dans une ceinture de circonstance qu'il avait fabriquée avec des tiges de houblon, et de l'autre il gesticulait d'une manière impérative.

Pendant qu'il se disposait à parler, un autre membre, qui venait d'un pays tout opposé, disait, après avoir toisé le premier d'un œil courroucé : *Par Dieu! quel présumant nauséeux compagnon! Nonobstant qu'il n'ait pas parlé encore, je voudrais gager cent livres que sa science est très-indifférente. Peste sur lui! Il est véritablement beaucoup choquant dans mes yeux!*

En prononçant ces mots, il serrait les dents d'une si étrange manière, qu'on ne l'entendit presque pas : on chuchotait autour de lui : *Que dit-il? que dit-il?* Mais il fallut bientôt s'occuper d'autre chose, car l'orateur qui avait obtenu la parole pour la motion d'ordre avait fait un pas en avant d'une manière si imposante, que tous les membres de l'assemblée, de peur qu'il ne leur marchât sur la tête, la baissèrent jusqu'à terre (1).

« Messieurs (dit-il), j'ai lieu de m'étonner que, par une « synthèse téméraire et des raisonnements *à priori* tout à « fait intempestifs, vous ayez imaginé d'instituer la société « avant d'avoir pensé aux moyens de l'utiliser. Je vais sou- « lever une difficulté qui pourra vous effrayer ; mais le « danger est si conséquent, qu'il m'est impossible de vous « rien cacher. Croyez-moi, Messieurs, il y a de l'avenir « dans ce que je vais vous dire. L'état social, bon sous « certains rapports, ne vous dégradera pas moins sous « d'autres, en vous mettant dans la nécessité presque habi- « tuelle de penser. Or, la pensée n'est qu'une perpétuelle « analyse, et il n'y a point d'analyse sans méthode pour « l'opérer. Cependant, où est cette méthode sans laquelle « vous ne pourrez penser ? Je demande qu'avant tout on « invente la parole. »

Sur ce point, il n'y eut qu'une voix.

Qu'on l'invente ! qu'on l'invente ! s'écria-t-on de toute part. *Qu'on l'invente !* en commençant toutefois par les idées simples et par l'onomatopée.

Vous ne sauriez croire, Madame, combien cette décision préliminaire facilita les choses. Il fut même décidé par acclamation (tant la reconnaissance était vive dans le monde primitif) que l'auteur de la motion incidente et ses descendants légitimes seraient censés propriétaires de la parole dans l'univers, qu'ils auraient droit d'en user *ad libitum*, et que nul homme n'aurait celui de parler qu'en cas de lassitude de leur part.

Alors l'immortel anonyme, auteur de la proposition primitive, debout sur son tertre, proposa à tous les hommes

(1) Quid rides ?

les articles fondamentaux de l'association, qui passèrent presque sans difficulté, dans l'ordre suivant :

Art. 1. — Le jour de l'équinoxe d'automne de l'année courante, à minuit précis, temps vrai, l'état de nature n'a plus lieu, et la société commence.

Art. 2. — L'assemblée reconnaît qu'il n'y a qu'une espèce humaine ; cependant il y a plusieurs nations qui sont des sections du genre humain.

Art. 3. — Le nombre des nations est égal à celui des bassins et des plateaux naturels formés par les fleuves et les montagnes.

Art. 4. — La souveraineté est divisible, sans reste, par le nombre des nations.

Art. 5. — La souveraineté est inaliénable, et chaque nation la cède, pour sa propre commodité, à un ou plusieurs délégués.

Art. 6. — Tous les membres d'une nation assemblés en comité général se défendent ce qu'ils jugent convenable, sous les peines qu'ils jugent convenables ; et s'ils viennent à ne pas s'obéir, ils peuvent se poursuivre et se condamner à toutes sortes de peines, même à la mort.

Art. 7. — Chaque nation a des tribunaux spécialement chargés de la vengeance publique, et il est expressément défendu à tout particulier de se faire justice, sous peine de mort.

Cet article ayant excité quelque discussion, un homme naturel, qui venait de l'extrémité d'un grand lac où depuis nous avons vu passer le quarante-sixième parallèle, fit ajouter par amendement :

Si cependant le délégué suprême ne peut ou ne veut faire justice, l'offensé rentre dans ses droits, et il lui est loisible de se venger, suivant les bonnes coutumes du ci-devant état naturel.

Tel est, Madame, l'article important, le plus incontestable et le plus sacré de tous, dont ma septième proposition n'est qu'une conséquence naturelle.

Si l'état social était naturel à l'homme, s'il était le résultat d'une volonté supérieure et toute-puissante, on pourrait dire que l'homme n'ayant stipulé avec personne, et n'ayant rien mis du sien dans l'ordre que nous voyons, il est obligé de s'y soumettre, malgré tous les inconvénients possibles. Mais jugez-en vous-même, Madame, je n'appuie point mon opinion sur des théories creuses : ce sont des faits que je vous raconte naïvement, tels qu'ils se sont passés, et vous voyez déjà que les hommes primitifs ont tout prévu.

Si l'on m'enlève ma femme ou ma cassette, je n'ai pas droit sans doute d'assembler mes amis et de reconquérir ma propriété par la force ; mais pourquoi ? Parce qu'il y a des lois, des tribunaux, et une force publique toujours prête à me faire justice : je serais grandement coupable, et je violerais moi-même le pacte, si j'osais me conduire *naturellement*.

Mais faites, je vous prie, une autre supposition. Imaginons (car tout est possible) qu'il y ait une grande révolution dans un pays donné, que l'ordre social y soit détruit, qu'il n'y ait plus de souverain ni de lois, et qu'on n'y reconnaisse plus d'autre droit que celui du plus fort : si l'on m'attaque dans cet état de choses, ne dois-je pas me défendre ? Il serait plaisant que je fusse obligé en conscience de me laisser tuer ou piller tranquillement, par respect pour ce qui n'existe plus ! Vous ne douterez pas, j'espère, que, dans toutes les règles de la morale la plus stricte, je ne sois en droit de me faire justice.

Comme il me paraît que vous ne faites aucune objection, nous ferons, s'il vous plaît, un pas de plus. Pour que j'aie le droit de me venger, est-il nécessaire que le système social soit totalement détruit? Pas du tout; on peut rentrer pleinement dans l'état de la nature, et l'on peut n'y rentrer que par un coin. L'effet, dans ce dernier cas, est restreint; mais il est le même quant à l'essence de la chose.

Un fou lève la main sur moi, ou me dit un de ces mots *impardonnables* dans nos usages. Prenez bien garde, Madame, que ce n'est pas moi qui ai créé les préjugés; en naissant, je les ai trouvés autour de mon berceau : tant pis pour les écervelés qui les inventèrent! Quant à moi, tout en les détestant, j'en suis la victime. L'opinion est reine du monde; je suis déshonoré.

Que faire, Madame? Je ne suis point un étourdi, je n'aime pas le tapage; je m'adresse donc au grand délégué, et je lui dis : *Vengez-moi!* Mais comme je le suppose honnête homme, il me répond franchement : *Mon cher ami, je n'y puis rien. Je puis, à la vérité, faire rouer vif celui qui t'a outragé; mais on épousera sa fille, et jamais la tienne. Ce qu'on t'a pris ne peut être repris que par toi : c'est ton affaire.*

Alors je montre l'article 8 : *Si cependant le grand délégué ne peut ou ne veut*, etc. Le cas est arrivé, comme disent les gens de loi. L'ordre social est détruit dans ce cas; et quant à moi, c'est tout comme si l'affaire avait eu lieu avant le dernier équinoxe de l'an premier. Je ne sais si je me fais illusion, mais je ne vois rien d'aussi clair.

Vous me direz : *Mais le grand délégué vous fera couper la tête!* Premièrement, Madame, je réponds qu'il fera tout son possible pour n'en rien faire; j'ajoute que si le malheur arrive, ce sera une injustice criante, un abus du pouvoir comme on en verra jusqu'à la fin du monde. Savez-vous, Madame, pourquoi les grands délégués font si volontiers des lois contre les duels? C'est qu'ils ne sont jamais appelés à se battre.

Rousseau, raisonnant sur ce point, a pensé dans sa sagesse que, pour détruire les duels, il faudrait les permettre; mais son projet, que vous êtes la maîtresse de lire si vous en avez le loisir, ne satisfait pas la morale.

... Louis XIV, de son côté, avait imaginé ses juges du point d'honneur, et sa classification des impertinences, suivant la méthode de Linné. Pour l'épithète de *taquin*, tant d'années de prison; pour celle de *drôle*, tant; pour celle de *poltron*, tant, etc. Mais sa loi n'a point satisfait l'opinion.

Louis XIV et Jean-Jacques! Quels noms, Madame! Cependant, la perfectibilité sans bornes de la nature humaine amenant sans cesse de nouvelles idées, je crois user tout simplement de mon droit en vous communiquant les miennes. Je voudrais fondre les deux projets, pour en former un troisième, qui serait, si l'amour-propre ne m'aveugle pas entièrement, le *nec plus ultrà* de la législation.

Partons d'abord de ce principe, que *tout homme qui en insulte un autre de la manière qui nécessite un duel, dans nos mœurs, peut être condamné à mort, non-seulement sans injustice, mais sans rigueur.* Vous n'en douterez pas, si vous observez que dans les pays les plus civilisés, en Angleterre par exemple, un malheureux est mis à mort pour un seul vol : or, quelle proportion entre le vol de quelques schellings et celui de l'honneur?

Cela posé, voici de quelle manière je concevrais la loi. On ferait d'abord, d'après Louis XIV, un livre alphabétique de toutes les épithètes *mortelles* de la langue, et il serait statué que tout gentilhomme qui en adresserait une à l'un de ses pareils serait mis à mort.

Le cas se présentant, et le coupable étant condamné, l'offensé présenterait un placet au délégué suprême, lequel, voulant favorablement traiter l'exposant, lui ferait expédier, sous le grand sceau de l'État, une commission d'exécuteur *ad hoc*, en vertu de laquelle il pourrait en conscience exécuter son ennemi, *d'après Jean-Jacques*.

J'ose croire qu'il n'y a pas en Europe un seul jurisconsulte, un seul moraliste, un seul théologien qui n'accueille avec enthousiasme une idée aussi lumineuse. Une fois admise, tout le reste va de lui-même ; car vous sentez bien, Madame, que si, dans cette supposition, l'offensé, maître, en vertu de son brevet, de lier les mains à l'offenseur, veut bien sacrifier une partie de ses droits et lui permettre de se défendre, de manière que ce soit le plus fort et le plus leste qui tue l'autre, ce n'est plus qu'une affaire de pure délicatesse, qui pourrait même, sous le point de vue légal, porter le nom de *commutation de peine*, au moyen de l'approbation expresse ou tacite donnée par le grand délégué.

Non, Madame, on ne résistera point en Europe à ce trait de lumière ! Toutes les législations s'empresseront à l'envi d'adopter cette solution élégante d'un problème qui défiait depuis si longtemps toute la sagacité de l'esprit humain, ce magnifique projet qui accorde, sur un point de la plus haute importance et d'un usage journalier, la morale et l'honneur. J'ajouterais, si vous saviez le latin : *Res olim dissociabiles*.

En attendant, nous continuerons à nous couper la gorge sans remords, en vertu de l'article 7.

DEUXIÈME PARADOXE.

Les femmes sont plus propres que les hommes au gouvernement des États.

Je vous soupçonne d'une malice, Madame la marquise, ou, pour mieux dire, j'en suis sûr. Ne me dites pas que non, je vous en prie; je la vois dans votre cœur; voici ce que vous pensez dans ce moment : *Il va me dire que, partout où une femme est souveraine, il y a bientôt un roi.* Ah! de grâce, Madame, ne m'attribuez pas des idées aussi vulgaires! heureusement je n'en suis pas là, et je ne fonde pas les droits de votre sexe sur des plaisanteries.

Si nous examinons d'abord la supériorité immense du gouvernement monarchique sur tous les autres, nous trouverons que cette supériorité tient à des circonstances entièrement étrangères au sexe du souverain; de manière qu'à cet égard tout est égal. Mais voici une considération qui décide la question sans réplique en faveur des femmes : *C'est que l'orgueil de l'homme repousse le mérite, et l'orgueil de la femme l'appelle.* La médiocrité est bien aimable, Madame; elle ne fait point ombrage, elle ne contredit jamais; elle ne voit de difficulté à rien, parce qu'elle ne comprend rien. En vérité, on pourrait dire d'elle ce qui a été dit de la charité : *Elle est patiente, elle n'est point téméraire : elle souffre tout, elle croit tout, elle espère tout, elle supporte tout.*

La supériorité a malheureusement, pour l'ordinaire, presque toutes les qualités opposées : elle est trop souvent dure, impérieuse, *insupportante*, moqueuse même à bon besoin; enfin, il n'est pas extrêmement rare de la voir réussir à choquer également ce qui lui ressemble et ce qui ne lui ressemble pas.

Employer les hommes sans aucune autre considération que celle du mérite, et sans égard aux affections personnelles, c'est le tour de force de la monarchie : je n'imagine rien d'aussi difficile.

On s'étonne souvent des succès de la médiocrité. Quant à moi, Madame, je ne pourrais expliquer qu'elle ne réussît pas : encore une fois, elle est si aimable! Vous connaissez, sans doute, cette anecdote d'un ministre espagnol à qui le roi avait demandé le projet d'une lettre importante. Après avoir lu l'ouvrage du ministre, le roi tira de sa poche un autre projet qu'il avait rédigé lui-même sur le même sujet, et le déchira en disant : *Le vôtre est meilleur.* Le ministre, en se retirant, rencontra un homme de sa connaissance particulière, et lui dit, tout effaré : *Mon ami, je suis perdu! Mon maître vient de découvrir que j'ai plus d'esprit que lui.* Assurément je suis moins tenté que tout autre d'établir des règles générales dans des choses sérieuses, et encore moins d'exagérer le mal inséparable de la nature humaine; mais il n'est pas moins vrai que je mets le doigt sur un côté faible de la monarchie, qui doit nécessairement en avoir, puisque c'est une chose humaine. Si l'on pouvait voir dans un tableau magique le nombre d'hommes d'État, de généraux, d'hommes supérieurs dans tous les genres, écartés par leur supériorité seule, et tous les maux qui en sont résultés ; on serait effrayé.

Heureusement, pour faire disparaître un si grand mal, le remède est bien aisé : il suffit de faire régner les femmes. La nature se serait contredite, si les qualités qu'elle a données à un sexe pouvaient choquer celles dont elle a gratifié l'autre. La bonne maman a trop d'esprit pour faire de ces bévues; elle nous a donné la force, et à vous la grâce : voilà pourquoi nous sommes toujours si bien ensemble. Nul ne veut ce que l'autre possède. Il y a peu de mérite à découvrir la grâce, car on la voit; mais la force est cachée, et rien n'est plus merveilleux que l'instinct des femmes pour la découvrir. L'homme est le protecteur-né de la femme. Il le sent si bien, que le poltron a quelquefois du courage pour la défendre; mais la femme le sait encore mieux : aussi elle nous pardonne tout, excepté la faiblesse. Le chien a moins de talent à découvrir le gibier, que la femme n'en possède pour discerner un grand caractère et se l'attacher. Ouvrez l'histoire, jamais vous ne verrez régner une femme sans voir de grands caractères à côté du trône, et souvent, ce qui est très remarquable, sans égard au sentiment tendre qui devrait déterminer ces sortes de choix. Élisabeth aima le comte d'Essex, qui possédait les qualités les plus éminentes ; mais Cécil Burleigh, et cette foule d'hommes supérieurs qu'elle employa dans tous les genres, ne furent pas des amants. Bacon, au contraire, malgré toute sa réputation de science, ne put jamais lui faire illusion. Sous l'écorce imposante du philosophe, elle sentit l'homme, et ne voulut jamais s'en servir (1). Le faible successeur d'Élisabeth n'eut pas le même tact, et s'en trouva mal.

Auprès d'une femme, la hauteur de l'homme perd tout ce qu'elle a de repoussant, car il n'y a rien de si flatteur que le lion qui flatte. Et qu'importent à la femme toutes nos hauteurs et toutes nos prétentions ? Elle sait que nous n'en voulons pas à son empire. Plus ses sujets s'agrandissent, plus elle est contente d'elle-même, puisqu'elle les domine.

On a dit mille et mille fois qu'*il ne faut pas que les femmes se mêlent du gouvernement*. De celui des autres, j'en conviens, car elles le troublent par leur influence ; mais dès que la femme commande, elle ne tripote plus, puisqu'elle n'en a pas le sujet. On ne voit pas même que ce qu'on appelle avec tant d'irrévérence les *petitesses du sexe* influe en mal sur le gouvernement. Élisabeth, dont je parlais tout à l'heure, aima comme une autre ; elle fut entichée de sa beauté, au point qu'à soixante et dix ans elle permettait qu'on lui parlât de *ses beaux yeux*, et on ne lui trouva pas à sa mort moins de mille robes *actuelles*. Tout cet enfantillage nuisit-il aucunement à la marche des affaires ?

(1) Excepté pour une insigne bassesse dont il s'acquitta à merveille, et que cependant elle ne voulut jamais lui payer. Singulière diablesse !

Une seconde considération qui met le gouvernement des femmes au-dessus du nôtre, c'est qu'une souveraine exerce deux empires au lieu d'un; car elle est reine et elle est femme. Le commandement sous un tel empire est moins dur, et l'obéissance est moins pénible; elle s'élève même aisément jusqu'à l'enthousiasme, pour peu que la souveraine ait de grâce et d'habileté. Accoutumés de bonne heure à ne rien refuser à une femme, à ne la contrarier sur rien et à lui passer tout, il n'y a pas de raison d'agir autrement parce qu'elle est reine. Ses ordres sont plus doux, ses dons sont plus précieux, et ses fautes sont moins choquantes. Jamais il n'y eut de supériorité plus décidée.

Enfin, il est une dernière observation qui mérite la plus grande attention : c'est qu'une souveraine ordonne la guerre, et ne la fait jamais. Sur la question de savoir si les rois doivent commander leurs armées en personne, je dirais volontiers ce que Bossuet dit de la comédie : *Il y a de grands exemples pour et de grandes raisons contre.* Vous avez l'esprit trop juste, Madame, pour ne pas sentir que les Henri IV, les Gustave-Adolphe, les Frédéric II ne prouvent rien sur cette question. Il s'agit du *roi moyen;* d'ailleurs, il y a bien une autre question à faire, et qui vous étourdira davantage : *Est-il bon pour l'humanité que le talent de général, le plus sublime peut-être et par conséquent le plus rare de tous, tombe sur la tête d'un monarque comme un quine à la loterie?* Regardez de près, Madame; songez à l'effet immédiat, mais surtout aux imitateurs ; et je ne doute pas un moment que vous ne soyez de mon avis, quoique je ne vous l'aie pas dit.

Après avoir prouvé ma thèse par *trois raisons,* comme l'intendant Pincé, je pourrais finir, je crois; cependant je ne puis m'empêcher d'en appeler encore à l'expérience, qu'il faut sans doute consulter en toute chose, et qui se présente ici à l'appui de la théorie. L'un des plus grands empires du monde, absolu d'ailleurs et militaire dans ses bases, n'a presque été gouverné que par des femmes durant le siècle qui vient de finir, et s'en est fort bien trouvé. Le Russe, martial et généreux, a plié volontiers sous le sceptre des femmes; quelquefois même il a semblé le préférer : et certes c'est un spectacle bien honorable pour les femmes, de voir tous les projets de Pierre le Grand, couvés par des jupons, éclore majestueusement aux yeux de l'Europe étonnée. Vous savez, Madame, que je n'aime pas les innovations; du moins je ne les admets qu'à la dernière extrémité. Ainsi je ne juge pas convenable de proposer un changement aussi essentiel que celui de la succession aux trônes dans un moment où tout va bien dans le monde; mais si jamais il y avait des troubles, si l'on venait à redouter quelque grande influence, s'il fallait faire quelque grand effort, je ne balancerais pas un instant à proposer la loi antisalique; et soyez sûre que nous verrions beau jeu.

TROISIÈME PARADOXE.

La chose la plus utile aux hommes, c'est le jeu.

Ils sont si sots, si dangereux, si vains, qu'ils ont besoin de l'habitude pour pouvoir se supporter. Imaginez, Madame, je vous en prie, qu'un homme aille chez un autre, et lui dise sérieusement : *Voulez-vous bien permettre, Monsieur, que je me place vis-à-vis de vous, et que je vous considère pendant quelques heures?* Cette proposition semblerait tenir de la folie; et si la personne à qui on l'adresserait n'avait pas droit de hausser les épaules ou d'envoyer promener le proposant, elle ne manquerait pas au moins d'excuses décisives pour se dispenser d'obtempérer. *Elle aurait des affaires indispensables, elle serait obligée de sortir;* mais si l'on vient à proposer un piquet ou un trictrac, tout de suite on se *dispense* de ces raisons *indispensables*, et l'on s'assied fort bien pour cinq ou six heures, sans songer seulement qu'il y a des affaires dans le monde.

On dira, *C'est le désir du gain, c'est le besoin d'être ému;* ce sera tout ce qu'on voudra. Tous les hommes ont joué : je n'examine point la cause de ce goût universel, il ne s'agit que de l'effet. Or, je dis que l'effet principal du jeu, et qui le met au rang des institutions les plus précieuses, *c'est qu'il force les hommes à se regarder.*

Qu'on y réfléchisse attentivement, on ne trouvera pas d'autre moyen de produire aussi fréquemment le même effet. On entend dire assez souvent : *Quel est l'art de cet homme, pour être partout?* Rien n'est plus simple. *L'art d'y être, c'est d'y aller.* Pour être à l'aise quelque part, il n'y a qu'un moyen : c'est d'y paraître souvent. Voilà pourquoi les hommes timides qui ne cessent de tâtonner, et qui craignent surtout d'être indiscrets, sont peu propres aux affaires. Un homme de cette trempe, s'il peut craindre de n'avoir pas réussi auprès d'un autre, trouve une raison pour ne pas le revoir. C'est tout le contraire qu'il faudrait faire; car le premier article des affaires, c'est que, dès que nous déplaisons à quelqu'un, il faut tâcher de l'accoutumer à nous. Mais le premier instrument de ce premier des arts, c'est le jeu. Lorsque je considère dans le monde un homme qui ne joue pas, il me semble qu'il lui manque une main pour saisir ses semblables. Comment trouver, sans le jeu, le moyen de faire une visite de quatre ou cinq heures, avec la certitude de ne pas ennuyer? *Pique* et *carreau* rendent la chose très-aisée : quels yeux, dans de si longues séances, ne s'accoutumeraient pas à votre visage? Ils finiront par ne pouvoir s'en passer. Ce qu'on appelle le *caractère* d'un homme n'est qu'un assemblage de *tics*, et le *tic* n'est qu'un fils de l'habitude. L'art de réussir auprès d'un homme n'est donc que l'art de devenir un de ses *tics*; et c'est à quoi le jeu peut servir plus que tout autre moyen connu. Souvent le mérite ne réussit pas, par une raison toute simple : c'est qu'il est sujet à tâtonner et à rester en arrière. Il dit sans cesse : *J'ai peur d'être à charge; qui sait si je réussirai là? Je crains de fatiguer, etc.*, et cent autres sottises de ce genre. C'est ainsi qu'il est toujours éconduit; mais c'est bien sa faute. Que n'apprend-il à jouer? alors *on le verrait*, bientôt *on le regarderait*, ensuite *on le considérerait*, puis *on le fixerait*; et nul doute qu'en suivant cette échelle, il ne finît par être *connu*, c'est-à-dire aimé et célébré. Mais tandis qu'il se contentera d'être *aperçu* ou *entrevu*, il y a trop d'orgueil à exiger qu'on se passionne pour lui; et pour moi, j'absous ceux qui n'y prennent pas garde.

On entend dire assez souvent : *Il croit avoir des amis; il n'a que des connaissances.* Est-ce un malheur dont on entend parler? dans ce cas, c'est une grande erreur. Qu'est-ce qu'un ami? La chose du monde la plus inutile pour la fortune. D'abord on n'en a jamais qu'un, et toujours le même; autant vaudrait un mariage Il n'y a de véritablement utile que les *connaissances*; car on peut en avoir beaucoup, et plus on en a, plus on multiplie les chances d'utilité qu'il est possible d'en tirer. Un homme ne refuse point de rendre service à un autre, dès qu'il n'a pas intérêt à n'en rien faire ou à faire le contraire. Tout se réduit donc à ce grand problème, pour celui qui veut employer ses semblables à son profit : *Trouver des hommes que l'orgueil engage à me servir, et que l'intérêt n'en éloigne pas.* Et par conséquent tout se réduit à connaître un grand nombre d'hommes. — Jouez donc beaucoup, afin qu'on vous voie beaucoup. Tous les autres moyens sont faibles auprès de celui-là. — Pour être ce qu'on appelle *de la maison*, il n'en est pas de meilleur, et la plupart des liaisons viennent de là. D'ailleurs, que d'utilités naissent de cette heureuse institution! La connaissance intuitive des nombres ne s'acquiert nulle part aussi bien. Le jeu donne surtout l'habitude des jugements rapides, la chose du monde la plus utile dans la société. L'occasion est un oiseau qu'il faut tirer au vol; de là, pour le dire en passant, la gaucherie du savant qui ne tire que posé. Pour se décider sur-le-champ, je ne connais pas de meilleur maître que le jeu, comme il n'en est pas de meilleur pour former l'esprit. Ce que Cicéron disait de la secte philosophique qu'il avait embrassée, *Nous suivons les vraisemblances*, doit être la devise de l'homme sensé pour régler sa conduite; car la vie entière n'est qu'un calcul continuel de probabilités, il faut une justesse merveilleuse d'esprit pour se décider le plus souvent sans réflexion. Je ne sais comment on s'est avisé de faire honneur à la logique du pouvoir de rectifier l'esprit. Rien n'est plus faux; la logique nous apprend à connaître la nature du raisonnement que nous avons fait, jamais elle ne nous apprend à le produire. L'espèce de dissection métaphysique, qu'elle opère sur le raisonnement produit, ne perfectionne l'esprit que comme simple exercice; mais, sous ce point de vue, le travail fait pour deviner les logogriphes du *Mercure* me paraît plus utile; la vraie logique, c'est-à-dire la logique pratique, c'est le jeu. Lui seul est le *novum organum*, parce qu'il agit directement sur l'entendement en le forçant d'estimer sans cesse les probabilités, récompensant d'ailleurs la justesse, et punissant l'erreur sur-le-champ, et avec une justice telle, que le coupable même lui rend hommage; de manière que, semblable à un souverain éclairé, il met continuellement ses sujets sur la route du bien, distribuant avec un soin infatigable les peines et les récompenses, ces deux grands moteurs du genre humain. La logique est un miroir qui montre l'homme à l'homme, tel qu'il est ; le jeu est une espèce de gymnastique qui le perfectionne. Le plus grand génie, dit-on, est celui qui est capable de comparer le plus d'idées : qu'y a-t-il donc de plus merveilleux, dans le monde intellectuel sublunaire, que la tête d'un joueur qui en tient constamment cinquante-deux à ses ordres, qui les voit ensemble, et les combine de toutes les manières possibles ? Je ne comprends pas comment Locke, au lieu des inutilités qu'il nous a débitées sur les idées complexes, n'a pas songé à ce prodige. Pour peu que vous y réfléchissiez, Madame, vous comprendrez aisément combien l'esprit doit se perfectionner par ces combinaisons habituelles. On se tromperait fort en restreignant ce talent dans le champ étroit du tapis vert; c'est là que l'esprit se forme pour agir dans le monde. Je ne veux pas considérer la chose par le côté moral et sublime; je ne veux pas examiner quel avantage doit avoir dans les affaires celui qui a passé sa vie à méditer sur la puissance des *rois*, des *dames* et des *valets*. Sous ce point de vue, *j'aurais trop beau jeu;* allons terre-à-terre, et dites-moi, je vous prie, si vous trouvez quelque moyen comparable au jeu pour perfectionner deux qualités éminentes : la *mémoire* et la *présence d'esprit ?* Obligerez-vous votre fils à beaucoup apprendre par cœur ? vous lui donnerez la mémoire des mots, au lieu de celle des choses. Quand je vois un joueur me raconter que, dans une partie jouée il y a six mois, il perdit cinquante louis par la faute de monsieur un tel, qui joua le valet de cœur, d'où il arriva que le *partenaire* de lui qui raconte, se trouvant en droit de croire que la dame se trouvait de tel côté, puisque le dix, le sept et le quatre avaient passé, se détermina malheureusement à jouer l'*as;*

que s'il avait pu prévoir ce coup, il y aurait mis bon ordre en jouant le seul pique qui lui restait, vu que tous les *carreaux* se trouvant du même côté... Oh! je m'incline, je me prosterne, je m'abîme. J'ai bien aussi une mémoire, mais c'est un enfant.

Et que dirons-nous, Madame, de la présence d'esprit? — Dans ces occasions décisives où la rapide bécassine passe devant vous, comme je disais tout à l'heure, écrirez-vous à vos parents pour savoir ce qu'il faut faire? Il s'agit de savoir : 1° si vous êtes sûr de ne pas tirer sur le terrain d'un propriétaire de mauvaise humeur, qui vous fera une affaire ; 2° s'il y a plus de gloire à tuer que de honte à manquer ; 3° si vous êtes sûr qu'après avoir abattu l'oiseau, un autre homme ne vous l'enlèvera pas ; 4° si vous ne risquez point, en tirant, de blesser quelque personne que vous ne voyez pas; etc., etc. — *Comment donc! vous voulez que je pense à tout cela pendant que l'oiseau passe ?* — *Mais sans doute, Monsieur; ou bien il fallait rester chez vous.* C'est l'emblème naturel d'une infinité d'occasions dans la vie, où le parti doit être aussi promptement pris. Heureusement c'est un talent qui s'enseigne, et le grand professeur c'est le jeu.

Enfin, Madame, pour finir à peu près comme j'ai commencé, je veux vous faire part d'une idée qui me vient dans ce moment. Supposez qu'un homme, ayant quelque envie de se pousser dans le monde, écrive la lettre suivante à un homme influent :

« Monseigneur,

« J'aurais la plus grande envie de connaître Votre Ex-
« cellence; mais je vous avoue que je ne sais pas trop
« comment m'y prendre. Les moments rapides que vous
« accordez aux audiences ne me suffisent point : d'ail-

« leurs je n'ai rien du tout à dire à Votre Excellence, du
« moins dans ce moment : je voudrais vous tenir à mon
« aise, je voudrais surtout vous examiner dans ces mo-
« ments où l'homme, n'étant pas sur ses gardes, permet
« à son caractère de se dévoiler. Madame votre épouse,
« Monseigneur, est encore une femme bien bonne à con-
« naître ; tout le monde sait qu'elle fait une dépense extra-
« vagante, et que souvent il y a eu des scènes à ce sujet
« entre elle et Votre Excellence. Je voudrais savoir de
« quel bois elle se chauffe, et si elle serait femme à se
« laisser tirer d'embarras dans un moment de détresse,
« par des moyens *obliques* et qui ne choquent point la dé-
« licatesse. Vous avez encore un fils dont vous raffolez, et
« des filles mariées qui tiennent à tout ; de grâce, Monsei-
« gneur, laissez-moi voir et connaître tout cela. J'espère
« en tirer bon parti : accordez-moi seulement le temps
« nécessaire. J'ai l'honneur d'être, etc., etc. »

Vous riez, Madame la marquise ; eh ! mon Dieu, rien de plus simple que cette demande. On peut la faire sans la moindre difficulté, et sans alarmer l'orgueil le plus pointilleux : il suffit de se faire présenter chez l'homme en place, et d'y jouer.

QUATRIÈME PARADOXE.

Le beau n'est qu'une convention et une habitude.

Je lisais ce matin, Madame la marquise, ce passage de notre bonne amie madame de Sévigné :
« Pour la musique (celle du service fait au chancelier
« Séguier), c'est une chose qu'on ne peut expliquer.

« Baptiste (Lulli) avait fait un dernier effort de toute la
« musique du roi. Ce beau *Miserere* y était encore aug-
« menté. Il y a un *Libera* où tous les yeux étaient pleins
« de larmes ; je ne crois pas qu'il y ait une autre musique
« dans le ciel (1). » (Lettre du 6 mai 1672.)

Glück et Piccini n'ont certainement jamais obtenu de
témoignage plus flatteur. C'est cependant cette même musique que les docteurs modernes appellent le *plain-chant*,
la lourde *psalmodie* de Lulli. Mais les belles dames qui
s'extasient sur la musique moderne, et qui parlent avec
tant de pitié de celle de Lulli, ont-elles donc plus d'esprit,
de tact, de sensibilité que madame de Sévigné? Tous *ces
yeux pleins de larmes*, dans le grand siècle et au milieu
de la perfection universelle, sont un fait. L'hyperbole qui
termine ce morceau montre le prodigieux effet de la musique. Que pouvons-nous opérer de plus? Dira-t-on que si
madame de Sévigné vivait de nos jours, elle ne goûterait
que notre musique, et rirait de celle qui la faisait pleurer?
Dans ce cas, le paradoxe n'en est plus un : l'habitude fait
tout, et il n'y a plus de beau. Ce qu'il y a de sûr, c'est que,
dans tous les arts, ce qu'on appelle l'*effet* dépend d'une
foule de circonstances collatérales, et résulte beaucoup
plus des dispositions de ceux qui l'éprouvent, que de certains principes naturels mis en usage par l'artiste.

La coutume influe prodigieusement sur nos goûts dans
tous les genres. Comment cette bière, qui me fit soulever
le cœur la première fois que j'en goûtai, est-elle devenue
pour moi une boisson agréable? Par la coutume. Comment des modulations italiennes mariées, en dépit du bon

---

(1) On peut encore se rappeler cet autre passage : *On joue jeudi l'opéra*
(de *Cadmus* de Lulli), *qui est un prodige de beauté. Il y a des endroits de
la musique qui m'ont déjà fait pleurer. Je ne suis pas la seule à ne la
pouvoir soutenir : l'âme de madame de la Fayette en est tout alarmée*
(8 janvier 1674, t. II).

sens, à des paroles françaises, me causent-elles un plaisir réel? Par la coutume.

Quant à l'harmonie poétique des mots, qui est aussi une espèce de musique, elle n'a rien de réel : lorsqu'une pensée nous paraît exprimée heureusement, nous prononçons les mots de la manière qui nous paraît la plus analogue au sens, et cela s'appelle *harmonie imitative*. Ainsi, lorsque nous lisons,

> Quatre bœufs attelés, d'un pas tranquille et lent,
> Promenaient dans Paris le monarque indolent,

la mesure est lente, dit-on, sans doute; c'est-à-dire que nous prononçons lentement, parce qu'il s'agit de *bœufs*, symboles de la lenteur, et que les deux épithètes nous avertissent de lire *tranquillement et lentement*. Il n'y a donc d'autre harmonie que celle que nous y mettons nous-mêmes : la répétition fait le reste.

Au contraire, quand nous lisons, dans l'inimitable Racine,

> Que ne puis-je, au travers d'une noble poussière,
> Suivre de l'œil un char fuyant dans la carrière !

le dernier vers est un éclair pour nous. Pourquoi? Parce que, Racine ayant exprimé la rapidité du char par les paroles les plus parfaitement choisies, nous donnons à la prononciation un mouvement analogue.

Mais si les mêmes mots exprimaient, dans le premier vers, le vol rapide d'un griffon, et, dans le second, la marche d'une tortue *rampant dans la carrière*, nous prononcerions en conséquence, et la poésie serait toujours imitative.

Sachant que vous cultivez la langue anglaise, je me permets de vous citer deux vers du *Paradis perdu*, qui peignent nos premiers parents Adam et Ève se promenant gravement dans le jardin d'Éden, se tenant par la main :

> *They hand in hand with wand'rind steps and slow*
> *Through Eden took their solitary way.*

Un commentateur (1) nous fait remarquer la marche pesante et *spondaïque* du premier vers. Je n'ai rien à dire sur la manière dont il le mesure, et j'entreprendrai encore moins de vous apprendre ce que c'est qu'un *spondée*, ayant d'ailleurs toujours été d'avis que chaque nation a droit de faire des *spondées* chez elle, voire même de leur donner trois ou quatre syllabes, sans que les autres peuples aient celui de s'en mêler le moins du monde (2). Mais ce qui me paraît clair, c'est que, là comme ici, c'est la pensée qui dicte l'harmonie, ou, si vous le voulez, c'est la prononciation qui se conforme à l'idée. *Slow* finit le vers anglais précisément comme *lent* termine celui de Boileau. Ces mots sont des signes musicaux comme *largo* ou *adagio*, et notre prononciation, avertie par le poëte, *se conforme soudain à sa lente pensée.*

Mais si ces monosyllabes exprimaient, par exemple, l'*éclair*, un coup de langue sec et rapide en marquerait la prononciation, et l'on dirait : *Sentez-vous l'éclair?*

Il n'y a rien de si choquant dans la langue française que le *hiatus*, mais c'est encore pure convention et pure habitude : la nature n'y est pour rien du tout. On nous a dit dès l'enfance : « Soyez choqué lorsqu'une voyelle en rencontre une autre; » nous sommes choqués par obéissance, et cette obéissance devient coutume.

Mais si le *hiatus* se trouve au milieu d'un mot, au lieu

---

(1) L'évêque Newton, sur ce passage du *Paradis perdu*, liv. XII, dernier vers.

(2) Il scande ainsi le vers :

> *They | hand in hand | with wand'ring steps | and slow |*

d'être placé d'un mot à l'autre, voilà que, par une magie inexplicable, il opère un effet diamétralement contraire ; de manière que les mots les plus sonores de la langue sont ceux qui renferment des *hiatus*, comme *Héloïse*, *Adélaïde*, *aïeux*, *voyons*, et mille autres (1). On les cherche même en poésie, car rien, par exemple, n'empêchait Voltaire d'appeler une de ses héroïnes *Zamire* au lieu de Zaïre : puisqu'il créait la princesse, il était bien le maître de la nommer, apparemment.

Voici néanmoins qui me paraît bien autrement plaisant : c'est que si, entre les deux voyelles qui se heurtent, on interjette une voyelle nulle pour la prononciation, quoiqu'elle n'existe que pour l'œil, elle empêche néanmoins le *hiatus*. Il ne m'est pas permis, par exemple, de dire en vers : *Nu et blessé ;* mais *nue et blessée* va le mieux du monde, quoiqu'il n'y ait pas pour la prononciation la moindre différence entre *nu et* et *nue et*.

Si je m'avisais de prononcer ce vers en présence d'une oreille française,

> C'est un croyant soumis à sa foi attaché,

ce serait un scandale épouvantable ; je crois même qu'une dame qui aurait les nerfs délicats comme vous, Madame la marquise, pourrait fort bien s'évanouir. Mais si je dis,

> C'est Vénus tout entière à sa proie attachée,

le vers est superbe et n'a rien de choquant, quoiqu'il soit parfaitement égal pour l'oreille d'écrire *oi a...* ou *oie a...* Mais c'est qu'on nous a dit : *Lorsque vous verrez un e muet entre deux voyelles, vous ne devez point être choqué, quand même il ne se prononce point. Il n'y a pas d'autre mystère à cela.*

(1) Et le mot *poésie* lui-même.

On ne réfléchit pas assez à la force de l'habitude, et à cette inconcevable puissance que l'homme exerce sur lui-même, surtout pour se tromper. *L'homme se pipe*, disait Montaigne. C'est un beau mot! L'homme se raconte des histoires, et il se les fait croire ; il se commande le rire, l'admiration, la haine, etc., et il finit par croire à tout cela.

On dit souvent : *Peut-on disputer aux hommes leurs sensations ? En voilà qui applaudissent avec fureur à un morceau de musique; quelqu'un a-t-il envie de prouver qu'ils ne ressentent pas réellement le plaisir qu'ils manifestent ?*

Il faudrait s'entendre. Mais dites-moi, je vous prie, pourquoi l'homme ne *croirait-il pas d'admirer ?* Il fait bien un autre tour de force, puisqu'il *croit de croire*, et cela assez souvent. Il *se pipe*.

Plus on examine la chose, plus on est porté à croire que le Beau est une religion qui a ses dogmes, ses oracles, ses prêtres, ses conciles provinciaux et œcuméniques : tout se décide par l'autorité, et c'est un grand bien. Sur toute chose, j'aime qu'il y ait des règles nationales, et qu'on s'y tienne. Si l'on écoute les *protestants*, voilà tout de suite le jugement particulier, l'intarissable verbiage, et la confusion sans borne et sans remède. Je vous cite ce vers :

> Il ne voit que la nuit, n'entend que le silence.

L'un dit : *Cela peut très-bien se dire*. L'autre dit : *Non, Monsieur, avec votre permission, cela ne peut pas se dire.* J'arrive, moi, et je dis: *Peut-on dire ce qui fait dire, Cela peut-il se dire?* Voilà trois avis sur un vers : faites une règle de proportion, et vous verrez que, pour un poëme entier, il y aurait de quoi allumer une guerre civile. Ne serait-ce pas le comble du bonheur, qu'il y eût un tribunal du Beau, chargé d'accorder sans appel les *honneurs* de l'admiration? Or, ce tribunal, Madame, existe réellement;

car tout ce qui est nécessaire existe. Quelques hommes prépondérants commencent à former l'opinion, l'orgueil national souscrit, la tradition s'établit, et voilà le *Beau* à jamais fixé. Si vous croyez qu'il en existe d'autre, vous êtes trompée par la faiblesse ou par la fausseté des hommes. On ne saurait croire à quel point ce tribunal en impose, et combien il y a peu d'hommes qui osent dire franchement ce qu'ils pensent, indépendamment des jugements établis. Au moment où une nouvelle production de l'art vient à paraître, voyez le tâtonnement du grand nombre pour découvrir le jugement de ceux qui sont en possession de décider ; combien de fois le beau change pour chaque individu, avant d'être fixé ! Aujourd'hui cette comédie, ce tableau, cette statue paraît superbe à un spectateur qui demain jugera autrement, parce qu'il a entendu les juges. *Je croyais qu'elle me plaisait,* dira-t-il ; *mais je me trompais.*

Si ce ne sont ses paroles expresses,
C'en est le sens.

Raphaël, le prince des peintres, est de tous les peintres le moins apprécié et le moins sincèrement admiré. Le concert unanime sur le compte de ce grand homme n'est qu'un acte d'obéissance extérieure, et dans le fond un mensonge formel. Je n'oublierai de ma vie qu'ayant témoigné devant un connaisseur du premier ordre une envie passionnée de connaître le fameux tableau de *la Transfiguration,* il me répondit en souriant : *Vous serez bien surpris de n'éprouver rien de ce que vous attendez.* Ce qu'il m'avait prédit m'arriva à point nommé. On m'a dit : *Voilà le chef-d'œuvre de Raphaël;* je l'ai cru. On m'a dit : *Il n'y a rien d'égal;* je l'ai cru de même, et je le croirai fermement jusqu'à la mort, avec foi et humilité. Mais si on m'avait montré ce tableau sur le maître-autel d'un grand village d'Italie, et qu'on m'eût dit, *Savez-vous bien que tous les chefs de famille se sont colisés pour faire venir de Rome ce tableau, qui est réellement d'un assez bon maître?* j'aurais dit : *En effet, c'est beau;* et j'aurais passé.

La Vierge de la *Seggiola* me paraît belle comme *femme*, mais point du tout comme *Mère de Dieu.* Je n'y vois nullement le *divin idéal*, ou, pour mieux dire, l'*idéal divin;* car ce qui n'est pas idéal ne saurait être divin.

Le *Saint Jean* de Florence m'a certainement frappé, mais beaucoup moins que plusieurs morceaux d'autres maîtres qu'on admirait dans cette fameuse Rotonde, qui depuis... *mais alors elle était respectée.*

J'ai vu des amateurs s'extasier devant un tableau de Jules Romain, que j'aurais donné pour dix sous.

Cette manière de juger est indubitablement celle de la très-grande majorité des hommes. Je puis vous citer sur ce point une autorité qui me paraît, sans contredit, une des choses les plus extraordinaires qu'on puisse lire.

Qui n'a pas entendu parler du chevalier Reynolds? Ce n'était pas un peintre de premier ordre ; cependant il était peintre, et de plus *penseur,* comme il l'a prouvé dans les discours qu'il a prononcés à l'Académie de peinture, dont il était le président, et, si je ne me trompe, aussi le fondateur. Quoiqu'il y ait très-longtemps que j'ai lu ces discours, je crois cependant me rappeler avec assez d'exactitude le morceau que j'ai en vue.

Il dit donc franchement que les tableaux de Raphaël ne firent d'abord aucune impression sur lui ; il ajoute que l'homme chargé de montrer ces chefs-d'œuvre aux curieux lui avait avoué que la plupart des voyageurs éprouvaient le même sentiment, et que souvent, après avoir parcouru les salles du Vatican, ils demandaient encore où étaient les tableaux de Raphaël.

Le chevalier Reynolds observa de plus, pendant son

séjour à Rome, que les élèves qui avaient le moins de talent étaient précisément ceux qui admiraient le plus Raphaël ; et il va jusqu'à dire qu'*il aurait mauvaise idée de celui qui admirerait ce fameux peintre au premier abord.*

Il va plus loin, et cette confession est étrange de la part d'un peintre. Il dit qu'il eut la faiblesse de feindre l'admiration, comme les autres, et que, la grâce le gagnant peu à peu, il devint enfin sincère admirateur : il se *pipa*.

D'où il conclut fort bien que la méthode la plus sûre pour juger les grands maîtres de l'art est de se figurer qu'on les trouve admirables, et qu'insensiblement on vient à le croire. Excellent homme ! s'il vivait encore, j'irais à Londres exprès pour l'embrasser. Quand je songe au fonds de candeur, de franchise, de probité nécessaire pour un tel aveu, je suis réellement émerveillé.

Mais puisqu'un homme de cette force l'a fait, cet aveu, nous pouvons aisément juger de ces admirations vulgaires qu'on appelle le *sentiment général*. On admire parce qu'on est à Rome, parce qu'il s'agit d'un nom consacré, parce que les autres admirent. En un mot, on admire sur parole, et c'est une affaire de pure autorité (1). Très-peu

(1) On m'a fait connaître depuis quelque temps (1806) le n° 254 du *Mercure de France*, où l'on rend compte d'une traduction française du chevalier Reynolds, à propos de l'assertion naïve que *les hommes les plus médiocres étaient ceux qui admiraient le plus; le rédacteur dit :* « J'en demande pardon à M. Reynolds... il y a peu de gens qui n'aient pas lu ces *fameuses lettres de Dupaty*, etc. » — Elles sont *fameuses* en effet par l'esprit faux, le style ridicule et l'étourderie de l'auteur, qui doit figurer dans le temple de Mémoire à côté du *marquis de Langle*. Mais ces lettres sont précisément une preuve frappante en faveur de l'aveu honnête fait par Reynolds ; car je ne crois pas que l'enthousiasme factice et le mensonge admiratif aient jamais été plus sensibles à la conscience d'un lecteur intelligent, qu'ils le sont dans ce morceau de très-mauvais goût où Dupaty rend compte de *l'Incendie de Raphaël*; il semble même que le rédacteur, qui fait preuve de beaucoup d'esprit, veut s'amuser aux dépens du connaisseur. *Il y a peu de gens*, dit-il, *qui n'aient lu ces fameuses lettres que M. Dupaty écrivait au public sous le couvert de son épouse, et qui ne sachent, par consé-*

de gens veulent se dire que le premier de tous les devoirs est de dire la vérité.

Ce qui embarrasse extrêmement la question du Beau, c'est qu'il semble que le Beau ne peut être ce qui ne plaît qu'à un petit nombre d'hommes. Qui a jamais imaginé de jouer un opéra pour une demi-douzaine de compositeurs? L'obligation du maître est, au contraire, d'employer les règles pour plaire au grand nombre. N'en serait-il pas de même de la peinture et des autres arts?

Que si le *Beau* est exclusivement du ressort des *adeptes*, alors il n'y a plus de *Beau* dans un autre sens; c'est-à-dire que le nombre de ces véritables adeptes étant dans une proportion presque nulle avec le reste des hommes, c'est comme si le *Beau* n'était que du ressort des anges. Dans ce cas, qu'importe aux hommes?

Mais, parmi ces adeptes, combien de doutes, de contradictions et d'incertitudes! Entendez-les, par exemple, parler de l'antique: c'est encore une véritable religion. A les entendre, l'antique a un caractère que les vrais connaisseurs sentent d'abord, et dont nous n'approcherons jamais. Heureusement pour eux, ils jugent ordinairement à coup sûr: ce n'est pas cependant qu'on ne leur ait fait de temps en temps de cruelles niches. Personne n'ignore l'histoire de ce peintre romain (*Casanova*) qui fit *un tableau antique*, et le présenta dûment barbouillé de terre au fameux Winckelmann. L'antiquaire y fut pris, et pensa étouffer de rage.

Mais si l'Apollon du Belvédère sortait tout à coup de l'atelier d'un artiste fameux (de Canova, par exemple), portant tous les signes de la fraîcheur et n'ayant jamais

---

quent, de quel enthousiasme il voulait *paraître inspiré*, etc. La plaisanterie est parfaite; mais, dans ce cas, je ne comprends pas bien l'expression, *J'en demande bien pardon à M. Reynolds,* etc.; car c'est une preuve de plus en faveur de ce qu'il a dit.

été vu de personne, ne doutez pas un moment, Madame, que tous les Winckelmann ne disent, comme ils le disent du *Persée* : *Après l'antique, il n'y a rien de si beau.*

Tandis que les premiers amateurs regardaient les belles statues de Rome, telles que le Laocoon, l'Apollon, le Gladiateur, comme les chefs-d'œuvre et le *nec-plus-ultra* de l'art humain, le célèbre Mengs, comme je me rappelle l'avoir vu quelque part dans ses œuvres, ne les regardait que comme des copies d'originaux supérieurs. Il avait aussi son beau idéal et ses règles particulières.

Serez-vous curieuse, Madame, de savoir où nous en sommes sur les règles du *beau* en architecture ? écoutez le célèbre d'Hancarville (1).

Les anciens regardaient les règles de l'architecture plutôt comme des moyens subordonnés aux grandes maximes qu'ils suivaient, que comme des règles positives : quoique Vitruve semble les avoir déterminées, il paraît cependant qu'elles n'ont jamais été suivies bien exactement, et peut-être ne trouverait-on pas deux fabriques antiques où les proportions du même ordre soient précisément les mêmes ; ce qui doit être en effet, puisque, suivant les idées des anciens, les édifices n'étant pas faits pour les ordres, mais les ordres pour les édifices, il paraît naturel qu'ils soient assujettis au caractère que chaque fabrique particulière doit avoir. Ainsi, lorsque, d'après ces règles que nous croyons tenir d'eux, on juge quelques monuments antiques que le temps a respectés, souvent on ne trouve que singuliers des morceaux d'architecture dont la beauté est très-grande, parce que l'on ne s'aperçoit pas que ce ne sont pas ces grandes choses qu'il faudrait juger par nos petites règles, mais bien nos petites règles d'après celles qu'on a suivies pour faire ces grandes choses.

---

(1) *Antiquités étrusques, grecques et romaines*, préface.

Voilà encore un *protestant latitudinaire*. Suivant ses principes, il est bien clair que tout le monde sera sauvé.

Que dites-vous des chevaux grecs de Monte-Cavallo? — Ils sont très-beaux, dit Winckelmann. — Ils *ne valent rien*, dit l'abbé Dubas.

Mais sur le cheval de Marc-Aurèle il y a bien d'autres disputes. Falconnet le trouve *rablu*, *pansu* et *fourbu:* il doute même que les anciens aient su faire les chevaux.

Les amateurs de l'antique, comme on l'imagine bien, se révoltent contre ces blasphèmes, et quelques-uns sont allés jusqu'à dire que la nature elle-même ne savait pas faire les chevaux il y a mille ans; de manière que l'art est irréprochable, et le tort tout à elle.

Si l'on objecte en particulier que la tête de ce cheval se rapproche plus de celle du bœuf que de celle du mouton, les juges répondent que cela est une beauté, parce que les chevaux arabes, les plus généreux de l'univers, ont la tête *bovine*.

En un mot, c'est le plus beau cheval connu qui soit sorti des écuries de la sculpture ancienne et moderne (1). C'est un Italien qui a prononcé cet oracle.

Et quant à celui de Falconnet, qui est à Saint-Pétersbourg, j'ai entendu des connaisseurs le traiter (peut-être par esprit de représailles) de *grande sauterelle*. Apprenez, ô mortels, à respecter les dieux !

Puisque nous en sommes *aux dieux*, seriez-vous curieuse, Madame, de savoir comment ce juge intègre, que je viens de citer, apprécie le fameux Michel-Ange Buonarotti?

Commençons par le Moïse : c'est une tête de satyre avec des soies de porc; c'est un effroyable dogue enveloppé

---

(1) *Esso è il più espressivo di quanti finora sieno usciti dalle scuderie degli scultori antichi e moderni a noi noti.* (Dell' Arte di vedere nelle belle arti. Genova, 1786, in-8°, p. 18.)

dans les habits d'un boulanger. C'est donc ainsi que vous représentez ce grand législateur, qui en était au *tu* et au *toi* avec *messire Bondieu* (1) !

Sa *Vierge de la Compassion* est véritablement un *prodige*. Une Vierge qui n'a pas dix-huit ans, portant sur ses genoux un Christ mort qui en a trente-trois, et sans avoir l'air de s'en apercevoir; petits pieds, petites mains, petit minois, avec des épaules et une taille de blanchisseuse; un bras déboîté par-dessus le marché : c'est vraiment un *groupe de prodiges*.

Est-ce un Christ ou un coupe-jarret qui a l'air d'empoigner cette croix pour faire un mauvais coup ?

Enfin, j'en demande très-humblement pardon aux *idolâtres ;* mais je trouve Michel-Ange âpre, dur, extravagant, exagéré, petit, grossier et maniéré ; ce qui est très-remarquable, car toutes ses figures sont jetées dans le même moule, et celui qui en voit une les voit toutes (2).

Quant à l'architecture, c'est bien pire encore : Rome passe pour la capitale des beaux-arts, elle ne l'est que par comparaison ou par préjugé : elle a voulu ressusciter chez elle l'architecture grecque, et cette architecture n'est pas plus grecque que le pape n'est archonte. Elle est inférieure à la gothique, qui au moins avait un caractère à elle... Le beau trait de génie d'avoir lancé le Panthéon dans les airs, pour en faire une *coupole* avec sa *coupolette*, ses *coupolines* et ses *coupolinettes* (3) ! Saint-Paul hors des murs (4) est réellement plus régulier, plus architectonique que Saint-Pierre : en sorte qu'au siècle de Constantin, lorsque l'art était mort, on en savait plus qu'au temps des *Jules* et

---

(1) Si caratterizza cosi un legislatore che parla da *tu* a *tu* con messer Domenedio? *Dell' Arte di vedere nelle belle arti*, p. 3.

(2) *Dell' Arte*, etc., p. 4, 8, 9, 15.

(3) *Cupola con cupolino, con cupolette et cupolucce*, ibid., p. 106.

(4) Galetas au rez-de-chaussée, dans le genre grandiose.

des *Léon* dans le siècle si vanté de la résurrection des arts, opérée par le génie du trois fois divin Michel-Ange.

Les anciens mettaient la mosaïque sous leurs pieds au lieu de briques. Nous en abusons, nous, pour en faire des tableaux. Saint-Pierre s'en pavane, et l'on ne veut pas voir qu'il ne possède en cela que de vilaines copies de copies (1); il est vrai qu'elles sont éternelles, mais tant pis. Le mauvais ne saurait passer trop vite.

Demandez aux grands amateurs l'âge des pierres gravées étrusques. — *Gori* et les savants français qui ont publié la collection d'Orléans vous répondront que ces monuments *atteignent et surpassent même l'époque de la guerre de Troie*. Winckelmann, raisonnant en particulier sur cette fameuse pierre de la collection de Stoch, qui représente cinq des sept chefs devant Thèbes et qui a tant exercé les antiquaires, décide qu'*aucune pierre grecque ne l'égale en antiquité*. Mais d'autres infaillibles lui ont prouvé que la date en doit être reculée jusqu'au cinquième siècle de Rome. Le père Antonioli dit à Winckelmann de si bonnes raisons sur ce point, que ce dernier n'osa pas y répondre (2). Il ne s'agit guère que de mille ans, comme vous voyez : enfin, Madame, partout je trouve l'autorité d'une part, la condescendance, la lassitude ou l'insouciance de l'autre; mais nulle part je ne trouve de principe sûr, auquel je puisse m'attacher : tout est douteux, tout est problématique. Si les anciens revenaient au monde, ils riraient peut-être du culte que nous leur rendons. Le beau européen est nul pour l'œil asiatique, et nous-mêmes nous ne savons pas nous accorder. Nous en appelons à l'antique; mais l'antique même n'est prouvé que par la rouille et la *patine*. C'est la date qui est belle ; dès qu'on en peut

---

(1) *Copiacce di copie.* Dell' Arte, etc., p. 108, 115, 116.
(2) Lanzi, *Saggio di lingua etrusca*, etc., t. II, p. 177.

douter, le beau s'évanouit. Il semble que l'*imitation de la nature* offre un principe certain; malheureusement, il n'en est rien, car c'est précisément cette imitation qui fait naître les plus grandes questions. Il n'est pas vrai, en général, que dans les arts d'imitation il s'agisse d'*imiter la nature*; il faut l'imiter jusqu'à un certain point et d'une certaine manière. Si l'on passe ces bornes, on s'éloigne du beau en s'approchant de la nature. Si quelqu'un parvenait à imiter sur le plat un tapis de verdure avec des matériaux convenables au point de tromper un animal qui viendrait brouter, il n'aurait fait qu'une chose curieuse; mais que Claude Lorrain ou Ruysdaël imite cette même verdure sur une toile verticale avec quelques poudres, vertes, jaunes, brunes, délayées dans de l'huile, cette imitation, qui sera à mille lieues de la première pour la vérité, sera une belle chose, et on la couvrira d'or. Il s'agit donc toujours de savoir : 1° ce qu'il faut imiter? 2° jusqu'à quel point il faut imiter? 3° comment il faut imiter? Or, sur ces trois points, les nations, les écoles, ni même les individus, ne sont pas d'accord. Je finirai par deux textes remarquables. Le premier sera, ne vous déplaise, de *Cicéron : Le comble de l'art* (dit-il), *c'est la grâce;* et la seule chose que l'on puisse enseigner, *c'est la grâce* (1). La seconde sera de *Winckelmann*, qui s'est élevé à perte de vue pour nous dire ce que vous allez lire (2) : *L'idée positive de la beauté exige la connaissance de l'essence même du beau;* et rien de plus difficile à pénétrer que ce mystère; car, nos connaissances n'étant que des idées de comparaison, la beauté ne saurait être comparée à rien de plus élevé qu'elle. Ceci devient très-sérieux, Madame; au point même que, dans la juste crainte de glisser hors des paradoxes, je finis brusquement.

(1) *De l'Orateur*, liv. XXIX.
(2) *Histoire de l'art*, liv. II.

CINQUIÈME PARADOXE.

La réputation des livres ne dépend point de leur mérite.

Les livres ressemblent aux hommes : la protection tient souvent lieu de mérite ; jamais le mérite ne peut se passer de protection.

Mille circonstances totalement étrangères au mérite d'un livre en font la réputation. Si l'ouvrage naît au milieu de ces circonstances favorables ; s'il flatte, par exemple, l'orgueil d'une grande nation ; s'il attaque des hommes puissants ; si de grandes passions se trouvent intéressées à le louer, un concert unanime le portera aux nues : au milieu du fracas des applaudissements, on n'entend point les réclamations ; et lorsqu'on commence à les entendre, il n'est plus temps, car il y a une *prescription* sur ce point comme sur d'autres plus importants.

Le plus grand défaut du *Voyage autour de ma chambre,* c'est de n'avoir pas été écrit à Paris ou à Londres. J'honore infiniment le nom de mademoiselle *Rapous* (voir chap. XXXI du *Voyage autour de ma chambre*) ; mais quelle différence avec cette fameuse Bertin, qui disait un jour si gravement : « Hier, j'ai fait un *travail* avec la reine. » Je ne sais quelle magie environne les grands théâtres et les grands peuples qui représentent sur ces théâtres ; cette magie élève tout, agrandit tout, et, sans qu'on sache l'expliquer, les réputations semblent avoir une certaine proportion avec la puissance publique.

Vous avez donné des larmes bien honorables à l'aimable *Eugène* ; mais, quoiqu'il ait appartenu à tout ce qu'il y a de distingué dans sa patrie, croyez-vous, Madame, que s'il avait mis en deuil une famille puissante dans un puissant empire, le pinceau qui vous a transmis ses traits n'eût pas obtenu plus de succès, sans avoir plus de mérite?

Il n'y a pas de ville catholique qui n'ait son patron ou qui ne l'eut (car j'en doute dans ce moment); mais quelle procession était connue dans le monde comme celle de sainte Geneviève? Hélas! les saints de village doivent prendre leur parti, et se promener incognito.

Il est impossible que vous n'ayez pas entendu beaucoup parler des *Lettres provinciales,* de ces fameuses lettres dont Bourdaloue a fait une si bonne critique en vingt monosyllabes (1). Eh bien! Madame, tenez pour sûr que, si elles avaient été écrites contre les révérends pères capucins, personne au monde n'en aurait parlé.

Il n'y a pas, du moins en France, de plus grande réputation que celle de Montesquieu; mais c'est que, dans ce genre, il n'y eut jamais d'homme plus heureux. Tout se réunit en sa faveur. Une secte puissante voulut absolument l'adopter, et lui offrit la gloire comme un prix d'enrôlement. Les Anglais même consentirent à lui payer en éloges comptants son chapitre sur la constitution de l'Angleterre. Pour comble de bonheur, il fut mal attaqué et bien défendu; enfin, ce fut une apothéose. Mais allez dans d'autres pays: cherchez des savants froids et calculateurs, sur qui surtout le style n'exerce aucune espèce de séduction, et vous serez tout à fait surprise d'entendre dire que *l'Esprit des lois est un livre pernicieux, mais qui a fait cependant beaucoup de bruit par la grande érudition qu'on y remarque, et par je ne sais quelle réunion de choses.*

L'éloge est maigre, comme vous voyez; cependant celui qui jugeait ainsi fut, sans contredit, l'un des hommes les

---

(1) Ce qu'un seul a mal dit, tous l'ont dit; et ce que tous ont bien dit, nul ne l'a dit.

BOURDALOUE.

plus illustres qui aient honoré le siècle qui vient de finir. Je n'en vois pas même qu'on puisse lui opposer pour l'étendue et la variété des connaissances, si l'on excepte les deux géants qui ont vu ce siècle, mais qui appartiennent à l'autre. Il était tout à la fois grand géomètre, grand astronome, grand métaphysicien, grand littérateur et grand poëte; parfaitement désintéressé d'ailleurs, et très-attaché aux bons principes. Il ne manquait rien, ce semble, à cet homme pour juger sainement; aurait-il, par hasard, rendu justice au livre? Je n'en sais rien; mais ce que je sais certainement, c'est que vingt ou trente juges de cette force et de cette opinion, s'ils s'étaient trouvés à Paris au moment où l'ouvrage parut, l'auraient tué sans ressource (1).

Savez-vous, Madame, quel est le livre du dix-huitième siècle qui mérite le moins sa réputation? c'est précisément celui qui est le plus universellement vanté : c'est l'*Essai sur l'entendement humain*, de Locke. Tous les genres de défauts sont réunis dans cet ouvrage. *Superficialité* continue sous l'apparence de la profondeur, pétitions de principes, contradictions palpables, abus de mots (tout en reprochant cet abus aux autres), constructions immenses appuyées sur des toiles d'araignées, principes funestes, répétitions et verbiages insupportables, mauvais ton même, afin que rien n'y manque. Il n'y a, par exemple, rien de si fade que ce début de Loke : « Voici, cher lecteur, ce qui a
« fait le divertissement de quelques heures de loisir que je
« n'étais pas d'humeur à employer à autre chose... Si vous
« prenez seulement la moitié autant de plaisir à lire mon

---

(1) Un écrivain véritablement *antique*, quoique vivant, a dit, depuis, que *l'Esprit des lois était le plus profond des livres superficiels*. Précédemment il avait dit dans une parenthèse, après avoir cité une polissonnerie qu'on lit dans ce fameux livre : *Comme l'a dit plaisamment, dans l'Esprit des lois, l'auteur des Lettres persanes.*

« livre que j'en ai eu à le composer, vous n'aurez pas, je
« crois, plus de regrets à votre argent (1) que j'en eus à
« ma peine, etc.... »

Ce préambule serait à peine supportable à la tête de *Griselidis* ou de *Barbe-bleue*.

Or, vous plaît-il savoir, Madame, comment s'est faite cette réputation? Je vais vous expliquer ce mécanisme, comme je vous démontrerais une montre à répétition ou un métier à bas.

Au commencement du dernier siècle, les hommes suffisamment *dégrossis* par le protestantisme étaient tous prêts pour l'impiété. Bayle avait levé l'étendard, et de tous côtés on apercevait une fermentation sourde, une révolte de l'orgueil contre toutes les vérités reçues, et un penchant général à se distinguer par l'indépendance et la nouveauté des opinions.

Locke parut; et, avec l'influence que lui donnait son caractère très-estimable, une réputation méritée, et l'autorité qu'il tirait d'une grande nation, il *dit* aux hommes, ou il leur *redit* (car il n'y a pas de folie qui n'ait été dite), « que toutes nos connaissances nous viennent par les sens, et que l'intelligence humaine n'est qu'une *chambre obscure* (ce sont ses termes);

« Que nulle idée de bien ou de mal, de vice ou de vertu, n'est originelle dans l'homme, » produisant, pour établir cette maxime, toutes les turpitudes du genre humain recueillies dans les voyages, comme on produirait la *nosologie du sauvage*, pour prouver qu'il n'y a point de santé;

« Que les hommes ont inventé les langues, » d'où il suit qu'il fut un temps où ils ne parlaient pas;

« Que c'est manquer de respect à Dieu et borner sa

---

(1) Quelle odeur de magasin!

puissance, de soutenir qu'il ne peut pas faire penser la matière ;

« Que la pensée, enfin, n'est qu'un accident de cette âme, qui peut être matérielle. »

L'Europe, à demi-gangrenée, but cette doctrine avec la plus fatale avidité. Les matérialistes en ont fait leurs délices. Ils ont traduit, abrégé, expliqué, commenté l'*Essai sur l'entendement humain*; ils l'ont surtout enseigné à la jeunesse ; ils auraient voulu, comme madame de Sévigné l'a dit d'un livre un peu différent, « *le faire prendre en bouillon.* »

Locke est fameux parce que nous sommes abrutis, et nous le sommes surtout parce que nous l'avons cru.

Malheureusement une réputation ainsi établie est difficilement ébranlée. Elle dure d'abord pour une raison à laquelle on réfléchit peu : parce qu'*on ne lit plus le livre*. Vous connaissez Paris, Madame, et vous savez comment y vivent les gens de lettres : dans ce moment, croyez-vous qu'il y en ait beaucoup capables de se placer devant leur pupitre pour lire bravement d'un bout à l'autre, et la plume à la main, un *in-quarto* mortellement ennuyeux? Qu'en pensez-vous? Dirons-nous : *Il en est jusqu'à trois que l'on pourrait nommer?* Si vous voulez ! Mais ce que je puis vous assurer, c'est que des auteurs français qui citent Locke, qui le louent, qui l'expliquent et qui s'appuient de son autorité, peuvent être convaincus, par leurs propres ouvrages, de ne l'avoir pas lu.

Et la prescription, Madame la marquise, la prescription dont je vous parlais tout à l'heure, ne suffit-elle pas pour éterniser l'opinion la moins fondée dans son origine? Une réputation faite, dure parce qu'elle est faite.

Le vilain qui vient d'acheter votre château est ridicule dans ce moment; mais attendez qu'il ait placé son petit chiffre sur le portail, à la place de vos *besans* et de vos *merlettes;* qu'on l'ait vu souvent entrer et sortir ; que sa femme, ses filles, sa tante et ses cousines aient appris à marcher courageusement sur vos parquets, et que les ombres de vos aïeux, troublées par le tapage ignoble de quelque manufacture, aient à la fin totalement déserté ces donjons ; alors, Madame, c'est vous qui seriez ridicule si vous veniez soutenir que le nouveau propriétaire est un voleur ; chacun dirait : *Quel paradoxe!*

La puissance qui donne une réputation est la même que celle qui a donné votre terre : c'est LA NATION.

Si Locke est un jour mis à sa place, ce miracle salutaire ne pourra s'opérer que par les Anglais. Déjà le bon sens exquis de cette nation illustre commence à juger ce philosophe comme politique : on s'aperçoit à Londres que toutes les horreurs que nous avons vues étaient contenues dans le système de Locke sur la souveraineté, comme le poulet est contenu dans l'œuf, et que ce germe exécrable n'attendait pour s'animer que la chaleur putride de vos faubourgs.

Si les Anglais ont le courage de faire un pas de plus, et d'abdiquer totalement ce prétendu métaphysicien, ils donneront une belle leçon à l'Europe, et ils en seront certainement récompensés en augmentation de véritable gloire.

Nous n'admirons jamais dans un livre que la conformité avec nos opinions et nos penchants. De là cette diversité infinie de jugements qui se choquent et s'annulent mutuellement. L'effet d'un livre ressemble à celui d'un discours, qui dépend bien autrement des dispositions intérieures de celui qui écoute, que du talent de l'orateur.

L'histoire nous apprend que saint Ambroise, dans un sermon qu'il prêcha à Milan sur l'excellence de la virginité, fit tant d'impression sur les esprits, que les magistrats le prièrent de ne plus le prêcher, de peur d'éloigner les jeunes personnes du mariage. Il faut convenir que c'était un beau compliment fait à l'orateur, et un bel aveu de la puissance de ses moyens. Malheureusement, Madame (ou heureusement, comme il vous plaira), le sermon existe; et je puis vous assurer qu'on aurait pu, lorsque vous portiez le nom de votre père, vous le prêcher en français soir et matin, vous forcer même à l'apprendre par cœur comme votre catéchisme, sans que M. le marquis de N... eût couru le moindre danger.

> Le prédicateur est cependant le même;
> Mais l'auditoire a changé.

Il n'a peut-être jamais existé dans l'univers deux hommes qui aient été plus loués que Voltaire et Rousseau ne l'ont été par leurs contemporains; parlez-en à Edmond Burke, il vous dira brusquement : « Nous ne choisissons « point pour nos précepteurs un athée et un fou (1). » Vous trouverez peut-être cela trop fort; mais quand je songe que l'homme le moins galant n'a pas droit de vous donner trente ans, je ne doute pas, Madame, que, si vous atteignez la vieillesse, vous ne soyez destinée à voir d'étranges changements dans l'opinion sur le compte de ces deux hommes et de tant d'autres. Vous pourrez même les pressentir jusqu'à un certain point, si vous avez seulement la force de vous défaire de quelques préjugés d'éducation. Les Chinois ont ou avaient, dit-on, des cartes géographiques où la Chine est représentée au milieu comme un continent immense, et tous les autres pays de la terre sont dessinés négligemment tout alentour, comme ces terres douteuses que le burin européen projette légèrement sur la côte de Nuytz, ou dans le fond de la baie de Baffin. Vos Français, ne vous déplaise, sont un peu faits ainsi : pour eux, tout l'univers est en France, et toute la France est à

---

(1) Dans sa fameuse lettre sur la révolution française.

Paris. Dès qu'une fois ils ont décerné une apothéose, il ne leur vient pas en tête qu'il puisse y avoir des incrédules. Il y a d'ailleurs dans leur admiration quelque chose de fanatique, quelque chose d'idolâtrique; toujours ils sont menés par quelques hommes qui les éblouissent et leur commandent; toujours ils ont sur le piédestal quelque *veau d'or* autour duquel on les voit danser comme des furieux. Ce n'est pas que, lorsque le paroxysme sera passé, ils ne vous permettent, si vous voulez, de convertir l'idole en *vase d'ignominie*; mais le mal est fait : et qui oserait, bon Dieu! se flatter de faire entendre sa voix au milieu d'un branle de trente millions d'hommes?

Je sais que le défaut dont je parle appartient plus ou moins à tous les peuples; mais, chez les Français, il est plus saillant qu'ailleurs. Voulez-vous échapper à ces illusions nationales? consultez les étrangers; car chaque nation est pour l'autre une postérité contemporaine. En passant la frontière, mais surtout celle de France, vous verrez tous les objets changer de face, au point que vous ne vous reconnaîtrez plus. Vous n'avez pas oublié, Madame, combien je vous divertis un jour en vous montrant le prospectus anglais d'une traduction de l'*Histoire naturelle de Buffon*, « dégagée de ses extravagances (1). »

Mais si l'on ôte les extravagances de son grand ouvrage, au jugement d'une foule d'hommes, il ne restera guère que la partie descriptive ou poétique, qui est réellement d'un grand mérite. Rouelle, quoique Français, disait un jour, en parlant des systèmes chimiques de Buffon : *Je crois qu'il est fou.* Haller, Spallanzani et Bonnet se moquaient de sa physiologie; M. de Luc, de sa géologie; Holland et mille autres, de sa cosmogonie, etc., etc.

Mais, puisqu'il s'agit de Buffon, n'avez-vous jamais connu

---

(1) *Freed from his extravagancies.*

à Turin mon pauvre abbé Roncolotti, mort seulement depuis quelques mois? Il me paraît impossible que vous ne l'ayez pas rencontré dans une maison où vous allez beaucoup. En tous cas, je l'évoquerai volontiers en votre faveur. Regardez bien ! le voilà !

Petit homme droit et sec; attitude ferme, gravité imperturbable, air réfléchi, même lorsqu'il essayait de badiner; soutane râpée, collet baillant, barbe courroucée, cheveux noirs et lisses, œil caverneux, regard fulminant, sourcil hyperbolique, front large et tanné, où les rides se dessinaient d'une manière qui avait quelque chose d'algébrique.

C'était un rude homme, Madame, je vous l'assure : lorsque, avant de parler, il commençait à *brandir* le syllogisme avec ses trois premiers doigts élevés et balancés à l'italienne, il faisait trembler. Ah! si cet esprit, dégagé de son étui scolastique, avait passé par métempsycose dans le corps d'un joli Parisien, nous en aurions entendu de belles! — Enfin, Madame, tel qu'il était, je m'avisai de lui dire un jour :

Caro don Roncolotti, siam soli! mi dica per carità, ma da galantuomo, il suo sentimento sovra il gran Buffone.

A ces mots, haussant les épaules au point que la tangente eût passé par les yeux, il me répondit, en riant d'une oreille à l'autre : *Gran Buffone!!*

Tout ce que je prétends vous dire sur ce point, Madame, c'est que, si tous les savants du monde étaient vêtus et coiffés comme feu l'abbé Roncolotti, jamais on n'aurait parlé de Buffon.

Je sais bien que la chose n'est pas possible; mais voyez, cependant, à quoi les choses tiennent! En vérité, la réputation ne vaut pas ce qu'elle coûte.

Mais tout ce que je pourrais vous dire sur la destinée des réputations littéraires disparaît devant les deux exemples que nous présente l'Angleterre dans la personne de ses deux poëtes principaux, Milton et Shakspeare.

Personne ne se doutait du mérite de Milton, lorsque Addison, embouchant le porte-voix de la Grande-Bretagne (l'instrument le plus sonore de l'univers), cria, du haut de la Tour de Londres : « Auteurs romains, auteurs grecs, cédez-nous ! »

Il fit bien de prendre ce ton. S'il eût parlé modestement, s'il eût seulement trouvé des *beautés* remarquables dans *le Paradis perdu*, il n'aurait pas fait la moindre impression ; mais cette décision tranchante, qui déplaçait Homère et Virgile, frappa les Anglais. Chacun se dit : *Comment donc ! nous possédions le premier poëme épique de l'univers, et personne ne s'en doutait ! Ce que c'est que la distraction ! Mais pour le coup, nous voilà bien avertis.* En effet, la réputation de Milton est devenue une propriété nationale, une portion de l'*établissement*, un quarantième article ; et les Anglais céderaient plutôt la Jamaïque, que la primauté de ce grand poëte.

Ne croyez pas cependant, Madame, qu'il n'y ait point d'incrédules en Angleterre. Tout le monde connaît la réponse de Pope à Voltaire, qui lui demandait pourquoi Milton n'avait pas rimé son poëme : *Parce qu'il n'a pas su.* Dans un post-scriptum sur l'Odyssée, ce même Pope observe que, *dans les endroits mêmes où la clarté est le plus indispensable, Milton emploie souvent de telles transpositions et des constructions si forcées, qu'il ne peut être entendu qu'à la seconde ou à la troisième lecture.*

Chesterfield, qui était, à ce qu'il est permis de croire, un homme immoral, mais qui avait cependant de l'esprit, du goût et des connaissances, regardait le *Paradis perdu* comme l'une des suites les plus ennuyeuses du péché originel. *De tous les personnages de Milton*, écrivait-il à son fils, *je déclare ne connaître que l'homme et la femme* ;

mais, je vous en prie, ne me dénoncez pas à nos gros théologiens (solid divines).

Une de mes grandes curiosités (mais qui malheureusement ne peut être satisfaite) serait de savoir combien il y a d'Anglais dans les trois royaumes qui se soient assis pour lire Milton.

Quoi qu'il en soit, si les lenteurs de la renommée ont pu impatienter l'ombre de ce grand poëte, elle en a été bien dédommagée depuis, puisque l'évêque Newton, dernier commentateur de Milton, a prononcé expressément que *tout homme qui a du goût et du génie, ne peut se dispenser de convenir que le Paradis perdu est la plus excellente des productions modernes, comme la Bible est la plus parfaite des anciennes* (1).

Le sort de Shakspeare est plus heureux encore et plus extraordinaire. Lui-même, comme on sait, n'avait pas la moindre prétention à la célébrité, au point qu'il n'avait pas même pensé à recueillir ses œuvres. Personne ne se doutait de son mérite ; et c'est une chose bien extraordinaire qu'en Angleterre le mérite des deux plus grands poëtes de la nation soit une découverte.

Je ne connais pas de pièce plus curieuse que la préface de Johnson sur les tragédies de Shakspeare. Ce grand critique *accorde* au poëte tous les défauts imaginables : vice dans les plans, faux bel esprit, immoralité, expression vicieuse, grossièreté, indécence, bouffissure, redondance, jeux de mots interminables, etc. « Ses tragédies, dit-il,
« sont plus mauvaises à mesure qu'il les travaille davan-
« tage. Toutes les fois qu'il sollicite son génie, il n'en ob-
« tient qu'enflure, bassesse, fadeur et obscurité. Tous ses
« discours d'appareil sont faibles et glacés. Il n'avait que
« l'élan de la nature ; dès qu'il essaye les développements,

---

(1) Cette décision du bon évêque me paraît d'un ridicule ineffable.

« il impatiente ou il fait pitié : jamais il ne chagrine da-
« vantage ses admirateurs que dans les endroits où il s'ap-
« proche de la perfection ; car toutes les fois qu'il est
« beau, il ne l'est pas longtemps. Jamais il n'est tendre et
« pathétique sans se permettre bientôt quelque froide
« pointe, quelque misérable équivoque. Il n'a pas plutôt
« commencé à vous émouvoir, qu'il travaille lui-même à
« détruire l'effet. Le jeu de mots surtout est pour lui une
« espèce de feu follet qu'il ne manque jamais de suivre, et
« toujours pour se perdre. C'est une magie, un ensorcelle-
« ment auquel il ne peut résister. Dans le moment où il
« déploie le plus de dignité et de profondeur, soit qu'il
« étende nos connaissances ou qu'il exalte nos affections,
« soit qu'il amuse notre attention ou qu'il l'enchante, dès
« qu'une *pointe* se présente à lui, il abandonne tout pour
« la suivre : c'est une pomme d'or qui tombe devant lui,
« et, pour la ramasser, il sacrifie la raison, l'exactitude et
« la décence. Shakspeare nous présente une riche mine d'or
« et de diamants voilés par des incrustations, avilis par des
« scories impures, et mêlés à une grande masse de vils
« minéraux (1). Si nous lui devons beaucoup, il faut avouer
« aussi qu'il nous doit bien quelque chose ; il est sans doute
« beaucoup loué par notre intelligence et par notre juge-
« ment ; mais il l'est aussi beaucoup par la coutume et le
« respect : il a de belles scènes ; mais, à tout prendre, au-
« cune de ses pièces peut-être, écrite par un auteur mo-
« derne, ne serait entendue patiemment jusqu'à la fin. »

Il n'y a peut-être pas, dans la littérature d'aucune nation, un morceau de critique capable de faire comprendre
plus clairement l'influence des circonstances sur la réputation des auteurs. On comprend bien les sommeils passa-

(1) Si l'on voulait pousser cette comparaison, elle serait très-contraire à
Shakspeare ; car toutes les mines de Golconde ne seraient rien sans l'art du
diamantaire.

gers du bon Homère ; mais que le premier des poëtes tragiques présente habituellement la réunion de tous les défauts imaginables, c'est ce qui se conçoit fort peu. Ce qu'il y a d'étrange, c'est que les Anglais, qui sont de grands hellénistes, admettent assez volontiers la supériorité des tragiques grecs sur Shakspeare ; mais s'il s'agit de Racine, qui n'est au fond qu'un Grec parlant français (1), la règle du beau change tout à coup ; et Racine, qui est au moins égal aux Grecs, demeurera cependant fort au-dessous de Shakspeare, qui leur est inférieur. Ce théorème de *trigonométrie* ne choque point les esprits les plus justes de l'Europe.

Que si vous êtes un peu scandalisée de voir, dans une pièce de Shakspeare, un consul romain jouer un rôle de bouffon, et dans une autre un roi jouant celui d'un ivrogne, l'hypercritique Johnson ne sera point embarrassé : *Croyez-vous*, vous dira-t-il, *qu'il n'y eût pas toutes sortes de caractères à Rome comme ailleurs ? Et pourquoi Shakspeare n'aurait-il pas choisi un bouffon dans le sénat, où certainement il y en avait ?* Cela saute aux yeux ; et quant à

---

(1) Il me semble même que le défaut général du théâtre français est d'être grec. La Harpe a dit, avec sa justesse ordinaire, en parlant de la comédie latine : *Il n'y a point, à proprement parler, de comédie latine, puisque les Latins ne firent que traduire ou imiter les pièces grecques ; que jamais ils ne mirent sur le théâtre un seul personnage romain, et que, dans toutes leurs pièces, c'est toujours une ville grecque qui est le lieu de la scène. Qu'est-ce que des comédies latines, où rien n'est latin que le langage ? Ce n'est pas là, sans doute, un spectacle national.* (Lycée, t. II, sect. II.) Souvent j'ai été tenté de parodier ce morceau, et de dire : *Il n'y a point, à proprement parler, de tragédie française, puisque les Français n'ont fait que traduire ou imiter les pièces grecques ; que jamais ils ne mirent sur le théâtre un seul personnage français, et que, dans toutes leurs pièces, c'est toujours une ville étrangère qui est le lieu de la scène. Qu'est-ce qu'une tragédie française, où rien n'est français que le langage ? Ce n'est pas là, sans doute, un spectacle national.* Racine et Corneille ont été quelquefois Latins, mais la même objection subsiste toujours. Voltaire seul essaya d'être Français dans la tragédie, et il est assez remarquable que la tirade de Lusignan, qui est française, est, sans contredit, ce qu'il a produit de plus éloquent.

l'ivrogne royal, la chose est, s'il est possible, encore plus claire. *Sachez*, continue Johnson, *que, le roi dont il s'agit étant un usurpateur, Shakspeare a jugé à propos de joindre l'ivresse à tous les autres vices du tyran, afin de le rendre plus méprisable. Et croiriez-vous par hasard que les rois n'aiment pas le vin, ou que le vin ne les enivre pas comme les autres hommes?*

« Les pièces de ce grand homme ne sont, à proprement
« parler, ni des tragédies ni des comédies; ce sont des
« peintures du *monde sublunaire* tel qu'il est, où tout se
« trouve mêlé et confondu, le bien et le mal, la joie et la
« tristesse, le vice et la vertu. » Pourquoi donc Shakspeare aurait-il tort de placer une scène bouffonne et même basse à côté d'une scène pathétique ou terrible? Pourquoi n'aurait-il osé peindre ce qu'on voit tous les jours (1) ?

Les autres poëtes ont peint une nature idéale, Shakspeare seul a peint une nature vraie, une nature générale, en un mot, une nature *naturelle*.

Gardez-vous bien, Madame, de rire du docteur Johnson, qui fut l'un des plus excellents critiques que l'Angleterre ait produits. Il ne croyait pas un mot des beaux raisonnements que vous venez de lire, il les aurait honnis s'il les avait trouvés dans un livre français; mais il fallait défendre les dogmes nationaux. Vous, Madame, vous dites bien que *la Henriade* est un poëme épique : le croyez-vous? Vos Français tenant à grand honneur d'avoir un poëme de ce genre écrit en lignes de douze syllabes, le *Télémaque* était nul pour cette noble ambition. Dans ces tristes circons-

---

(1) En effet, rien n'empêche, par exemple, qu'un polisson ne jure sur le cimetière pendant qu'une mère désolée y pleure sur le tombeau de son fils. Pourquoi donc n'accouplerait-on pas ces deux scènes sur le théâtre, comme elles peuvent être réunies dans la réalité? *La critique*, dit admirablement Johnson, *condamne ces sortes de mélange; mais il y a toujours appel de la critique à la nature, qui nous enseigne que tout plaisir naît de la variété.*

tances, *la Ligue* parut, et fut déclarée poëme épique. Voilà tout le mystère.

Voltaire, de son côté, qui manquait éminemment de la qualité éminemment nécessaire à cette entreprise, l'*invention*, ne fut pas peu surpris d'avoir fait un poëme épique sans le savoir ; miracle bien supérieur à celui que Molière nous a fait admirer dans *le Bourgeois gentilhomme*. Il voulut au moins répondre aux bontés de la France, et tout de suite il se mit à raccommoder ce qu'il ne pouvait refaire, en commençant par le titre, qu'il rendit plus national. Il ôta, il ajouta, il corrigea, il varia ; et, jusqu'à la fin de sa longue carrière,

> Nous l'avons vu sans cesse écrire, écrire,
> Croyant toujours pouvoir un peu mieux dire.

Enfin, il est résulté de ce travail un mauvais poëme fait avec d'assez beaux vers. L'ouvrage est mince, dans tout le sens du terme ; car l'auteur, qui n'avait nullement la *tête épique*, comme on l'a dit des Français en général, travaillait contre son génie, et ne demandait qu'à finir. Cependant, à l'aide de la dédicace anglaise, de la traduction de cette même épître, de la préface du roi de Prusse, de celle de Marmontel, du précis sur la Ligue, des notes historiques, de l'Essai sur le poëme épique, mais surtout des variantes (moyen absolument inconnu à l'antiquité), *la Henriade* forme aujourd'hui un solide raisonnable qui tient fort bien sa place dans nos bibliothèques, entre *l'Iliade* et *la Jérusalem délivrée*.

O merveilleuse destinée des livres ! je ne me lasse pas de l'admirer. Sénèque, dont vous aurez bien entendu parler au moins dans la comédie du *Joueur*, disait jadis : *Les uns ont la renommée, et les autres la méritent*. Ce qu'il disait de l'homme, nous avons bien pour le moins autant de droit de le dire des productions de l'esprit humain ; mais ce qu'il me reste à vous observer, Madame, c'est qu'à l'époque où nous vivons, il est particulièrement nécessaire de se tenir en garde contre la réputation des livres, vu que le siècle qui finit sera à jamais marqué dans l'histoire comme la grande époque du charlatanisme dans tous les genres, et surtout des réputations usurpées. Pendant tout ce temps, les renommées furent quelque chose d'artificiel, où le véritable mérite n'entrait pour rien. Le vers immortel de Molière,

<blockquote>Nul n'aura de l'esprit hors nous et nos amis,</blockquote>

fut la devise de tous les distributeurs de la gloire ; or, comme les esprits corrompus sont presque toujours faux, et que le premier élément du goût c'est la morale, de là vient qu'ils nous ont trompés sur tout, et qu'il ne faut les croire sur rien, pas plus sur un livre philosophique que sur une chanson ; pas plus sur un ouvrage de législation que sur un roman.

Pourrait-on croire, Madame, que ce délire a été porté au point d'amener une grande nation, alors illustre et assez justement entichée d'elle-même, à mépriser ses propres richesses, à fermer les yeux sur ce dix-septième siècle ouvert pour elle par Descartes, et fermé par le chancelier d'Aguesseau ; à présenter à l'Europe l'image d'un homme riche et noble qui va *gueuser* dans les pays étrangers, traîné sur un lourd coffre-fort qu'il ne veut pas ouvrir ?

C'est cependant ce que nous avons vu ; et plus d'une fois il est arrivé à des étrangers de rire des succès que quelques-uns de leurs livres obtenaient ailleurs.

Lorsque Gibbon, par exemple, lut en Suisse pour la première fois le roman de *Clarisse*, il écrivit en France : *C'est bien mauvais.* Mais que dut-il éprouver, lorsqu'il lut cet éloge de Richardson, où le fougueux Diderot porte aux nues, avec son style *pythique*, une production dont le moindre défaut est de violer toutes les règles du goût? Oubliez, je vous en prie, tout ce que vous avez lu jusqu'à présent, abdiquez toutes les idées reçues, et ne jugez que d'après la droite raison.

Ce qu'on peut imaginer de plus immoral, c'est de rendre le vice aimable ; et c'est précisément ce que Richardson a fait, en peignant un scélérat du premier ordre sous les couleurs les plus séduisantes. Il a donné à son Lovelace, non-seulement toutes les grâces imaginables, mais cette hauteur de caractère, ce courage, cet ascendant inexplicable et dominateur que tout homme envie, que toute femme adore, et dont la peinture animée est, par conséquent, également dangereuse pour les deux sexes.

Comme si ce n'était pas assez de cette faute, Richardson en a commis une seconde encore plus forte, en faisant contraster avec son Lovelace un pauvre honnête homme, qu'il a peint gauche et maussade, et qui ne manque pas d'avoir le dessous lorsqu'il est aux prises avec l'effronté libertin. Quel jeune homme a jamais désiré d'être un *Hyckman?* Pour l'honneur de la nature humaine, je ne veux point faire une autre question.

Il y a d'ailleurs des scènes qu'il n'est pas permis d'exposer aux regards. C'est une triste idée que celle de placer un ange de vertu dans un mauvais lieu, et de l'y faire martyriser par un scélérat sans honneur et sans pitié. Le forfait de cet homme est épouvantable, et ne devrait pas même être présenté comme possible. L'idée de cet opium me poursuit, me rend malade, au pied de la lettre.

Eh ! quel objet enfin à présenter aux yeux !

On dira qu'il est puni : je sais qu'à la fin du douzième volume, un certain colonel tombe du ciel pour tuer Lovelace ; mais celui-ci pouvait tout aussi bien le tuer : c'est un duel; la chance est égale. Richardson a-t-il voulu nous renvoyer au jugement de Dieu? Le mauvais exemple reste, et la punition ne signifie rien. Le supplice réel des malfaiteurs n'arrête pas toujours leurs semblables. Que signifie donc une mort imaginaire, qui n'est pas même un châtiment? car, de ce que Lovelace est tué, il ne s'ensuit nullement qu'il est puni.

Quant à la conduite de l'ouvrage, il est clair que l'édifice entier repose sur une invraisemblance intolérable. Miss Howe n'a qu'à se marier pour terminer le roman. Elle viendra à la porte de *madame Sinclair*, demandera son amie, la prendra dans sa voiture, et tout sera fini. Mais miss Howe ne veut point se marier; et pourquoi? *Parce qu'elle ne peut se résoudre à devenir heureuse pendant que son amie ne l'est pas.* Elle la laisse donc souffrir, et mourir tranquillement. Je sais qu'il ne faut pas être difficile avec les poëtes qui nous amusent. Cependant cette invraisemblance est du nombre de celles qui passent toutes les bornes et détruisent l'illusion.

Il me paraît, de plus, que la supposition générale de ce roman blesse notablement l'honneur de la nation anglaise. On a justement reproché à madame Radcliffe tant de chimères monstrueuses issues d'une tête femelle fécondée par des prédicants, et par bonheur tout à fait inconnues à des nations qu'elle a jugées sans les connaître; mais, si je ne me trompe infiniment, Richardson fait plus de tort à sa propre nation. Quoi donc! dans une ville comme Londres, un libertin peut enlever une demoiselle de condition, la loger dans une maison infâme, et l'y tourmenter à loisir durant plusieurs mois, sans qu'il y ait pour cette excellente personne un moyen d'échapper à son geôlier? J'aurais cru qu'une jeune personne dans cette position n'aurait eu qu'à se jeter à la fenêtre, à pousser un seul cri pour réveiller le *coroner*, et que tout ce qui existait chez la Sinclair n'aurait fait qu'un saut jusqu'à Tyburn. Un lecteur qui n'aurait d'ailleurs aucune idée des lois et de la police d'Angleterre en concevrait, d'après ce roman, une très-mauvaise idée. Jamais je ne l'ai lu sans m'écrier intérieurement : « Mais sortez donc, Mademoiselle ; et puisque votre amie vous aime assez pour vous laisser où vous êtes, jetez au moins une lettre par la fenêtre, avec l'adresse : *A l'honnête homme qui passe !* (On vous tirera de là.) »

J'honore infiniment les belles pages de *Clarisse*; mais jamais elles ne pourront me fermer les yeux sur les longueurs assommantes, l'invraisemblance continuelle et le danger de l'ouvrage.

Enfin, Madame, le mérite des livres ressemble aux qualités du corps : elles ne résident pas réellement dans ces corps, mais dans notre esprit, qui en reçoit les impressions. Si tous les hommes avaient la jaunisse, la neige serait jaune ; et les goûts dépravés ne portent ce nom que parce qu'ils sont rares. Si l'unanimité était nécessaire pour se décider, il n'y aurait dans le monde rien de bon et rien de beau, ni dans l'ordre civil, ni dans l'ordre moral, car il n'y a rien sur quoi tous les hommes soient d'accord ; et nous en viendrions à soutenir que les araignées sont un mets délicieux, parce que les livres d'histoire naturelle nous apprennent qu'une jolie demoiselle française les aimait passionnément.

Mais puisque l'unanimité ne sera jamais le partage de l'humanité dans l'état d'imperfection où elle se trouve, il est clair que toutes les questions de goût doivent se décider, comme les autres, à la pluralité : le petit nombre aura beau dire qu'*il peut* avoir raison, la majorité lui répondra suffisamment, en disant qu'*elle doit* avoir raison.

Il suit de là que tout ce qui tend à généraliser et à perpétuer l'unité nationale tend par là même à établir la règle du beau absolu, en approchant les hommes de l'unanimité ; donc si une grande nation subordonnait toutes ses idées à une seule idée grande, générale et invariable, elle se mettrait par là même dans la position la plus avantageuse pour tirer le plus grand parti possible de ses facultés morales, de manière que, toutes choses égales d'ailleurs, même du côté des talents, d'autres nations moins sages ou moins heureuses seraient forcées de lui céder l'empire du goût.

Cette nation ne pourrait donc rien faire de plus mortel pour sa gloire. . . . .
. . . .

N. B. Ce morceau n'a jamais été achevé ; peut-être l'auteur jeta la plume au moment où il s'aperçut qu'il allait divaguer. (*Note de l'éditeur.*) 1808.

(*Note de l'auteur.*)

DISCOURS

DU CITOYEN CHERCHEMOT,

COMMISSAIRE DU POUVOIR EXÉCUTIF PRÈS L'ADMINISTRATION CENTRALE DU M...,

LE JOUR DE LA FÊTE DE LA SOUVERAINETÉ DU PEUPLE.

Venise, 1799.

Ayant fait un grand amas de phrases révolutionnaires sans aucun but arrêté, j'imaginai depuis de les fondre dans un discours imaginaire prononcé par quelque personnage *civique*. Cette idée produisit le discours du citoyen *Cherchemot*, qui ferait extrêmement rire s'il était imprimé très-exactement, ce qui serait essentiel à cause des nombreuses et fidèles citations.

Citoyens,

Et moi aussi je viens mêler ma voix aux concerts d'acclamations qui retentissent aujourd'hui de toutes parts ; et moi aussi je viens célébrer la souveraineté du peuple. J'essayerai d'activer le civisme de mes concitoyens, en laissant échapper devant eux ces flammes qu'un républicanisme pur allume dans mon cœur. Le peuple a reconquis ses droits imprescriptibles, il a ressaisi le sceptre usurpé par les tyrans. O révolution immortelle ! les trônes sont tombés ; les peuples sont rois ; il n'y a plus de sujets !

Comment pourrai-je célébrer dignement cette époque mémorable ? C'est en vous montrant d'abord tout ce que vous lui devez ; je ne puis mieux louer la liberté qu'en précisant ses bienfaits. Et c'est encore en vous montrant de suite ce que vous avez à craindre pour elle, et comment vous pouvez la sauver si vous savez vous prononcer.

Qu'étions-nous avant la révolution ? Moins que des brutes. Que sommes-nous depuis la conquête des droits du peuple ? Plus que des hommes. Depuis quatorze siècles, nous traînions dans le désespoir ces chaînes ignominieuses formées par le hideux despotisme, et rivées par le machiavélisme sacerdotal. L'incivilisation des Barbares valait mieux que cet état. Nos chaînes sont brisées, nous vivons ; nous bravons les vains rugissements des despotes.

L'œil du républicain n'est plus affligé par le spectacle impopulaire d'un sacerdoce oppressif. Un clergé rapace et scandaleux avait l'impudeur de se donner pour le représentant de l'Être suprême ; il a vécu : exproprié par nos premiers législateurs, mis hors de la loi par les seconds, ses forfaits n'appartiennent qu'à l'histoire. On ne verra plus l'homme descendre des hauteurs de la raison pour s'incliner devant un bipède mitré ; on ne verra plus ces histrions privilégiés latrociner les dupes pour garrotter les sages : au bruit de la fermeture des temples de la superstition, celui de la raison s'est ouvert, et la grande nation est entrée !

L'ancien régime avait organisé l'adultère en condamnant deux époux, aliénés l'un de l'autre par des torts conséquents, à gémir indivisément sous le poids insupportable d'un joug inopportun : honneur à nos courageux représentants, qui ont fait présent du divorce à la France !

Il viendra sans doute le temps où il sera permis de s'élever à la hauteur des premiers principes ! Déjà un de nos représentants a fait observer, dans un livre immortel, que le préjugé funeste et liberticide de l'aristocratie héréditaire tenait essentiellement à l'institution du mariage (1).

---

(1) L'orateur veut parler du représentant *Lequinio*, qui a fait cette obser-

En effet, comment prouvera-t-on qu'on est noble lorsque l'on ne pourra plus prouver de qui l'on est fils ? Déjà un autre représentant avait dit au corps législatif: *C'est un préjugé général répandu en France, que les enfants appartiennent à leurs parents : cette erreur est très-funeste en politique... Les progrès de la philosophie la déracineront* (1). Qu'il sera grand le représentant courageux qui osera aborder cette grande question, et repousser les difficultés soulevées par le fanatisme et par l'ignorance ! En attendant, couvrons d'applaudissements nos législateurs, qui ont détruit dans leur sagesse un des fruits les plus venimeux du mariage, la puissance paternelle : *la voix impérieuse de la raison s'est fait entendre; elle a dit :* « Il n'y a plus de puissance paternelle ; *c'est tromper la nature que d'établir ses droits par la contrainte* (2). »

Des magistrats enivrés de leur folle prérogative osaient, sous leur pourpre insolente, se croire les juges héréditaires des Français; aujourd'hui, la classe des juges ne saurait plus être influencée par les mêmes passions : comment pourraient-ils être orgueilleux, puisque c'est vous qui les faites? Lorsque le glaive de la loi avait frappé une tête coupable par une mesure ultra-répressive, elle arrachait quelquefois les biens du coupable. *L'origine de la confiscation attestait son impureté, puisqu'elle remonte aux premières époques du régime féodal* (3), *et que Sylla en fut le digne inventeur* (4). Cette tache ne souille plus le code républicain; ou, si la confiscation se montre encore çà et là, ce

---

vation intéressante dans un livre in-8°, publié il y a quatre ou cinq ans, mais dont l'intitulé exact ne me revient pas.

(1) *Béranger*, séance du 16 octobre 1797.

(2) *Cambacérès*, au nom du comité de législation, séance du 23 août 1793. *Mon.*, n° 235.

(3) *Louvet*, séance du 2 mai 1795. *Mon.*, n° 227, p. 922.

(4) *Villetard*, ibid., p. 923.

n'est que pour quelques milliards, et toujours comme simple indemnité.

Enfin, Citoyens, les bienfaits de la révolution sont immenses, et cet événement est unique dans les fastes de l'univers.

Quelle magnifique entreprise que celle d'une démocratie de trente millions d'hommes tous parfaitement égaux dans leurs droits naturels, dans leurs droits civils, dans leurs droits politiques! Jamais rien de si beau n'a été tenté sur la terre; jamais les vœux mêmes et les pensées des hommes de génie ne sont allés jusque-là. Platon, Montesquieu, Rousseau, *étaient presque effrayés de cette conception. Cependant, nous avons eu le courage de former et d'exécuter ce plan sublime; mais il ne peut être consolidé que par la réunion de toutes les lumières, et ces lumières où existent-elles? Nulle part encore* (1). Est-ce un empêchement? Non, Citoyens; *il faut les faire naître* (2). Nous y parviendrons par la rémoralisation de l'opinion publique, par l'homogénéité de l'enseignement, par la démonétisation de ces vieux préjugés que nos pères admirent dans la circulation comme des vérités pures; surtout, par la répression des jongleries sacerdotales.

Il faut nous entourer des lumières de tous les siècles, et reprendre sous œuvre l'édifice social; *tous les livres de* POLITIQUE *civile et criminelle sont à refaire; tous les livres de morale, mêlés jusqu'ici de mysticité, sont à refaire; tous les livres d'histoire sont à refaire* (3). Peut-être même serait-il opportun de refaire l'histoire même, dont chaque ligne n'offre que le spectacle contagieux des peuples souverains foulés aux pieds par d'insolents mandataires. C'est ainsi que le Français s'élèvera à la hauteur de ses desti-

(1) *Fréron*, à la conv. nat., séance du 26 août. *Mon.*, n° 342, p. 1402.
(2) Ibid.
(3) *Décade philosophique*, 1798, n° 493 (Variétés).

nées ; *c'est ainsi que nous terminerons la plus belle comme la plus glorieuse des révolutions* (1) ; *c'est ainsi qu'en dirigeant tous les membres de la société vers le désir du bonheur commun, nous parviendrons à faire un peuple de dieux* (2).

Mais comment conserver ce bonheur dont nous jouissons? C'est par l'union de tous les cœurs républicains. Fort de la pureté de mes intentions, je ne balancerai point de révéler à mes concitoyens une importante vérité : *on ne vous a point fait observer que, tant qu'une partie de la nation sera divisée de l'autre, l'union ne pourra régner* (3). Serrons donc les rangs des soldats de la liberté ! songeant que le roi de Mittau, debout devant ces redoutables phalanges, attend qu'elles s'ouvrent pour se jeter avec ces sicaires dans ces interstices funestes créés par l'esprit anarchique et par l'esprit sectionnaire, qui tendent sans relâche à briser l'unité politique du grand peuple. Les véritables ennemis de la France sont dans son sein ; si elle échappe à ses ennemis intérieurs, elle se rira des complots de l'étranger. L'infâme Pitt a su nationaliser une guerre sacrilége; il vomit sur le continent l'or du Bengale pour organiser la ligue insensée des rois; *mais Pitt n'est qu'un imbécile, quoi qu'en dise une réputation qui a été beaucoup trop enflée* (4). En vain l'Arabe de Moscou, le sultan de Vienne, le mameluk de Constantinople et le monstre des Orcades ont conjuré la perte de la république ; ils viendront se briser sur ce rocher inébranlable : mais tandis que nos frères d'armes iront châtier ces insolents jusque chez eux, c'est à nous, Citoyens, à en faire

---

(1) *Bourdon de l'Oise*, *Mon.* du 3 novembre 1794, n° 47, p. 203.

(2) *Boissel*, *Mon.* du 24 novembre 1794, n° 39, p. 171.

(3) *Pellet*, séance du 4 octobre 1794 ; *Mon.*, n° 16, p. 74. Ce député ne parlait que de l'assemblée législative, mais le principe est général.

(4) *Robespierre*, séance du 1ᵉʳ février 1794. *Mon.*, n° 134.

une justice non moins sévère. Il faut les traduire devant le jury des sages, il faut verser l'ignominie sur ces rois atroces, il faut les condamner *aux galères de l'opinion* (1) ; en même temps, tenons leurs complices sous une surveillance infatigable ; et si nous voulons échapper à leurs complots, fermons nos cœurs à une pitié cruelle qui nous perdrait infailliblement. Pour tromper, pour avilir, pour enchaîner de nouveau le premier peuple de l'univers, on s'arme de ses propres vertus, on ose lui parler de compassion au moment où la compassion serait un crime de lèse-nation. *Ah! croyez, Citoyens, que la liberté n'est pas ennemie de la nature et de l'humanité; mais il lui faut encore des hécatombes : il suffit que le mot de justice soit toujours écrit sur leur frontispice* (2). Il est temps de dire la vérité tout entière : les bruyants célébrateurs du 9 thermidor ne sont, dans leur presque totalité, que les ennemis sourds du 18 fructidor. C'est sous le masque fallacieux du modérantisme que l'hypocrite royaliste cache ses desseins perfides : il a bien ses raisons pour tâcher de modérantiser la révolution ! Mais lorsque le despotisme régit de Corcyre à Thulé, et du Bétis au Borysthène ; lorsque ses satellites forcenés menacent, dans leur fureur gigantesque, d'envahir le sol de la liberté ; lorsque la France entière est en état de siége, est-il opportun de venir parler de pitié et de clémence ? Chaque citoyen doit-il attendre isolément dans l'attitude de la terreur que le poignard royal vienne chercher son cœur ? et la liberté terrifiée souffrira-t-elle qu'on la mette en état d'arrestation ? Non, Citoyens ; de grandes mesures de sûreté sont nécessaires : il faut que le tocsin de la vengeance rassemble les enfants de la patrie, et la dernière heure des tyrans aura sonné.

(1) Expression de Barrère, je ne sais plus où.
(2) *Merlin*, directeur, au nom des trois comités. *Mon.*, 1795, n° 104.

Prenons exemple des hommes fameux qui ont illustré dans tous les temps les annales de la liberté.

Brutus se laissa-t-il corrompre par une prétendue tendresse paternelle lorsque, sous ses yeux impassibles, il fit tomber la tête de son fils ?

Gaston ménagea-t-il ses préjugés absurdes lorsqu'il s'écria devant les législateurs : *C'est moi qui le premier ai provoqué la loi contre les émigrés. J'ai un frère qui a eu la lâcheté d'abandonner son pays, c'est un monstre* (1). Lorsque Caton le Censeur *opina sur la restitution des biens des Tarquins* (2), se laissa-t-il amollir par de vaines considérations de condescendance et d'humanité ? Fit-il entendre au sénat les sanglots des femmes et des enfants ? Et toutes les fois que la chose publique était en danger, ces fiers républicains balançaient-ils de neutraliser le pouvoir ? Imitons ces grands modèles. Tous les jours la malveillance demande où l'on prendra les fonds nécessaires pour soutenir les coups formidables du despotisme écumant ? La réponse est aisée : On les prendra où ils sont. *Lorsque les pauvres ont consenti qu'il y eût des riches* (3), ce fut toujours à la charge d'en venir aux partages au premier appel nominal. D'ailleurs, puisqu'il est permis de dépouiller ses ennemis, la position géographique de ces ennemis ne change rien à cet axiome éternel de morale et de droit public. Eh ! qu'importe que les ennemis de la France soient en France ou en Angleterre ? Pour découvrir ces ennemis, la vigilance nationale doit être activée par tous les moyens possibles. Dès que ces traîtres seront connus, mettons leurs dépouilles entre les mains du Directoire, et laissons-le agir de confiance. Quelle force pourra comprimer les complots populicides du réactionnaire et de l'anarchiste, si

---

(1) V. le *Mon.*, 1795, n° 8, p. 459.
(2) *Bonnesœur.* V. tous les papiers du 6 mai 1796.
(3) *Rousseau*, Émile.

le gouvernement ne peut employer avec sagesse les moyens impressionnants d'une salutaire terreur? Comment pourra-t-il évoluer le vaisseau de l'État au milieu des vagues contre-révolutionnaires, s'il n'est investi, par une loi organique de la constitution, d'une force de circonstances capable de neutraliser les factions, et de forcer tous les partis à marcher dans le sens de la révolution? Les calomniateurs de notre constitution oseront nous reprocher ces moyens; mais comment peuvent-ils ignorer, ces sycophantes impurs, que ces mesures de sûreté et ces formes acerbes (1) sont passagères comme les feux follets, mais que la liberté est éternelle comme les astres?

Citoyens, nous marchons au milieu de deux écueils également terribles : le fougueux anarchiste n'oublie rien pour faire croire que tous les maux viennent de l'unité du pouvoir; il cherche à le diviser pour l'anéantir; et l'hypocrite royaliste répand de tout côté que le gouvernement est nécessairement un; il tâche de faire glisser le peuple de l'unité politique à l'unité personnelle. Nous avons fait serment de haine à ces deux partis, nous saurons les étouffer l'un et l'autre. Quel homme oserait entreprendre de royaliser la France? Sur quel principe effronté entreprendrait-il de baser ses complots frénétiques? Serait-ce sur la volonté du peuple? Mais cette volonté n'existera jamais; on a vu sans doute des peuples, après avoir fait justice de leurs tyrans, s'humilier de l'humiliation de ces traîtres, et mettre autant d'ardeur à rétablir l'ancien ordre de choses qu'ils en avaient mis à le renverser. De lâches Anglais ont pu donner ce spectacle au milieu de l'autre siècle; *mais les Français sont incapables de ce retour à la compassion,* PARCE QUE DE NOS JOURS L'ART SOCIAL EST PLUS AVANCÉ (2).

---

(1) *Barrère,* en parlant des massacres d'Arras.
(2) *Décade philosophique,* 1798, n° 26, p. 465.

D'ailleurs, le peuple ne peut vouloir la monarchie. *Le Français qui veut un roi est un tigre : il est faux qu'un peuple ait le droit de choisir la royauté, parce qu'il aliénerait un droit inaliénable* (1).

Ajoutons qu'il ne faut pas être la dupe des sophismes grossiers qu'on appuie sur la volonté du peuple. Un grand homme a fait sur les assemblées nationales une réflexion profonde : *Lorsque dans une assemblée nationale,* dit-il, *le parti de l'opposition reste en minorité, il est utile à la chose publique... mais si ce parti acquiert la majorité, ce n'est plus un simple surveillant, ce n'est plus un censeur du gouvernement : c'est un ennemi; il l'arrête dans sa marche, il paralyse ses mouvements, il refuse, il prescrit, et l'impuissance du gouvernement amène la guerre civile et l'anarchie* (2). L'application de ce principe lumineux aux nations se présente d'elle-même. Il y a de l'impudeur à confondre la majorité numérique avec la majorité légale, qui n'a rien de commun avec le nombre.

Quant à l'anarchie, elle est moins à craindre que le royalisme. Celui qu'on appelle *anarchiste* n'est le plus souvent qu'un ardent ami de la liberté. D'ailleurs, qui, dans notre république, oserait tenter de briser le pouvoir ? *Celui-là méconnaîtrait l'unité du gouvernement, et pourrait ignorer qu'étant un comme la pensée, ses instruments ne sont pas des portions, mais seulement des agents* (3).

Nous voulons un gouvernement où les distinctions ne naissent que de l'égalité même, où le citoyen soit soumis au magistrat, le magistrat au peuple, et le peuple à la justice (4).

Ne craignons pas de le dire, Citoyens, la république est

---

(1) *Mailhe*, séance du 28 décembre 1794. *Mon.*, n° 102, p. 422.
(2) *Rion*, séance du 15 septembre. *Mon.* du 22, n° 1.
(3) *Dufresne*, séance du 27 février 1794. *Mon.*, n° 159.
(4) *Robespierre.* V. le *Mon.* du 7 février 1794.

immortelle. Quelques nouvelles sinistres, enflées par la malveillance, ont pu vous alarmer sur la situation militaire de la république à l'extérieur; mais ces craintes sont vaines ; elles deviendraient criminelles si vous ne vous hâtiez de les abjurer. Jusques à quand prêterez-vous l'oreille à l'alarmiste astucieux? Que vous faut-il donc pour vous convaincre, si les prodiges que vous avez vus vous laissent encore balancer? Est-il pour des hommes libres quelques obstacles infranchissables? Est-il une puissance qui ait pu nous résister? Est-il une ville dont les remparts ne se soient abaissés devant l'étendard tricolore? *N'avons-nous pas pris*, en passant, Malte, qui est éloignée de onze cents lieues de Toulon (1)? N'avons-nous pas organisé un Institut national au Grand-Caire, qui est éloigné de la France de mille lieues (2) ? Depuis la prise de la Bastille, *victoire la plus étonnante et la plus heureuse qui ait été remportée depuis l'origine du monde* (3), jusqu'à la bataille d'Arcole, une destinée invincible n'a-t-elle pas veillé sur la liberté? Si la victoire paraît s'égarer un moment, bientôt vous la verrez revenir au pas de charge ; bientôt elle sera remise à l'ordre du jour et déclarée en permanence par les baïonnettes républicaines. En vain voudrait-on vous effrayer en vous nommant des généraux dont les circonstances ont privé la république : n'avons-nous pas encore Masséna, l'enfant chéri de la Victoire, et le rapide Pigeon, et Lecourbe l'helvétique, et Championnet le brise-trône, et Lannes, semblable aux immortels? Et pourriez-vous croire que le héros des Pyramides soit perdu pour la patrie? Un jour, n'en doutez pas, vous le verrez tomber, comme l'étincelle cé-

---

(1) Lettre du citoyen *Guillot*, capitaine de la 25ᵉ demi-brigade, à sa mère, au quartier général du Caire, 27 juillet 1798, dans le recueil des lettres interceptées et publiées par les Anglais, deuxième partie, n° 15.
(2) Ibid.
(3) *Fauchet*, deuxième discours sur la liberté, 1789.

leste, au milieu des tyrans consternés. En vain les valets de George le Négrier bloqueraient les bouches du Nil avec leurs cinq cents vaisseaux, empêcheront-ils le grand homme de *se rendre en Syrie par la haute Égypte* (1)? l'empêcheront-ils *d'entrer, en remontant l'Euphrate, dans les ports de l'ancienne ville de Tyr* (2), d'où nous le verrons arriver, couvert de lauriers immortels?

Mais, me direz-vous peut-être, qui nous répondra que dans ce second voyage il ne sera point cerné par les Anglais et fait prisonnier, avant de pouvoir atteindre la terre sacrée de la liberté ? Et moi, je vous le demande à mon tour, lorsqu'il se livra l'année dernière à son immortelle entreprise, au milieu de toutes les circonstances conjurées contre lui, fut-il pris, fut-il même rencontré par les Anglais ? Pressant la mer sous le poids de plus de quatre cents voiles et de trente mille hommes de débarquement, n'aborda-t-il pas en Égypte, *en profitant de toutes les fautes*, et utilisant l'ineptie d'un prétendu baron du Nil (3)?

Citoyens, gardez-vous d'en douter : la liberté a vaincu. Si les tyrans peuvent un instant la refouler vers le centre, c'est pour en être repoussés eux-mêmes avec plus de violence au delà de leurs frontières. Couverts de la poussière des trônes, jamais nous ne plierons devant les rois, jamais nous ne traiterons avec eux.

Que les royalistes ne forment donc point de projets insensés. Les scélérats ! ce n'est pas au nom de la liberté,

---

(1) Lettre du citoyen Le Turcq, aide de camp du général Berthier ; au quartier général du Caire, le 28 juillet 1798. Partie 2ᵉ, nº 20 du recueil cité.

(2) Si vous présumez que la flotte républicaine (de Bonaparte) a mouillé aux ports de l'ancienne ville de Tyr, qu'elle descend l'Euphrate, et qu'elle est aujourd'hui près de s'unir à Tippo-Saïb, vous ne serez peut-être pas très-éloigné de la vérité. (Observations d'un géographe républicain, dans *le Publiciste* du 22 août 1798, article signé G****.)

(3) Lettre du cit. Boyer, adjudant général dans l'armée d'Égypte, à son père et à sa mère; au Grand-Caire, le 27 juillet. Recueil cité, part. 3ᵉ, nº 22.

c'est au nom de l'honneur qu'ils marchent. Ignorent-ils que l'honneur a été déclaré féodal par l'assemblée constituante, et que toutes les lois de l'honneur ont été rapportées ? Mais le patriote est à son poste ; la loi est là pour les surveiller, les foudres républicaines ne sont qu'endormies. Malheur aux traîtres, s'il s'en trouve ! *Dieu même ferait de vains efforts pour les soustraire à la colère du peuple.*

Citoyens, renouvelons dans ce moment le vœu solennel de vivre libres, ou de mourir ! Forts de notre union, forts de la pureté de nos principes, nous saurons déjouer les trames populicides. Vive la liberté ! vive la république ! Que le bruit de nos acclamations dissipe ces nuages qui semblent s'amonceler sur nos têtes et nous menacer d'un orage ! Pour moi, j'ai rempli ma tâche ; j'ai célébré la liberté, j'ai signalé ses ennemis, j'ai appelé sur leurs têtes la foudre nationale. Si, dans mon dire impétueux, j'ai quelquefois employé les pensées et même les expressions des grands hommes de la révolution, c'est pour rendre hommage à leur génie, c'est pour déverser sur la province les lumières de la capitale, c'est pour allumer ma faible lampe au volcan de leur éloquence.

J'ai dit.

S. ÉM. LE CARDINAL MAURY.

Venise, 1799.

Dans mon voyage de Venise, pendant l'hiver de 1799, j'ai fait connaissance avec le célèbre cardinal Maury. A la première visite que je lui fis, il me parla avec intérêt de ma position embarrassante, et toujours avec le ton d'un homme qui pouvait la faire cesser. En vain je lui témoignai beaucoup d'incrédulité sur le bonheur dont il me flattait : *Nous arrangerons cela,* me dit-il.

Peu de jours après, je le vis chez la baronne de Juliana, Française émigrée, qui avait une assemblée chez elle. Il me tira à part dans une embrasure de fenêtre ; je crus qu'il voulait me communiquer quelque chose qu'il avait imaginé pour me tirer de l'abîme où je suis tombé. — Il sortit de sa poche trois pommes, qu'on venait de lui donner, et dont il me fit présent pour mes enfants.

Après avoir vu une fois ma femme et mes enfants, il en fit des éloges si excessifs, qu'il m'embarrassa. « Je n'estime jamais à demi, » me dit-il un jour, en me parlant de moi (je ne comprends pas cependant pourquoi l'estime ne serait pas graduée comme le mérite).

Le 16 février (j'ai retenu cette date), il vint me voir, et passa une grande partie de la matinée avec moi. Le soir, je le revis encore ; nous parlâmes longuement sur différents sujets, qu'il rasa à tire-d'aile ; j'ai retenu plusieurs de ses idées. Les voici mot à mot :

ACADÉMIE FRANÇAISE. ACADÉMIE DES SCIENCES.

L'Académie française était seule considérée en France, et donnait réellement un état. Celle des sciences ne signifiait rien dans l'opinion, non plus que celle des inscriptions. D'Alembert avait honte d'être de l'Académie des sciences : un mathématicien, un chimiste, etc., ne sont entendus que d'une poignée de gens ; le littérateur, l'orateur, s'adressent à l'univers. A l'Académie française, *nous regardions les membres de celle des sciences comme nos valets*, etc.

LANGUES.

Les langues sont la science des sots (il parlait à un homme qui en *sait* cinq, et en *déchiffre* deux autres). Je me suis mis en tête, une fois, d'apprendre l'anglais ; en trois mois, j'entendis les prosateurs ; ensuite, ayant fait l'expérience que, dans une demi-heure, je ne lisais que douze pages anglaises de l'*Histoire de Hume*, in-4°, tandis que, dans le même espace de temps, j'en lisais quarante en français, j'ai laissé là l'anglais.

Jamais je n'ai feuilleté un dictionnaire ni une grammaire.

J'ai appris l'italien comme on apprend sa langue, en écoutant ; je conversais avec tout le monde, je prêchais même hardiment dans mon diocèse ; mais je ne serais pas en état d'écrire une lettre.

En me décrivant les derniers moments de Ganganelli, Son Éminence me disait, le même jour, qu'on entendit le saint-père s'écrier à plusieurs reprises : « *Miserere mei maximo peccatori!!!* » On voit qu'en effet elle n'a pas pâli sur Priscien.

ANGLAIS.

Les Anglais ne sont vraiment supérieurs que dans le roman. *Clarisse, Tom Jones*, etc., sont leurs véritables titres de gloire. L'*Histoire d'Écosse*, de Robertson, ne peut pas se lire : celle de *Charles-Quint* a peu de mérite. Hume est un historien *médiocre*, qui s'est fait une réputation d'impartialité par la manière dont il a parlé des Stuarts. Gibbon est un impie. Je préfère beaucoup Vertot aux histoires anglaises, surtout dans ses *Révolutions romaines*.

Addison est fort au-dessous de sa réputation. On ne lit plus *le Spectateur* ; j'aime mieux la Bruyère.

FRANÇAIS.

Les Français sont fous, et c'est parce qu'ils sont fous que la révolution s'est faite. Il m'est impossible de vous décrire ce que leur indiscrétion m'a fait souffrir, surtout pendant mon séjour à Rome. L'un m'envoyait des titres de famille par la poste ; l'autre, une brochure ; un troisième, une estampe roulée autour d'un bel et bon bâton de chêne ; — et toujours par la poste. Je recevais vingt mille lettres par an; ne pas répondre aurait été une grande imprudence. D'abord, c'étaient autant d'ennemis : et puis, tout homme dont la première lettre restait sans réponse en écrivait une seconde, une troisième : il y avait de l'économie à répondre.

Je me suis brouillé avec mon ancien collègue Cazalès, pour n'avoir pu lui envoyer de Rome un passe-port qu'il me demandait. Je suis persuadé qu'il ne me pardonnera jamais de n'avoir pas fait ce qu'il m'était absolument impossible de faire.

Voilà encore une foule d'émigrés français chassés du

Piémont par la révolution, et retenus sur la frontière par les derniers ordres du gouvernement autrichien, qui ne veut point d'étrangers dans l'État de Venise : ils m'écrivent pour avoir des passe-ports ; mais comment faire ? Dois-je dire aux gouvernants : « Je vous demande une exception *seulement* pour trente ? » Notez que ces messieurs ne m'envoient pas un seul papier, un seul titre pour appuyer leur demande. Quelques-uns même, en m'écrivant, ne me donnent pas leur adresse. — Ils sont fous.

BIBLIOTHÈQUES. LIVRES.

Quand on a vu la bibliothèque du Roi, à Paris, on n'a plus rien à voir ; celle même du Vatican ne la valait pas. Le cardinal Borgia me demanda un jour si je n'étais point allé voir la bibliothèque de Saint-Marc ; je lui répondis que non, et que même je ne la verrais pas. Ma raison était qu'on ne doit point se compromettre avec des bibliothécaires qui se croient des géants et qui vous croient des pygmées, parce qu'ils sont plus forts que vous dans la science des livres et des manuscrits, qui est la plus facile et la plus insignifiante de toutes. J'ai vu des personnages illustres qui ont fait très-mauvaise figure pour avoir voulu raisonner avec ces bibliographes. (J'observai à Son Éminence que l'inconvénient me paraissait égal à l'égard d'un bibliothécaire de Paris. — Elle passa légèrement sur cette objection.) Ces gens-là vous mépriseront profondément, si vous ne savez pas qu'il y a eu tant d'éditions d'un tel livre dans un siècle, et que la meilleure est celle de telle année.

Que m'importe un manuscrit ? je préfère beaucoup l'imprimé, que je lis mieux.

Peu de jours après, la conversation étant tombée chez lui sur l'ordre de Malte, il nous dit au coin du feu : ....

Si j'avais l'honneur de conseiller le roi de France, je ne

serais pas embarrassé de lui suggérer une loi sur l'ordre de Malte. — *Considérant,* etc. (et Son Éminence nous improvisa toutes les raisons qui motivaient, selon lui, l'inutilité de l'ordre et la nécessité de l'anéantir); il terminait par réunir tous les biens à l'ordre de Saint-Louis. — Il ajouta :

Il est bien singulier qu'un *gredin* de gentilhomme portugais, Pinto, donne pour quatre à cinq cent mille livres de bénéfices en France. — Je ne sais pourquoi il nomma ce pauvre Pinto, qui est mort depuis longtemps, plutôt qu'un autre. Mais je rends ses propres expressions.

LETTRES

A M. LE COMTE JEAN POTOCKI.

QUELQUES MOTS

SUR LA CHRONOLOGIE BIBLIQUE.

Novembre 1807.

Monsieur le comte,

Il peut très-bien se faire que nous ne nous soyons pas entendus hier, comme il arrive assez souvent. Vous paraissez douter que Moïse eût été cité par des auteurs grecs. Si vous entendez par là des citations faites mot à mot comme nous citons tous les jours Cicéron ou Virgile, je n'aurais guère à vous opposer dans ce moment que le fameux texte de Longin sur le *Fiat lux!*

Mais si vous avez voulu dire, comme je l'ai cru dans le moment où j'avais l'honneur de vous parler, que Moïse n'a jamais été cité par les écrivains grecs non-seulement comme un législateur, mais comme un écrivain connu, fameux, et même inspiré, vous êtes certainement dans l'erreur.

Nombre de gens se figurent que les livres de Moïse n'ont été connus hors de la Judée que par la traduction des LXX. Il est aisé de prouver au contraire : 1° que les livres de Moïse ont été connus et très-probablement même traduits en différentes langues, du moins en partie avant l'époque des LXX; 2° que nul homme savant, dans les temps antiques, surtout dans la classe infiniment nombreuse de ceux qui s'adonnaient à l'étude des choses divines, n'a pu ignorer les livres de Moïse ; 3° qu'ils ne furent point traduits *pour* être connus, mais *parce qu'ils* étaient connus. Car jamais un prince puissant, éclairé et ami des lettres, n'ordonnera la traduction officielle (passez-moi cette expression) d'un livre quelconque, si ce livre n'est pas déjà fameux, et si l'opinion publique ne lui demande pas cette traduction.

Agréez, Monsieur le comte, les assurances de mon éternel attachement.

A M. LE COMTE JEAN POTOCKI.

5 (17) juin 1810.

Puisque vous avez la bonté, Monsieur le comte, de ne pas vous ennuyer de mon impertinente critique, voici les observations que je voudrais encore vous soumettre.

La chronologie n'est pas du tout une science isolée : il faut qu'elle s'accorde avec la métaphysique, avec la théologie, avec la physique, avec la philosophie de l'histoire.

1° *Avec la métaphysique.* (J'entends la bonne.)

Elle enseigne que tout a été fait *par* et *pour* l'intelligence ; que l'homme a commencé par la science, et non par l'état de barbarie, comme toute l'école du XVIII° siècle l'a faussement et même sottement supposé ; que la perfectibilité de l'homme et son goût pour la science n'est que l'instinct secret de sa nature, qui le porte à remonter vers son état *natif ;* que l'état du sauvage, qu'on a nommé *état de nature*, est précisément le contraire de la nature et le dernier degré de la dégradation humaine : qu'il est donc impossible de raisonner plus mal qu'on ne le fait en argumentant de l'état des sciences à telle époque reculée de l'antiquité, pour supposer une foule de siècles antérieurs nécessaires pour amener graduellement un tel état des connaissances humaines. On s'écrie : « *Combien il a fallu de temps pour arriver à ce point!* — Platon répondrait : Sans doute, si personne ne nous apprend ce qu'il faut savoir (Μὴ φράζοντος τινὸς, de Leg. XIII). Les familles humaines, parties de l'état de barbarie, n'ont rien de commun avec les hommes primitifs, qui étaient, suivant l'heureuse expression de Sénèque (Ep. 90), *a Diis recentes*, etc., etc.

2° *Avec la théologie.*

Tout ce qu'une métaphysique saine avait enseigné à la raison, se trouve confirmé par une révélation incontestable. Les sciences, pendant le dernier siècle, ont paru faire un grand effort contre elle ; mais il ne faut pas s'y tromper : les sciences ne sont que des auxiliaires qui se vendent à tous les partis, comme les Suisses. Les véritables ennemis et même les seuls étaient les passions humaines, pour qui cette révélation est précisément ce que le code criminel est pour les voleurs et les assassins. La chronologie surtout a été mise à l'avant-garde dans toutes ces charges philosophiques ; mais, après les leçons données à Bailly et à Dupuis par les savants de Rome, de Londres et même de Paris, ce qu'elle a de mieux à faire est de se taire, ou de parler hébreu. D'ailleurs il ne faut pour aucune raison, et quand même on aurait des doutes légitimes, attaquer la révélation ; c'est trop s'exposer, même sous le rapport de la probité. C'est la loi fondamentale de l'Europe ; c'est elle qui nous a civilisés. On ne l'a attaquée qu'au grand détriment du genre humain : nous venons d'en faire l'expérience épouvantable. Jamais on n'a entrepris, ni seulement imaginé, d'y substituer rien de raisonnable ; tous ses dogmes tendent évidemment à purifier et à exalter l'homme ; rien ne peut justifier la moindre attaque dirigée contre elle, surtout de la part d'un homme distingué. Je reviendrai sur ce point.

3° *Avec la physique.*

Nombre de savants ont déjà employé dignement leurs plumes à montrer que l'univers physique rend hommage au récit de Moïse. M. de Luc surtout, l'homme du monde qui a le plus de droit à dire son avis sur ces sortes de choses, a prouvé ou cru prouver de la manière la plus claire, surtout dans ses lettres au docteur Blumenbach, que nos continents ne sont pas plus anciens que l'époque assignée par Moïse au déluge. Il faudrait cependant examiner tout cela ; car il serait fâcheux que des empereurs égyptiens ou chinois eussent régné, il y a cinq mille ans, sur des pays qui n'existaient pas.

4° *Avec la philosophie de l'histoire.*

La comparaison des faits fournit des règles qui nous éclairent pour les cas douteux. Supposons, par exemple, que la chronologie indienne ait été renversée sans réplique, comme en effet elle l'a été par les savants de l'Académie de Calcutta, toutes les fables de la Chine tombent d'elles-mêmes, et sans réfutation. En effet, d'où viennent ces Chinois qui habitent les bords du continent oriental ? Sont-ils tombés des nues ? Et comment pourraient-ils être plus anciens que ceux qui les précèdent dans l'ordre géographique ?

Tout homme d'ailleurs qui veut s'élever au delà des temps historiques (période qui ne s'élève guère au-dessus de huit siècles avant J. C.), trouve sur son chemin des livres tels, qu'il n'est pas permis de les passer sous silence, sans s'exposer à tromper ceux qui ne les ont pas lus, et à faire rire les autres. Un des plus savants hommes d'Angleterre par exemple, Bryant, mérite bien au moins qu'on l'écoute lorsqu'il affirme *qu'il n'y a jamais eu de Troie ni de guerre de Troie, comme on l'entend communément* (as has been represented); *que les poëmes d'Homère qui ont pour sujet l'expédition des Grecs et l'enlèvement d'Hélène sont de pures fables, et qu'il est en état d'en donner les preuves les plus convaincantes* (very cogent proofs). (Bryant's Observations on a Treatise, etc. Eton, 1795. In-4°, p. dern.).

Or, ce n'est pas être indiscret d'exiger qu'on prouve qu'il y a eu un siége de Troie, avant de se battre pour en assigner la date. Il y a bien d'autres choses de ce genre, et beaucoup plus importantes.

Tout cela posé, Monsieur le comte, je crois que vous devez d'abord poser en fait le *déluge universel*, tel qu'il est raconté par Moïse, et le renouvellement du genre humain par une seule famille, et partir de là pour tous vos calculs. Sur la date de ce grand événement, je pencherais beaucoup à m'en tenir au texte hébreu et à la Vulgate : *Quo quisque enim accuratior fuit chronologus quanto plus vera speciosis aut vanis prætulit, tanto strictior Ebraici codicis sectator fuit* (Bayerns, in *Musæo sinico*, tome II, p. 522). Mais enfin donnez-vous carrière, si cela vous amuse. Les LXX vous donnent 3520 et même 3717 ans depuis ce grand événement jusqu'à notre ère. Arrangez vos chiffres comme vous voudrez dans cet espace ; vous aurez pour vous les missionnaires jésuites, qui ont demandé formellement à Rome la permission d'enseigner en

Chine la chronologie des LXX, pour ne pas effaroucher inutilement les préjugés chinois. Et puisque j'en trouve l'occasion, permettez-moi, Monsieur le comte, de vous demander pourquoi vous avez dit, dans votre *Histoire primitive des peuples de la Russie* (Saint-Pétersbourg, 1802, in-4°, p. 219), que *le déluge a eu lieu, suivant les LXX, 2230 avant notre ère*, tandis que ces fameux traducteurs n'ajoutent pas moins de huit siècles au calcul littéral du texte hébraïque ? (V. les Mémoires de l'Acad. des inscript. et bell.-lettr., t. III, Fréret.) Le P. Tournemine ayant expliqué d'une manière extrêmement ingénieuse la différence qui se trouve entre le texte hébreu, le samaritain et les LXX, on peut se tenir à son sentiment, que vous pouvez voir dans le Discours préliminaire des *Tabl. chron.*, p. x, sans recourir aux sources.

Mais je vous en prie, cher comte, une fois que vous aurez pris votre parti, tenez-vous-y, et ne venez pas nous parler de premier, de second, de troisième déluge, etc., comme s'il y avait eu sur la terre plusieurs événements du même genre. Cette grande *explosion* de la puissance divine, démontrée par l'état de la terre et par les traditions de tous les peuples, ne doit point être confondue avec de simples *inondations*. C'est la nier expressément que de la comparer à d'autres, pour la faire regarder comme un simple accident, suite des lois physiques du monde.

Le déluge universel suppose nécessairement plusieurs déluges ou inondations particulières et subséquentes ; car toutes les parties creuses du globe s'étant trouvées remplies d'eau après le grand cataclysme, il dut arriver que, partout où ces eaux trouvèrent des parties faibles, elles se firent jour à travers les terres et inondèrent les pays voisins. Ces sortes de catastrophes plus ou moins funestes, suivant la quantité des eaux proportionnée à la capacité des bassins, furent chantées par les poëtes anciens, qui leur appliquèrent plusieurs circonstances du déluge. Ils donnèrent aux rois qui régnaient dans ces pays des noms synonymes de celui de Noé. C'est le Deucalion des Grecs, le *Xissuthrus* des Chaldéens, le *Naeh* des Phrygiens, le *Niu-hoa* des Chinois, etc. Les raisonneurs modernes, ne pouvant échapper aux preuves invincibles du déluge, s'en sont dédommagés en lui refusant au moins son nom, qui a quelque chose de théologique, ce qui ne laisse pas d'être une petite consolation. Les idées courantes, et qui se sont emparées de nous dans notre jeunesse, ayant beaucoup d'influence sur les meilleurs esprits, elles vous ont atteint, Monsieur le comte, et l'envie de trouver des noms nouveaux vous a conduit à un singulier quiproquo : c'est qu'en disant l'*alluvion de Babylone*, au lieu de *déluge*, vous avez dit précisément le contraire de ce que vous vouliez dire, car l'*alluvion* est une *restitution de terre* que le déluge ôte.

Typhon est le principe du mal. Le mal est sur la terre, et il ne peut venir de Dieu. La première de ces propositions n'est pas plus sûre que l'autre. Il y a donc deux principes, dogme aussi ancien que la dégradation de l'homme. L'erreur consiste à les croire égaux : c'est le manichéisme. Mais Platon s'est avancé aussi loin que la raison humaine le permet, en disant que le bon principe demeure et demeurera toujours vainqueur du mal (*de Leg.*, XIII, p. 268).

Que ce mauvais principe s'appelle *Typhon*, *Ahrimane*, *Satan*, *Démon*, *Manitou*, etc., qu'importe ? c'est toujours le même principe, dont on a retrouvé l'idée chez les nègres et chez les sauvages d'Amérique. Il est donc tout simple que les hommes ou les phénomènes qui ont produit de grands maux dans le monde aient reçu des contemporains le même nom qui désignait chez eux le mauvais principe. Ainsi le premier roi d'Égypte, suivant Pline (liv. II, ch. 25), appela les comètes *typhons ;* et véritablement, pour le dire en passant, il est impossible d'expliquer la mauvaise réputation des comètes, sans les supposer coupables de quelque chose (Carli, *Lettere americane*, tom. III, lettre 4ᵉ, part. 3, p. 266, in-8°). Au Japon et à la Chine, on appelle encore *typhons* ces ouragans terribles qui ravagent tout, nom que nous avons aussi adopté. Dans la langue persane, *toufan* signifie *déluge* (Jones, *Hist. de Nadir-Chah*, trad. du persan. Œuvres, tom. V, ch. II, p. 144). Tout cela n'est pas plus extraordinaire que d'entendre dire : *Ce diable de volcan*, ou *Ce diable de Robespierre*.

Qu'est-ce donc que vous voulez dire, Monsieur le comte, avec vos temps *antityphoniens* (p. 24)? (Prenez garde, en passant, que ce mot est encore faux : il fallait dire *antétyphoniens*, comme on dit *antédiluviens*.) Plût à Dieu que nous vissions un temps *antityphonien!* Travaillons, mon cher comte, pour y arriver ensemble. Mais il s'agit de chronologie. Voulez-vous nous donner celle des temps antérieurs au déluge universel? J'espère que non. Vous vous mettez à la suite de Varron pour nous parler du *premier déluge;* mais s'il y a eu un *premier déluge*, il y en a eu d'autres, et combien, je vous prie? et quand? et comment? Je vous le répète, Monsieur le comte, et je vous conjure d'y prendre garde : parler de plusieurs déluges comme d'événements du même genre, c'est nier expressément le véritable, que nous devons croire.

Philosophorum credula gens, a très-bien dit Sénèque. Il n'y a rien de plus vrai : les nôtres croient tout, excepté la Bible.

Varron était, je crois, un fort honnête homme, et un homme fort savant, mais qui en savait, sur les objets les plus essentiels pour l'homme, moins qu'un de nos enfants de sept à huit ans qui sait son catéchisme. J'en reviens toujours à Platon : *Ces choses sont difficiles à découvrir,* μὴ φράζοντος τινὸς (si personne ne nous les dit). Dans les premiers mois de notre cours de mathématiques, nous avons tous compris le problème de la couronne, φράζοντος τινὸς, parce que le professeur était là avec sa baguette; mais la découverte de cette même vérité transporta de joie le plus grand génie de l'antiquité, et il s'élança hors du bain, tout nu, en criant : ΕΥΡΗΚΑ! Voilà comment les enfants d'aujourd'hui en savent, sur les points les plus importants, plus que les hommes d'autrefois : φράζοντος ΤΙΝΟΣ.

Quelques rayons de la vérité étaient parvenus sans doute à Varron, brisés et courbés, à travers mille erreurs et mille préjugés; or, je ne puis concevoir pourquoi vous attachez tant d'importance à voir les faits environnés d'un *iris* poétique ou trompeur, au lieu de les contempler à la source même de la lumière pure et *achromatique*.

Varron donne trois divisions de la durée des temps (p. 24). Il n'y a rien là de singulier : tout le monde est de cet avis. La première période *commence à l'origine des hommes, et finit au premier déluge* (ibid.). Qu'y a-t-il encore là de nouveau? Nous rayons l'épithète de *premier*, qui, chez Varron, tenait à l'ignorance des choses, et nous ne sommes pas en peine de savoir si *la première période a ou n'a pas toujours duré*. Du reste, tout va bien, et il ne peut y avoir deux avis.

La seconde commence au premier déluge et finit à la première olympiade, et ce temps est appelé mythique. Sur cela, nous sommes encore d'accord; nous pensons que toute la différence entre la première et la seconde période, c'est que sur la première *on ne sait rien*, et que sur la seconde *on ne sait que des riens*. Tous nos sages docteurs assurent, d'une commune voix, qu'avant le huitième siècle qui précède notre ère l'histoire est à peu près muette.

Il est inutile de parler de la troisième période, qui est

la même pour tout le monde; mais je ne puis m'empêcher de vous demander que fait Varron dans cette affaire? Suivant lui, dites-vous (ibid., p. 24), le *premier* déluge eut lieu à peu près 2288 ans avant J. C., et, suivant vous aussi, dans le livre cité plus haut, Varron le place environ 2370 ans avant la même époque. Mais, suivant le texte hébreu, le déluge eut lieu 2348 ans avant J. C.; et les calculs chinois donnent 2297 ans, suivant votre ancien ouvrage, et 2288, suivant le nouveau. *Polyhistor* N. B. (Alexandre) est d'accord avec ces autorités; et quand on songe ensuite que les annales de toutes les nations déposent en faveur de Moïse, et attestent en détail jusqu'aux moindres circonstances du déluge, je ne sais pas voir, je vous l'avoue, où se trouve le doute. Oserai-je vous demander la permission, cher comte, de croire (jusqu'à ce que vous me disiez le contraire) que, suivant la coutume salutaire de notre siècle de ne lire aucun écrivain apologiste, vous n'avez lu ni la *Démonstration évangélique* de Huet; ni les belles et curieuses notes de Grotius sur le premier livre de son ouvrage *de Veritate religionis christianæ*; ni celui de Colonia sur les témoignages que les païens ont rendus à la révélation; ni celui du célèbre Addison sur le même sujet; ni le même ouvrage, remanié et commenté par un gentilhomme suisse du plus grand mérite, Seigneux de Correvon, ni le grand livre anglais du docteur Lardener (*Heathen testimonies*), qui a épuisé le sujet; ni les Mémoires de l'Académie de Calcutta; ni l'*Histoire de l'Indostan*, de Maurice, qui ont découvert une si riche mine aux amis de la religion. Je ne doute pas un moment, d'après la connaissance que j'ai de votre caractère et de votre excellent esprit, que, si vous aviez médité ces ouvrages et tant d'autres du même genre, il ne vous serait pas seulement venu dans la pensée d'accorder la moindre attention à ce petit Censorinus, ni même au respectable Varron, à moins que vous ne le regardiez comme un simple témoin de la vérité : mais, dans ce cas, mettez-le à sa place.

Nous sommes donc en possession, dites-vous, *d'une date très-probable du Typhon!!* Comment donc, Monsieur le comte, vous donnez comme une découverte, comme une preuve nécessaire, présentée avec un ton d'importance, une simple coïncidence avec la Vulgate! Vous n'y songez pas. Si le Typhon de Varron a eu lieu 2288 ans avant J. C., quand donc, s'il vous plaît, aura eu lieu le déluge de Moïse? Avant ou après?

Vous ajoutez d'un air triomphant : *Et nous pouvons nous hasarder à travers les annales de Babylone.* — Quoi donc! parce que la mémoire d'un événement, qui n'appartient pas plus à Babylone qu'au reste de l'univers, est venu, après cent reflets, retentir faiblement, au bout de vingt-cinq siècles, dans le livre de Censorinus, vous croyez pouvoir traverser les annales de Babylone! Avec votre permission, vous ne les avez pas seulement effleurées!

> .... *Incerta hæc si tu postules*
> *Ratione certa facere, nihil plus agas*
> *Quam si des operam ut cum ratione insanias.*

Le passage suivant me paraît encore mériter une grande attention. *Si l'alluvion de Babylone a été ressentie en Chine, et même en Égypte, et si elle a duré neuf ans*, etc. (ibid., p. 24). — Ô puissance du siècle! ô servitude que les meilleurs esprits, séduits et égarés, prennent pour de la force! L'*inondation* d'une ville par la rupture de quelque digue ou par la mauvaise humeur d'un fleuve, *se fait sentir* jusque dans les faubourgs; et, plus loin, *elle se fait sentir* dans les gazettes. Pour que Memphis, Babylone et Pékin aient été inondés *à la fois*, il faut, en vertu des lois de l'équilibre, que tout le globe ait été couvert par les eaux; il faut *un déluge* proprement dit. Lorsque les eaux portaient des coquillages sur les hautes Cordillères (addit. aux voyages d'Ulloa), lorsqu'elles déposaient des dents d'éléphant sur ces mêmes montagnes à 1350 toises au-dessus du niveau de la mer (Humboldt), où étaient les eaux ? A quelques lieues de là, en l'air apparemment, suspendues en forme de murailles comme les eaux de la mer Rouge pendant le passage des Israélites. Est-il possible que des gens qu'on appelle *philosophes* dévorent toute sorte de miracles, excepté ceux qui sont prouvés !

Je vous ai conseillé, Monsieur le comte, de changer la page dix-septième ; mais je vous prie de changer la vingt-quatrième, ou de l'expliquer dans les notes de manière qu'elle ne présente plus rien de choquant : mais la chose me paraît difficile.

Je veux vous dire, sur ce point, une grande vérité. *L'irréligion est canaille.* Ainsi, en faisant même abstraction de toute recherche sur le oui ou sur le non, un homme distingué se garde bien non-seulement, comme on dit, de casser les vitres, mais de dire ou d'écrire un seul mot qui blesse directement ou indirectement les dogmes nationaux.

Il y a dans tous les pays un certain nombre de familles conservatrices, sur lesquelles repose l'État : c'est ce qu'on appelle *l'aristocratie* ou *la noblesse*. Tant qu'elles demeurent pures et pénétrées de l'esprit national, l'État est inébranlable, en dépit des vices des souverains ; dès qu'elles sont corrompues, surtout sous le rapport religieux, il faut que l'État croule, quand il serait gouverné de Charlemagne en Charlemagne. Le patricien est un prêtre laïque : la religion nationale est sa première propriété et la plus sacrée, puisqu'elle conserve son privilége, qui tombe toujours avec elle. Il n'y a pas de plus grand crime pour un noble que celui d'attaquer les dogmes. Avouez, Monsieur le comte, qu'il en a bien pris à la noblesse française d'avoir fait alliance, dans le dix-huitième siècle, avec la philosophie! Voilà son crime et l'origine de tous ses maux : aussi la conscience universelle, qui est infaillible, souvent sans le savoir, a refusé d'absoudre les nobles français, et leur a refusés, comme apostat, la compassion qu'elle leur devait comme malheureux.

Ne vous effarouchez point, je vous en prie, Monsieur le comte, de ce mot, l'*irréligion*, que je viens d'employer. Ce mot ne présente point une idée circonscrite et absolue; il désigne tout ce qui blesse la religion, depuis les coups les plus hardis jusqu'aux plus excusables légèretés. Vous êtes certes bien plus près de ce dernier terme que de l'autre. Mais dites-moi, de grâce, si je vous avais assuré sur ma parole d'honneur toutes les circonstances d'un événement dont j'aurais été témoin; si je vous en avais donné une attestation écrite sous la foi d'un serment; si, dans un écrit public, vous veniez ensuite à dire, « *Nous sommes en possession d'une notion unique sur un tel événement,* » et que vous citassiez pour cette notion unique ce que mon laquais aurait dit dans un cabaret, en buvant avec ses amis, sans parler de moi ni de mon attestation, croyez-vous que je ne serais pas en droit de me fâcher, et même de vous demander satisfaction ?

C'est précisément ce que vous faites à l'égard de Moïse, et c'est ce qui ne convient, à mon avis, ni à un véritable philosophe, ni surtout au comte Jean Potocki. Une attaque indirecte est cependant une attaque ; un silence même peut l'être : il faut vous en abstenir.

Venons à présent, si vous le voulez bien, à la *dispersion des Atlantes, événement immense,* etc., p. 26. — Hélas ! Monsieur le comte, il n'y a point d'*Atlantes*. Ne croyez pas je vous prie, aux rêves de ces Français *dont la vanité excède la mesure de la vanité* HUMAINE, *et dont le vice principal est le défaut de logique : portés à l'excès en tout, peut-être pour avoir l'air de s'approprier ce qui n'est pas à eux, en exagérant ce qu'ils n'ont pas imaginé; toujours sujets à la prétention d'enseigner aujourd'hui ce qu'ils savent d'hier, et de régenter ceux qui le leur ont appris.* (La Harpe, *Lycée*, t. XIV, p. 448; t. XVII, p. 206, in-8°.)

Voulez-vous savoir la vérité sur ce point? La voici, sans poésie et sans rhétorique :

« Une colonie de brahmes, originairement émigrés de la
« grande école des mages chaldéens à Babylone, s'établit
« près de la grande chaîne du Caucase, portant avec elle
« les lettres et les arts jusqu'à la mer Caspienne et au
« Pont-Euxin. Là elle se mêla dans la suite avec une autre
« colonie savante d'Égyptiens qu'on a prouvés s'être éta-
« blie à Colchis. De là le feu sacré se propagea au nord et
« au midi dans l'Iran ou la Perse, la Bactriane, la Médie,
« la Sogdiane, le Thibet et le Cathay. Si l'on veut appeler
« ces hommes *Scythes*, ce seront au moins des Indo-Scythes
« bien différents de ces sauvages hyperboréens qui habi-
« taient les déserts affreux de la Sibérie, sous la latitude
« de Selinginskoï, vers le 60e parallèle, et que MM. d'An-
« carville et Bailly nous ont donnés pour les instituteurs
« du genre humain. Leur système, depuis que ces faits
« sont connus, a peu de fauteurs... Le chevalier Jones s'est
« parfaitement convaincu que l'observation des astres
« naquit, avec les premiers éléments de la civilisation,
« parmi ces hommes que nous nommons *Chaldéens*, d'où
« elle passa en Égypte, dans l'Inde, dans la Grèce, dans
« l'Italie et dans la Scandinavie. » (Jones's, *Asiatic Research.*, t. II, p. 301; cité par le docteur Maurice, *History of Indostan*, in-4°, t. II, p. 214 sqq.)

Et Meiner, dans son *Histoire du progrès des sciences*, etc., t. I, p. 367, a mis en thèse rondement : *Dass Keine von den Nationen Asiens oder Afrikens wissenschaftliche kentnisse besitzen habe.*

Il y a certainement de l'exagération dans cette proposition ; mais toujours faut-il entendre les raisons de Meiner ; et parce qu'il aura un peu exagéré, il ne s'ensuit pas qu'il faille croire aux *Atlantes instituteurs du genre humain.* J'ai vu le système de Bailly méprisé à Rome autant qu'à Londres.

Rousseau a dit que la manie des philosophes a toujours été *de nier ce qui est, et d'expliquer ce qui n'est pas;* il a raison, et personne ne l'a mieux prouvé que lui. *La dispersion des peuples, précédée de la division des langues,* sont deux grands phénomènes, deux *événements immenses* (ici l'expression est très-juste) encore présents à tous les yeux, et qui, très-incontestablement, n'ont pu avoir lieu sans une intervention directe et extraordinaire de la puissance divine. Ces deux grands faits fournissent le sujet des plus belles et des plus utiles spéculations philosophiques : on les nie, parce qu'ils sont vrais et parce qu'ils sont divins ; et à la place, on rêve les Atlantes, car tout est bon, excepté le vrai.

De ces grandes considérations morales, je passe à d'autres qui se rapportent à votre système pris dans sa généralité, car les détails ne sont pas de ma compétence.

A la tête de votre chronologie des deux premiers livres de Manéthon, vous dites que *vos recherches vous ont conduit à une chronologie peu différente de celle de Lenglet-Dufresnoy ; et vous vous félicitez de n'avoir point à fatiguer le monde par de nouvelles incertitudes et par l'exposition d'un nouveau système.* (Avertissement.)

Dans le nouvel ouvrage, vous croyez pouvoir assurer que *nous sommes en possession de tout le système chronologique de Manéthon,* p. 24.

Mais à la page 26, vous annoncez *une méthode nouvelle sur qui* (sur laquelle) *vous avez fondé l'espoir d'élever la chronologie au rang des sciences exactes.* Ces textes rapprochés font naître un doute qui me paraît devoir être éclairci.

Une méthode chronologique ne peut être nouvelle que de deux manières : ou parce qu'elle corrige des dates fausses, ou parce qu'elle fournit de nouvelles preuves à des dates déjà reconnues pour vraies. Or, en vous lisant, l'homme qui n'est pas chronologiste de profession, c'est-à-dire des myriades de lecteurs pour un, ne savent ni ce que vous renversez ni ce que vous établissez. C'est un *desideratum* continuel, qui fatigue beaucoup. Dès que vous annoncez une méthode nouvelle, on voudrait lire à chaque ligne : *Ici Scaliger s'est trompé;* là, c'est Pétau, Usser, Desvignoles, Fréret, etc. Il faut, au moins, dans vos notes, établir cette comparaison indispensable.

Une assertion que j'ai copiée plus haut pourrait sur ce point tromper le lecteur. Vous dites, Monsieur le comte, que *votre travail sur Manéthon vous a conduit à une chronologie peu différente de celle de l'abbé Lenglet-Dufresnoy.* Cependant, si je commence par Ménès (très-certainement Noé, autant qu'on peut être certain de ces sortes de choses), je trouve, dans votre *Chronologie de Manéthon,* qu'il régnait l'an 3670, p. 1. Mais l'abbé Lenglet-Dufresnoy le recule jusqu'à l'an 2965, t. I, p. 425. Les deux suites de rois se trouvent dans une contradiction perpétuelle ; mais, pour ne parler que du fameux Sésostris, le Bacchus égyptien, Lenglet le place à l'an 1722, votre ouvrage sur Manéthon à l'an 2024 ; et le chevalier Jones, pour le dire encore en passant, qui en savait bien autant qu'un autre, le place de sa pleine science à l'an 1000 (*Asiat. Research.,* loc. cit., t. II, p. 301). Il y a donc une grande différence, Monsieur le comte, entre vous, Lenglet et d'autres savants. Je voudrais les voir marquées et discutées.

A la page 28 de votre dernier ouvrage, vous prononcez à demi une grande vérité qui m'a toujours frappé : *Une suite de rois, dénuée de faits, est un monument assez insignifiant.* C'est bien moins que cela, Monsieur le comte, ce n'est rien du tout. Une chronologie sans faits est précisément une géographie sans terre.

Une autre réflexion non moins essentielle, c'est celle qui se présente à l'esprit en lisant le texte de Strabon, que vous citez à la page 11. Qu'il n'y ait eu dans une antiquité très-reculée, en Égypte comme ailleurs, et plus qu'ailleurs peut-être, des hommes initiés à des connaissances du premier ordre, c'est ce que je suis fort éloigné de nier. Mais je crois encore plus certain que ces connaissances ont dû s'effacer graduellement ; qu'à l'époque de Cambyse surtout elles reçurent un coup mortel, et que, sous les Lagides, les prêtres n'étaient et ne pouvaient être que de misérables charlatans. Il serait possible peut-être de découvrir à cet égard une loi générale ; mais je ne veux pas entamer cette question.

J'aime mieux vous dire encore deux mots sur les pasteurs. Dans les Mémoires de l'Académie de Calcutta (sir Will. Jones's works, supplem., t. II, in-4°, p. 545), vous trouverez un mémoire extrêmement intéressant de M. Francis Wilford sur l'Égypte et sur le Nil ; vous y verrez, comme dans d'autres endroits encore de ces Mémoires, les preuves des anciennes relations entre les Indiens et les Égyptiens. On y établit longuement que les pasteurs conquérants de l'Égypte étaient *Indous ;* que, dans la langue sanscrite, *palli* signifie pasteur ; que les différents établissements de ces pallis se nommèrent Pallist'han ; d'où les Grecs ont fait *Palaistine ;* que l'histoire de cette invasion est contée avec toutes ses circonstances dans un *Purana ;* que les quatre Puranas avaient été portés en Égypte (*ibid.*, p. 509), etc.

Il me semble, Monsieur le comte, que vous devriez lire ces Mémoires pour assurer davantage vos opinions sur ce point ; car il m'a paru voir, dans votre Manéthon, tantôt que les *pasteurs* étaient Arabes (p. 19), et tantôt qu'ils étaient Phéniciens (p. 23), et notes p. 33.

Tous les travaux de l'Académie de Calcutta aboutissent à prouver que toute la population du monde est partie de l'Asie, et du point de l'Asie déterminé par Moïse.

Ces mêmes travaux, surtout ceux du célèbre chevalier Jones, ont d'ailleurs rendu *indubitables* les deux propositions suivantes : 1° que les trois premiers âges des Indous sont uniquement mythologiques; que le quatrième âge, ou l'âge historique, ne peut remonter au delà de l'année 2000 avant Jésus-Christ environ. *C'est le résultat de toutes les recherches et de tous les calculs de sir Will. Jones,* cités dans l'intéressante *Histoire de l'Indostan*, in-4°, t. II, p. 27.

Or, comme il serait ridicule de prétendre attribuer une plus haute antiquité aux peuples plus éloignés du point de dispersion, il s'ensuit que le même coup de hache tombe sur toutes les chronologies, et que toutes au moins sont coupées à la même hauteur.

De manière que l'argument de Lucrèce demeure dans toute sa force : *Si le monde est si ancien, pourquoi ne sait-on rien avant la guerre de Troie? En effet, on ne sait rien.*

On lit dans le Siao-ul-lum, ou *Origines chinoises*, attribuées à Confucius ou à l'un de ses disciples : « Dans l'an-
« tiquité la plus reculée, il y eut une inondation générale.
« L'eau, s'avançant avec impétuosité, couvrit l'univers.
« Bientôt elle se reposa, et ensuite se retira. Cet événe-
« ment forma une époque, et divisa les siècles. Elle donna
« aux choses l'arrangement et la forme que nous voyons. »
(*Bayeri Museum Sinicum*, t. II, p. 259-260.)

Et les Tao-tsee ajoutent que le roi qui régnait alors s'appelait Niuhoa, qu'*il vainquit l'eau par le bois*, et fit un vaisseau propre à aller fort loin. (*Mém. des Missionn. chinois*, t. I, p. 158.)

Et les livres sacrés de l'Inde disent que ce roi s'appelait *Ménù*; qu'il était fils du Soleil; que toute la terre fut inondée et tout le genre humain détruit par ce déluge universel, qui n'épargna que le saint roi et sept *reyschees* (ou saints personnages), qui furent sauvés avec leurs femmes dans un *bahitra* (*or capacious ark*, Maurice, ibid., p. 57). Et le pouvoir générateur mâle et femelle étant demeuré endormi au fond des eaux, le pouvoir femelle en sortit après le déluge sous la forme d'une colombe. (***Dissert. sur le mont Caucase***, par M. Fr. Wilford, *Asiat. Res.*, t. VII, p. 455 sqq.)

Voilà, Monsieur le comte, d'assez bons témoins du côté de Moïse; maintenant, partons de ce grand fait, et laissons au genre humain le temps de s'établir sur toutes les parties de sa triste demeure. Si vous réfléchissez bien à ces différents établissements, vous comprendrez clairement pourquoi l'époque qui suivit le déluge est *mythique*, c'est-à-dire merveilleuse chez toutes les nations; car, dans un sens très-intéressant, *rien n'est si vrai que la fable*.

Les connaissances primitives ayant dû s'effacer graduellement et les hommes s'étant considérablement multipliés, il dut paraître des hommes extraordinaires pour constituer les nations, et c'est en effet ce qui arriva. Zoroastre, Confucius, Solon et Numa furent à peu près contemporains (*Jones's short history of Persia*, Works, tom. V, p. 596). Le Persan Hemshid et Lycurgue avaient précédé de peu. C'est l'époque de la civilisation et des monuments historiques; et voilà pourquoi, suivant la remarque très-juste de Lenglet (*Rem. sur l'hist. anc. de la Chine*, tom. II, p. 461), *la certitude pour toutes les histoires profanes ne commence que vers le temps de la fondation de Rome, 800 ans avant J. C.*

Logique, métaphysique, histoire, état du globe, tout s'accorde pour rendre justice à la sainte véracité de Moïse, et toutes les objections s'évanouissent comme un brouillard léger; et quand vous en jugeriez tout autrement, je ne vous prierais pas moins de ne pas vous laisser enrôler parmi les insurgés plébéiens. Car lorsque les écrivains du dix-huitième siècle vous invitent par leurs ouvrages à vous ranger de leur parti, c'est tout comme si des jacobins de la seconde ou troisième grandeur vous invitaient à leur club. — *Venez, monsieur le comte, venez! nous avons besoin d'un homme comme vous.* Sans doute qu'ils en ont besoin pour s'en servir et le perdre.

Il y a, dans vos ouvrages, des choses que je lis avec beaucoup de chagrin, telles que le trait, par exemple, qui termine si mal à propos votre Manéthon (p. 32). Si vous continuez à vous servir de votre esprit et de votre imagination hors de la ligne droite, laissez-moi vous dire ce qui vous arrivera, Monsieur le comte.

Vous aurez un fils, un petit-fils, etc., qui pensera comme moi : la chose est infaillible, vu surtout la révolution qui doit s'opérer incessamment dans les esprits. Ce Potocki aura aussi un fils, comme il est bien juste. Un beau jour, il lui dira avec une gravité sombre : « *Écoutez, Casimir, je vous défends de lire les livres de votre... aïeul Jean.* »

Et vous en serez inconsolable, mon cher comte.

J'espère que vous lirez ces feuilles avec votre philosophie ordinaire, et de plus avec la bonté que vous m'accordez et à laquelle j'attache beaucoup de prix. Si elles sont raisonnables, comment vous fâcheraient-elles? et si elles sont folles, comment vous fâcheraient-elles? Je crois d'ailleurs qu'un homme de votre portée ne se trompe jamais sur le sentiment qui dicte les écrits. Vous êtes donc persuadé, Monsieur le comte, que mon intention est de vous donner la plus grande preuve qui dépende de moi du cas infini que je fais de votre personne, et l'extrême envie que j'aurais de vous voir marcher la tête levée dans la route *hors de laquelle il n'y a point de raison*.

Quant à vos chiffres, je ne m'en mêle pas. *Ne sutor ultra crepidam!* Je ne puis que vous admirer, sans me mêler de douter. Un avocat plaidant pour l'ouverture d'un majorat espagnol n'a pas une idée plus claire de la généalogie de son client que vous ne l'avez, vous, Monsieur le comte, de celle de toutes les *bonnes maisons* de Grèce et d'Égypte avant les olympiades. Toutes ces généalogies, tous les synchronismes, tous les systèmes, tous les événements, sont pour ainsi dire *étendus* devant vos yeux comme une tapisserie de haute lisse, dont les moindres parties et les plus petits objets s'arrangent parfaitement au fond de votre œil. Je vous applaudis de tout mon cœur, sans oser vous suivre et moins encore vous interroger, car je n'aime parler que de ce que je crois savoir à fond; mais je n'ai pas le tort si commun de ne pas savoir estimer les connaissances que je n'ai pas, et je ne me rends jamais ce témoignage d'une manière plus certaine que lorsque je pense à vous. En vous demandant pardon de mes impertinences, je me recommande de nouveau à votre précieuse amitié.

DE MAISTRE.

P. S. Voici une minutie. Vous dites, p. 25, qu'une dizaine se dit en hébreu *assora;* j'ouvre la grammaire hébraïque de Schroëder, et je lis : אֲשֶׁר, עֶשֶׂר, אֲשָׂרְתָּעֲשָׂח, ce qui se lit, si je ne me trompe, *asar*, *eser* (et en construction) *ésera*. Comme je ne suis pas hébraïsant, voyez vous-même, je vous prie.

A UNE DAME PROTESTANTE,

SUR LA MAXIME

QU'UN HONNÊTE HOMME NE CHANGE JAMAIS DE RELIGION.

Saint-Pétersbourg, 9 décembre 1809.

Madame,

Vous exigez que je vous adresse mon opinion sur la maxime si fort à la mode, qu'*un honnête homme ne change jamais de religion*. Vous me trouverez toujours disposé, Madame, à vous donner des preuves d'une déférence sans bornes ; et je m'empresserai d'autant plus à vous obéir dans cette occasion, que, si je ne me trompe infiniment, il ne reste plus entre vous et la vérité que ce vain fantôme d'honneur qu'il est bien important de faire disparaître.

Il m'eût été bien plus doux de vous entretenir de vive voix ; mais la Providence ne l'a point voulu. Je vous écrirai donc, puisque nous sommes séparés pour très-longtemps, peut-être même pour toujours ; et j'ai le ferme espoir que cette lettre produira sur un esprit aussi bien fait que le vôtre tout l'effet que j'en attends.

La question ne saurait être plus importante ; car si nul homme ne doit changer de religion, il n'y a plus de question sur la religion. Il est inutile et même ridicule de s'informer de quel côté se trouve la vérité. Tout le monde a raison ou tout le monde a tort, comme il vous plaira : c'est une pure affaire de police, dont il ne vaut pas la peine de s'occuper.

Mais pesez bien, je vous en supplie, l'alternative suivante : Pour que tout honnête homme soit obligé de conserver sa religion, quelle qu'elle soit, il faut nécessairement que *toutes les religions soient vraies,* ou que *toutes les religions soient fausses.* Or, de ces deux propositions, la première ne peut se trouver que dans la bouche d'un insensé, et la seconde dans celle d'un impie. Ainsi, je suis bien dispensé, avec une personne telle que vous, d'examiner la question dans son rapport avec l'une ou l'autre de ces deux suppositions; et je dois me restreindre à une troisième, je veux dire à celle qui admet une religion vraie, et rejette toutes les autres comme fausses.

Je le dois d'autant plus, que c'est précisément de cette supposition que l'on part pour prétendre que chacun doit garder la sienne. En effet, dit-on, le Latin dit qu'il a raison, le Grec dit qu'il a raison, le Protestant dit qu'il a raison : entre eux, qui sera le juge? Ma réponse serait bien simple, si c'était là l'état de la question; je dirais : C'est Dieu qui examinera si l'homme ne s'est point trompé lui-même; s'il a étudié la question avec toute l'attention dont il est capable, et surtout s'il ne s'est point laissé aveugler par l'orgueil; *car il n'y aura point de grâce pour l'orgueil.*

Mais ce n'est point du tout de quoi il s'agit ; on change l'état de la question pour l'embrouiller. Il ne s'agit nullement de savoir ce qui arrivera d'un homme qui se croit de bonne foi dans le chemin de la vérité, quoiqu'il soit réellement dans celui de l'erreur; encore une fois, Dieu le jugera, et il est bien singulier que nous ayons tant de peur que Dieu ne sache pas rendre justice à tout le monde. Il s'agit, et il s'agit uniquement, de savoir *ce que doit faire l'homme qui professe une religion quelconque, et qui voit clairement la vérité ailleurs ?* Voilà la question, et il n'y a ni raison ni bonne foi à la changer pour en examiner une toute différente, puisque nous sommes tous d'accord qu'un homme qui change de religion sans conviction est un lâche, et même un scélérat.

Cela posé, quel téméraire osera dire que l'homme à qui la vérité devient manifeste doit s'obstiner à la repousser ? Il n'y a rien de si terrible que l'empire d'une fausse maxime une fois établie sur quelque préjugé qui nous est cher ; à force de passer de bouche en bouche, elle devient une sorte d'oracle qui subjugue les meilleurs esprits. De ce nombre est celle que j'examine dans ce moment : c'est le coussin que l'erreur a imaginé pour reposer sa tête et dormir à l'aise.

La vérité n'est pas, quoi qu'on en dise, si difficile à connaître. Chacun, sans doute, est maître de dire *non ;* mais la conscience est infaillible, et son aiguillon ne saurait être écarté ni émoussé. Que fait-on donc pour se mettre à l'aise, et pour contenter à la fois la paresse, qui ne veut point examiner, et l'orgueil, qui ne veut point se dédire ? On invente la maxime qu'*un homme d'honneur ne change point de religion*, et là-dessus on se tranquillise, sans vouloir s'apercevoir (ce qui est cependant de la plus grande évidence) que ce bel adage est tout à la fois une absurdité et un blasphème.

Une absurdité : car que peut-on imaginer de plus extravagant, de plus contraire à la nature d'un être intelligent, que la profession de foi expresse et antérieure de repousser la vérité, si elle se présente ? On enverrait à l'hôpital des fous celui qui prendrait un tel engagement dans les sciences humaines ; mais quel nom donner à celui qui le prend à l'égard des vérités divines ?

Un blasphème : car c'est absolument et au pied de la lettre la même chose que si l'on disait formellement à Dieu : « Je me moque de ce que vous dites ; révélez ce
« qu'il vous plaira : je suis né juif, mahométan, idolâ-
« tre, etc., je m'y tiens. Ma règle sur ce point est le degré

« de longitude et de latitude. Vous pouvez avoir ordonné
« le contraire, mais peu m'importe. »

Vous riez, **Madame**; mais il n'y a ici ni exagération ni rhétorique : c'est la vérité toute pure; jugez-en vous-même dans le calme de la réflexion.

En vérité, il s'agit bien d'un vain point d'honneur et d'un engagement d'orgueil dans une matière qui intéresse la conscience et le salut !

Mais je ne prétends pas en demeurer là, et j'ai la prétention de vous montrer que l'honneur même, tel que nous le concevons dans le monde, ne s'oppose nullement au changement de religion; pour cela, remontons aux principes.

Il y a aujourd'hui mille huit cent neuf ans qu'il y a *toujours* eu dans le monde une Église catholique qui a *toujours* cru ce qu'elle croit. Vos docteurs vous auront dit mille fois que nous avons innové; mais prenez garde d'abord que, si nous avions réellement innové, il serait assez singulier qu'il fallût publier tant de gros livres pour le prouver (livres, au reste, réfutés sans réplique par nos écrivains). Eh, mon Dieu ! pour prouver que vous avez varié, vous autres qui n'existez cependant que d'hier, il ne faut pas se donner tant de peine. Un des meilleurs livres de l'un de nos plus grands hommes contient l'*histoire* de vos *variations*. Les professions de foi se sont succédé chez vous comme les feuilles se succèdent sur les arbres; et aujourd'hui on se ferait lapider en Allemagne, si l'on soutenait que la confession d'Augsbourg, qui était cependant l'évangile du seizième siècle, oblige les consciences.

Mais allons au-devant de toutes les difficultés. Partons d'une époque antérieure à tous les schismes qui divisent aujourd'hui le monde. Au commencement du dixième siècle, il n'y avait qu'une foi en Europe. Considérez cette foi comme un assemblage de dogmes positifs : l'unité de

Dieu, la trinité, l'incarnation, la présence réelle; et, pour mettre plus de clarté dans nos idées, supposons qu'il y ait cinquante de ces dogmes positifs. Tous les chrétiens croyaient donc alors cinquante dogmes. L'Église grecque ayant nié la procession du Saint-Esprit et la suprématie du pape, elle n'eut plus que quarante-huit points de croyance, par où vous voyez que nous croyons toujours tout ce qu'elle croit, quoiqu'elle nie deux choses que nous croyons. Vos sectes du seizième siècle poussèrent les choses beaucoup plus loin, et nièrent encore plusieurs autres dogmes; mais ceux qu'ils ont retenus nous sont communs. Enfin, *la religion catholique croit tout ce que les sectes croient;* ce point est incontestable.

Ces sectes, quelles qu'elles soient, ne sont donc point des religions: ce sont des *négations*, c'est-à-dire *rien* par elles-mêmes; car dès qu'elles affirment, elles sont catholiques.

Il suit de là une conséquence de la plus grande évidence: c'est que le catholique qui passe dans une secte apostasie véritablement, parce qu'il change de croyance, et qu'il nie aujourd'hui ce qu'il croyait hier; mais que le sectaire qui passe dans l'Église n'abdique au contraire aucun dogme, il ne nie rien de ce qu'il croyait; il croit au contraire ce qu'il niait, ce qui est bien différent.

Dans toutes les sciences, il est honorable de faire des découvertes et d'apprendre des vérités qu'on ignorait. Par quelle singularité la science de la religion, la seule absolument nécessaire à l'homme, serait-elle exceptée? Le mahométan qui se fait chrétien passe d'une religion positive dans une autre du même genre. Il peut donc en coûter à son orgueil d'abdiquer des dogmes positifs, et de confesser que ce même Mahomet qu'il regardait comme un prophète envoyé de Dieu n'est cependant qu'un imposteur.

Il en est tout autrement de celui qui passe d'une secte

chrétienne dans la mère Église. On ne lui demande pas de renoncer à aucun dogme, mais seulement d'avouer qu'outre les dogmes qu'il croit et que nous croyons tous comme lui, il en est d'autres qu'il ignorait, et qui cependant se trouvent vrais.

Tout homme qui a de la raison doit sentir l'immense différence de ces deux suppositions.

Maintenant, je vous prie d'arrêter votre esprit sur la considération suivante, qui est digne de toute votre attention. Pourquoi la maxime qu'*il ne faut jamais changer de religion* est-elle anathématisée par nous comme un blasphème extravagant? Et pourquoi cette maxime est-elle canonisée comme un oracle de l'honneur dans tous les pays séparés? Je vous laisse le soin de répondre.

Voilà ce que j'avais à vous dire sur cette grande question. Je n'emploie, comme vous voyez, ni grec ni latin; je n'invoque que le bon sens, qui parle si haut qu'il est impossible de lui résister. Pour peu que vous y réfléchissiez, vous ne pouvez pas douter que le catholique qui passe dans une secte est nécessairement un homme méprisable, mais que le chrétien qui d'une secte quelconque repasse dans l'Église (s'il agit par conviction, cela s'entend assez) est un fort honnête homme, qui remplit un devoir sacré.

Permettez-moi d'ajouter encore l'expérience à la théorie : nous avons dans notre religion des listes (si nombreuses que nous en avons fait des livres) d'hommes éminents par leur dignité, leur rang, leurs lumières et leurs talents, qui, malgré tous les préjugés de secte et d'éducation, ont rendu hommage à la vérité en rentrant dans l'Église. Essayez, je vous prie, de faire une liste semblable de tous les hommes qui ont abjuré le catholicisme pour entrer dans une secte. Vous ne trouverez, en général, que des libertins, de mauvaises têtes, ou des hommes abjects. J'en appelle à vous-même, Madame : vous n'avez pas voulu confier vos enfants au moine défroqué qui arriva ici il y a quelque temps. Il ne s'agissait cependant que de leur apprendre la géographie et l'arithmétique, objets qui n'ont rien de commun avec la foi. Il faut que vous le méprisiez bien profondément; mais il ne dépend pas de vous de mépriser, par exemple, le comte *de Stolberg* ou le prince-abbé Gallitzin. Des gens qui n'ont pas votre franchise pourront les blâmer, parce que, encore une fois, on ne peut empêcher personne de dire *oui* ou *non ;* mais j'en appelle de bon cœur à leur conscience.

La route étant aplanie, il ne s'agit plus que de marcher. Vous allez me demander : *Que faut-il faire ?* Je ne veux rien brusquer, Madame; vous savez combien je redoute les publicités inutiles ou dangereuses. Vous avez un époux, une famille et des biens. Un éclat de votre part compromettrait tout cela sans fruit; je n'entends pas du tout presser ce point avec une rigueur théologique; mais il y a des moyens doux qui opèrent beaucoup et sans inconvénient. En premier lieu, si vous ne pouvez encore manifester la vérité, vous êtes tenue au moins de ne jamais la contredire. Que l'usage, le respect humain ou la politique, que l'orgueil national surtout, ne vous arrachent jamais un mot contre elle! En second lieu, songez qu'une dame de votre caractère est une véritable souveraine dans son cercle. Ses enfants, ses amis, ses domestiques, sont plus ou moins ses sujets; agissez dans l'étendue de cet empire. Faites tomber autant qu'il est en vous les préjugés malheureux qui ont tant fait de mal au monde; vos devoirs ne s'étendent pas au delà de votre pouvoir. Pour le bien comme pour le mal, l'influence de votre sexe est immense; et peut-être que, pour ramener l'orgueil qui s'obstine, il n'y a pas d'argument plus efficace que celui d'une épouse respectable dont les vertus reposent sur la foi.

Favorisez la lecture des bons livres qui vous ont amenée vous-même au point où vous êtes. Voltaire a dit : *Les livres ont tout fait.* Il n'avait que trop raison ; prenez-lui sa maxime, et tournez-la contre l'erreur.

Enfin, Madame, ceci est le principal : mettez-vous en règle avec votre conscience, c'est-à-dire avec Dieu. La bonne foi ne périt jamais. Soumettez-vous parfaitement à la vérité ; tenez pour vrai tout ce qui est vrai, pour faux tout ce qui est faux ; désirez de tout votre cœur que l'empire de la vérité s'étende de jour en jour, et laissez dire tous ceux qui ont la prétention de vous deviner. Quand vous serez ainsi disposée, je vous dirai comme Lusignan : *Allez, le ciel fera le reste !*

J'ai l'honneur d'être, etc.

La lettre du 9 décembre 1809 à une dame protestante ayant été lue à une dame russe, sur qui elle fit beaucoup d'impression, cette dame demanda à l'auteur la permission de lui adresser une question par écrit, ce qu'elle fit bientôt par le billet suivant :

Saint-Pétersbourg, 29 janvier 1810.

Monsieur,

Si une religion ne diffère de l'autre que par deux points très-peu importants, il me semble qu'il n'y a réellement ni *schisme* ni *erreur* ; que l'une est aussi bonne que l'autre, ou, pour mieux dire, que c'est la même religion professée en deux idiomes différents.

Vous avez eu la bonté, Monsieur, de me communiquer vos idées, que je crois avoir bien comprises. A mon tour, je vous soumets les miennes. Si ma question n'est point indiscrète, je réclame la promesse que vous m'avez faite, et j'attendrai votre réponse avec beaucoup d'impatience.

J'ai l'honneur d'être, etc.

Cette question donna lieu à la lettre suivante :

LETTRE A UNE DAME RUSSE,

SUR

LA NATURE ET LES EFFETS DU SCHISME,

ET SUR L'UNITÉ CATHOLIQUE.

> Écoutez, ma fille, et voyez; prêtez l'oreille;
> oubliez votre nation et la maison de votre père.
> Ps. XLIV, 11.

Saint-Pétersbourg, 8 (20) février 1810.

Madame,

En jetant les yeux sur la question que vous m'avez adressée le 29 janvier dernier, il est extrêmement flatteur pour moi de voir que l'écrit dont j'avais eu l'honneur de vous faire lecture a fait sur votre esprit toute l'impression que j'en attendais, puisque vous souscrivez pleinement, quoique tacitement, à la thèse soutenue dans cet écrit, où il s'agissait uniquement de prouver que la fameuse maxime qu'*un honnête homme ne change jamais de religion, est, dans le fait, un blasphème et une absurdité.*

Vous souscrivez à cette proposition; mais vous demandez, Madame, *si deux religions* (la latine et la grecque) *ne différant que sur deux points très-peu importants, on ne peut pas dire qu'il n'y a réellement point de schisme, et que nous ne différons que sur l'idiome?*

Ceci particularise tout à fait la question. Je tiens pour accordée la thèse générale, qu'*un honnête homme doit changer de religion dès qu'il aperçoit la fausseté de la sienne et la vérité d'une autre.* Toute la question se réduit donc à savoir si cette obligation tombe sur le grec comme sur tout autre dissident, et si la conscience ordonne dans tous les cas un changement public.

La distinction des dogmes plus ou moins importants n'est pas nouvelle. Elle se présente naturellement à tout esprit conciliant tel que le vôtre, Madame, qui voudrait réunir ce qui est divisé ; ou à tout esprit alarmé, peut-être encore comme le vôtre, qui voudrait se tranquilliser ; ou enfin à tout esprit arrogant et obstiné, très-différent du vôtre, qui a l'étrange prétention de choisir les dogmes, et de se conduire d'après ses propres lumières.

Mais l'Église mère, qui n'aime que les idées claires, a toujours répondu qu'elle savait fort bien ce que c'était qu'un dogme vrai ou un dogme faux ; mais que jamais elle ne comprendrait ce que c'était qu'un dogme important ou non important parmi les dogmes vrais, c'est-à-dire révélés.

Si l'empereur de Russie ordonnait, par exemple, que tout homme voulant se rendre de l'Amirauté au couvent de Newski serait obligé de tenir la gauche des arbres de la perspective, sans jamais pouvoir passer ni dans l'allée même ni dans la partie droite de la rue, il pourrait sans doute se trouver une tête fausse qui dirait : *C'est un ukase, je l'avoue, mais il n'est pas important ; ainsi je puis bien marcher à gauche.* A quoi tout bon esprit répondrait : *Mon ami, tu te trompes de deux façons : d'abord, comment sais-tu que cet ordre n'est pas important, et que l'empereur n'a pas eu pour le publier des raisons qu'il n'est pas obligé de te confier ?* (observation, pour le dire en passant, qui est péremptoire lorsqu'il s'agit d'une ordonnance divine). *D'ailleurs, s'il n'importe pas qu'on passe à droite ou à gauche de la perspective, il importe infiniment que personne ne désobéisse à l'empereur, et surtout que personne ne mette en thèse qu'on a droit de désobéir lorsque l'ordre n'est pas important ; car chaque individu ayant le même droit, il n'y aura plus de gouvernement ni d'empire.*

Je conviens donc, si vous voulez, qu'il importe peu, avant

la décision, qu'on croie que *le Saint-Esprit procède du Père et du Fils, ou du Père par le Fils;* mais il importe infiniment qu'aucun particulier n'ait droit de dogmatiser de son chef, et qu'il soit obligé de se soumettre dès que l'autorité a parlé; autrement, il n'y a plus d'unité ni d'Église.

Sous ce point de vue, l'Église grecque est aussi séparée de nous que l'Église protestante; car si le gouverneur d'Astracan ou de Saratoff se sépare de l'unité russe, et qu'il ait la force de se soutenir dans son indépendance, il importe peu qu'il retienne la langue de l'empire, *plusieurs* ou même *toutes* les lois de l'empire : il ne sera pas moins étranger à l'*empire russe*, qui est l'unité politique, comme l'empire catholique est l'unité religieuse.

L'Église catholique ne met en avant aucune prétention extraordinaire; elle ne demande que ce qui est accordé à toute association quelconque, depuis la plus petite corporation de village jusqu'au gouvernement du plus grand peuple. Que dix à douze dames s'assemblent pour faire la charité ou visiter des malades, la première chose qu'elles feront sera de créer une prieure ; et c'est encore une vérité à la portée de l'homme le plus borné, que plus la société est nombreuse, plus le gouvernement est nécessaire, et plus il doit être fort et unique; de manière que tout grand pays est nécessairement monarchique : pourquoi donc l'Église *catholique* (c'est-à-dire *universelle*) serait-elle exempte de cette loi générale ou naturelle ? Son titre seul nécessite la monarchie, à moins qu'on ne veuille que, pour la moindre question de discipline, il faille consulter ou même assembler les évêques de Rome, de Mexico, de Québec et de Moscou.

Aussi, les paroles par lesquelles Dieu a établi la monarchie dans son Église sont si claires, que lui-même n'a pu parler plus clair.

S'il était permis d'établir des degrés d'importance parmi

les choses d'institution divine, je placerais la hiérarchie avant le dogme, tant elle est indispensable au maintien de la foi. On peut ici invoquer en faveur de la théorie une expérience lumineuse qui brille depuis trois siècles aux yeux de l'Europe entière : je veux parler de l'Église anglicane, qui a conservé une dignité et une force absolument étrangères à toutes les autres Églises réformées, uniquement parce que le bon sens anglais a conservé la hiérarchie ; sur quoi, pour le dire en passant, on a adressé à cette Église un argument que je crois sans réplique : *Si vous croyez* (lui a-t-on dit) *la hiérarchie nécessaire pour maintenir l'unité dans l'Église anglicane, qui n'est qu'un point, comment ne le serait-elle pas pour maintenir l'unité dans l'Église universelle ?* Je ne crois pas qu'un Anglais puisse répondre rien qui satisfasse sa conscience.

Pour juger sainement du schisme, il faut l'examiner avant sa naissance ; car, dès qu'il est né, son père, qui est l'orgueil, ne veut plus convenir de l'illégitimité de son fils.

Supposons le christianisme établi dans tout l'univers sans aucune forme administrative, et qu'il s'agisse de lui en donner une : que diraient les hommes sages chargés de ce grand œuvre ? Ils diraient tous de même, soit qu'ils fussent deux ou cent mille : *C'est un gouvernement comme un autre : il faut le remettre à tous, à quelques-uns ou à un seul. La première forme est impossible, il faut donc nous décider entre les deux dernières.* Et si l'on s'entendait tous pour une monarchie tempérée par les lois fondamentales et par les coutumes, avec des états généraux pour les grandes occasions, composée d'un souverain qui serait le pape, d'une noblesse formée par le corps épiscopal, et d'un tiers état représenté par les docteurs et par les ministres du second ordre, il n'y a personne qui ne dût applaudir à ce plan. Or, c'est précisément celui qui s'est établi divinement par la seule force des choses, et qui a toujours existé dans l'Église depuis le concile de Jérusalem, où Pierre prit la parole avant tous ses collègues, jusqu'à celui de Constantinople en 869, où la dernière acclamation fut, *A la mémoire éternelle du pape Nicolas*, jusqu'à celui de Trente, où les Pères, avant de se séparer, s'écrièrent de même : *Salut et longues années au très-saint-père, au souverain pontife, à l'évêque universel !*

Or, dès qu'un gouvernement est établi, c'est une maxime aussi vraie et plus évidente qu'un théorème mathématique, que non-seulement nul particulier, mais encore que nulle section de l'empire, n'a droit de s'élever contre l'empire même, qui est un, et qui est tout.

Si quelqu'un demandait en Angleterre ce qu'il faudrait penser d'une province qui refuserait de se soumettre à un bill du parlement sanctionné par le roi, tout le monde éclaterait de rire. On dirait par acclamation : *Où est donc le doute? La province serait révoltée, il faudrait publier la loi martiale, et y envoyer des soldats et des bourreaux.*

Mais la révolte n'est que le schisme politique, comme le schisme n'est qu'une révolte religieuse ; et l'excommunication qu'on inflige au schismatique n'est que le dernier supplice spirituel, comme le dernier supplice matériel n'est que l'excommunication politique, c'est-à-dire l'acte par lequel on met un révolté *hors de la communauté* qu'il a voulu dissoudre (ex-communier).

On raisonne souvent *sur* et même *contre* l'infaillibilité de l'Église, sans faire attention que tout gouvernement est infaillible, ou doit être tenu pour tel.

Lorsque Luther criait si haut dans l'Allemagne, *Je demande seulement qu'on me dise de bonnes raisons, que l'on me convainque, et je me soumettrai,* et lorsque les princes même applaudissaient à cette belle prétention, non-seulement Luther était un révolté, mais de plus il était un sot ;

car jamais souverain n'est obligé de rendre raison à son sujet, ou bien toute société est dissoute.

La seule mais bien importante différence qu'il y ait entre la société civile et la société religieuse, c'est que, dans la première, le souverain peut se tromper, de manière que l'infaillibilité qu'on lui accorde n'est qu'une supposition (qui a cependant toutes les forces de la réalité); au lieu que le gouvernement spirituel est nécessairement infaillible au pied de la lettre; car Dieu n'ayant pas voulu confier le gouvernement de son Église à des êtres d'un ordre supérieur, s'il n'avait pas donné l'infaillibilité aux hommes qui la gouvernent, il n'aurait rien fait; il aurait fait moins que ce que font les hommes pour perpétuer leurs chétives institutions. Or, tous les chrétiens partant du principe que l'institution est divine, comme elle ne peut manifestement durer que par l'infaillibilité, soutenir que son gouvernement a pu se tromper, c'est évidemment soutenir qu'elle est divine et qu'elle ne l'est pas.

Que disait votre Photius dans la fameuse protestation qu'il émit, au neuvième siècle, contre la décision du concile de Constantinople?

« *Nous ne connaissons ni Rome, ni Antioche, ni Jéru-*
« *salem, ni tous les autres juges, quand ils jugent, comme*
« *ils font en cette assemblée, contre le droit et l'équité,*
« *contre la raison naturelle et les lois de l'Église : nous*
« *ne reconnaissons d'autre autorité que ces lois.* »

Que disaient les législateurs calvinistes de l'Angleterre au seizième siècle?

« *L'Église de Jérusalem s'est trompée, celle d'Antioche*
« *s'est trompée, et celle de Rome s'est trompée même dans*
« *ses matières de foi. Les conciles généraux ont erré de*
« *même. Il n'y a donc de véritable règle que la parole de*
« *Dieu.* » (Voyez les XXXIX articles de l'Église d'Angleterre, dans le livre des *Commons Prayers*, et ailleurs.)

Vous voyez, Madame, que le schisme est toujours le même ; il peut bien changer *de langue,* mais jamais de langage.

Et pour sentir la beauté de son raisonnement, transportez-le dans l'ordre politique. Imaginez des hommes qui diraient : *Nous ne connaissons ni juges, ni magistrats, ni tribunaux d'aucune espèce, tant qu'ils jugeront, comme ils font trop souvent, contre les lois de l'empire. Nous ne connaissons d'autres juges que ces lois. La police s'est trompée, les juges se sont trompés, toutes les classes du sénat prises à part se sont trompées ; le* Plenum *même s'est trompé : il n'y a donc de véritable règle que la parole du législateur. Nous avons un code. Dans toutes les discussions possibles, il suffit de l'ouvrir pour savoir qui a tort ou raison, sans recourir à des juges ignorants, passionnés ou faillibles comme nous.*

Nul homme de bonne foi ne contestera la rigoureuse justesse de cette comparaison.

Ainsi donc le schisme heurte de front les principes les plus évidents de la logique : il est contraire à celui de tous les gouvernements, et radicalement inexcusable. Sans doute que, lorsqu'il est consommé, il devient juste et raisonnable aux yeux du révolté. Ah ! je le crois. Quand est-ce qu'on a entendu la révolte dire qu'elle a tort ? C'est une contradiction dans les termes ; car, du moment où elle dirait, *J'ai tort,* elle cesserait d'être révolte.

Mais remontez aux temps qui ont précédé la scission, et vous trouverez dans les actes mêmes de la révolte des armes pour la combattre.

N'a-t-on pas vu Photius s'adresser au pape Nicolas Ier, en 859, pour faire confirmer son élection ; l'empereur Michel demander à ce même pape des légats *pour réformer l'Église de Constantinople;* et Photius lui-même tâcher encore, après la mort d'Ignace, de séduire Jean VIII, pour en obtenir cette confirmation qui lui manquait ?

N'a-t-on pas vu le clergé de Constantinople en corps recourir au pape Étienne en 886, reconnaître solennellement sa suprématie, et lui demander, conjointement avec l'empereur Léon, une dispense pour le patriarche Étienne, frère de cet empereur, *ordonné par un schismatique* ?

N'a-t-on pas vu l'empereur *romain*, qui avait créé son fils Théophile patriarche à l'âge de seize ans, recourir en 933 au pape Jean XII pour en obtenir les dispenses nécessaires, et lui demander en même temps que le *pallium* fût accordé par lui au *patriarche*, ou, pour mieux dire, à l'Église de Constantinople, une fois pour toutes, sans qu'à l'avenir chaque patriarche fût obligé de le demander à son tour ?

N'a-t-on pas vu l'empereur Basile envoyer encore des ambassadeurs en 1019 au pape Jean XXII, pour en obtenir, en faveur du patriarche de Constantinople, le titre de *patriarche œcuménique* à l'égard de l'Orient, *comme le pape en jouissait sur toute la terre* ?

Étranges contradictions de l'esprit humain ! Les Grecs reconnaissaient la souveraineté en lui demandant des grâces ; puis ils se séparaient d'elle, parce qu'elle leur résistait. C'était là reconnaître encore en la rejetant.

Et prenez bien garde, Madame, qu'en rejetant cette souveraineté, ils n'ont pas osé l'attribuer à d'autres, pas même à leur propre Église, si fière et si dominatrice ; de manière que toutes les Églises d'Orient sont demeurées *acéphales*, comme dit l'école, c'est-à-dire sans aucun chef commun qui puisse exercer sur elles une juridiction supérieure, pour les maintenir dans l'unité ; tant la suprématie de Rome était incontestable. Il résulte de ce beau système qu'on veut bien un empire de Russie, mais point d'empereur de Russie : ce qui est tout à fait ingénieux.

Plus d'une fois, Madame, il vous sera arrivé comme à moi d'entendre dire dans la société, avec une gravité digne de la plus profonde compassion, que *ce n'est point l'Église grecque qui s'est séparée de la latine, mais bien celle-ci qui s'est séparée de l'autre.*

Autant vaut précisément dire que Pougatscheff ne se révolta point contre Catherine II, mais qu'au contraire Catherine II se révolta contre Pougatscheff.

Qu'on accumule toutes les raisons alléguées pour justifier le schisme des Grecs : l'orgueil de l'Église romaine, les abus, les innovations, le despotisme, la corruption, etc.; je donne le défi solennel à toute l'Église grecque en corps de m'en citer une seule que je ne tourne sur-le-champ, avec une précision mathématique, contre Catherine II en faveur de Pougatscheff.

C'en est assez, Madame, si je ne me trompe, pour vous faire comprendre clairement la coupable déraison du principe sur lequel repose le schisme ; il me reste une tâche encore plus importante : c'est de vous en faire apercevoir les suites funestes, que vous êtes bien éloignée de connaître dans toute leur étendue, comme je le vois par la question que vous m'avez fait l'honneur de m'adresser.

On ne juge un poison que par ses effets. La vésicule qui recèle le venin de la vipère est fort petite, et le canal qui le verse dans la plaie à travers la dent est à peine perceptible sous la lentille du microscope : cependant la mort y passe commodément. Le monde moral est plein, comme le monde physique, de ces passages imperceptibles par où le mal s'élance dans le domaine de Dieu, qui est celui de l'ordre. Alors l'orgueil a beau crier : *Il n'y a point de mal, tout va bien.* Laissons dire l'orgueil, et voyons les choses sans passion. Pour connaître toute l'étendue du désordre, il faut d'abord connaître toute l'excellence de l'ordre qu'il a détruit.

Si vous comparez en masse toutes les Églises séparées avec l'Église mère, vous serez frappée de la différence. Celle-ci se distingue par trois grands caractères, qui sautent aux yeux les moins attentifs : la *persuasion*, l'*autorité*, et la *fécondité*.

1° La *persuasion*. — La devise éternelle de l'Église est le mot du prophète : *J'ai cru; c'est pourquoi j'ai parlé.* Sûre d'elle-même, jamais on ne l'a vue balancer. *Le doute*, comme l'a fort bien dit notre célèbre Huet, *n'habite point la cité de Dieu;* et l'on peut faire sur ce point une observation de la plus haute importance : c'est que, dans les communions séparées, ce sont précisément les cœurs les plus droits qui éprouvent le doute et l'inquiétude; tandis que, parmi nous, la foi est toujours en proportion directe de la moralité. Comme rien n'est si *contagieux* que la persuasion, l'enseignement catholique exerce une force prodigieuse sur l'esprit humain. Animé par sa conscience et par ses succès, le ministère ne dort jamais : il ne cesse d'enseigner, et, je ne sais comment, son silence même prêche. Brûlant de l'esprit de prosélytisme, on le voit surtout enfanter certains livres extraordinaires qui n'ont rien de dogmatique, rien de contentieux, et qui semblent n'appartenir qu'à la simple piété, mais qui sont pleins cependant de je ne sais quelle sève divine qui pénètre dans le cœur, et de là dans l'esprit; au point que ces livres opèrent plus d'effet que ce que les docteurs les plus savants ont produit de plus concluant dans le genre démonstratif.

2° L'*autorité*. — A la fin du Sermon sur la montagne (l'un des morceaux de l'Écriture sainte où le sceau divin est le plus saillant), l'historien sacré ajoute ces mots remarquables : *Or, le peuple était ravi de sa doctrine; car il ne les enseignait pas comme ses docteurs*, MAIS COMME AYANT LA PUISSANCE. Examinez la chose de près, Madame, et vous verrez que le divin législateur a transmis ce privilége (autant du moins que le souffre la nature humaine) au ministère qu'il a établi sur la terre. Prenez place dans l'auditoire du plus humble curé de campagne : si vous y avez apporté l'oreille de la conscience, vous sentirez à travers des formes simples, peut-être même grossières, que le ministre est à sa place, et qu'il parle *comme ayant la puissance*.

Ce caractère est encore un des mieux aperçus par la conscience universelle, qui est infaillible. De là vient que la religion catholique est la seule qui alarme les autres, et qui ne soit jamais parfaitement tolérée. Il y a, dans cette capitale, des prédicateurs arméniens, anglicans, luthériens et calvinistes, bien plus contraires que nous à la foi du pays : qui jamais s'est embarrassé de ce qu'ils disent ? Il en est bien autrement des catholiques ; ils ne peuvent dire un mot ni faire un pas qui ne soit le sujet d'un examen, d'une critique ou d'une précaution ; car toute religion fausse sent qu'elle n'a de véritable ennemie que la vraie.

3° La *fécondité*. — Comment cette religion, qui est la fille de Dieu, ne participerait-elle pas à la puissance créatrice ? Considérez-la depuis son établissement, jamais elle n'a cessé d'enfanter. Tantôt elle travaille à étendre ses limites. Aucune peine, aucun danger ne l'effrayent. Elle fait chanter ses hymnes aux Iroquois et aux Japonais ; et, sans les entraves que lui jettent d'aveugles gouvernements, dont elle se venge en les déclarant sacrés, on ne sait où s'arrêteraient ses entreprises et ses succès. Tantôt elle travaille sur elle-même, et s'enrichit chaque jour de nouveaux établissements, tous dirigés à l'extension de la foi et à l'exercice de la charité.

En vous montrant les trois caractères de l'Église, j'ai dit ce qui manque aux communions séparées. Je m'arrêterai un instant sur ce point essentiel, en vous montrant d'abord ce qu'elles ont de commun.

La conscience est une lumière si profonde et si éclatante, que l'orgueil même n'a pas la puissance de l'éteindre entièrement ; or, cette conscience enseigne à tout homme qu'il serait souverainement déraisonnable de vouloir s'arroger le droit de se séparer d'une Église quelconque, et de refuser ce même droit à un autre. Si le Grec a cru avoir de bonnes raisons pour méconnaître la suprématie de Rome dans le quinzième siècle, de quel front condamnerait-il le protestant qui a usé du même droit dans le seizième ? De quel front même condamnerait-il son propre frère qui refuserait de croire leur mère commune ? Ce sentiment seul frappe de mort toutes les Églises séparées, ou ne leur laisse qu'une vaine apparence, semblable à celle de ces arbres pourris qui ne vivent plus que par l'écorce. Elles se tolèrent mutuellement, à ce qu'elles disent ; et pourquoi non ? Dans le fond, cependant, ce beau mot de *tolérance* n'est qu'un synonyme honnête de celui d'*indifférence*. Jamais, depuis leur séparation, il ne leur est arrivé de faire des conquêtes. A peine ont-elles osé l'entreprendre ; ou si elles l'ont fait, elles n'ont obtenu que des succès tout à fait insignifiants. Le ministère, dans ces Églises, n'a pas l'autorité qui lui serait nécessaire pour annoncer la foi aux nations barbares. Il n'a pas même celle dont il aurait besoin à l'égard de ses propres ouailles ; et la raison en est simple, car, en s'examinant lui-même, il s'aperçoit, d'une manière plus ou moins claire, qu'il donne prise habituellement au genre de soupçon le plus avilissant, celui de la mauvaise foi dans l'enseignement.

En effet, dès qu'il n'y a pas d'autorité infaillible pour tous les chrétiens, toute question se trouve renvoyée au jugement particulier. Or, dans ce cas, quel garant le ministre de la religion a-t-il auprès de ceux qui l'écoutent, pour leur certifier qu'il croit réellement ce qu'il enseigne? et quelle force d'ailleurs peut-il avoir auprès d'eux? Il sied mal à des révoltés de prêcher la soumission. Il se tait, ou il ne fait que balbutier. Bientôt il s'établit une défiance réciproque entre les enseignants et les enseignés ; à la défiance succède le mépris; insensiblement le ministère est repoussé dans les dernières classes de la société. Il se tranquillise à la place où l'opinion l'a jeté, et les peuples ne tardent pas de passer du mépris des docteurs au mépris de la doctrine.

Il peut y avoir, dans ce genre, des différences en plus ou en moins ; mais le principe est incontestable. Dès qu'il n'y a plus d'unité, il n'y a plus d'ensemble, et toute agrégation se dissout. Il y a bien *des églises*, mais plus *d'Église*; il y a bien *des évêques*, mais plus *d'épiscopat*. Ces mots d'Église *orientale* ou d'Église *grecque* ne signifient rien du tout. Il est faux que l'Église de Russie appartienne à la grecque. Où est le lien et la coordination? Quelle juridiction le patriarche de Constantinople a-t-il sur le sacerdoce russe? L'archevêque d'Épire, envoyé par l'empereur de Russie, va prendre possession dans ce moment de l'archevêché de Moldavie. : le siége de Constantinople ne s'en mêlera aucunement. Si demain le sultan reprenait la Moldavie, il chasserait l'archevêque, et en introduirait un autre. Tous ces évêques ainsi indépendants d'une autorité commune et étrangers les uns aux autres, tristes jouets de l'autorité temporelle qui leur commande comme à ses soldats; tous ces évêques, dis-je, sentent fort bien dans leur cœur ce qu'ils sont, c'est-à-dire rien. Et comment les estimerait-on plus qu'ils ne s'estiment eux-mêmes?

Ainsi donc, Madame, plus de pape, plus de souveraineté; plus de souveraineté, plus d'unité ; plus d'unité, plus d'autorité; plus d'autorité, plus de foi. Je parle en général, en considérant seulement l'effet total et définitif. Voilà l'inévitable anathème qui pèse également sur toutes les Églises séparées; par où vous voyez, Madame, ce qu'il en est de ces points de différence qui vous paraissent légers.

Mais je laisserais échapper la plus importante considération, si je négligeais de vous faire apercevoir un autre anathème particulier aux Églises simplement schismatiques, et qui mérite toute votre attention. Il vaut bien mieux nier les mystères qu'en abuser; et, sous ce point de vue, vous êtes de beaucoup inférieurs aux protestants. Les sacrements étant la vie du christianisme et le lien sensible des deux mondes, partout où l'exercice de ces pratiques sacrées ne sera pas accompagné d'un enseignement pur, indépendant et vigoureux, il entraînera d'horribles abus, qui produiront, à leur tour, une véritable dégradation morale. Je ne veux point fouiller cet ulcère, ni même le découvrir entièrement; je me contente de l'indiquer.

Vous voyez, Madame, à quel point nous différons. Vous croyez que nous pouvons être considérés comme professant au fond la même religion; et moi je crois que vous êtes catholique précisément comme un citoyen de Philadelphie est Anglais. Je me félicite cependant de pouvoir terminer cette lettre par la réflexion la plus consolante pour vous et pour moi. Je me hâte de vous la présenter en peu de mots.

Je ne crois pas que, pour un esprit droit tel que le vôtre, il y ait beaucoup de difficulté sur la question principale; le doute et même l'inquiétude peuvent commencer à la question indiquée à la fin de la lettre qui a produit celle-ci : *Que faut-il faire ?* Or, sous ce point de vue, l'avantage du Grec sur le Protestant est immense. Ce dernier ne saurait presque exercer son culte sans nier implicitement un dogme fondamental du christianisme. Par exemple, lorsqu'il reçoit la communion, il nie la présence réelle ; de manière que, s'il avait eu le bonheur de reconnaître la vérité, sa conscience devrait souffrir excessivement. Mais vous, Madame, vous n'êtes pas dans le cas de vous reprocher aucune simulation. Vous croyez ce que nous croyons ; vous recevez le même pain que nous. C'est un acte que vous pouvez régulariser en y ajoutant le vœu sincère de manger ce pain à la table de saint Pierre. On pourrait imaginer un temps où la conscience se trouverait véritablement embarrassée. Mais nous sommes loin de ces épreuves, et dans ce moment je ne puis que vous rappeler la fin de ma *Lettre à une dame protestante*. La modestie, la réserve et tout ce que nous appelons *mesure* étant les caractères distinctifs de votre sexe, il semble que certains partis extrêmes, certaines actions hardies, et pour ainsi dire retentissantes, n'appartiennent guère qu'au nôtre. Les femmes ont suffisamment prouvé qu'elles savent être héroïnes quand il le faut ; mais les occasions où elles doivent l'être sont heureusement très-rares. En général, le bruit n'est pas votre affaire, car vous ne pouvez pas trop vous donner en spectacle sans affaiblir une opinion dont vous avez besoin. Les devoirs, ainsi que les vérités, ne pourront jamais se trouver en opposition réelle : il y a entre eux une certaine subordination qui peut varier avec les circonstances. Quelquefois le martyre est un devoir, et quelquefois la simple confession est une faute : s'il est donné de braver la persécution, il est défendu de la provoquer. Enfin, Madame, on ne doit pas tout à l'autorité politique, rien n'est plus incontestable ; mais il ne l'est pas moins qu'on lui doit quelque chose. Lorsque Naaman, général et favori du roi de Syrie, eut abjuré l'idolâtrie entre les mains du prophète Élisée, il lui dit : « *Jamais je ne sacrifierai à un autre Dieu que le vôtre ; mais il y a une chose pour laquelle je vous supplie de le prier pour votre serviteur. Lorsque le roi mon seigneur entre dans le temple de Remmon pour adorer en s'appuyant sur mon bras, si je m'incline lorsqu'il s'inclinera lui-même, que le Seigneur me le pardonne!* »

Le prophète lui répondit : Allez en paix !

Agréez, Madame, ces réflexions écrites très à la hâte. J'aurais voulu me resserrer davantage ; mais croyez que j'ai bien le droit de vous adresser le mot si connu : *Je n'ai pas eu le temps d'être plus court.*

Je suis, etc.

CINQ LETTRES
SUR L'ÉDUCATION PUBLIQUE
EN RUSSIE,

A M. LE COMTE RASOUMOWSKY,
MINISTRE DE L'INSTRUCTION PUBLIQUE.

> Chaque homme trouve à côté de son berceau certaines opinions reçues sur la vertu, la justice et le beau moral, par lesquelles nous sommes pour ainsi dire nourris et élevés, et auxquelles nous devons respect et soumission comme à nos propres parents. A l'égard des institutions contraires qui n'ont que le plaisir pour objet, et qui semblent cajoler l'âme pour l'attirer à elles, un homme, pour peu qu'il soit sage, ne s'y prête nullement; il ne vénère que les dogmes nationaux; il n'obéit qu'à eux.
> (PLATON, *De la Rép.*, liv. VII.)

PREMIÈRE LETTRE.

Saint-Pétersbourg, juin 1810.

Monsieur le comte,

Puisque vous avez la bonté de le désirer, j'aurai l'honneur de vous soumettre quelques idées sur l'éducation publique dans votre patrie.

On a fait sur cet objet important précisément le même sophisme que sur les institutions politiques : on a regardé l'homme comme un être abstrait, le même dans tous les temps et dans tous les pays, et l'on a tracé pour cet être imaginaire des plans de gouvernement tout aussi imaginaires; tandis que l'expérience prouve, de la manière la plus évidente, que *toute nation a le gouvernement qu'elle mérite*, de manière que tout plan de gouvernement n'est qu'un rêve funeste, s'il n'est pas en harmonie parfaite avec le caractère de la nation.

Il en est de même de l'éducation (j'entends de l'*éducation publique*) : avant d'établir un plan à cet égard, il faut interroger les habitudes, les inclinations et la maturité de la nation. Qui sait, par exemple, si les Russes sont faits pour les sciences ? Il n'y a encore aucune preuve à cet égard ; et quand la négative serait vraie, la nation ne devrait pas s'en estimer moins. Les Romains n'entendaient rien aux arts ; jamais ils n'ont eu un peintre ni un sculpteur, encore moins un mathématicien. Cicéron appelait Archimède un *petit homme*; il disait, en parlant d'une chèvre sculptée par Myron et volée par Verrès : « *L'ouvrage était si beau, qu'il nous ravissait, nous qui n'entendons rien à ces sortes de choses.* »

Et tout le monde sait par cœur les fameux vers de Virgile, où il dit : « *Que d'autres fassent parler le marbre et l'airain; qu'ils soient éloquents, qu'ils lisent dans les cieux. Pour toi, Romain, ta destinée est de commander aux autres nations, etc.* »

Cependant il me semble que les Romains ont fait une assez belle figure dans le monde, et qu'il n'y a pas de nation qui ne dût s'en contenter.

Ou je suis infiniment trompé, Monsieur le comte, ou l'on attache en Russie trop de prix à la science. Rousseau a soutenu, dans un ouvrage célèbre, qu'elle avait fait beaucoup de mal au monde. Sans adopter ce qu'il y a de paradoxal dans cet écrit, il ne faut pas croire que tout y soit faux. La science rend l'homme paresseux, inhabile aux affaires et aux grandes entreprises, disputeur, entêté de ses propres opinions et méprisant celles d'autrui, observateur critique du gouvernement, novateur par essence, contempteur de l'autorité et des dogmes nationaux, etc., etc.;

aussi Bacon, génie bien autrement sage et profond que Rousseau, a dit que *la religion était un aromate nécessaire pour empêcher la science de se corrompre.* En effet, la morale est nécessaire pour arrêter l'action dangereuse et très-dangereuse de la science, si on la laisse marcher seule.

C'est ici où l'on s'est cruellement trompé dans le siècle dernier. On a cru que l'éducation scientifique était l'éducation, tandis qu'elle n'en est que la partie, sans comparaison, la moins intéressante, et qui n'a de prix qu'autant qu'elle repose sur l'éducation morale. On a tourné tous les esprits vers la science, et l'on a fait de la morale une espèce de hors d'œuvre, un remplissage de pure convenance. Ce système, adopté à la destruction des Jésuites, a produit en moins de trente ans l'épouvantable génération qui a renversé les autels et égorgé le roi de France.

Vous pouvez remarquer encore, Monsieur le comte, que toutes les nations du monde, poussées par ce seul instinct, qui ne trompe jamais, ont toujours confié l'éducation de la jeunesse aux prêtres ; et ceci n'appartient point seulement aux temps du christianisme. Toutes les nations ont pensé de même. Quelques-unes même, dans la haute antiquité, firent de la science elle-même une propriété exclusive du sacerdoce. Ce concert unanime mérite une grande attention, car jamais il n'est arrivé à personne de contredire impunément le bon sens de l'univers.

Sa Majesté Impériale est privée, je le sais, de cet avantage immense, le sacerdoce étant malheureusement séparé de la société, et privé de toutes fonctions civiles en Russie; mais je suspends pour le moment l'examen de cette question, et j'en reviens à dire qu'on se trompe fort dans ce pays sur l'utilité de la science et sur les moyens de l'établir.

On s'imagine que, lorsqu'on a ouvert un institut, établi

et payé des professeurs, tout est fait. Rien n'est fait, au contraire, si la génération n'est pas préparée. L'État se consume en frais immenses, et les écoles restent vides.

Nous en voyons déjà l'exemple dans les gymnases, qui seront fermés incessamment faute d'écoliers, et nous l'avons vu d'une manière encore plus frappante dans l'école de droit ouverte avec de si grands frais et de si grandes prétentions. L'empereur donnait 300 roubles de pension, le logement, l'entretien et un grade à tout jeune homme qui se présentait à cette école; et cependant, malgré de si grands avantages, après quelques scènes d'incapacité dont les étrangers même ont été témoins, personne ne s'est présenté, et l'école est fermée.

Mais, dans ces temps que nous nommons *barbares*, l'Université de Paris comptait 4,000 étudiants, réunis à leurs frais et venus de toutes les parties de l'Europe.

Supposez un gouvernement qui s'épuiserait en dépenses pour couvrir d'auberges magnifiques un pays où personne ne voyagerait : ce sera l'image naturelle d'un gouvernement qui dépenserait beaucoup en institutions scientifiques avant que le génie national fût tourné vers les sciences.

Il me semble avoir eu l'honneur, Monsieur le comte, de vous présenter de vive voix une observation que je crois assez importante pour la rappeler dans cette lettre : c'est que les académies les plus savantes de l'Europe, telles que l'Académie de Paris, la Société royale de Londres, l'Académie *del Cimento* de Florence, etc., ont toutes commencé par des rassemblements libres de quelques particuliers réunis par l'amour des sciences. Après un certain temps, le souverain, averti par l'estime publique, leur donnait une existence civile par des lettres patentes; voilà comment se sont formées les académies. Partout on les a établies *à cause* des savants qu'on possédait, jamais *dans l'es-*

poir de les posséder. C'est une grande duperie d'employer des sommes immenses pour construire une cage au phénix, avant de savoir s'il arrivera.

Vous rendriez, Monsieur le comte, le plus grand service à votre patrie si vous persuadiez une grande vérité à son excellent souverain ; cette vérité est que S. M. I. n'a réellement besoin que de deux espèces d'hommes : de *gens braves* et de *braves gens*.

Tout le reste n'est pas nécessaire, et viendra de lui-même. *Le temps,* dit le proverbe persan, *est le père des miracles.* Il est le premier ministre de tous les souverains. Avec lui ils font tout ; sans lui ils ne font rien. Cependant les Russes le méprisent, et ne veulent jamais attendre. Le temps, qui est piqué, se moque d'eux.

C'est un grand malheur que cette illustre nation joigne encore à l'erreur d'estimer trop la science, celle de vouloir la posséder brusquement, et de s'humilier parce qu'elle se voit, sur ce point, en arrière des autres nations. Jamais préjugé ne fut plus faux et plus dangereux. Les Russes pourraient être la première nation de l'univers, sans avoir aucun talent pour les sciences naturelles. Car la première nation du monde serait incontestablement celle qui serait *la plus heureuse chez elle et la plus redoutée des autres.* Le surplus, au fond, n'est que parade.

Mais nous n'en sommes pas là. On ne sait point encore si les Russes sont faits pour les sciences. Affirmer décidément le *oui* ou le *non* sur cette question, c'est avoir également tort. Mais, en attendant que le temps nous l'apprenne, par quel fatal empressement les Russes veulent-ils franchir les distances établies par la nature et s'humilier, parce qu'ils sont forcés d'obéir à l'une de ces premières lois? On croit voir un adolescent qui aurait honte de n'être pas vieillard. Toutes les autres nations de l'Europe ont balbutié pendant trois ou quatre siècles avant de parler :

pourquoi donc les Russes ont-ils la prétention de parler d'emblée? Il se présente même ici, Monsieur le comte, une considération très-importante, et sur laquelle je dois arrêter vos regards, parce qu'elle touche particulièrement votre nation.

Cette espèce de végétation morale qui conduit graduellement les nations de la barbarie à la civilisation, a été suspendue chez vous, et pour ainsi dire *coupée* par deux grands événements : le schisme du dixième siècle et l'invasion des Tartares.

Toute la civilisation moderne est partie de Rome ; jetez les yeux sur une mappemonde : partout où s'arrête l'influence romaine, là s'arrête la civilisation ; c'est une loi du monde.

Il faut donc regagner le temps perdu ; et j'ose croire que Pierre I*er* a retardé au lieu d'avancer l'opération, en s'imaginant que la science était une plante qu'on pourrait faire naître artificiellement, comme une pêche dans une serre chaude; il n'en va pas ainsi, à beaucoup près; mais, encore une fois, qu'y a-t-il dans tout cela qui puisse attrister les Russes? Les Polonais sont, comme eux, une famille esclavone, partie primitivement de la même souche ; et cependant ils ont produit, il y a déjà trois siècles, l'un des plus grands ornements de l'espèce humaine, l'illustre Copernic. Il n'y a certainement dans les eaux de la Dwina aucune magie qui empêche la science de passer ; mais c'est uniquement que la même influence qui a agi sur la gauche n'a point agi sur la droite. Tout se réduit donc, comme je le disais tout à l'heure, à regagner le temps perdu.

Je m'enfoncerais dans la métaphysique, si je voulais creuser davantage ce sujet : je me borne à un argument palpable.

Ou les Russes ne sont pas faits pour les sciences en général, ou pour certaines sciences particulières ; et, dans ce cas, ils n'y réussiront jamais, semblables en cela aux Romains, qui, étant maîtres des Grecs, vivant avec eux, sachant leur langue parfaitement, et ne lisant que leurs livres, n'eurent cependant jamais ni physiciens, ni géographes, ni astronomes, ni mathématiciens, ni médecins même, de leur propre nation (Celse excepté).

Ou les Russes sont faits pour ces sciences, et, dans ce cas, il leur arrivera comme à toutes les autres nations qui ont brillé dans ce genre, et nommément aux Italiens du quinzième siècle. Une étincelle transportée d'ailleurs dans un moment favorable allumera la flamme des sciences. Tous les esprits se tourneront de ce côté. Les sociétés savantes se formeront d'elles-mêmes, et tout le travail du gouvernement se bornera à leur donner la forme et la légitimation.

Jusqu'à ce qu'on aperçoive une fermentation intérieure qui frappe tous les yeux, tout effort pour naturaliser la science en Russie ne sera pas seulement inutile, mais dangereux pour l'État, puisque cet effort ne tend qu'à éteindre le bon sens national, qui est dans tous les pays le conservateur universel, et à remplir la Russie d'une multitude innombrable de demi-savants, pire cent fois que l'ignorance même, d'esprits faux et orgueilleux, dégoûtés de leur pays, critiques éternels du gouvernement, idolâtres des goûts, des modes, des langues étrangères, et toujours prêts à renverser ce qu'ils méprisent, c'est-à-dire tout.

Un autre inconvénient terrible qui naît de cette manie scientifique, c'est que le gouvernement, manquant de professeurs pour la satisfaire, est constamment obligé de recourir aux nations étrangères; et comme les hommes véritablement instruits et moraux cherchent peu à quitter leur patrie, où ils sont récompensés et honorés, ce sont toujours non-seulement des hommes médiocres, mais souvent gangrenés et même flétris, qui viennent sous le pôle offrir leur prétendue science pour de l'argent. Aujourd'hui surtout, la Russie se couvre chaque jour de cette écume que les tempêtes politiques chassent des autres pays. Ces transfuges n'apportent ici que de l'audace et des vices. Sans amour et sans estime pour le pays, sans liens domestiques, civils ou religieux, ils se moquent de ces Russes inclairvoyants qui leur confient ce qu'ils ont de plus cher; ils se hâtent d'accumuler assez d'or pour se procurer ailleurs une existence indépendante; et, après avoir cherché d'en imposer à l'opinion par quelques essais publics qui ne sont pour les véritables juges que des spectacles d'ignorance, ils partent, et s'en vont dans leur patrie se moquer de la Russie dans de mauvais livres que la Russie achète encore de ces misérables, si même elle ne les traduit pas.

Et cet état de choses est d'autant plus sensible, que, par un préjugé déplorable, on est à peu près convenu tacitement en Russie de regarder la morale comme quelque chose de totalement séparé et indépendant de l'enseignement; de manière que si, par exemple, il arrive ici un professeur de physique ou de langue grecque qui passe d'ailleurs publiquement pour un homme dépravé ou pour un athée, on entendra dire assez communément : *Qu'est-ce que cela fait à la physique ou à la langue grecque?* C'est ainsi que les balayures de l'Europe sont accueillies dans ce pays; et l'infortunée Russie paye à grands frais une armée d'étrangers uniquement occupée à la corrompre.

S'il était possible, Monsieur le comte, d'ajouter encore à des considérations aussi pressantes, j'aurais l'honneur de vous faire observer que la science, de sa nature, dans tous les temps et sous toutes les formes de gouvernement, n'est pas faite pour tous les hommes, ni même pour tous les hommes distingués. Le militaire, par exemple (c'est-à-dire les quatre-vingts centièmes de la noblesse), ne doit pas être et ne saurait être savant. L'artillerie seule, le génie et la marine exigent des connaissances en mathématiques, connaissances pratiques surtout, et beaucoup moins profondes qu'on ne croit; car on a observé fort à propos en France que jamais un marin de l'Académie des sciences n'avait pris une frégate à l'ennemi. Au reste, il y a partout des écoles spéciales pour ces sortes de services; mais pour ce qu'on appelle *l'armée*, la science n'est pas accessible et serait même nuisible. Elle rend le militaire casanier et paresseux; elle lui ôte presque toujours cette impétuosité et ce génie entreprenant qui produit les grands succès militaires. D'ailleurs, le grand nombre ne voudra jamais s'appliquer, surtout dans les hautes classes de la société. La vie militaire, sauf les exceptions, dont il ne faut jamais s'occuper, sera toujours une vie dissipée : ôtez de la journée d'un officier le temps des devoirs indispensables de la société, celui des plaisirs et celui des évolutions militaires, que reste-t-il à la science ?

La Russie a d'ailleurs, par rapport aux sciences, un désavantage particulier qu'elle ne doit point se cacher. Chez toutes les autres nations de l'Europe la langue ecclésiastique était une langue classique, de manière qu'on apprenait Cicéron et Virgile à l'église. Le sacerdoce, qui, par un bonheur singulier, n'était ni au-dessus du dernier homme de l'État, ni au-dessous du premier, supposait la connaissance de cette langue; le clergé était mêlé dans une foule d'affaires, et les controverses seules avec les ennemis de la religion exigeaient de lui les connaissances les plus variées et les plus profondes.

La magistrature avec son immense suite était encore une cause et une source inépuisable de science. Les lettres et l'érudition étaient plus ou moins l'apanage invariable de cette classe laborieuse, qui souvent même se délassait de ses travaux par l'étude des sciences exactes.

La Russie ne possède point cet avantage ; sa langue religieuse est belle sans doute, mais stérile, et jamais elle n'a produit un bon livre. Son clergé est une tribu de Lévi entièrement séparée des autres, et pour ainsi dire un peuple à part. La science qu'il possède n'est point un bien mis en commun. La voix du prêtre ne se fait entendre qu'à l'autel, et ses fonctions sont au-dessous de tout homme distingué.

La magistrature ne suppose, de son côté, aucune connaissance scientifique ; l'homme même qui aurait passé la plus grande partie de sa vie dans les camps ou les garnisons, peut terminer une vieillesse honorable dans les tribunaux. Il n'y a donc encore rien en Russie qui nécessite la science, c'est-à-dire qui en fasse le moyen unique et indispensable pour arriver à certaines distinctions de l'État. C'est donc dans le pays de l'Europe où les sciences sont le moins nécessaires qu'on veut les naturaliser toutes, et toutes à la fois. C'est ne pas connaître la nature humaine. Il faut les faire désirer avant de les enseigner. L'État *doit* la science aux sujets qui la demandent, mais il ne *doit* ni ne *peut* la donner à ceux qui ne la veulent pas. C'est en vain que le gouvernement ferait de tel ou tel genre de connaissances la condition inévitable pour obtenir tel ou tel genre de distinction ; dès que la nécessité ne sera pas dans la chose même, on se moquera de la loi, et les *grades* scientifiques ne seront en très-peu de temps qu'un vain titre dont tout le monde connaîtra le tarif.

Le comble du malheur sera que tout le monde aura l'orgueil de la science sans en avoir la substance. Tout le monde sera entêté, inquiet, raisonneur, mécontent, examinateur, indocile, comme si l'on savait réellement quelque chose. De manière que le gouvernement, avec ses efforts et ses dépenses énormes, ne sera parvenu qu'à créer des *mauvais sujets,* dans tous les sens de l'expression.

Il suit de tout cela qu'au lieu d'étendre le cercle des connaissances en Russie, il faut le restreindre, pour l'avantage même de la science; ce qui est directement contraire à cette rage encyclopédique qui est une des grandes maladies du moment; mais l'importance du sujet exige que j'en fasse le sujet d'une lettre particulière.

Je suis, etc.

Le comte Joseph DE MAISTRE.

DEUXIÈME LETTRE.

Saint-Pétersbourg, 11 (23) juin 1810.

Monsieur le comte,

Bossuet avait grandement raison : *Il n'y a rien de meilleur que ce qui est éprouvé.* Permettez donc que j'aie l'honneur de mettre sous vos yeux un tableau très-abrégé de l'éducation ancienne, telle qu'on tâche maintenant, par tous les moyens possibles, de la ressusciter en France avec les modifications nécessaires. Ce tableau me conduira tout naturellement à l'examen du plan que vous avez bien voulu me communiquer.

Le cours scolastique entier se divisait en sept classes, et durait sept ans.

1° *La cinquième.* On y enseignait les éléments de la langue latine, et la jeunesse s'exerçait à de petites compositions; elle expliquait des auteurs faciles. Chaque leçon était prescrite la veille; chaque écolier, lorsque le professeur lui disait, par exemple : *N...,* *récitez la leçon des Églogues de Virgile,* était obligé de prendre son livre, de lire le texte phrase par phrase, et de le traduire en rendant compte de chaque expression. Il y avait des récompenses et de grands encouragements pour ceux qui apprenaient le texte par cœur, mais ce n'était point un devoir. Quant à la morale et à la religion, on apprenait par cœur le catéchisme du diocèse, qui était expliqué en classe.

2° *La quatrième.* Même marche que dans la précédente, mais des auteurs plus difficiles et plus nombreux.

3° *La troisième.* C'est ce qu'on appelait en latin *suprema grammatica* (la suprême ou la haute grammaire), parce que c'était dans cette classe qu'on était censé acquérir une connaissance parfaite de la langue latine, sous le rapport grammatical ; en sorte qu'après ce troisième cours il ne devait plus être question que d'élégance. On expliquait les auteurs les plus difficiles. Je passe, pour abréger, sur d'autres détails, quoique très-essentiels.

4° *Les humanités.* Là commençait, comme je l'ai dit, le règne de l'élégance. Il y avait même des traités exprès qui enseignaient ce qu'il y a de plus fin et de plus exquis dans la langue latine. On apprenait une rhétorique latine pleine des plus beaux morceaux tirés des auteurs classiques, ce qui formait un magasin précieux dans ces jeunes têtes, qui n'oubliaient plus ce qu'on leur avait appris à cet âge.

Les jeunes gens commençant d'ailleurs à pouvoir voler de leurs propres ailes, on les faisait composer, ou *amplifier,* comme on le disait alors : méthode, pour le dire en passant, dont l'auteur du mémoire que vous m'avez fait lire me paraît n'avoir aucune idée, lorsqu'il dit que *rien n'accoutume plus la jeunesse à une vaine et fausse éloquence.*

Il oublie apparemment que tous les orateurs du seizième et du dix-septième siècle ont *amplifié* de cette manière, et que l'éloquence s'est éteinte précisément à l'époque où l'on a changé le système d'éducation.

Le professeur choisissait un sujet tiré tantôt de la religion, tantôt de la morale, ou même de la Fable, et le proposait à ses élèves. Il disait, par exemple : *Midas obtint des dieux la grâce que tout ce qu'il toucherait se changeât en or : amplifiez, Messieurs, les inconvénients de cette folle demande.* Tout jeune homme les voyait bien en masse, mais chacun y mettait le degré d'imagination dont il était pourvu, et il s'accoutumait à voir un objet sous toutes les faces possibles.

Toutes ces *amplifications* étant faites et mises sous les yeux du professeur, il montrait à ses disciples avec quelle grâce et quelle fécondité Ovide a traité ce sujet, et c'était une nouvelle leçon.

Quoi qu'en dise l'auteur du mémoire, il n'y a pas d'autre moyen d'exercer la jeunesse à la composition et à l'éloquence. Lorsqu'on dit, pour dépriser un ouvrage, *C'est une amplification de collége,* cela signifie seulement qu'un homme formé et un auteur à prétention ne doit point écrire comme un écolier; mais il n'en résulte nullement que l'écolier ait tort d'écrire comme on écrit à son âge.

Pardon, Monsieur le comte, de cette petite digression; je me hâte de rentrer dans la route.

5° *La rhétorique.* Cette classe était proprement une répétition de l'autre, mais sur un plan beaucoup plus étendu. C'est dans cette classe seulement que l'on commençait à s'exercer dans la langue du pays, parce qu'on pensait universellement qu'il fallait étudier l'antique avant de se mêler de peindre ou de sculpter.

A la fin de cette cinquième année, l'éducation littéraire était censée finie.

6° *La logique.* On passait donc à cette sixième classe, où l'on enseignait les règles du raisonnement, le mécanisme des syllogismes et son application. On dictait, dans la même année, un traité de morale et un autre de métaphysique, qui ne présentaient aucun danger, vu qu'ils ne formaient, à proprement parler, qu'une espèce de théologie laïque entièrement conforme aux dogmes chrétiens.

7° *La physique.* Le mot seul dit ce qu'on y enseignait. Depuis qu'elle était devenue entièrement mathématique, cette classe était un peu faible pour ceux qui n'avaient aucune teinture des mathématiques; il y avait pour ce genre de connaissances un professeur particulier; mais personne n'était forcé de le suivre, tant on craignait en tout de passer les bornes de la modération.

Alors le jeune homme était mûr pour les universités composées de ce qu'on appelait les *arts*, c'est-à-dire les belles-lettres et la philosophie (qu'il était permis d'apprendre dans les colléges de province), la médecine et le droit; c'est ce qu'on appelait les QUATRE FACULTÉS; et le cours, pour chacune de ces trois dernières, était de cinq ans. Voilà donc douze années de la vie consacrées à des études épineuses, dont cinq pour la seule éducation littéraire, et deux pour les éléments de philosophie morale et physique.

Observez, Monsieur le comte, la sagesse de nos anciens. Tout le monde (j'entends dans les classes distinguées) devant savoir bien penser, bien parler et bien écrire, ils avaient borné à ces trois points l'éducation générale. Ensuite chacun prenait son parti, et s'adonnait spécialement à la science particulière dont il avait besoin. Jamais ils n'avaient rêvé qu'il fallût savoir la chimie pour être évêque, ou les mathématiques pour être avocat. La première éducation ne passa jamais les bornes que je viens d'indiquer. Ainsi furent élevés Copernic, Kepler, Galilée, Descartes, Newton, Leibnitz, les Bernoulli, Fénelon, Bossuet et mille autres; ce qui prouve bien que cette manière *n'était propre qu'à gâter et à rétrécir l'esprit,* comme disent les discoureurs de ce siècle.

Je n'ai pu me dispenser de ce préliminaire (que j'ai abrégé autant qu'il m'a été possible) pour me procurer un point de comparaison sur lequel je puisse asseoir un jugement motivé, au sujet du projet en question.

Voyons d'abord quelle est, dans une matière où le temps fait tout, la proportion entre les sciences embrassées par le plan, et le temps qu'il y destine.

Le cours est de six ans, divisé en deux cours particuliers, dont l'un renfermera les humanités, et l'autre les sciences exactes. Mais, par le détail et par les tableaux, on voit qu'il n'en est rien, et que les humanités marchent de front avec les sciences exactes pendant le cours entier, depuis les éléments jusqu'au plus haut degré qu'on s'est proposé d'atteindre.

Mais enfin voyons, d'après les tableaux, l'énumération des sciences renfermées dans le plan.

Langues latine, grecque, esclavone, française, et allemande. Lecture des auteurs principaux dans ces différentes langues, et analyse des plus beaux morceaux de leurs ouvrages. — Lecture analysée d'Homère et de Démosthène, de Virgile et de Cicéron.

Histoire universelle, histoire de Russie, histoire sainte, histoire ecclésiastique, tableau philosophique de l'histoire générale; géographie, chronologie.

Géométrie, algèbre, mathématiques pures, mathématiques appliquées, mathématiques transcendantes, calcul infinitésimal, géographie mathématique; histoire naturelle; physique; introduction à la connaissance des corps célestes. — Chimie. — Géographie physique du globe. — Exposition systématique des sciences physiques, — et des différentes théories sur l'origine du monde et ses révolutions.

Logique, théorie et pratique. — Histoire de la philosophie, courte exposition du système des connaissances humaines, idéologie, psychologie, cosmologie.

Exposition du système des sciences morales. — Notions sur les droits et les obligations, suivant leurs rapports avec le droit public, le droit civil et le droit des gens. — Droit civil russe.

Éthique, ou science des mœurs.

Archéologie et numismatique.

Instruction sur la religion. — Lecture du Nouveau Testament.

Introduction à l'*esthétique* (mot inventé par les Allemands), ou la science du beau dans les arts.

Histoire de l'art chez les anciens et les modernes, d'après Winckelmann et autres.

Devoirs de l'homme et du citoyen. — Notions sur l'organisation des sociétés. Notions *fondamentales des différents droits*.

Gymnastique, danse, natation, etc.

On a peine à se persuader que ce plan ait été écrit et présenté sérieusement. Quoi ! toutes les nations de l'Europe ont consacré sept ans à l'étude de la langue latine, des classiques écrits dans cette langue, et à quelques éléments de philosophie : l'étude était constante, la discipline sévère ; et cependant c'était un proverbe parmi nous qu'*au collége* on pouvait seulement *apprendre à apprendre*.

Et l'on ose présenter à une nation neuve, dont les inclinations ne sont pas encore bien déterminées vers les sciences, un plan qui réunit des objets dont un seul occuperait le temps du cours entier !

On promet au gouvernement, on promet à des parents trompés que des jeunes gens entrés au lycée, sachant lire et écrire, résoudront, au bout de trois ans, les problèmes du deuxième ou troisième degré, et qu'ils entendront les sections coniques ! qu'au bout de six ans ils auront pénétré les mathématiques transcendantes ou le calcul de l'infini, et qu'ils seront en état de faire une lecture raisonnée de Virgile et de Cicéron, d'Homère et de Démosthène !

Certainement, celui qui écrit ceci n'aime pas critiquer ; il est, au contraire, persuadé qu'il faut louer et encourager tout ce qui n'est pas absolument sans mérite : mais, dans ce cas, la modération n'est pas permise. Il est impossible de lire de sang-froid un tel plan ; et tout homme instruit qui l'aura parcouru légèrement ne manquera pas de s'écrier que les jeunes Russes sont des anges, ou que leurs instituteurs ont perdu l'esprit.

Il est douteux que les élèves de ce lycée puissent connaître bien clairement, à la fin des cours, les noms et les objets réels des sciences détaillées dans cet indiscret catalogue. Il n'y a pas de méthode plus sûre pour dégoûter à jamais de la science une malheureuse jeunesse dont la tête se trouvera embarrassée, et pour ainsi dire obstruée par cet amas immense de connaissances indigestes, ou, ce qui est pire encore, pour la remplir de tous les vices que la demi-science entraîne toujours après elle, sans les compenser par le moindre avantage.

Vous ne pouvez donc, Monsieur le comte, rendre un service plus essentiel à votre souverain et à votre pays qu'en faisant d'abord main-basse sur ce tas extravagant de sciences accumulées par un homme qui n'a pas su ou n'a pas voulu distinguer les connaissances qui conviennent à tout le monde, de ces sciences spéciales qui ne sont nécessaires qu'à certaines professions. Retranchez sans balancer :

1° *L'histoire naturelle.* Cette science ressemble à la poésie. Elle illustre ceux qui la poussent au dernier degré, et ridiculise les autres. Quand vos enfants auront assemblé quelques papillons et quelques coquillages, ils se croiront des Linnés. Rien de plus inutile d'ailleurs et de plus aisé à se procurer que cette science au point où elle convient à un homme du monde : il suffit de feuilleter le premier dictionnaire.

2° *L'histoire.* Jamais l'histoire n'est entrée, comme objet d'enseignement et qui exige un professeur, dans aucun système d'éducation publique. Il y a eu quelquefois des chaires spéciales d'histoire confiées à des hommes supérieurs, qui *raisonnaient sur l'histoire* plutôt qu'ils n'apprenaient l'histoire. Mais c'était un enseignement libre, ouvert seulement à celui qui en avait fantaisie. L'histoire est dans les livres : celui qui la veut savoir n'a qu'à lire.

Faites seulement ordonner qu'une certaine heure de la journée (celle des repas, par exemple, comme dans nos maisons religieuses) sera invariablement consacrée à la lecture d'un cours d'histoire complet (Rollin, par exemple, et Crévier, car on n'a rien fait de mieux) : un élève qui mangera avant ou après les autres sera alternativement chargé de cette lecture. Il faut prendre garde aux livres d'histoire, car nul genre de littérature peut-être n'est plus infecté. On propose, dans le tableau, l'*examen philosophique de l'histoire, d'après Bossuet et Ferrand.* Mais Bossuet, Monsieur le comte, ressemble à Ferrand comme un aigle ressemble à une taupe. Ferrand est plein d'erreurs, et, depuis l'époque de Charlemagne, il est aveugle.

3° *La chimie.* Est-il nécessaire d'observer que cette vaste science est absolument déplacée dans un enseignement général? A quoi sert-elle pour le ministre, pour le magistrat, pour le militaire, pour le marin, pour le négociant, etc...?

4° *L'astronomie.* Autre inutilité. Il y aurait lieu d'être très-content si les élèves, au sortir du lycée, entendaient bien la théorie de l'almanach, et se trouvaient en état d'en rendre compte.

5° *Esthétique, science de l'art chez les anciens, archéologie, numismatique.* Tout cela me paraissant une plaisanterie, je le propose en masse pour être retranché, sans entrer dans aucun détail.

6° *Exposition systématique des sciences physiques, et des différentes théories sur l'origine du monde et sur ses différentes révolutions.*

Ici il y a superfluité et danger. La Genèse suffit pour savoir comment le monde a commencé. Sous prétexte d'expliquer les *différentes théories* sur son origine, on remplira ces jeunes têtes de toutes les cosmogonies modernes. On a déjà imprimé ici, *avec permission de la censure*, une brochure (elle est entre les mains de celui qui écrit) où l'on dit que *l'homme n'est, ainsi que sa demeure, que le résultat d'une simple fermentation*. Ce poison de France et d'Allemagne vous environne, il pénètre de tous côtés ; ne lui présentez pas au moins de nouveaux passages ouverts de votre propre main.

7° *Exposition du système des connaissances humaines, idéologie, psychologie,* etc.

L'idéologie française est une introduction au matérialisme. Les Anglais l'ont appelée, fort à propos, le *sensualisme*. Mais quand on s'en tiendrait strictement aux idées, déjà fort dangereuses en elles-mêmes, de Locke et de Condillac, sans aller plus loin, pourquoi affronter ce danger, et pourquoi cette métaphysique inutile ? Il n'y a pas ici des inspecteurs-nés de la morale publique, des évêques appartenant aux premières familles de l'État, voyant tout, entendant tout et consultés sur tout, qui, sur le moindre soupçon, se feraient présenter les cahiers du lycée, et les dénonceraient au gouvernement. Il y aurait ici beaucoup de mal de fait, avant qu'on se fût aperçu ou soucié d'y mettre ordre.

8° *Notions philosophiques des droits et des obligations; rapports de l'homme en société, et obligations qui en résultent. Connaissance des différents droits.*

La première jeunesse ne doit savoir que trois choses sur *l'organisation sociale* : 1° que Dieu a créé l'homme pour la société, ce qui est prouvé par le fait ; 2° que l'état de société rend le gouvernement nécessaire ; 3° que chacun doit obéissance, fidélité et dévouement jusqu'à la mort à celui sous lequel il est né.

Personne n'ignore de quels funestes principes les novateurs de France et d'Allemagne ont rempli leurs livres de politique théorique. On ne saurait faire de plus grande imprudence que celle de remuer ce bourbier. Qu'on laisse au moins mûrir l'homme avant de l'initier à ces doctrines, qui sont dangereuses, même lorsqu'elles sont exposées par des hommes sages.

9° *Langue grecque.* Croyez-en, Monsieur le comte, les hommes laborieux qui ont cultivé cette langue si belle et si difficile : il n'y a pas un jeune homme en Russie, né dans la classe distinguée, qui n'aimât mieux faire trois campagnes et assister à six batailles rangées, que d'apprendre par cœur les seules conjugaisons grecques. Le relâchement général de la discipline moderne avait déjà chassé le grec de l'enseignement commun, parce que réellement les jeunes gens élevés dans ce que nous appelions *mollesse* ne suffisaient plus à ce travail ajouté à celui du latin ; mais ces mêmes jeunes gens étaient des *trappistes* en comparaison des vôtres. Les six ans du lycée ne suffiraient pas pour leur apprendre très-médiocrement le grec, sans s'occuper d'aucun autre objet. On ne leur apprendra rien, parce qu'on veut leur apprendre tout.

Voilà les objets principaux qu'il faudrait retrancher sans balancer. Je sais fort bien que les meilleures intentions sont trop souvent impuissantes, et qu'elles doivent se plier jusqu'à un certain point aux préjugés courants. Mais il faut toujours marquer le point où il serait bon d'arriver. L'homme d'État s'en approche ensuite autant que les circonstances le lui permettent.

Mais je n'aurais rien fait, Monsieur le comte, si je n'avais mis sous vos yeux deux questions préliminaires sur lesquelles il faut avant tout prendre son parti. Un gouvernement paternel, porté vers une institution qu'il croit utile, est fort sujet à ne pas s'interroger lui-même sur ces sortes de questions, sur lesquelles il faut cependant qu'il se décide, sous peine de voir toutes ses vues trompées.

Voici la première question : Sa Majesté Impériale veut-elle ou ne veut-elle pas une éducation classique dans ses États?

Si l'on se décide pour la négative, il faut bannir de l'éducation les langues savantes, qui prendraient presque tout le temps. Si l'on embrasse l'affirmative, il faut mettre le latin en première ligne, et l'accompagner seulement de l'étude des mathématiques (belle et précieuse science), avec quelques lectures suivies de géographie et d'histoire. En voilà plus qu'il ne faut pour occuper tout le temps. Mais il ne faut pas se faire illusion; il faut, au contraire, se décider irrévocablement sur le *oui* ou sur le *non*, et ne pas s'imaginer surtout qu'on puisse apprendre les langues savantes autrement que par les méthodes anciennes. On évitera, dit le plan, les *règles arides* ; au contraire, jamais on ne saura ces langues autrement que par ces règles, par la composition, et par l'étude des modèles qu'il faut apprendre par cœur. Le plan recommande, à la place des règles, la *méthode analytique* (mot qui n'a point de sens);

mais je puis vous assurer, Monsieur le comte, avec la certitude que peuvent donner l'étude et l'expérience, je puis vous assurer sur mon honneur que jamais la *méthode analytique* (qui est la méthode des traductions interlinéaires), que jamais, dis-je, cette méthode n'apprendra une langue morte. Encore une fois, veut-on ou ne veut-on pas savoir ? Dans ce premier cas, il n'y a qu'une bonne méthode : 1° étude de la grammaire apprise par cœur, et divisée en leçons tout le long du cours; 2° traductions alternatives, par le moyen des dictionnaires, de la langue qu'on veut apprendre dans celle qu'on sait, et de celle qu'on sait dans celle qu'on veut apprendre; traduction, et surtout *étude par cœur*, des modèles écrits dans cette langue.

Si l'on s'y prend autrement, jamais on ne saura rien. J'engage **volontiers** ma parole d'honneur sur ce point, bien sûr de n'**être pas** démenti par l'expérience.

Seconde question, et la plus importante.

Comment se propose-t-on d'accorder le système des études avec l'état militaire, qui est et qui doit être le premier et le plus nombreux dans toutes les monarchies ?

Le projet n'admet pas les jeunes gens au-dessous de dix ans, ni au-dessus de quinze. Prenons un terme moyen, entre douze et treize. Le jeune homme qui aura terminé son cours courra sa dix-neuvième année, et l'on peut assurer qu'une éducation soignée et surtout *classique* ne peut être achevée, c'est-à-dire, dans un autre sens, *commencée* qu'à cette époque, et même un peu plus tard.

Or, voici le grand point : les jeunes gens qui se seront consacrés dès l'âge de douze ou quinze ans à l'état militaire auront acquis des grades, dans ce même intervalle de temps, de manière que le père de famille qui aura voulu préparer à l'empereur de bons et utiles sujets, en livrant ses enfants à de longues et pénibles études, en sera puni, au pied de la lettre ; et la tranquille ignorance prendra le pas sur la science, en se moquant d'elle.

Donc, tout père de famille doit, en qualité de bon père, détourner ses enfants de toute instruction classique, de peur de nuire à leur fortune et à leur considération.

Donc, tous les efforts que le gouvernement pourra faire, en Russie, pour l'instruction des classes distinguées, seront parfaitement vains, à moins qu'il ne fixe un âge avant lequel personne ne puisse être reçu dans l'état militaire, et que cet âge ne soit assez avancé pour que tout père de famille puisse terminer en paix l'éducation littéraire de ses enfants, sans la moindre crainte de nuire à leur avancement.

Et il faut que cette époque (qui ne saurait être placée au-dessous de dix-huit ans) le soit d'une manière si invariable, que ce soit pour ainsi dire une loi fondamentale, et qu'aucune considération imaginable ne puisse y déroger.

Ce n'est pas tout. Supposons qu'un jeune homme ait de la figure, de l'adresse, un nom, du courage et de l'honneur, mais nulle disposition pour les sciences : Sa Majesté Impériale le privera-t-elle de l'honneur de la servir, parce qu'il n'entend ni la littérature ni l'algèbre ? C'est sur quoi il faut encore prendre son parti d'une manière claire et décidée.

Tout homme qui connaîtra la Russie ne balancera pas à croire que cette exclusion est impossible ; je crois même qu'elle serait impolitique dans tous les pays.

Mais si l'ignorant est reçu, tous seront maîtres de dire qu'*ils n'ont point de talent pour les sciences*, et tout l'édifice croulera.

Il faut donc trois choses : 1° Que nul ne puisse entrer dans l'état militaire avant ... ans ;

2° Qu'à cet âge tout le monde puisse être admis ;

3° Que ceux qui ont étudié dans les lycées ou les universités aient un avantage qu'on fixera comme on le jugera à propos.

Voilà les véritables difficultés. Si l'on s'étourdit sur elles, au lieu de les aborder franchement, soyez persuadé, Monsieur le comte, que les plus grands efforts n'aboutiront qu'à fatiguer le gouvernement, à contrister les pères de famille russes, et à divertir les étrangers aux dépens des entrepreneurs téméraires qui auront ainsi compromis, d'une manière ridicule, les bonnes intentions du gouvernement.

Dans une lettre qui suivra celle-ci, j'aurai l'honneur d'ajouter quelques idées sur l'éducation commune, considérée sous le rapport de la morale.

Je suis, etc.

Le comte Joseph DE MAISTRE.

TROISIÈME LETTRE.

Saint-Pétersbourg, 13 (25) juin 1810.

Monsieur le comte,

Il faut sans doute, dans toutes les entreprises, se garder de tendre à une perfection chimérique ; mais on doit se garder également d'un excès encore plus dangereux, celui de ne pas ambitionner de toutes ses forces la perfection qui dépend de soi. Parce qu'un lycée n'est pas un couvent, il ne s'ensuit pas qu'il doive être une maison suspecte ou même visiblement corrompue, où le père de famille n'ose point envoyer ses enfants.

Tout a été dit sur le danger des nombreuses réunions de jeunes gens. Le vice est de sa nature si contagieux, qu'on doit trembler sur les conséquences de ces rassemblements, où il n'y a pas une seule mauvaise pensée qui ne se communique, pas une mauvaise action qui ne soit connue, pas un mauvais livre qui ne passe de main en main, etc.

On a bien lieu de s'étonner, en lisant le projet du lycée, de n'y voir aucune précaution contre les inconvénients inévitables des éducations communes. La chose cependant en valait la peine. On y parle bien de l'examen des jeunes gens, mais pas du tout de celui des professeurs, qui serait le plus essentiel. Quelles qualités exigera-t-on d'eux ? Quelles preuves feront-ils de mœurs et de probité ? S'ils sont mariés, habiteront-ils dans les lycées avec leurs femmes, leurs filles et leurs femmes de chambre? etc., etc.

Avant la grande secousse qui a changé la face de l'Europe, il y avait dans les États catholiques six ordres religieux, chargés, en vertu de leur institut, de l'éducation de la jeunesse : les Jésuites, les Barnabites, les Bénédictins, les Oratoriens, les Scolopis (les écoles pies d'Italie, *scuole pie*), et les Joséphistes. Tous ces hommes étant dévoués à un célibat austère, non-seulement les femmes n'approchaient jamais des pensionnats qui leur étaient confiés, mais tout tendait à écarter de leur jeune population toute idée dangereuse et dissipante.

Le jour, les élèves n'étaient jamais seuls. Le travail même se faisait dans une salle de réunion, sous les yeux des supérieurs; et la loi stricte du silence donnait tous les avantages de la solitude, séparés de ses inconvénients (1).

---

(1) Je relèverai ici en passant une distraction de l'auteur du plan. Au

La nuit, les élèves dormaient chacun dans une chambre séparée, pour éviter toute espèce de communication; et chaque porte vitrée, ou à claire-voie, ouvrait sur un dortoir commun, éclairé aux deux extrémités. Un homme de confiance s'y promenait jusqu'à l'heure du lever, et veillait cette jeunesse comme on veille un malade.

Vous trouverez encore, Monsieur le comte, ces mêmes précautions dans le pensionnat tenu dans cette capitale par les RR. PP. Jésuites.

De ces écoles sortaient chaque année (pour s'en tenir aux avantages physiques) des tempéraments robustes et des santés inaltérables; car retarder un jeune homme, c'est le sauver.

Dans les pays protestants, où l'on n'avait pas le même avantage, les États en ont souffert visiblement. Les plaintes contre les universités d'Allemagne ont retenti dans toute l'Europe; mais comme chacun a ses préjugés, et que vous êtes très-fort en droit, Monsieur le comte, de vous défier des miens, permettez que je vous cite sur ce point un témoin irréprochable : c'est un Allemand réformé, grand philosophe moderne, grand entrepreneur d'éducations, et grand admirateur des idées nouvelles.

« Toutes nos universités d'Allemagne, dit-il, même les
« meilleures, ont besoin de grandes réformes sur le cha-
« pitre des mœurs... Les meilleures même sont *un gouffre*
« *où se perdent sans retour l'innocence, la santé et le bon-*
« *heur d'une foule de jeunes gens,* et d'où sortent des êtres
« ruinés de corps et d'âme, plus à charge qu'utiles à la so-
« ciété... Puissent ces pages être un préservatif pour les
« jeunes gens! puissent-ils lire sur la porte de nos univer-

---

chap. VI°, il met au nombre des corrections la *clôture isolée, sans aucun moyen d'occupation.* Il n'est pas possible de se tromper plus visiblement et plus dangereusement. Le jeune homme ne doit jamais habiter seul avec son imagination; et la plus mauvaise compagnie pour lui, c'est lui-même.

« sités l'inscription suivante : JEUNE HOMME, C'EST ICI QUE
« BEAUCOUP DE TES PAREILS PERDIRENT LE BONHEUR AVEC
« LEUR INNOCENCE (1)! »

Et en Angleterre, ce pays si bien gouverné, et conduit surtout par un esprit public tel qu'il en a peu existé dans le monde, des scélérats n'ont-ils pas poussé l'audace jusqu'à établir dans les ténèbres une société formelle *pour la corruption de la jeunesse?* Et n'a-t-elle pas dirigé ses manœuvres infernales sur ces réunions de jeunes gens, où elle faisait pénétrer les livres les plus infâmes?

A la vérité, le puissant esprit public qui règne dans ce pays a tiré parti de cet attentat en établissant une société publique *pour la conservation des mœurs et l'extirpation du vice.* L'horrible association a été découverte, dénoncée et dissoute; les tribunaux en ont pris connaissance; quelques coupables même ont été punis par la prison et par le pilori (2). Mais le complot n'a pas moins existé, et ne montre pas moins l'extrême danger de ces réunions, lorsqu'elles ne sont pas défendues par des moyens extraordinaires.

Permettez, Monsieur le comte, que je mette encore sous vos yeux deux autorités du plus grand poids.

Les fondateurs des deux fameuses universités anglaises d'Oxford et de Cambridge avaient établi comme condition nécessaire, de la part des professeurs, l'état célibataire. Dans le courant du siècle dernier, on attaqua cette institution dans la Chambre des communes, et il faut avouer qu'on avait beau jeu.

« Elle tenait uniquement à la superstition romaine, et ne

---

(1) Campe, *Recueil de Voyages pour l'instruction de la jeunesse*, t. II, in-12, p. 129; 1797.

(2) Voir *l'Anti-Jacobin* du mois de novembre 1782, n° 52, p. 184, où l'on trouvera les détails de cette inconcevable entreprise, et l'analyse de l'ouvrage de M. Bowle, intitulé *Toughts on the general election*, etc., qui traite le même sujet.

« devait pas durer plus qu'elle. Le mariage est un état
« honorable, permis aux ministres de l'Évangile et même
« aux évêques de l'Église anglicane. La loi du célibat au-
« rait privé les universités anglaises de Newton et de
« Whiston, s'ils avaient été mariés, etc., etc. » Enfin, il y
avait mille raisons à dire ; mais lorsque l'affaire fut portée
à la Chambre des pairs, le chancelier se leva, et dit :
« Milords, si vous étiez capables d'adopter le bill qu'on
« vous propose, vous ne mériteriez pas qu'aucun Anglais
« dépensât un schelling pour son pays. Les fondateurs ont
« proposé le célibat comme condition indispensable ; ils
« avaient leurs raisons. Il fallait y penser alors. L'État ac-
« cepta leurs dons : personne n'a le droit d'en changer les
« conditions. »

La proposition n'obtint pas une seule voix. Aussi, l'un des coryphées de l'impiété moderne s'est plaint *de ce que la discipline primitive des universités anglaises ait été adaptée à l'éducation des prêtres et des moines, et que l'administration soit encore entre les mains du clergé, classe d'hommes dont les manières ne se rapprochent pas de celles du monde actuel* (c'est grand dommage !), ET DONT LA VRAIE LUMIÈRE DE LA PHILOSOPHIE A SEULEMENT ÉBLOUI LES YEUX. (Mémoires de Gibbon, chap. v.)

Voilà pourquoi sans doute les Anglais, qui sont tous, sans exception, élevés dans ces université, ont l'esprit si étroit et si peu propre aux sciences ! ! !

L'autre exemple n'est pas moins frappant ; c'est celui de la France. Une phalange d'enragés ayant détruit tout ce qui existait, il a fallu tout reconstruire, et surtout le grand édifice de l'éducation publique. Or, en dépit de toutes les théories modernes, le bon sens et l'expérience ont ramené la loi du célibat (1). Je ne crois pas cependant

---

(1) On sait que, par un article du décret constitutif de l'Université, Napoléon astreignait les professeurs au célibat.

que le souverain qui vient de la sanctionner ait jamais fait preuve de superstition et de vieux préjugés.

Les nations sont infaillibles lorsqu'elles sont d'accord. Pourquoi les plus illustres et les plus anciennement savantes se sont-elles accordées à confier l'éducation de la jeunesse à des célibataires ? On dira : *C'est l'influence sacerdotale.* Rien n'est plus faux. Car partout où les prêtres sont mariés, on leur a refusé cette même confiance. Ce n'est donc point le sacerdoce seul, c'est le célibat qui l'a déterminée ; et c'est une double démonstration à laquelle il n'y a rien à répondre.

Je ne prétends pas du tout, Monsieur le comte, changer les idées d'une nation et proposer des choses impraticables ; mais je pose les principes et je cite les exemples. Ce sera ensuite aux hommes d'État qui connaissent les hommes et les choses, de prendre les précautions qu'ils jugeront convenables pour approcher du but comme ils pourront et autant qu'ils pourront.

Je me borne à vous assurer que, si l'on ne prend pas les mesures les plus sérieuses pour s'assurer de la moralité des professeurs, pour exclure les mauvais livres, et pour rendre impossible dans les lycées toute communication extérieure, ces maisons ne tarderont pas à être diffamées dans l'opinion, comme des écoles de corruption et de mauvaises mœurs.

Je crois devoir ajouter ici quelques réflexions, qui ont échappé à ma plume dans les lettres précédentes, sur les châtiments et les récompenses.

Le plan propose des prix et des récompenses *chaque quatre mois,* pour les élèves qui se seront le plus distingués. C'est trop, sans le moindre doute. *Les prix n'ont point de prix,* s'ils ne sont pas attendus. Qu'on en donne donc davantage, si l'on veut, mais qu'on ne les donne qu'à la fin de l'année, en public, avec une très-grande modération quant au nombre; car si chacun a le sien, ce ne sera plus qu'une farce ridicule.

Qu'il y ait, après les examens, une cérémonie où le public soit admis, et que les prix soient distribués par la main d'un grand personnage de l'État. Qu'on y lise publiquement la liste des élèves, dans l'ordre où ils ont été avancés d'une classe à l'autre. Voilà tout à la fois la récompense et le châtiment le plus juste et le plus naturel. Chacun s'entend nommer : les parents l'entendent de même. La justice est faite.

Dans la plupart des grandes villes de France, les premiers de chaque classe étaient présentés solennellement, à la fin du cours annuel, aux premières dignités du lieu. On les conduisait chez le gouverneur de la province, chez le premier président, etc. Rien, ce me semble, ne s'opposerait ici à l'adoption d'un pareil usage.

On pourrait encore tirer grand parti des *croix* qui étaient en usage parmi nous. La Russie attache un grand prix aux décorations extérieures : ce sentiment est naturel et raisonnable; on peut en tirer grand parti.

Qu'il y ait, par exemple, deux ou trois *croix*, et qu'on les accorde chaque quinze jours, ou chaque mois, aux trois élèves qui se seront distingués durant cet intervalle par une conduite plus régulière, une étude plus assidue et des compositions plus marquantes. A la fin du terme, elles seront toutes déposées sur la table du professeur pour un nouveau concours. Ceux qui ont vu cette institution se rappellent encore les palpitations qui précédaient chaque distribution.

On donnerait à ces croix une forme nationale, comme celle de la croix de Sainte-Anne ou de Saint-Wladimir; elles seront de simple métal (or ou argent), pour éviter toute équivoque, et porteront la devise *Lycée impérial* ou toute autre. Le jeune homme qui en serait décoré ne la porterait pas seulement dans la maison d'institution, mais chez ses parents, lorsqu'il aurait la permission de les voir; et en public même, si quelque fête ou spectacle solennel les y appelait.

A la fin du cours, les trois premiers nommés dans la liste et honorés du prix conserveraient cette distinction jusqu'au renouvellement du cours suivant.

Je suis fort trompé si ces décorations ne produisent pas de grands efforts et de grands succès.

Je désire de tout mon cœur, Monsieur le comte, que ces réflexions soient de votre goût. Je vous les présente sans prétention, bien persuadé que les circonstances s'opposent aux meilleures vues, et que l'homme d'État doit transiger avec elles. La proposition est à moi, mais le choix est à vous : il me suffit de n'avoir rien proposé d'idéal, et d'avoir constamment marché appuyé sur l'expérience et le consentement universel des nations.

Je suis, etc.

Le comte Joseph DE MAISTRE.

QUATRIÈME LETTRE.

26 juin 1810.

Monsieur le comte,

Une de ces bizarreries qui distinguent le dix-huitième siècle ayant fixé en Russie un ordre fameux, exclu des pays catholiques, où il était particulièrement dévoué à l'éducation de la jeunesse, je croirais n'avoir rempli qu'à demi la tâche que je me suis imposée, si, dans une suite de lettres où j'ai eu l'honneur de vous entretenir de l'éducation publique, je n'en consacrais pas une ou deux à vous parler des Jésuites.

On peut dire de cet ordre, en ne se rapportant qu'à votre pays : *Beaucoup en ont parlé, mais peu l'ont bien connu.* Quoique je fasse profession de lui être fort attaché, il me semble cependant que je puis éviter l'ombre même de la crainte d'être trompé par mon attachement, et suspect à votre sagacité ; car il y a un moyen infaillible de juger un ordre comme un particulier : *c'est de remarquer par qui il est aimé et par qui il est haï ;* et ce moyen est celui dont je vais me servir.

En observant ici que cet ordre peut s'honorer de dix-sept approbations du saint-siége et de celle d'un concile général, je ne ferais peut-être pas autant d'effet que si j'écrivais dans un pays catholique. Partout cependant une telle approbation vaut quelque chose ; mais je veux particulièrement chercher des témoignages qui ne puissent être suspects d'aucune manière.

Le siècle qui vient de finir a proclamé Bacon le *restaurateur des sciences*, mais lui-même accordait expressément ce titre à l'ordre des Jésuites. C'est lui qui a dit :
« L'éducation de la jeunesse, cette noble partie de la disci-
« pline antique, a été ranimée de nos jours et comme rap-
« pelée de l'exil par les Jésuites, dont l'habileté et les ta-
« lents sont tels, qu'en pensant à eux je me ressouviens de
« ce qui fut dit jadis au Persan Pharnabaze par le roi grec
« Agésilas : *Étant ce que vous êtes, que n'êtes-vous des*
« *nôtres !* »

Il ajoute : « Pour arriver à un bon système d'éducation,
« le chemin serait court ; il suffit de dire : *Consultez*
« *les écoles des Jésuites*, jamais on n'a inventé rien de
« mieux (1). »

---

(1) *Quæ nobilissima pars priscæ disciplinæ revocata est aliquatenus,*

Grotius, autre protestant fameux, dit que « les Jésuites exerçaient une grande puissance sur l'opinion, à cause de la sainteté de leur vie, et du parfait désintéressement avec lequel ils instruisaient la jeunesse dans les sciences et dans la religion (1). »

Henri IV, à peine monté sur le trône, se hâta de les rétablir, et choisit une direction parmi eux.

Richelieu a écrit, dans son testament, qu'*il ne connaissait rien de plus parfait que l'institut de cette Société, et que tous les souverains pourraient en faire leur étude et leur instruction.*

Descartes, élevé par eux, n'en parlait jamais qu'avec estime (2).

On sait de quelle confiance les honora Louis XIV, et quel rôle ils jouèrent dans ce siècle fameux. Le duc de Saint-Simon, ennemi personnel des Jésuites, avoue cependant, dans le chapitre qu'il a fait sur eux dans ses Mémoires, qu'*ils avaient un extrême talent pour former les jeunes gens à la probité et à l'amour des sciences.*

Or, tout est contenu dans ces deux points; car lorsque l'homme est honnête et savant, que lui manque-t-il?

Le grand Condé fit profession toute sa vie d'une sincère amitié pour eux, et il leur fit en mourant le présent le plus honorable : il leur légua *son cœur et son fils* (3).

quasi postliminio, in Jesuitarum collegiis, quorum quum intueor industriam solërtiamque tam in doctrina excolenda quam in moribus efformandis, illud occurrit Agesilai de Pharnabazo : « Talis quum sis, utinam noster esses !... »

Ad pædagogiam quod attinet brevissimum foret dictu, « Consule scholas Jesuitarum, » nihil enim quod in usu venit his melius. (Baco., de Augm. scient., lib. I, vers. init., et lib. VI, id.)

(1) Grotii Ann. belg., p. 194, cité dans le livre allemand intitulé *Der Triumph der Philosophie im achtzehntem jahrhundert; Germantown*, in-8°, t. 1er, p. 412.

(2) Malebranche, *Rech. de la vérité*, liv. III, c. 6, n° 4.

(3) V. l'oraison funèbre de ce prince par le P. Bourdaloue.

Frédéric II est encore un témoin irréprochable sur cet article. En sa qualité de philosophe et d'ennemi déclaré du christianisme, il ne dédaigna pas de faire *chorus* avec la secte; et il écrivait à Voltaire, au moment de la suppression des Jésuites : *Nous venons de remporter un grand avantage* (1).

Mais lorsqu'il fut question de les détruire dans ses propres États, alors le souverain éclipsa le philosophe. Il ne dit plus, *Nous;* il écrivait au contraire : *Je ne connais pas de meilleurs prêtres.* Il disait à ce même Voltaire : *Réconciliez-vous avec un ordre qui a porté, et qui, le siècle passé, a fourni à la France des hommes du plus grand génie.* — Il ajoutait : *Ganganelli me laisse nos chers Jésuites. J'en conserverai la précieuse graine, pour en fournir à ceux qui voudraient cultiver chez eux cette plante si rare* (2).

Enfin, il fallut lui faire, de Paris, une violence formelle pour obtenir de lui qu'il publiât la bulle de suppression dans ses États.

Catherine II, esprit élevé et plein d'idées souveraines, suivit cet exemple et le surpassa.

Paul Ier, que personne n'accusera de n'avoir pas connu ses droits, persista dans les mêmes vues, sans que jamais les suggestions les plus habiles aient pu lui donner de l'ombrage contre les Jésuites.

Les Jésuites, dit le général Dumouriez, *avaient le grand art d'élever l'âme de leurs disciples par l'amour-propre, et d'inspirer le courage, le désintéressement et le sacrifice de soi-même* (3). Ce n'est pas peu, comme on voit.

---

(1) Le roi de Prusse à Voltaire; Œuvres de ce dernier, t. LXXXVI, édit. de Kehl, p. 248.

(2) Le roi de Prusse à Voltaire; Œuvres de ce dernier, t. LXXXVI, 18 novembre 1777, p. 286.

(3) Mémoires du général Dumouriez; Hambourg, 1795, t. I, p. 15. Cet

Mais rien n'est aussi curieux que le témoignage de Lalande. Il ne tarissait pas sur l'éloge des Jésuites ; il reprochait à leurs ennemis *d'avoir détruit une société qui présentait la plus étonnante réunion qu'on ait jamais vue des sciences et de la vertu.* Il ajoute : *Carvalho (Pombal) et Choiseul ont détruit le plus bel ouvrage des hommes, dont aucun établissement sublunaire n'approchera jamais, l'objet éternel de mon admiration, de ma reconnaissance et de mes regrets.* Il finit par dire qu'*il avait eu jadis l'envie d'entrer dans cet ordre, et qu'il regrettait toujours de n'avoir pas suivi une vocation qu'il devait à l'innocence et au goût de l'étude* (1).

Si l'on ajoute à ces témoignages si désintéressés celui de tant d'hommes éminents en sainteté et en science, tels que saint François de Sales, Fénelon, etc., etc., qui ont particulièrement aimé et chéri cet ordre ; si l'on se rappelle que le clergé de France, assemblé en 1762, disait au roi Louis XV : *Sire, défendez les Jésuites comme vous défendriez l'Église catholique !* il semble que rien ne manque à cette société pour lui concilier l'estime et la confiance d'un gouvernement étranger même à cette Église.

On peut cependant ajouter à cette recommandation en citant ceux qui ont honoré les Jésuites de leur haine ; car l'on ne trouvera pas un ennemi de l'Église et de l'État, un seul révolutionnaire, un seul illuminé, en un mot, un seul ennemi du système européen, qui ne le soit aussi de ces religieux.

---

homme, alors plein d'idées philosophiques et révolutionnaires, ajoute à l'éloge que lui arrache la vérité ces mots, *par l'amour-propre.* Il faut bien lui passer cette petite consolation.

(1) Voyez la lettre de Lalande, dans le *Journal des Débats*, 15 pluviôse an VIII (3 février 1799), et le livre cité à la page 334 : *Der Triumph*, etc., t. I, p. 460.

Ces témoignages, de la part d'un homme qui s'était déclaré *officiellement* chef des athées, sont ce qu'on peut imaginer de plus curieux.

Calvin écrivait à son ami de Bèze, il y a trois siècles : *Quant aux Jésuites, qui s'opposent particulièrement à nous, il faut les tuer ; ou si cela ne peut se faire commodément, il faut les chasser, ou au moins les accabler à force de mensonges et de calomnies.*

Dès lors, rien n'a changé. L'un des plus fameux disciples de Calvin, d'autant plus dangereux qu'il était masqué, disait, dans le siècle suivant :

« *Il n'y a rien de plus essentiel que de ruiner le crédit des Jésuites ; en les ruinant on ruine Rome, et si Rome est perdue, la religion se réforme d'elle-même* (1). »

Et, de nos jours, Rabaud de Saint-Étienne, ministre protestant, et l'un des membres les plus fanatiques de l'assemblée qui a bouleversé la France et ensuite le monde, a rendu, sur cet article, un témoignage non moins curieux. En parcourant les causes qui amenèrent et facilitèrent cette funeste révolution, il compte parmi les plus décisives la destruction des Jésuites. Il dit : *Les ennemis les plus violents et les plus habiles de la liberté d'écrire, les Jésuites, avaient disparu, et personne depuis n'osa déployer le même despotisme et la même persévérance* (2).

Tous les observateurs, au reste, demeurent d'accord que la révolution de l'Europe, qu'on appelle encore *révolution française*, était impossible sans la destruction préliminaire des Jésuites.

Cet éloge est grand sans doute, et cependant on peut y ajouter encore, puisque l'auteur protestant d'une histoire ecclésiastique, écrite de nos jours, avec tous les préjugés de sa secte, avoue expressément que, *si les*

---

(1) Lettre de **Fra Paolo Sarpi** (qu'on a si justement nommé *catholique en gros et protestant en détail*), du 5 juillet 1619, citée dans sa vie écrite par le Courrayer, et placée à la tête de la traduction du concile de Trente.

(2) *Précis historique de la Révolution française*, in-12, 1792; liv. I, p. 17.

Jésuites avaient existé avant l'époque de la Réforme, jamais le protestantisme n'aurait pu s'établir, et que, s'ils n'avaient paru, cette révolution serait devenue universelle (1).

Tout homme d'État, qui réfléchira attentivement sur ces témoignages choisis entre mille, sera convaincu que les novateurs qui travaillent presque à visage découvert pour renverser ce qui reste d'ordre et de bonheur en Europe n'ont pas d'ennemis plus courageux, plus intelligents et plus précieux pour l'État que les Jésuites, et que, pour mettre un frein aux opinions qui ont ébranlé le monde, il n'a pas de meilleur moyen que de confier l'éducation de la jeunesse à cette société (2).

Les révolutionnaires le sentent bien; aussi, pour se débarrasser de ces ennemis incommodes, ils s'y sont pris d'une manière qui n'a que trop souvent réussi. Ils ont tâché de les rendre suspects aux souverains, en les accusant de *se mêler des affaires politiques*.

Il est extrêmement important, Monsieur le comte, d'écarter ce piége, qui est tout à la fois *très-fin* et *très-fort*; j'aurai l'honneur de vous présenter à cet égard deux réponses également péremptoires.

1° J'emprunte la première de Frédéric II; car, dans la crainte d'avoir l'air de céder à des préjugés d'affection

---

(1) Wære der orden der Jesuiten nicht gewesen, so würde die Kirchen-Reformation... keiner Wiederstand mehr gefunden haben. Hingegen, wære er auch schon for der Reformation gewesen, so würde wohl keine Reformation erfolgt. (Allgemeine Geschichte der christlichen Kirche: won d. Heinr. Phil. cour. Henke, Professor der Theol. zu Helmstadt; Braunschweig, 1794, t. II, dritter Theil, p. 69.)

(2) M. de Maistre écrivait en 1810. Il pourrait aujourd'hui beaucoup ajouter à ces témoignages *inverses* en faveur des Jésuites. On comprend que les noms, les œuvres et les qualités des ennemis des Jésuites qui ont paru depuis quarante ans n'affaibliraient sa thèse ni dans son esprit, ni dans l'esprit d'aucun homme sérieux et de bonne foi.

(Note de *l'Univers*.)

ou d'éducation, je tâche toujours de chercher mes autorités parmi des hommes au-dessus de tout soupçon, comme ayant été agités par des préjugés diamétralement contraires.

Je sais bien, disait donc ce fameux personnage, auquel il n'a manqué que d'avoir été élevé et dirigé par ces mêmes hommes, *je sais bien qu'ils ont cabalé et qu'ils se sont mêlés d'affaires; mais c'est la faute du gouvernement. Pourquoi l'a-t-il souffert? Je ne m'en prends pas au père le Tellier, mais à Louis XIV* (1).

Cette observation seule est péremptoire. S'il plaisait à un souverain de faire gouverner son royaume par les officiers de sa garde, il serait bien le maître. Les officiers seraient sans doute tenus d'obéir; et s'il leur arrivait de se laisser séduire par l'exercice de la puissance et d'en abuser quelquefois, il leur arriverait ce qui est arrivé, ce qui arrive et ce qui arrivera à tous les hommes. Faudrait-il dire ensuite : *Les officiers de la garde ont cabalé, ils se sont mêlés d'affaires ; il faut supprimer la garde ?* Rien ne serait plus extravagant; car il faudrait prouver d'abord que d'autres auraient mieux fait, ce qui ne serait pas aisé, et ensuite on devrait dire comme Frédéric II : *C'est la faute du gouvernement. Pourquoi l'a-t-il souffert ? Je ne m'en prends point aux officiers de la garde, mais au souverain.*

Les Jésuites sont engagés par leurs vœux à élever gratuitement la jeunesse dans la religion et dans les sciences, et à civiliser les nations sauvages, sous le bon plaisir des deux puissances temporelle et spirituelle. Cette tâche est assez noble, et ils sont assez occupés dans ce monde. S'il plaît aux souverains de les tirer de leur solitude à certai-

---

(1) Frédéric II à Voltaire, dans la lettre citée plus haut, du 18 novembre, Œuvres de Voltaire, t. LXXX, p. 288.

nes époques et de les consulter sur quelques objets, encore une fois les rois sont les maîtres, et les Jésuites doivent répondre de leur mieux à cette confiance, comme tous autres sujets qui seraient dans le même cas.

Les souverains pensent-ils, au contraire, qu'il y ait du danger à se servir, dans aucune occasion, du ministère et des connaissances de ces hommes habiles (ce qui serait encore assez difficile à prouver), il n'y a qu'à les laisser chez eux, à leurs fonctions ordinaires.

Voilà à quoi se réduit ce grand épouvantail des *Jésuites mêlés dans les affaires.*

Mais il y a une autre observation à faire, que vous trouverez peut-être, Monsieur le comte, encore plus importante et plus décisive que la précédente.

2° Deux sectes n'ont cessé d'agiter l'Europe depuis le seizième siècle : *les calvinistes, et leurs cousins les jansénistes* (1), et les Jésuites leur ont résisté avec une force et une persévérance qui tiennent du prodige. Ces sectaires, toujours intriguant dans l'État et se mêlant à l'État pour le renverser, s'appelaient eux-mêmes *l'État*, et faisaient croire à l'État, ensorcelé par leurs manœuvres, qu'on l'attaquait en les attaquant. Je n'en veux pas d'autre preuve que le témoignage de ce même duc de Saint-Simon que j'ai cité plus haut, car j'aime toujours choisir mes témoignages parmi les ennemis les plus déclarés de la société.

Après l'éloge qu'il en fait très-justement, et que j'ai cité, il ajoute qu'*ils se montraient trop passionnés contre les calvinistes et les jansénistes.* (Mémoires du duc de Saint-Simon, *ibid.*)

C'est reprocher au chien son aversion pour le loup. Ce

---

(1)   Les raisonneurs de jansénistes,
       Et leurs cousins les calvinistes, etc.

Voltaire, OEuvres, Deux-Ponts, 1791, in-12, t. XVI; Poésies mêlées, n° 185, p. 150.

n'est pas parce que les rois de France ont *trop cru* les Jésuites, c'est parce qu'ils ne les ont pas *assez crus*, qu'ils ont perdu *le plus beau royaume après celui du ciel* (1). La destruction de cet ordre a livré l'ancienne France aux bêtes féroces qui l'ont dévorée. Fidèle à la maxime que j'ai adoptée de citer toujours le moins possible ce qu'on appelle aujourd'hui *les dévots*, c'est-à-dire tous les hommes sages, religieux et sujets fidèles, c'est encore Voltaire que j'appelle en témoignage sur ce point. La conscience est une espèce de torture qui extorque la vérité aux malfaiteurs. Vous ne serez pas fâché, Monsieur le comte, que je vous fasse lire les vers qui lui échappèrent à l'époque de la destruction des Jésuites. Les voici :

> Les renards et les loups furent longtemps en guerre ;
> Nos moutons respiraient : nos bergers diligents
> Ont chassé par arrêt les renards de nos champs.
> Les loups vont désoler la terre.
> *Nos bergers semblent, entre nous,*
> *Un peu d'acccord avec les loups* (2).

De la part d'un homme tel que Voltaire, c'est une injure modeste que celle de *renards*, et les Jésuites doivent remercier. Cette politesse, au reste, lui fait dire une absurdité palpable ; car qui a jamais entendu dire que les renards se battent avec les loups, ou qu'ils dévorent les moutons ? Il aurait dit sans doute les *lions* ou les *tigres*, au lieu de *renards*, si sa conscience ne l'avait pas forcé de s'avouer à lui-même que l'État n'avait rien à craindre des Jésuites, et que tout le danger venait de leurs ennemis.

Maintenant que les prétendus *bergers*, c'est-à-dire les parlements gangrenés de philosophisme et de jansénisme,

---

(1) *Si quando te Deus ad suum regnum, quod solum tuo melius est, vocaverit*, etc. (Grotius, dans l'épître dédicatoire de son Traité du droit de la guerre et de la paix, au roi de France Louis XIII.)

(2) OEuvres de Voltaire, t. cité, n° 166, p. 160.

en s'entendant avec les *loups*, c'est-à-dire avec les jansénistes *et leurs cousins*, ont fait le beau chef-d'œuvre que nous contemplons depuis vingt ans, tous les gens sensés doivent savoir à quoi s'en tenir.

Voilà, Monsieur le comte, comment les Jésuites *se sont mêlés de la politique*. C'est en criant aux souverains, d'une voix infatigable, et pendant trois siècles : *Voilà le monstre! prenez garde à vous! Point de milieu! Il vous tuera, si vous ne le tuez ou si vous ne l'enchaînez*.

Et ne croyez pas même, Monsieur le comte, à cette persécution furieuse, exercée par les Jésuites contre leurs ennemis, sur la fin du règne de Louis XIV : à qui pourrions-nous croire sur ce point plus qu'à madame de Maintenon? Elle écrivait cependant au cardinal de Noailles, le 17 février 1701 : « Jamais les Jésuites n'ont *été plus faibles qu'ils ne le sont. Le père de la Chaise n'ose parler; leurs meilleurs amis en ont pitié; ils n'ont de pouvoir que dans leur collége... Le bonhomme* (le père de la Chaise), *encore un coup, n'a aucun crédit* (1). »

Rien ne me serait plus aisé que de vous faire voir, l'histoire à la main, que les jansénistes influèrent bien plus que leurs adversaires dans les affaires publiques, et que plus d'une fois les gens sages eurent lieu de s'étonner de la douceur du gouvernement contre des sectaires aussi hardis et aussi obstinés.

Pour se former une idée nette du système que les Jésuites n'ont cessé de combattre, il faut considérer avant tout le calvinisme, car c'est de là que tout part. Laissons là Bellarmin, Bossuet et leurs adhérents; commençons par le ministre anglican Jean Jortin, homme très-distingué parmi les théologiens anglais :

« *Le calvinisme*, dit-il, *est un système religieux qui pré-*

---

(1) V. l'*Histoire de Fénelon*, par M. de Bausset, t. III, liv. VI, p. 20.

sente des créatures humaines sans liberté, des dogmes sans raison, une foi sans motifs, et un Dieu sans miséricorde (1). »

A la suite de cette définition, qui ne pèche pas par l'obscurité, je vous citerai Voltaire (car c'est toujours mon héros) : « *Le calvinisme*, dit-il, *devait nécessairement enfanter des guerres civiles, et ébranler les fondements des États... Il fallait qu'un des deux partis pérît par l'autre... Partout où l'école du calvinisme dominera, les gouvernements seront renversés* (2). »

Je vous citerai un ministre genevois, qui écrivait en 1797, sous le voile de l'anonyme (néanmoins assez transparent) : « *Oui, ce sont les réformateurs qui, en sonnant le tocsin sur le pape et sur Rome..., et en tournant les esprits des hommes vers la discussion des dogmes religieux, les ont préparés à discuter les principes de la souveraineté, et ont sapé, de la même main, le trône et l'autel* (3). »

Je vous citerai de très-estimables journalistes anglais qui écrivaient, il n'y a que sept ans : « *Le calvinisme est ce qu'on peut imaginer de plus absurde et de plus impie... Les dogmes de Calvin, envisagés dans leur vrai point de vue, présentent une masse si révoltante d'impiétés, de blasphèmes, de contradictions et de cruautés qu'ils ne peuvent manquer d'inspirer l'horreur et le mépris à tout homme qui a conservé quelques sentiments de respect pour l'Être suprême, quelque mouvement de bienveillance pour ses*

---

(1) *A religious system consisting of human creatures without liberty, doctrines without sense, faith without reason, and a God without mercy.* (Jortin dans *l'Anti-Jacobin*, juillet 1803, n° 61, p. 231. Ce ministre écrivait vers le milieu du siècle dernier.)

(2) *Siècle de Louis XIV*, chap. XXXIII, et *Siècle de Louis XV*.

(3) *De la nécessité d'un culte religieux*, par M. *** (de Genève), in-8°, 1797. Conclusion.

semblables, quelques lueurs de raison et de sens commun (1). »

Je vous citerai un professeur de théologie anglican, qui disait, dans un sermon prêché en 1795 devant l'Université de Cambridge :

« *Je crains fort que les États protestants n'aient sur cet article plus de reproches à se faire qu'ils ne le croient peut-être ; car toutes les productions impies et la plupart des immorales, qui ont servi si puissamment à produire l'apostasie de nos jours, ont été composées et imprimées dans des pays protestants* (2). »

Et je finirai par le détestable Condorcet, qui n'a pas fait difficulté d'avouer que le calvinisme ne fut en quelque sorte que la préface de la révolution politique, et que *les peuples, éclairés sur les usurpations des papes, devaient bientôt chercher à l'être sur les usurpations des rois* (2).

Après des citations aussi décisives et toutes demandées à nos ennemis, il me sera bien permis de vous faire entendre la voix du plus grand de nos théologiens, de l'homme du monde, peut-être, qui a su le plus de choses, le père Pétau :

« *Le caractère distinctif*, dit-il, *de cette secte, née pour la ruine des rois et des États, est de haïr toute espèce de souveraineté* (3). »

Vous croirez peut-être, Monsieur le comte, que je sors de mon sujet, et qu'il ne s'agit nullement de juger cette secte ; mais je puis avoir l'honneur de vous assurer qu'au

---

(1) *Anti-Jacobin, review and magazine.* Mai 1803, n° 59, p. 4 et 18.

(2) *A sermon preached before the University of Cambridge, on the 3th of mai 1795, by John Mainwaring, profess. in divin.* (Dans le *Critic review*, août 1795, p. 400.)

(3) Condorcet, *Esquisse d'un tableau des progrès de l'esprit humain*, in-8, p. 211.

(4) *Dion. Petavii Dogm. theol.*, in-fol., Anvers, 1700; t. IV, *de Hierarchia*, p. 2.

contraire il s'agit très-fort de cela, et même qu'*il ne s'agit que de cela.*

Le calvinisme, fils aîné de l'orgueil, a déclaré la guerre à toute souveraineté, et toutes les sectes sont filles du calvinisme. La plus dangereuse est le jansénisme, parce qu'elle se couvre du masque catholique. Les autres sont des ennemis déclarés qui montent à l'assaut ouvertement; celle-là est une partie de la garnison révoltée qui nous poignarde par derrière, tandis que nous combattons bravement sur le rempart. Mais, enfin, toutes sont sœurs, et toutes ont le même père. Il n'y a donc plus qu'une secte composée de toutes les autres, amalgamées et fondues dans le calvinisme, car les différences de dogmes ont disparu. Toutes n'ont qu'un dogme, *c'est de n'avoir plus de dogmes.* Il n'y a rien de si connu que la réponse de Bayle au cardinal de Polignac : *Je suis protestant dans la force du terme, car je proteste contre toutes les vérités.* Voilà le *dogme* qui est devenu universel. Il fallait seulement ajouter : *Et contre toute autorité.* L'illuminisme d'Allemagne n'est pas autre chose que le *calvinisme conséquent,* c'est-à-dire débarrassé des dogmes qu'il avait conservés par caprice. En un mot, *il n'y a qu'une secte.* C'est ce qu'aucun homme d'État ne doit ignorer ni oublier. Cette secte, qui est tout à la fois une et plusieurs, environne la Russie, ou, pour mieux dire, la pénètre de toute part, et l'attaque jusque dans ses racines les plus profondes. Elle n'a pas besoin, comme dans le seizième siècle, de monter en chaire, de lever des armées, et d'ameuter publiquement les peuples. Ses moyens de nos jours sont plus adroits : *elle réserve le bruit pour la fin.* Il ne lui faut aujourd'hui que l'oreille des enfants de tout âge et la patience des souverains. Elle a donc tout ce qu'elle désire. Déjà même elle a attaqué votre clergé, et le mal est plus grand peut-être qu'on ne le croit.

Dans un danger aussi pressant, rien n'est plus utile aux intérêts de Sa Majesté Impériale qu'une société d'hommes essentiellement ennemie de celle dont la Russie a tout à craindre, surtout dans l'éducation de la jeunesse. Je ne crois pas même qu'il fût possible de lui substituer avec avantage aucun autre préservatif; car nulle association, et surtout nulle association cachée, ne peut être facilement combattue que par une autre. Cette société est le chien de garde qu'il faut bien vous garder de congédier. Si vous ne voulez pas lui permettre de mordre les voleurs, c'est votre affaire; mais laissez-le rôder au moins autour de la maison, et vous éveiller lorsqu'il sera nécessaire, avant que vos portes soient crochetées, ou qu'on entre chez vous par les fenêtres.

Quel aveuglement, Monsieur le comte! quelle inconséquence de l'esprit humain! Depuis trois siècles, il existe une société principalement dévouée à l'instruction de la jeunesse; qui délivre l'État d'un poids épouvantable en lui épargnant les frais de l'éducation publique; qui offre la science à la jeunesse et ses travaux aux gouvernements, sans autre prix que la satisfaction d'avoir rempli ses devoirs; qui crie sans cesse aux peuples, mais surtout à cette jeunesse, si précieuse pour l'État :

La souveraineté ne vient point du peuple; ou si elle en vient primitivement, dès qu'il l'a cédée, il n'a plus droit de la reprendre (1). *Dieu lui-même en est l'auteur, et c'est à lui qu'on obéit dans la personne du souverain. Pour nulle raison on ne peut le juger, et pour nulle raison on ne peut lui désobéir, sauf le crime; et s'il commande un crime, il faut se laisser tuer; mais la personne du souverain est sacrée, et rien ne peut excuser une révolte.*

---

(1) Suarez (Jésuite fameux, *en qui on entend toute l'école*, comme l'a dit Bossuet), *De leg.*, lib. III ; *De lege humana et civili*, cap. IV, § 6, *et in defensione fidei catholicæ adversus anglicanæ sectæ errores*, lib. III, cap. 3.

Il serait inutile de parler de la religion. La société de Jésus tient sans doute avec ardeur à la sienne, qui est presque la vôtre pour le dogme ; mais jamais on n'a accusé ni même soupçonné les Jésuites de la plus légère indiscrétion contre les lois du pays, qu'ils vénèrent comme ils le doivent. Et l'on se défie de cette société, et l'on a peur qu'*elle se mêle de la politique !*

D'un autre côté, et depuis le même temps, il existe une société toute contraire, qui, par la bouche même de ses premiers patriarches et de ses membres les plus distingués, crie aussi sans relâche :

« De quelque manière que le prince soit revêtu de son
« autorité, il la tient toujours *uniquement du peuple*, et le
« peuple ne dépend *jamais* d'aucun homme mortel qu'en
« vertu de son consentement (1).

« Tout pouvoir réside essentiellement dans le peuple ;
« et si le talent ou la science de quelques hommes ont pu
« l'engager à leur confier un certain pouvoir *à temps*, c'est
« au peuple qu'ils doivent rendre compte de l'exercice de
« ce pouvoir (2).

« Il n'y a et il ne peut y avoir aucune loi fondamentale
« obligatoire pour le corps du peuple, pas même le con-
« trat social : il a droit de les abroger toutes ; et si même
« il veut se faire du mal, personne n'a droit de l'en em-
« pêcher (3).

« Le peuple étant donc souverain, les gouvernants ne
« sont que ses magistrats, et il peut changer le gouverne-
« ment quand il veut, et parce qu'il veut (4).

---

(1) Noodt, *Du pouvoir des souverains*, dans le recueil de diverses pièces importantes traduites ou publiées par J. Barbeyrac (réfugié), t. I, p. 41.

(2) *Memoirs of the life of sir William Jones* (auteur du texte cité), by lord Trignmouth ; London, 1800, in-4°, p. 200.

(3) Rousseau, *Contrat social*, liv. II, chap. I, etc.

(4) Condorcet, esquisse citée, p. 243.

« On peut donc excuser jusqu'à un certain point ceux
« qui firent le procès à Charles Ier, et qui l'envoyèrent à
« l'échafaud (1).

« Les princes sont communément les plus grands fous
« et les plus fieffés coquins de la terre. On ne saurait en
« attendre rien de bon. *Ils ne sont dans ce monde que les*
« *bourreaux de Dieu, qui s'en sert pour nous châtier.*
« Puisqu'on punit les voleurs par la prison, les meur-
« triers par l'épée, les hérétiques par le feu, pourquoi n'em-
« ploierions-nous pas les mêmes armes contre les apôtres
« de la corruption... contre ces pustules de la Sodome
« romaine ? Pourquoi ne tremperions-nous pas nos mains
« dans leur sang ?... Il n'y a plus d'autre remède à em-
« ployer que d'attaquer par la force l'Empereur, les rois
« et les princes (2).

« Être prince, et n'être pas un brigand, est une chose
« presque impossible (3).

« Le meilleur gouvernement, le seul solide, est le répu-
« blicain. *Celui qui n'est pas représentatif n'est qu'une ty-*
« *rannie* (4).

« Cette doctrine politique est celle de tous nos doc-
« teurs (5).

« Quant à la religion, c'est une question d'abord de

---

(1) *A Letter to a Nobleman containing considerations on the laws rela-tives to dissenters*, etc., *by a Layman;* London, Cadell, 1790, in-8. *N. B.* L'auteur est un homme d'État qui avait rempli de grandes places. (London Review, juin 1790.)

(2) Luther, *Opp. lat.*, in-fol. ; t. II, fol. 181, 182, 69.

(3) *Principem esse, et non esse latronem, vix est possibile.* Proverbe du même Luther. Voy. le *Triomphe de la philosophie*, etc., t. Ier, p. 52.

(4) Kant, *Essai philosophique sur un projet de paix perpétuelle*, cité par Masson (*Mém. secrets sur la Russie*, t. III, p. 356).

(5) Il faut avouer que la plupart des auteurs de la religion réformée qui ont fait en Allemagne des systèmes de la science politique, ont suivi les principes de Buchanan, de Junius Brutus et de leurs semblables. (Leibnitz, *Pensées*, t. II, p. 431.)

« savoir s'il existe véritablement un auteur de tout ce que
« nous voyons (1).

« L'ordre qui se montre dans l'univers, ou qu'on croit
« y apercevoir, ne prouve point qu'il y ait un Dieu ; il en
« est de même du consentement de tous les hommes, car
« *rien de ce qui est hors de nous n'est certain* (2).

« En tout cas, il n'y a pas moyen de prouver par la rai-
« son qu'il n'y ait qu'un Dieu. L'unité de dessein ne prouve
« rien, car elle pourrait fort bien être l'ouvrage de PLU-
« SIEURS DIEUX QUI SERAIENT D'ACCORD (3).

« D'ailleurs, cette unité prouverait tout au plus qu'il n'y
« a qu'un Dieu dans le monde que nous voyons, mais
« nullement qu'il n'y a pas d'autres mondes qui ont aussi
« chacun leur Dieu (4).

« Toutes les Églises se sont trompées, même dans la
« morale, même dans le dogme ; ainsi l'on n'est obligé
« d'en croire aucune ; ainsi il n'y a d'autre règle que la
« parole de Dieu (5).

« Mais cette parole, chacun l'interprète suivant sa cons-
« cience ; car chacun a droit, PAR LA LOI DE NATURE, de
« décider par lui-même quel parti est le plus sûr dans une
« chose aussi sérieuse... Si le souverain entreprend de con-
« traindre ou de gêner ses sujets sur ce point, ils ont droit
« de lui résister les armes à la main, comme ils auraient

---

(1) Discours de Kant à M. Karamsin. V. les voyages de ce dernier.

(2) C'est un des principaux dogmes de Kant.

(3) Discours *qui a remporté le prix* de l'Académie de Leyde sur la question de savoir *si l'on peut prouver* par la raison qu'il y a un Dieu, et non plusieurs ? par M. Wyttembach, Suisse réformé, professeur à Amsterdam ; Luxembourg, 1780, 1 vol. in-8°. *N. B.* Le prix accordé à ce mémoire est extrêmement remarquable.

(4) Wyttembach, ibid. *Nihil aliud efficietur, nisi hunc mundum ab unico pendere et effectum esse Deo, non illud etiam non posse plures esse deos quorum quisque suum mundum habeat.*

(5) *Confession de foi de l'Église anglicane*, imprimée partout.

« celui de défendre leur vie, leurs biens et leurs libertés,
« contre un tyran (1).

« Ce n'est pas qu'il ne soit utile d'avoir des confessions
« de foi, *pour le repos et la tranquillité publique, et pour
« maintenir la paix extérieure;* mais, dans le fond, ce
« ne sont point des professions de foi proprement dites ;
« car toute profession de foi n'est bonne que pour le mo-
« ment où on l'écrit (*sui temporis symbolum*), et chaque
« article de foi peut être changé suivant le temps et les
« circonstances (2). »

Et l'on n'a pas la moindre peur de ces dogmes, Monsieur le comte ! et l'on ne se défie nullement de ceux qui les professent ! et l'on ne soupçonne pas seulement qu'ils puissent *se mêler de politique!* et on leur confie sans balancer l'éducation de la jeunesse, c'est-à-dire la plus importante fonction de l'État, et l'espérance de la patrie ! et sur leur compte il n'y a pas la moindre alarme ! et le gouvernement ordonne que, dans l'institut destiné à fournir des professeurs à l'État, *la métaphysique sera enseignée suivant la méthode de Kant* (3) ! et pour attirer des instituteurs très-légitimement soupçonnés, et même convaincus, de professer ses maximes, l'État est prêt à faire les plus grands sacrifices ! Il jette l'argent à flots ; il en a pour eux ; il en a pour leurs femmes et leurs enfants ; il en a pour leurs besoins ; il en a pour leurs plaisirs ! — En vérité, je doute que, dans l'histoire universelle, il y ait un autre exemple d'un tel aveuglement.

Et qu'on ne vienne point nous dire que ces dogmes sont

---

(1) Barbeyrac, dans ses notes sur le *Traité des droits de la nature et des gens* de Puffendorf, liv. VIII, chap. 8, § 5, note 7.

(2) Melanchthon, *Epist. selectæ a Peucero ed.*, Ep. II, ad Lutherum, p. 3, 4 ; *Luthers altenb. werke*, t. VI, p. 1226. *Forma concordiæ*, p. 571, 651.

(3) V. le règlement de l'Institut pédagogique, dans le Journal de l'instruction publique (en Russie), n° 9, § 66.

surannés; ils sont, au contraire, plus vivants et plus actifs que jamais. Au seizième siècle, ils étaient enfants, et quelques pages du catéchisme sauvées de l'incendie leur en imposaient encore; aujourd'hui ils sont *adultes*, et n'ont plus de frein d'aucune espèce. *Cette épouvantable secte, qui s'appelle Légion*, n'a donc jamais été plus à craindre que dans ce moment, *surtout à cause de ses alliances.*

Cherchez donc aussi des *alliances* de votre côté, Monsieur le comte ; le bon parti en a grand besoin, et j'ose vous assurer que le mauvais génie qui vous attaque n'a pas d'ennemis plus terribles pour lui et plus rassurants pour nous que l'illustre compagnie dont j'ai voulu vous entretenir dans ces pages, consacrées bien moins à ses intérêts qu'à ceux de votre patrie, où la reconnaissance et l'attachement m'ont en quelque sorte naturalisé.

Il me reste, Monsieur le comte, à vous dévoiler en détail le nouveau moyen que des hommes non moins adroits que pervers mettent en œuvre, sans relâche, pour étouffer un enseignement qu'ils regardent comme le dernier obstacle à leurs projets dans ce pays. Ce sera le sujet d'une dernière lettre.

Je suis, etc.

Le comte Joseph DE MAISTRE.

CINQUIÈME LETTRE.

Saint-Pétersbourg, 30 (18) juillet 1810.

Monsieur le comte,

Il me semble que, dans ma dernière lettre, j'ai eu l'honneur de mettre sous vos yeux un portrait assez ressemblant de la nouvelle secte, et qu'elle ne saurait récuser les couleurs dont je me suis servi, puisque c'est à elle-même que je les ai demandées. Les Jésuites étant ses ennemis naturels, irréconciliables et infatigables, il n'est pas étonnant qu'il y ait eu entre elle et eux un combat à mort, qu'elle a cru terminé définitivement en 1773; mais lorsqu'elle croyait entonner en paix le chant du triomphe, la raison élevée de Catherine II causa un déplaisir mortel aux *Frères*, en naturalisant chez elle un ordre fameux que les aveugles puissances catholiques venaient d'immoler, pour être elles-mêmes immolées le lendemain par ces mêmes hommes qui leur avaient dénoncé les Jésuites *comme des ennemis de la puissance souveraine*.

Cet aveuglement de la souveraineté paraîtrait impossible, si nous n'en avions pas été les infortunés témoins.

Mais puisque les Jésuites existent encore en Russie, et qu'en général le bon sens national est pour eux, vous pouvez bien penser, Monsieur le comte, que la secte a dirigé toutes ses machines vers ce point du globe où ses ennemis ne cessent de la combattre par leur seule existence. Il est bien essentiel de la suivre dans ses manœuvres ténébreuses, car sa dextérité a toujours égalé sa malice.

Les attaques directes n'ayant pas réussi auprès de Catherine II et de son fils, il a fallu venir aux voies indirectes. Le bon génie de la Russie en a repoussé une : c'est la confiscation générale des biens ecclésiastiques, dont le contre-coup infaillible aurait donné la victoire au mauvais principe. Il en restait une seconde, qui ne leur a jamais manqué. Si le gouvernement russe la repousse, il s'élèvera au-dessus de tous les autres qui ont donné dans le piége.

Pour renverser la souveraineté ou pour lui nuire, la secte s'est toujours servie de la souveraineté même; elle l'a effrayée pour la perdre; elle l'a traitée comme l'oiseleur traite les oiseaux qu'il chasse vers ses filets en les épouvantant, tandis que, pour lui échapper, il leur aurait suffi de ne pas s'effrayer et de demeurer à leur place.

Comme la proposition directe de détruire les Jésuites ou leur enseignement choquerait la justice du souverain, on tâche d'arriver au but *en tournant :* on dit que l'*intérêt de l'État* (voici le piége) exige l'unité de l'enseignement, et l'on propose de soumettre les Jésuites à l'Université de Wilna, ce qui équivaudrait pleinement à un ukase de suppression.

Si l'on proposait tout le contraire, c'est-à-dire de soumettre les Universités à l'inspection et au contrôle des Jésuites, il y aurait au moins, dans cette proposition, une apparence de justice. On pourrait dire que des établissements naissants, qui n'ont pu faire encore aucune preuve, et qui ne sont guère connus que par la défiance qu'ils inspirent, pourraient être soumis prudemment à une société connue par trois siècles de brillants succès, et qui a élevé presque tous les grands hommes qui ont vécu en Europe pendant cette longue époque.

Mais soumettre les Jésuites aux Universités, c'est prendre un enfant à l'alphabet, pour apprendre l'éloquence à un orateur consommé.

Les Jésuites, dit-on, *veulent faire un État dans l'État !* Quelle absurdité, Monsieur le comte ! Et cependant c'est avec ce sophisme, toujours ancien et toujours nouveau, qu'on alarme l'autorité pour la tromper et pour la perdre.

Il serait aisé, en premier lieu, de rétorquer l'argument contre l'Université. C'est elle, en effet, qui veut établir *un État dans l'État,* puisqu'elle prétend faire de l'enseignement public et de l'éducation nationale un monopole formel, dont personne ne pourra se mêler qu'elle.

Mais, indépendamment de cette considération, qui est décisive, et sur laquelle je reviendrai tout à l'heure, il y a bien d'autres choses à répondre en faveur des Jésuites. Ne dirait-on pas, à entendre parler certaines personnes, que ces Pères sont des espèces de francs-maçons qui célèbrent, portes fermées, des mystères inconnus? L'enseignement, chez eux, n'est-il pas public? Le plan des études, le titre des livres qu'ils enseignent, et jusqu'à la distribution des heures, ne sont-ils pas connus par l'impression? Les exercices où les élèves rendent compte de leurs études ne sont-ils pas soumis à l'examen et à la critique de tout le monde?

Où est donc cet *État dans l'État?* Autant vaudrait dire qu'un régiment veut faire *un État dans l'État,* parce qu'il ne veut dépendre que de son colonel; et qu'il se tiendrait humilié, par exemple, et même insulté, si on le soumettait à l'inspection et au contrôle d'un colonel étranger. Il ne s'enferme point dans son quartier pour faire l'exercice, il le fait sur la place publique. S'il manœuvre mal, les inspecteurs généraux et l'empereur même le verront et y mettront ordre; mais que, sous prétexte d'unité, on prive ce régiment (que je suppose fameux et irréprochable depuis trois siècles) du droit de se régler lui-même, et qu'on le soumette avec tous ses chefs à un capitaine de milices bourgeoises qui n'a jamais tiré l'épée, c'est une idée qui serait excessivement risible, si les suites ne devaient pas en être extrêmement funestes.

Voilà cependant, Monsieur le comte, à quoi se réduit ce burlesque épouvantail de l'*État dans l'État!* Personne n'ignore que nulle société, nulle agrégation d'hommes ne peut subsister, si elle n'est soumise à une discipline forte et intérieure. Placer le régulateur hors d'elle-même, c'est la dissoudre irrévocablement. Les Jésuites ne réclament donc simplement que le droit fondamental de toute société légitime.

Le cardinal de Richelieu, qui aimait les Jésuites et les protégea, a écrit dans son testament qu'*il ne connaissait rien de plus parfait que l'institut de cette société, et que tous les souverains pourraient en faire leur étude et leur instruction.* On ne croira pas apparemment que ce puissant génie ne savait pas ce que c'était que l'autorité et *un État dans l'État.*

Un État dans l'État est un État caché à l'État ou indépendant de l'État : les Jésuites, comme toutes les autres sociétés légitimes, et même plus que les autres, sont sous la main du souverain : il n'a qu'à la laisser tomber pour les anéantir. Alors même, Monsieur le comte, ils prieraient pour lui, et se défendraient toute espèce de murmure et de critique contre le gouvernement, comme ils ont fait en France, comme ils ont fait à Rome, comme ils ont fait au Paraguay, où leur conduite a si fort trompé leurs ennemis; en un mot, comme ils feront partout.

Je crois l'accusation de l'*État dans l'État* suffisamment réfutée, et même ridiculisée, ce qui est aussi quelque chose. Mais les novateurs, qui pensent à tout, se sont ménagé une réserve en cas de défaite, et cette réserve, la voici :

L'enseignement des Jésuites ne suffit plus à l'état actuel des sciences : ils tiennent aux anciennes méthodes, qui sont insuffisantes. Elles donnent trop à la littérature, et pas assez aux sciences.

Tout se réduit donc à un problème d'éducation, qu'il s'agit de résoudre. Mais quel homme d'État osera, pour le résoudre, se séparer de l'expérience ?

Je me représente les anciens et les nouveaux instituteurs sous l'emblème frappant de deux compagnies d'alchimistes dont l'une se vante de faire de l'argent, et en a fait réellement pendant trois siècles à la face de toute l'Europe, au point que toute notre vaisselle en vient en grande partie. L'autre bande arrive, et dit qu'elle sait faire de l'or ; que l'ancienne alchimie ne suffit pas au besoin de l'État ; en conséquence elle demande d'être substituée à l'ancienne compagnie, et d'être mise en possession des laboratoires, vases et ustensiles de sa rivale.

La réponse saute aux yeux : « Point de difficulté, Messieurs, *quand vous aurez fait de l'or ;* mais c'est de quoi il s'agit : montrez-nous d'abord le culot au fond du creuset, après quoi vous demeurerez seuls en place ; car il est bien certain que l'or vaut mieux que l'argent. »

Les Français, qui aiment les grandes entreprises, firent l'expérience en question en 1762. L'opération, après quelques années, a produit, au lieu d'or, une vapeur pestilentielle qui a suffoqué l'Europe : on sera plus heureux, sans doute, en Russie ; je veux le croire, Monsieur le comte ; mais cependant allons doucement, et regardons prudemment dans le creuset.

On a rempli les journaux de dissertations pour prouver qu'un seul théâtre dans une ville *a de grands inconvénients,* et qu'il en faut plusieurs pour maintenir parmi les *salutaires* artistes une émulation infiniment utile au plaisir public. Serait-ce trop attendre de la sagesse du gouvernement, qu'il daignât adopter, pour le perfectionnement du premier des arts, celui de former les hommes, ce même moyen dont on a cru devoir faire usage en certains pays pour maintenir et avancer même la perfection de l'art scénique ?

Tout monopole est un mal, Monsieur le comte ; *et la conscience universelle le sent si bien, que le mot de monopole est une injure.* Or, l'État établit volontairement un monopole lorsqu'il accorde un privilége exclusif qui n'est que la *permission de mal faire en se faisant payer davantage.* Pourquoi donc votre sage gouvernement voudrait-il s'exposer à courir ce risque dans un ordre de choses si important ? Lorsque les Jésuites se présentèrent jadis en

France, l'Université de Paris ne manqua pas de s'opposer de toutes ses forces à leur établissement, en vertu de cette jalousie trop naturelle à notre espèce imparfaite. Mais le gouvernement se garda bien d'écouter l'Université, et encore plus de lui soumettre les Jésuites, ce qu'il aurait regardé comme un pas d'école des plus lourds : il maintint les deux établissements dans une parfaite indépendance respective. Il les protégea de front, et se procura ainsi deux institutions excellentes, au lieu d'une mauvaise.

C'est précisément ce qu'il faut faire en Russie, et le gouvernement doit d'autant moins balancer qu'il ne s'agit (du moins extérieurement) d'aucune différence importante entre les deux systèmes. Les nouveaux instituteurs ne disent point qu'il faille négliger la religion, la philosophie morale, les langues savantes et la littérature. Les Jésuites, de leur côté, ne croient pas qu'il ne faille étudier ni la chimie, ni l'histoire naturelle, ni la botanique, etc. Les deux partis ne diffèrent que sur la coordination de ces différentes connaissances, sur leur importance respective, et sur le temps le plus propre pour s'y livrer. Le gouvernement peut donc demeurer spectateur tranquille, sûr d'avoir tout à gagner et rien à perdre par l'émulation des deux systèmes.

Mais prenez-y bien garde, Monsieur le comte; et c'est ici que votre sage ministère peut être de la plus grande utilité à votre patrie. Les duels d'opinion entre les corps ressemblent quelquefois aux véritables duels entre particuliers. On s'étonne de voir deux hommes furieux chercher à se donla mort *pour un mot*. Il ne s'agit presque jamais d'un mot, Monsieur le comte; il s'agit d'une haine profonde, et de quelque chose de caché dont ils ne parlent point. Croyez de même qu'entre les Jésuites et leurs ardents adversaires il ne s'agit nullement de chimie ou de botanique, objets que les premiers ne haïssent point, et dont les seconds s'embarrassent fort peu ; il s'agit de quelque chose de bien plus important, mais qu'on ne nomme point. — Que l'Église et l'État se tiennent bien sur leurs gardes! Assez d'hommes instruits les ont suffisamment avertis.

Une mesure infiniment sage, un véritable coup d'État serait de rendre aux Jésuites une académie à Polotsk, comme ils l'avaient à Wilna, en lui attribuant tous les privilèges des universités, et nommément de celle de Wilna. Les deux établissements marcheraient ensemble, et l'émulation entre eux pourrait s'élever jusqu'à l'antipathie, non-seulement sans inconvénient, mais avec un très-grand avantage pour l'État, qui n'a certainement aucune raison de se refuser à une expérience qui promet infiniment, et qui ne lui coûtera rien : ceci surtout doit être remarqué.

En attendant, vous ne pouvez rendre un service plus essentiel à votre patrie que celui d'engager **Sa Majesté Impériale** à prononcer enfin l'indépendance absolue des Jésuites à l'égard de l'Université de Wilna. Jusqu'à l'époque de cette mesure, également commandée par la justice et par la politique, ils ont les mains à demi liées, et ne seront jamais en paix. Sa Majesté Impériale doit être parfaitement tranquille sur les suites de cette indépendance, et il serait bien à désirer que dans toutes les affaires elle eût la même sûreté. Elle a, en effet, une certitude parfaite de savoir dans très-peu de temps à quoi s'en tenir, sans qu'il soit possible de la tromper, puisqu'elle a, de son côté, le seul conseiller de l'univers qu'il ne soit pas possible de tromper, *l'amour paternel*.

Que Sa Majesté Impériale laisse marcher de front pendant quelque temps les deux systèmes. Bientôt elle verra de quel côté penchent les pères de famille, et elle sera aussi sûre de connaître la vérité, que si Dieu même la lui avait dite. Je ne sais si, sur ce point, il est possible de tromper *un père* ; mais je sais bien qu'il est impossible d'en tromper plusieurs.

Le plus mauvais père même cherche toujours à donner le meilleur maître à son fils. Diderot fut surpris un jour, faisant lire l'Évangile à sa fille : *Eh! que peut-on lui faire lire de mieux?* dit-il à son ami, qui lui témoignait sa surprise.

Espérons que l'excellent ministre auquel s'adressent ces pensées est destiné à dissiper en tout et en partie ces ténèbres qui voilent les vérités les plus palpables et les plus essentielles! Quel spectacle, Monsieur le comte! d'un côté, des religieux graves et savants qui, depuis quarante ans, n'ont fait et enseigné que le bien sous les yeux de la Russie entière, se rappelant sans cesse leurs devoirs envers l'État, se rappelant constamment leur serment russe et plaçant avant tout la langue russe, qu'ils mettent à côté de la langue latine, base de leur enseignement;

Et, de l'autre, une académie polonaise, dans l'ivresse (naturelle et raisonnable, si l'on veut) de sa propre langue, attaque les Jésuites sur leur attachement à ses anciennes habitudes, et veut leur arracher une grammaire qui la choque, pour lui substituer la sienne.

Et le gouvernement russe, *dans ces circonstances*, balance entre les deux corps, et penche même pour l'académie polonaise! Quel est donc ce sortilége, Monsieur le comte? et par quelle inexplicable fatalité les gouvernements n'aiment-ils plus que ce qui doit les perdre, et ne haïssent-ils plus que ce qui peut les sauver?

J'ai achevé ma tâche, Monsieur le comte, en mettant sous vos yeux les réflexions que m'a inspirées le grand sujet de l'éducation publique dans votre patrie. Je tiens à elle par les liens les plus forts de la reconnaissance et de l'amitié. Je n'ai pas d'autres moyens d'acquitter la dette de mon cœur, et je suis sûr au moins de n'avoir pas écrit un mot qui ne m'ait été dicté par ma conscience. Je m'estime heureux, Monsieur le comte, de pouvoir en même temps vous donner la preuve la moins équivoque de la profonde confiance que m'inspire votre caractère, auquel personne ne rend un plus sincère hommage que moi.

Je suis, etc.

Le comte Joseph DE MAISTRE.

ESQUISSE DU MORCEAU FINAL

DES

SOIRÉES DE SAINT-PÉTERSBOURG.

―――◆◆◆―――

LE COMTE.

En commençant ces entretiens, nous ne devions plus être séparés que par la mort, mes chers amis; et voilà que la Providence, en un clin d'œil, a de nouveau bouleversé le monde : les devoirs changent avec les rapports politiques; vous, mon cher chevalier, vous êtes le premier appelé. Allez, allez encore, sous les drapeaux de l'honneur, montrer à vos maîtres d'honorables cicatrices, et leur offrir le sang qui vous reste; allez, avec le courage des martyrs, et sans autre espoir que celui qui les animait : car il ne faut pas se faire illusion, il n'y a plus dans le monde d'espoir pour la fidélité; dans les grandes révolutions, les victimes pures ne meurent pas toutes du premier coup; elles sont frappées deux fois : telle est votre destinée. Partez; j'entendrai votre sort, et le mien, qui doit ressembler au vôtre, ne vous sera pas inconnu.

Quoi! bientôt nous ne vous verrons plus, mon cher sénateur? Voyez mes larmes; elles vous prouvent que jamais vous ne sortirez de ma mémoire. Les jours où l'écriture m'apprendra que vous existez, c'est-à-dire que vous m'aimez, seront pour moi des jours de fête. Puissé-je vous en donner de pareils! — Jusqu'à mon dernier soupir je ne cesserai de me rappeler la Russie, et de faire des vœux pour elle. Naturalisé par la bienveillance que j'ai rencontrée au milieu de ses habitants, j'écoute volontiers la reconnaissance lorsqu'elle essaye de me prouver que je suis Russe. Votre bonheur ne cessera d'occuper ma pensée. — Qu'allez-vous devenir au milieu de l'ébranlement général des esprits? et comment s'allieront tant d'éléments divers qu'un court espace de temps a réunis chez vous? La foi aveugle, les cérémonies grossières, les doctrines philosophiques, l'illuminisme, l'esprit de liberté, l'obéissance passive, l'isba et le palais, les raffinements du luxe et les rudesses de la sauvagerie, que deviendront tant d'éléments discordants mis en mouvement par ce goût de nouveauté qui forme peut-être le trait le plus saillant de votre caractère, et qui, vous élançant sans cesse vers des objets nouveaux, vous dégoûte de ce que vous possédez? Vous n'habitez avec plaisir que la maison que vous venez d'acheter. Depuis les lois jusqu'aux rubans, tout est soumis à l'infatigable roue de vos changements. Cependant, contemplez les nations qui couvrent le globe; c'est le système contraire qui les a menées à l'illustration. Le tenace Anglais vous le prouve : ses souverains s'honorent encore de porter les titres qu'ils reçurent des papes, l'épée qu'ils tenaient de la même main marche encore devant eux le jour de leur sacre, de manière que dans l'avenir il n'y aura rien à changer. On lit dans leurs almanachs le nom du *confesseur de la cour*, tant il est difficile de la séparer de ses antiques institutions. Enfin, quel peuple la surpasse en force, en unité, en gloire nationale? Voulez-vous être grands autant que vous êtes puissants? marchez sur ces exemples, contredisez sans cesse cet esprit de nouveauté et de changement, jusque dans les plus petites choses; laissez pendre sur vos murs les tapisseries enfumées de vos aïeux; chargez vos tables de leur pesante argenterie. Vous dites : « Mon père est mort dans cette maison, il faut que « je la vende ! » Anathème sur ce sophisme de l'insensibilité ! dites au contraire : « Il y est mort, je ne puis plus « la vendre. » Placez sur la porte vos armes exprimées par le bronze, et que la dixième génération foule encore le seuil qui a vu passer la cendre des ancêtres. — Laissez là vos planches, vos clous, et votre plâtre ignoble. Dieu vous a faits seigneurs du granit et du fer ; usez de ses dons, et ne bâtissez que pour l'éternité. On cherche les monuments chez vous : on dirait que vous ne les aimez pas. Peut-être direz-vous que vous êtes jeunes ; mais songez donc que les pyramides d'Égypte furent modernes. Si vous ne faites rien pour le temps, que peut-il faire pour vous ? Quant aux sciences, elles viendront si elles veulent : êtes-vous faits pour elles ? c'est ce qu'on verra. En tout cas, que vous importe ? Les Romains, si grands dans la littérature, n'entendaient rien aux sciences proprement dites ; cependant ils ont fait dans le monde une figure décente. Comme eux et comme toutes les nations du monde, vous commencez par la poésie, votre belle langue se prête à tout ; laissez mûrir vos talents sans impatience, songez qu'il ne vous arrive que ce qui est arrivé à toutes les autres nations. Vos hommes de guerre et d'État, ceux qui vous ont faits ce que vous êtes, ont précédé chez vous comme ailleurs l'ère des sciences. — Gollitzin, véritable ministre russe d'un véritable empereur russe ; — Dolgorouky, qui savait apprivoiser le lion sans l'avilir ; — Strogonoff, qui poussa la Sibérie dans les bras de vos maîtres ; — les Romanzoff, les Repnin, les Souvaroff, les Soltikoff, qui ont porté aux nues la gloire de vos armes, n'étaient d'aucune académie : il vaut mieux n'en point avoir, que de les remplir d'étrangers. Votre temps, s'il doit venir, viendra naturellement et sans efforts. La flamme brûle dans toute l'Europe : si vous êtes combustibles, comment ne vous saisirait-elle pas? En attendant, la gloire romaine vous attend dans les lettres. Mes vœux ne sont rien, mon cher sénateur; mais tant que je foulerai cette malheureuse terre, je ne cesserai d'en former pour vous.

DISCOURS

Qui devait être prononcé dans l'église catholique de Saint-Pétersbourg, à l'occasion du service divin célébré par le ministre de S. M. le roi de Sardaigne, au nom des sujets de ce prince, pour rendre grâce à Dieu de l'heureux retour de Sa Majesté dans ses États de terre ferme.

En l'année 1814, quelques ministres étrangers avaient fait chanter à Saint-Pétersbourg des *Te Deum* pour célébrer le rétablissement de leurs maîtres : il me vint en tête de rendre le même honneur à la restauration du souverain que j'avais l'honneur de représenter à cette époque auprès de la cour de Russie. Mais comme je ne pouvais lutter de magnificence avec ces ministres, j'imaginai de les effacer tous, en ajoutant aux cérémonies ecclésiastiques un sermon adapté aux circonstances, et plein des idées qui m'agitaient dans ce moment. Je composai donc moi-même le sermon. Un abbé français, que la révolution avait porté depuis longtemps en Russie, voulut bien se charger de le prononcer. La cérémonie devait être annoncée au public par une inscription écrite en français, le latin étant à peu près inconnu à Saint-Pétersbourg. Tout était prêt, mon abbé avait appris le sermon par cœur, l'inscription était déjà esquissée chez le décorateur, lorsque nous reçûmes la nouvelle du traité de Paris et du partage de la Savoie, qui semblait placer les deux augustes beaux-frères dans une attitude à peu près hostile. Je craignis de n'être pas approuvé; je me trouvais d'ailleurs, après vingt ans d'exil et de souffrance, un étranger au service de mon roi. A toutes ces considérations refroidissantes vint se joindre mon irrésolution naturelle; le courage m'abandonna, et je renonçai à mon projet. Peut-être ce fut grand dommage; peut-être le sermon, prononcé devant la plus illustre compagnie et publié le lendemain suivant les arrangements que j'avais pris, aurait parcouru l'Europe en un clin d'œil. Je ne sais ce qu'il vaut, car personne n'a droit de se juger soi-même : je sais seulement que je n'ai rien écrit de mieux, et que dans le texte surtout, comme dans les citations, je n'avais pas été peut-être entièrement malheureux.

> *Et complacuit eis in* Alexandrum, *quia ipse fuerat eis princeps sermonum pacis.*
>
> Et tous mirent leur confiance en *Alexandre*, parce qu'il fut le premier qui leur porta de véritables paroles de paix.
>
> (*Ces paroles sont tirées du* 1ᵉʳ *livre des* MACHABÉES, *au chap.* X, 47.)

1814.

MESSIEURS,

L'historien sacré, en nous transmettant un de ces faits entièrement étrangers aux grands intérêts des nations, ne semble-t-il pas avoir caractérisé d'avance l'un des plus grands événements qui ait jamais illustré les annales du monde? Témoins nous-mêmes des merveilles de la puissance divine, *qui se joue dans l'univers,* on se demande si ce n'est point un songe? On s'écrie, frappé d'un étonnement religieux : *Comment a été brisée la verge du fort, le sceptre du superbe* (1) ? Appelé par la cérémonie de ce jour à vous entretenir de ces grands objets je ne puis mieux répondre aux intentions des sujets de l'un des plus illustres souverains de l'Europe, qu'en appelant d'abord la reconnaissance universelle sur son auguste ami, dont le bras, dirigé par la sagesse autant que par la vaillance, vient enfin de briser le sceptre de fer qui écrasait l'Europe, et en jetant ensuite un coup d'œil rapide sur les suites heureuses de la victoire immortelle que le genre humain a remportée sous les drapeaux de la Russie.

(1) *Quomodo confracta est virga fortis, baculus gloriosus?* Jér., XLVIII, 17.

I.

Qui de nous, Messieurs, n'a pas contemplé, avec une profonde et religieuse terreur, cette force invisible et mystérieuse qui, depuis plus de cinq lustres, a pu rendre inutiles tous les efforts de la puissance et de la sagesse humaines, constamment déroutées par le génie révolutionnaire? Ce démon, qui s'appelait *Légion* comme celui de l'Évangile, élevait sa tête redoutable dans cette ville fameuse toujours destinée à remuer l'univers; mais ses millions de bras et sa funeste influence étaient partout : aujourd'hui même, après que le charme est rompu, on se demande, mais sans pouvoir se répondre, comment il avait pu naître? Chaque peuple, se défiant également et de ses propres forces et de la véritable intention des autres, demeurait spectateur passif de la destruction de son voisin, sans que l'épouvantable certitude de donner bientôt lui-même le spectacle qu'on lui donnait pût le tirer jamais de sa mortelle léthargie. *Quel est donc,* s'écriaient de concert tous les sages de l'univers, *quel est donc ce délire nouveau qui se condamne à périr, de peur de périr? Et par quel inconcevable enchantement préférez-vous la certitude de tomber seul et avec ignominie, à la juste espérance de vous sauver honorablement avec ceux qui courent le même danger que vous?* Vains discours! inutiles représentations! La lumière la plus pure est inutile à l'aveugle, et l'aveuglement qui nous poussait vers l'abîme partait de trop haut pour céder aux simples leçons de la raison. Ce n'est pas dans la chaire de vérité, ce n'est pas en face des autels que nous devons nous cacher le caractère trop général du siècle qui vient de finir. Un orgueil sans bornes était parvenu enfin à rendre odieux le joug de tout pouvoir légitime, et le genre humain entier semblait avoir dit, comme ce peuple à la fois rebelle et aveugle : *Je n'obéirai point!* «*Non serviam!* » (Jérém., II, 20.) Le signal ayant été donné dans la nouvelle Babylone, toutes les tribus de l'Europe le répétèrent à l'envi. Rebelles aux souverains parce qu'ils l'étaient à Dieu, les hommes, dans leur transport, ne voulaient plus de sacerdoce ni d'empire; et, tandis que le monde n'est conduit que par l'obéissance, l'obéissance était devenue pour eux un supplice insupportable : *Non serviam!* Mais Dieu, qui, à proprement parler, ne punit jamais lui-même, a fait sortir du crime la punition du crime. L'homme s'était rendu coupable par l'indépendance, il fut puni par la servitude; et parce qu'il n'avait pas voulu être sujet, il devint esclave. Bientôt le tyran de l'Europe soulève tous les flots de sa puissance désordonnée : maître de moyens immenses accumulés par l'anarchie, il les emploie sans mesure, sans raison et sans pitié. Le fleuve franchit ses rivages; il s'avance, il gagne de proche en proche; rien ne lui résiste; ce n'est plus qu'une mer couverte de débris : frappée d'une terreur mortelle, la politique égarée confesse son impuissance, et ses actes prouvent qu'elle s'abandonne au hasard. Alors le désespoir s'approcha de nos cœurs. Ne croyez-vous pas, Messieurs, assister encore à cette époque terrible de la révolution, où la raison semblait défendre l'espérance, *où l'espérance même devenait un tourment pour nos cœurs, tant elle se voyait repoussée dans l'avenir?* «*Spes quæ differtur, affligit animum.*» (Prov., XIII, v. 12.) Que devînmes-nous, surtout lorsque la plus vaste monarchie de l'Europe, envahie et déchirée par les innombrables satellites du tyran, parut chanceler sur ses immenses bases et douter de son salut? Mais c'est ici que le Dieu des armées attendait l'insensé qui avait osé déclarer la guerre au Sanctuaire, et porter une main sacrilége *sur le Grand Prêtre de la nation sainte, sur le Grand Prêtre*

ÉTERNEL : « *Summum Sacerdotem gentis tuæ... Summum Sacerdotem* IN ÆTERNUM. » (Mach. x, 20, xiv, 41.) *La miséricorde du Seigneur couvre la terre, elle est plus vaste que le ciel :* « *Misericordia tua, Domine, plena est terra... Magna est super cœlos.* » (Ps. VI, 2 ; CVII, 5.) *Elle est en lui, et immense comme lui :* « *Apud Dominum misericordia, et copiosa apud eum redemptio.* » (CXXIX, 7.) *Mais sa colère est bornée* et passagère comme le faible mortel condamné à l'éprouver ; après qu'elle a frappé, elle redevient miséricorde : « *Ira enim Domini in misericordiam conversa est.* » (II Mach., VIII, 5.)

Au plus fort de nos malheurs, Dieu avait déjà marqué l'instrument visible de ses bontés. Avec la vigueur de la jeunesse, avec la prudence des vieillards, Alexandre s'oppose au torrent, et son grand cœur ne redoute aucun danger. En vain la faiblesse qui avait fait tant de mal à l'Europe voudrait encore le tromper sous le masque de la prudence : de son intrépide main il arrache le masque, et reconnaît son ennemie. En vain ses provinces désolées sont en proie à toutes les horreurs de la guerre ; en vain sa capitale est dévorée par les flammes : il sait que les armes russes sont la Russie, et que sa capitale est partout où l'empereur de Russie est debout ! Ces nobles sentiments sont partagés par son peuple, mais surtout par le premier ordre : *Boïaré prigovorili, i Tsar prikazal* (1). Tous s'ébranlent à la fois. L'assaillant est assailli, il recule ; on le suit, il s'étonne, il s'égare. *Est-ce donc moi? s'écrie-t-il. Est-ce qu'un homme tel que moi peut connaître la fuite?* « *Et dixit : Num quisquam similis mei fugit?* » (II Mac., VII, 2.) Il abandonne en frémissant ces provinces dont il se croyait déjà le maître ; et tandis qu'avec la ra-

(1) *Les boïards ont été d'avis, et le Tzar a ordonné.* Cette formule est connue dans l'histoire de Russie. (Lévesque, t. IV, p. 167.)

pidité de l'éclair il vole à Paris pour y rassembler de nouvelles forces, déjà la valeur russe a rejeté les anciennes hors de la frontière. Alors le grand empereur parle aux peuples encore étonnés et chancelants ; il leur crie : « Qu'attendez-vous donc de vous unir à moi? Vous ne se« rez plus seuls et divisés, et je ne serai à votre tête que « pour vous sauver. Ne vous laissez point effrayer par ce « farouche ennemi : *voilà que je lancerai sur lui mes* « *Russes, qui ne cherchent ni l'or ni l'argent, qui ne veu-* « *lent que vaincre.* » Ecce ego suscitabo super eos Medos, qui argentum non quærant, nec aurum velint (Is., XIII, 17) (1). « Jetez les yeux sur le globe, et voyez la part que « Dieu m'y a faite : comment la jalousie pourrait-elle en« trer dans mon cœur? Je m'affaiblirais si je vous envahis« sais : le peuple que nous allons combattre est notre ami : « instrument passif d'une rage étrangère, il se donnera à « nous si nous le rendons à lui-même. Aujourd'hui la « guerre est chez vous ; et comme la guerre nourrit la « guerre, elle y sera toujours. Ne vous fiez point à ce ca« binet impie qui a oublié toutes les lois du ciel et toutes « celles de la terre. Il ne cessera sans doute de vous pro« mettre la paix, comme il ne cesse de la promettre à ses « propres sujets ; mais il vous trompera comme il les « trompe, et, *disant toujours, La paix! la paix! jamais il* « *n'y aura de paix.* » Dicentes, Pax! pax! et non erat pax. (Jér., VI, 14; VIII, 2.) « *La véritable paix est l'ou-* « *vrage de la justice; et le fruit de la justice, c'est le repos* « *et la sécurité durable.* » Et erit opus justitiæ pax; et fructus pacis, silentium et securitas usque in sempiternum. (Is., XXX, 17.) « La voulez-vous donc, cette paix si

---

(1) N. B. *L'origine mède des Sarmates et des Slaves ne peut être contestée.* Nous citons les paroles de l'illustre auteur des *Recherches sur l'origine des Sarmates, des Slaves et des Esclavons.* (Saint-Pétersbourg, 1812, in-8°; t. I, p. 227, n° 24.)

« précieuse, si désirable, ni nécessaire à toutes les nations?
« Allons ensemble la chercher à Paris. — *Marchons!* »

Et tous les peuples répondirent: « *Marchons!* Alexandre
« a parlé comme la sagesse, et ses paroles guerrières sont
« véritablement des paroles de paix. » *Et complacuit eis
in Alexandrum, quia ipse fuerat ipsis princeps sermonum pacis.*

Alors et par lui se forma cette union qui sera fameuse à
jamais dans les annales de l'univers, cette grande machine
européenne (daignez me pardonner cette expression), dont
toutes les pièces sans doute sont dignes de notre admiration et de notre reconnaissance éternelle, mais dont, sans
doute aussi, le principal honneur appartient au premier
mobile. Quelles actions de grâces ne devons-nous donc pas
à la haute sagesse, et, s'il nous est permis encore de nous
exprimer ainsi, à la vigoureuse modération qui a présidé
à ces grandes révolutions! Mais il est temps de jeter un
coup d'œil rapide sur les suites fécondes de cet accord fameux, en vertu duquel la justice et la valeur se sont embrassées pour le bonheur du monde.

II.

Quel homme, mes frères, eût osé le prédire avant l'événement? Cette monarchie célèbre entre toutes les monarchies du monde, fondée par Clovis, exaltée par Charlemagne, sanctifiée par saint Louis, agrandie et illustrée
par Louis XIV; cette monarchie, aussi ancienne que l'histoire moderne, la rivale des plus puissantes, la protection
des plus faibles et le modèle de toutes; cette monarchie
qui avait résisté à toutes les secousses intérieures et à toutes les attaques du dehors, si grande enfin qu'elle n'a pu
tomber sans renverser, ébranler ou alarmer; cette monarchie n'a pu résister à la fausse science de notre siècle, qui

l'attaquait par des sophismes : mais si Dieu l'a livrée à cette vile attaque, c'était pour nous apprendre que rien n'est fort contre lui, et que rien n'existe que par Celui qui est. Ces méprisables sophistes connaissaient bien cependant les fondements de l'édifice *très-chrétien*, et ils savaient bien de quel côté ils devaient diriger leur attaque. N'examinons point ici ni par qui, ni comment, ni jusqu'à quel point ces manœuvres furent favorisées, ni quel tort on aurait pu se donner, même dans le parti qui avait raison. L'Église, mes frères, est toujours éloquente lorsqu'il s'agit de consoler, d'avertir, de louer ou de bénir; mais s'agit-il de blâmer ou seulement de compromettre par de simples critiques tout ce qui doit être respecté, elle dit, comme autrefois le prophète: *Ah! je ne sais pas parler! a, a, a.* « *Domine Deus, nescio loqui!* » (Jér., I, 6.) Dans ces jours de triomphe et d'allégresse, le Dieu de bonté consent que nous ne pensions qu'à ses faveurs. Nous l'avons vue enfin la grande année, l'année des désirs, l'année merveilleuse, *où la vengeance a séché toutes les larmes pures, où la voix du tonnerre a consolé la vertu:* « *Annum placabilem Domino, diem ultionis Deo meo, ut consolarer omnes lugentes!* » (Is., LXI, 2.) Ne dirait-on pas, mes frères, que Dieu a voulu marquer cette année mémorable dans tous les siècles futurs par un signe visible d'alliance et de concorde universelle? Tous les disciples de Jésus-Christ ont célébré cette année la Pâque le même jour, tous se sont assis ensemble au banquet mystique; mais quelle Pâque, grand Dieu! L'empereur de Russie l'a célébrée à Paris, et ses drapeaux glorieux sont venus s'incliner devant cet autel élevé sur une terre surprise de le porter. Ah! *jamais il n'y eut en Israël une Pâque semblable à cette époque, et jamais les princes ses prédécesseurs ne célébrèrent une Pâque semblable à celle du roi Josias.* « *Non fuit Phase similis huic in Jerusalem...*

sed nec quisquam de cunctis regibus Israël fecit Phase sicut Josias. » (II Paralip., xxxv, 18.) Debout sur le tombeau de la monarchie *très-chrétienne*, l'empereur de Russie, élevant vers le ciel sa puissante épée, a crié, d'une voix pure et retentissante : ELLE EST RESSUSCITÉE ! et la France, transportée d'allégresse, d'amour et de repentir; la France, baignée de larmes expiatoires, a répondu : OUI, ELLE EST VÉRITABLEMENT RESSUSCITÉE (1)! Non, jamais *il n'y eut de Pâque semblable à cette Pâque dans Jérusalem.*

Mais admirez, Messieurs, le lien mystérieux qui unit le sacerdoce et l'empire. Ce n'est pas certainement sans raison que cette grande monarchie porte le nom de *très-chrétienne*. Nous la voyons, depuis son origine, appuyer le grand siége dont elle avait la lumière. Nous voyons ce souverain fameux entre les souverains fameux, celui dont la grandeur même a formé le nom, établir cette puissance temporelle dont l'immense utilité, et l'on peut dire même l'indispensable nécessité, ne saurait plus être contestée aujourd'hui que par l'aveuglement volontaire; et maintenant encore voilà les deux souverainetés qui renaissent ensemble. La France avait reçu la dépouille mortelle de Pie VI; elle la rendit à son successeur, et celui-ci, martyr et prisonnier, comme son prédécesseur, dans cette France qui n'avait fait que changer de tyran, en part de nouveau pour reprendre dans la *ville éternelle* le sceptre pacifique de saint Pierre ! — Pontife de Rome, *relevez le chandelier d'or, et vous l'environnerez de lis qui sortiront de sa tige comme un ornement nécessaire!* « *Facies candelabrum de auro mundissimo hastile ejus...* LILIA *ex ipso procedentia!* » (Ex., xxv, 31.) Quel spectacle, Messieurs,

---

(1) Formule des Églises grecque et russe. Au temps de Pâques, un homme qui en rencontre un autre lui dit: *Jésus-Christ est ressuscité;* et celui-ci répond : *Il est véritablement ressuscité!*

que celui du souverain pontife retournant à Rome couvert des applaudissements et des bénédictions de l'Europe entière ! Des hommes plongés dans les plus profondes ténèbres, *in tenebris et in umbra mortis* (Luc, I, 79); des hommes si justement condamnés au double châtiment de voir dans les saintes Écritures ce qui n'y est pas, et de n'y pas voir ce qu'elles contiennent de plus clair; ces hommes, dis-je, n'avaient-ils pas entrepris, dans ces derniers temps, de nous prouver, par ces mêmes Écritures et dans plus d'un écrit, que cette suprématie, à qui il a été divinement et littéralement prédit qu'elle durerait autant que le monde, avait disparu pour toujours? Nous n'avons, Messieurs, contre les sophismes d'autres armes que le raisonnement; mais Dieu les réfute d'une autre manière : il répond par des miracles. Pendant que l'erreur prêtait l'oreille aux faux prophètes, un prodige visible de la Toute-Puissance reportait le pontife au Vatican; et sa main, qui ne s'étend que pour bénir, appelait déjà la miséricorde et les lumières célestes sur les auteurs de ces livres insensés.

Que pouvons-nous donc faire de mieux, pour exprimer les sentiments qui doivent nous animer dans ce moment, que d'emprunter la sainte élégance de ces fameuses acclamations par lesquelles les Pères du concile de Trente saluaient un autre Pie, vingt-septième prédécesseur de celui qui gouverne aujourd'hui l'Église?

Au bienheureux pape Pie, à notre seigneur pontife de la sainte Église universelle, longues années et mémoire éternelle! « *Beatissimo papæ Pio, et domino nostro universalis Ecclesiæ pontifici, multi anni et memoria æterna!* » (*Inter acclam. Patrum.*)

Et comment pourrions-nous séparer de lui ce consistoire auguste, ces sublimes cardinaux, les compagnons de ses souffrances et les émules de sa fermeté ? Nous leur dirons donc encore :

Aux intrépides héros de la vérité, heureux retour, immortelle renommée! au sénat orthodoxe, longues années! « *Præconibus veritatis felix reditus, perpetua memoria! orthodoxo senatui multos annos!* (*Inter acclam. Patrum.*)

Et vous nous saurez gré sans doute, mes frères, de ne point terminer ce discours sans arrêter un instant vos regards sur les obligations particulières que l'Église a contractées envers la Russie. N'est-ce pas la valeur russe qui déjà avait aplani la route à ce conclave fameux où, par une acclamation subite et unanime, Pie VII fut porté sur la chaire de saint Pierre? et n'est-ce pas encore cette même valeur qui vient de briser les fers du saint-père, et de le rendre à sa famille désolée? — Mes frères, *toute la terre est au Seigneur, et tous les hommes qui la couvrent ne sont que les instruments de sa volonté!* « *Domini est terra, et plenitudo ejus; orbis terrarum, et universi qui habitant in eo!* » (Ps. XXIII, 1.) Durant l'orage terrible que nous avons vu éclater sur l'Église, la puissante et généreuse Angleterre avait recueilli et consolé les brebis : aujourd'hui la Russie rend le pasteur à son troupeau. Ce n'est point à nous, chrétiens, à sonder les jugements divins, ni à rechercher trop curieusement les raisons de ce que nous voyons. Dieu s'est tourné vers l'un et l'autre pôle; *il a dit à l'Aquilon : Rends-moi ce qui m'appartient! et au Midi : Tu laisseras faire!* « *Dicam Aquiloni : Da! et Austro : Noli prohibere!* » (Is., XLIII, 6.) Pour nous, mes frères, pourrions-nous demeurer spectateurs indifférents de tant de merveilles? Nos cœurs, pleins de reconnaissance envers le Dieu tout-puissant qui nous a sauvés, ne s'épancheront-ils pas en sa présence pour le remercier de tant de faveurs signalées? C'est à vous surtout que je m'adresc en finissant, fidèles sujets de cette monarchie si sage, si célèbre, si chrétienne, et que nous voyons aujourd'hui, après les plus horribles calamités, si heureusement replacée sur ses bases antiques. L'histoire racontera la prudence de vos souverains, la pureté de leurs principes, la vigueur de leurs efforts, et la grandeur de leurs sacrifices à cette époque désastreuse. Ce fut sans doute un grand et magnifique spectacle que cette brillante réunion de valeur et de prudence qui put soutenir pendant quatre ans les efforts d'une puissance colossale, transportée par un véritable accès de fureur; mais bientôt il devint impossible de résister plus longtemps à la violence de l'ouragan : le chêne des Alpes, isolé au milieu des débris, se vit déraciné. Vous ne sauriez, Messieurs, dans ces jours mêmes de triomphe et d'allégresse, vous ne sauriez vous rappeler sans un nouvel effroi les jours terribles qui précédèrent la catastrophe du Piémont. — Le voilà donc ce fleuve épouvantable qui semblait ne rouler que du sang et des larmes; le voilà qui s'avance vers ces plaines si fertiles, pompeux ornement de la pompeuse Italie! le voilà qui soulève ses ondes furieuses! « *Et ascendet super omnes rivos ejus, et ibit inundans!* » (Is., VIII, 7.) *O Emmanuel, il se répandra sur tes riches États comme un oiseau de proie qui étend ses vastes ailes sur sa victime palpitante!* « *Et erit extensio alarum ejus implens latitudinem terræ tuæ, o Emmanuel!* » (*Ibid.,* VIII, 8.) *O nuit désastreuse! ô nuit effroyable, où retentit tout à coup, comme un éclat de tonnerre, cette étonnante nouvelle*... non point, comme l'a dit le grand homme que je cite, *Une princesse se meurt, une princesse est morte!* mais : *Le trône s'abîme! la famille royale a disparu! Un satellite du Directoire est assis à la place du trente-sixième descendant de Bérold.* — Mais oublions, Messieurs, oublions cette affreuse époque.

Réjouissons-nous aujourd'hui de cette suite de prodiges qui ont ramené votre auguste maître sur un trône illustré par une race faite pour illustrer la souveraineté; envoyons au ciel nos vœux les plus ardents pour que cette race se perpétue à travers les siècles, comme elle est arrivée jusqu'à nous, de héros en législateurs, et de législateurs en héros.

Enfin, mes frères, afin que cette pompe chrétienne ne soit point pour nous un vain spectacle qui amuse les yeux sans profit pour les cœurs, humilions-nous devant ce Dieu qui élève et renverse les trônes à son gré : pensons surtout que, le plus grand des châtiments nationaux étant le renversement des souverainetés, cette peine est très-justement la suite des grands crimes nationaux : reconnaissons, dans le fond de nos consciences, que l'orgueilleuse irréligion, qui a formé le caractère fatal et distinctif de notre siècle, fut la cause unique de tous les fléaux qui nous ont frappés; et que si Dieu a paru s'éloigner de nous, c'est que, dans notre coupable démence, nous avions osé nous séparer de lui. Assez et trop longtemps ce malheureux esprit du siècle a déclamé contre les gouvernements : instruits par cette cruelle révolution, au lieu de les accuser sans cesse, cherchons dans nous-mêmes la cause de tous leurs défauts, et dans nous-mêmes encore le remède à ces imperfections, et aux maux qui en sont la suite. Tous les gouvernements sont nécessairement bons lorsque les sujets le sont; d'autant que, dans cette supposition, l'autorité même égarée manquerait toujours d'instruments; tandis que, dans la supposition contraire, l'autorité la plus sage serait inutile au monde, puisqu'elle serait constamment trahie par ses agents. Laissant donc de côté tous ces reproches amers, tous ces sarcasmes si fort à la mode, occupons-nous beaucoup, et sans relâche, d'un moyen simple, court, infaillible, quoique malheureusement le moins employé de tous pour corriger tous les gouvernements : c'est de travailler sans cesse sur nous-mêmes pour nous rendre meilleurs ; car nous ne pouvons ôter un vice de nos cœurs, sans ôter aux gouvernements trompés un moyen de faire le mal, l'autorité même la plus dépravée ne pouvant jamais commettre un crime sans employer un vice. L'aveugle paganisme a bien su dire cependant : « *Que sont les lois sans les mœurs ?* » Et que devons-nous dire, mes frères, nous, sujets de l'Évangile, de ce code divin, immuable, infaillible, dont l'exacte observation rendrait tous les autres inutiles ? Examinons-nous sur cette règle, portons dans cet examen la sévérité dont nous faisons tous plus ou moins profession pour nos chefs, et nous deviendrons plus indulgents pour eux à mesure que nous le serons moins pour nous-mêmes. Que cette grande et terrible époque ne soit point perdue pour nous ; et, comme elle a visiblement réchauffé des germes de religion presque étouffés par les fausses doctrines de ce siècle déplorable, recueillons ces germes avec un saint empressement : animons-les par ce souffle productif qui provient de la vie, et qui la produit. Ne permettons pas qu'aucune influence maligne en gêne le développement dans nos cœurs ; vivons ces courts instants qui nous sont donnés sur la terre comme il faut y vivre pour mériter enfin cette patrie future, unique destination de l'homme, unique but de nos espérances ; de cette patrie céleste où l'on ignore le mal, la douleur et la mort ; *où nous verrons la lumière dans la lumière divine, in lumine tuo videbimus lumen* (Ps. XXXV, 10) ; *où nos âmes, enivrées de bonheur, inondées par les torrents éternels d'une volupté divine, boiront sans cesse la vie à la source de la vie. Inebriabimur ab ubertate domus tuæ et torrente vo-*

luptatis tuæ potabis nos. (Ps. XXXV, 9.)... *Quoniam apud et est fons vitæ.* (Ibid., 10.) Et maintenant et toujours, et dans les siècles des siècles, et tant que Dieu sera Dieu.

C'est le bonheur que je vous souhaite, mes frères ! Au nom du Père, etc.

LETTRE A M. LE MARQUIS ...,

SUR

LA FÊTE SÉCULAIRE DES PROTESTANTS (1).

14 janvier 1818.

Monsieur le marquis,

L'œil ne voit pas ce qui le touche. C'est un axiome que j'emploie souvent dans le cours de mes méditations, et qui me sert à expliquer plusieurs phénomènes. Il m'est rappelé dans ce moment par le silence qu'on garde de tout côté sur deux événements faits néanmoins pour attirer l'attention de tous les observateurs.

Je veux parler de la fête séculaire célébrée par les protestants en mémoire de l'établissement du protestantisme, et de la réunion des deux Églises protestantes dites *réformée* et *évangélique*.

Puisque vous m'avez fait l'honneur de me demander mon avis sur ces deux événements remarquables, je vous avoue franchement que, si je ne me trompe tout à fait, ils se réunissent pour établir que le protestantisme touche à sa fin, et que lui-même annonce son agonie.

Il a trop d'esprit pour ne pas s'apercevoir à quel point il prête le flanc par ses divisions intestines, qui sont aussi anciennes que lui. Les innombrables sectes sorties de ses entrailles ne se prêtaient point du tout à l'idée d'une réu-

---

(1) Cette lettre a paru dans un recueil intitulé *Nouvelles anecdotes chrétiennes*, publié par la *Société des bons livres*.

nion; car tous ces infiniment petits ne pouvaient par leur réunion s'élever jusqu'à l'unité sensible. Le projet est donc tombé sur les deux grandes familles primitives, je veux dire la *luthérienne* et la *calviniste :* les chefs de l'entreprise, qui ne sont point encore connus dans nos pays méridionaux, s'étant flattés de frapper ainsi les yeux par la masse et de faire une espèce d'équilibre au génie entreprenant du catholicisme.

Mais ne vous y trompez point, Monsieur le marquis, ceci n'est point du tout une attaque du protestantisme sur le catholicisme, comme on pourrait le croire au premier coup d'œil; c'est une attaque du philosophisme sur le christianisme.

Il y a longtemps que le protestantisme n'est rien, puisqu'il n'a plus de profession de foi commune, même dans chaque secte prise à part, et puisque c'est un crime capital chez lui que de présenter une profession de foi comme une règle invariable, obligeant la conscience. Le protestantisme étant donc devenu une simple négation, son nom n'exprime plus ce qu'il croit, mais ce qu'il ne croit pas; il dit bien qu'il n'est pas catholique, mais il refuse de dire ce qu'il est, c'est-à-dire qu'il ne présente plus aucune idée positive.

Quand on entend célébrer *l'ère de l'affranchissement des esprits, et le grand homme qui la proclama à la diète de Worms* (sujet favori des plumes protestantes), il ne faut pas être la dupe de ces belles phrases. Si Luther n'avait affranchi l'esprit humain de la domination pontificale que pour le soumettre à des consistoires, les beaux esprits de sa secte lui auraient fort peu d'obligation. Ils n'expriment pas clairement leur pensée, mais elle n'est pas moins évidente; ils remercient Luther de les avoir affranchis de toute autorité. — Vous m'entendez.

C'est ce même *bienfait* que le protestantisme célèbre

aujourd'hui ; mais la cause de ce zèle solennel n'est pas difficile à trouver. Il sent aujourd'hui que sa fin approche, et, pour prouver qu'il vit encore, il ne trouve pas de meilleur moyen que de faire beaucoup de bruit.

Soyez bien sûr, Monsieur le marquis, que le jubilé protestant est né principalement de cette cause : les protestants sont frappés (et comment ne le seraient-ils pas?) du rétablissement véritablement miraculeux du trône de saint Pierre. L'action du catholicisme se fait sentir aux hommes les plus inattentifs : comme un ressort longtemps comprimé, il se détend avec une force nouvelle, et repousse la main profane qui l'assujettissait. Le protestantisme peut dire de son ennemi ce que *Thomas* a dit du temps : *Son vol impétueux me presse et me poursuit*. L'hérésie, ainsi *pressée et poursuivie*, se voit mourir : elle vivait de haine; mais, par le suicide le plus heureux, elle s'est égorgée elle-même en créant l'indifférence religieuse, qui exclut le fanatisme. Elle sent bien qu'en perdant cette force fiévreuse qui l'animait, elle perd la vie : elle veut donc faire bonne mine, et, dans un accès de *joie désespérée*, elle célèbre sa *fête séculaire*.

Il y a plusieurs années que les philosophes allemands avaient en vue cette grande époque. Déjà en 1804, la Société littéraire et patriotique du comté de Mansfeld, où naquit Luther, publia un *prospectus* destiné à échauffer la reconnaissance allemande envers ce grand bienfaiteur de l'humanité en général, et particulièrement de l'Allemagne.

On lisait dans ce prospectus : « La Société propose
« d'ériger un monument à la gloire de Luther pour le ju-
« bilé de la Réformation en 1817. Le monument doit être
« digne de la reconnaissance des associés et de celle de
« l'Allemagne envers un homme qui a si bien mérité de
« l'humanité. La première idée de la Société littéraire
« fut celle d'un obélisque colossal, sur lequel on grave-

« rait cette strophe, tirée d'un cantique composé par Lu-
« ther même, et qui caractérise si parfaitement ce grand
« homme :

> « Quand le monde serait tout Diable,
> « Notre Dieu pour nous est un fort (1). »

Vous serez peut-être surpris, Monsieur le marquis, de cette étrange poésie, qui nous paraîtrait, à nous, l'excès du ridicule ; mais tel est l'esprit de parti : il croit ce qu'il veut, et déclare beau tout ce qui lui plaît.

Seriez-vous curieux, par hasard, de savoir ce que devint la *pyramide colossale?* Je vais vous l'apprendre. La souscription allait assez faiblement, et je me souviens même qu'un gentilhomme protestant d'*assez bonne maison* ayant daigné s'inscrire sur la liste des souscripteurs pour une somme de 400 fr. environ (2), je me permis d'écrire à la marge : *Ce n'est pas trop, mais c'est bien assez.*

La somme cependant atteignait insensiblement une certaine importance ; mais écoutez ce qui en advint. Bonaparte, le premier homme du monde, comme on sait, pour les œuvres pies de tout genre, arriva dans ce moment en Saxe avec son armée ; il mit la main sur l'argent, en bon père de famille ; et, pour donner une preuve de son amitié à Sa Majesté le roi de Saxe, il déclara la religion catholique *religion de l'État*, et la mit, en conséquence, parfaitement de niveau avec sa rivale : *Sa Majesté Impériale,*

---

(1) ..... Mit dem jenen grossen Mann; so ganz karakterisirenden Strophen des von ihm gedichteten Liedes :

> Eine fester Burg ist unser Gott
> Und wenn die Welt voll Teufel wære.

(*Staats und gelehrte Zeitung des hamburgischen unparteyschen Correspondenten.* 1804, 10 janv, n° 5.)

(2) *Staats und gelehrte Zeitung*, etc., ibid.

disait l'*article* 6 du traité (si je ne me trompe), *ayant ce point particulièrement à cœur.*

J'espère, Monsieur le marquis, que cette petite *malice* de la Providence, s'il est permis de s'exprimer ainsi, ne vous déplaira pas; il est bon d'ajouter que le changement qui s'est opéré dans la politique depuis deux ou trois ans n'a rien changé au nouveau droit public établi en Saxe ; de manière que les catholiques sont demeurés éligibles à toutes les places, suivant le vœu du cœur si tendre et si chrétien du grand Napoléon.

Vous sentez de reste combien ce désappointement dut mortifier les *frères* : c'est donc pour s'en consoler qu'ils inventent aujourd'hui la *fête séculaire;* mais la *pyramide colossale* et les vers élégants de Luther ne s'en sont pas moins allés en fumée; et la religion catholique, affranchie de toutes ses chaînes dans la patrie même du grand hérésiarque, peut à juste titre adresser aujourd'hui au très-catholique roi de Saxe les vers que J. B. Rousseau mettait jadis dans la bouche de la Religion parlant à l'électeur Auguste, placé sur ce même trône de Saxe; vers que vous trouverez peut-être aussi beaux que ceux de Luther :

> Je régnerai par toi sur des peuples rebelles ;
> Tu régneras par moi sur des peuples soumis.

Par une combinaison singulière, la réunion des deux grandes familles protestantes a coïncidé avec la grande fête séculaire ; et cette circonstance n'est pas moins curieuse que l'autre, puisqu'elle concourt puissamment à prouver que le protestantisme est malade à mort.

Je vous le demande, Monsieur le marquis, et je le demande dans votre personne à tous les hommes sensés de l'univers, peut-on concevoir quelque chose de plus étrange que la réunion de deux religions sans explication préliminaire?

Le calviniste, avant de se réunir, a-t-il embrassé publiquement le dogme de la présence réelle, ou bien le luthérien a-t-il renoncé à ce même dogme?

Si les deux systèmes religieux étaient identiques dans leur essence, pourquoi s'étaient-ils séparés? Et pourquoi les soi-disant *évangéliques* vomirent-ils anciennement contre les *sacramentaires* autant d'injures qu'ils en adressaient aux catholiques?

Que si, au contraire, les deux religions renferment dans leurs professions de foi des différences substantielles, comment se réunissent-elles aujourd'hui sans nouvelle profession de foi? Après une séparation de trois siècles, il n'est pas temps, sans doute, de venir dire au monde que les différences sont nulles; et quand elles le seraient, la seule opinion contraire, qui est celle d'une partie assez considérable du genre humain, suffirait pour défendre, je ne dis pas à la piété, mais à la simple probité, un rapprochement aussi extraordinaire.

Je ne vois qu'une explication plausible de cette phase merveilleuse du protestantisme : elle se tire de l'indifférentisme absolu qui est son ouvrage, et qui a fait disparaître jusqu'à la moindre apparence de tout dogme chrétien. Le luthérien et le calviniste communient ensemble; et pourquoi pas? Qui empêche donc les hommes de manger du pain et de boire du vin ensemble? Le bon sens anglais lui-même a eu l'esprit de dire aux calvinistes qu'*ils mangent leur propre condamnation, en se rendant coupables du corps et du sang de leur Sauveur toutes les fois qu'ils se mettent à table pour dîner* (1); et je me souviens

---

(1) Remarques sur l'*Histoire ecclésiastique* de Haweis; *Anti-Jacobin Review and Magazine*, mars, 1803, n° 57, p. 275.

d'avoir entendu une jeune femme de chambre protestante nous dire, un jour de communion générale, avec un rire goguenard : *Aujourd'hui, on trouve au temple à boire et à manger.*

Cette femmelette disait en riant le secret de son Église. Chez elle, comme chez sa sœur aînée, il n'y a plus de croyance commune et positive. Elles se mêlent aujourd'hui par une espèce d'affinité négative qui saute aux yeux. Si elles nous proposaient de se réunir à nous, certainement elles nous combleraient de joie ; mais de quels sages préliminaires ne ferions-nous pas précéder cette heureuse réunion ! Nous exigerions les renonciations les moins équivoques aux erreurs du seizième siècle, et des professions de foi également solennelles et explicites à l'égard des dogmes qui nous distinguent.

Il n'en est pas de même des églises protestantes qui viennent de se rapprocher. Cette réunion n'exige aucun préliminaire : c'est le rien qui se réunit au rien.

Je n'ignore point que déjà, vers le milieu du dix-septième siècle, le calvinisme français avait admis les luthériens à la coupe commune ; mais le réciproque ne fut jamais accordé, que je sache ; et d'ailleurs ces décrets de tolérance n'eurent jamais d'effet général.

Aujourd'hui même, on peut observer que la réunion dont il s'agit n'a point encore été aussi générale qu'on pourrait le croire. Nous voyons bien les actes de réunion, mais les refus ne sont pas aussi publics : quelques-uns cependant se sont fait jour dans les gazettes, et nous savons, par exemple, qu'à Saint-Pétersbourg l'Église calviniste française, dirigée par M. de la Sausaye, pasteur genevois, s'est refusée à la communion luthérienne. Mais quel est le ressort qui fait agir ces messieurs? Est-ce une affaire de conscience, de pique, ou d'honneur? Dieu le sait, et peut-être aussi qu'un pauvre humain comme moi pourrait au moins s'en douter.

Telles sont, Monsieur le marquis, les réflexions que me suggèrent les deux grandes mesures prises par le protestantisme *agonisant,* comme je l'ai dit, avec la ferme espérance de ne pas me tromper. Mais de savoir ensuite s'il n'y a pas dans le secret des cœurs quelque motif plus profond qui agit sous le masque avec celui que j'ai indiqué, et qui se sert de lui sans l'aimer, c'est une autre question que je n'oserais pas décider, mais sur laquelle cependant il est possible de présenter quelques présomptions plausibles.

Croyez-vous impossible que des hommes sages et avisés aient pensé à profiter du mouvement général des esprits, pour amener une réunion d'une tout autre importance que celle qui est le sujet de cette lettre? *Réunir les protestants entre eux pour les réunir plus aisément à nous,* n'est point du tout un projet chimérique. D'abord, il est incontestable que la première réunion favoriserait infiniment la seconde ; car il serait, sans comparaison, plus aisé de n'avoir en tête, en traitant cette affaire, qu'une seule puissance, au lieu de plusieurs qui disputeraient entre elles autant qu'avec nous.

Or, puisque ce préliminaire serait infiniment avantageux au *grand œuvre,* pourquoi certains hommes n'y auraient-ils pas pensé? Ce ne serait pas la première fois que des sages auraient profité de l'enthousiasme du grand nombre pour arriver à leurs fins particulières. Il y a en Allemagne beaucoup de bon sens et d'instruction ; mais, d'un autre côté, le fanatisme religieux et politique se déploie dans ce grand pays d'une manière bien propre à donner les alarmes les mieux fondées. Serait-il donc impossible qu'un certain nombre de bons esprits eussent conçu l'heureuse idée de profiter du moment pour favoriser dans l'avenir l'inappréciable réunion qui fermerait la grande plaie du seizième siècle, donnerait une religion aux protestants qui n'en ont plus, et nous perfectionnerait nous-mêmes infiniment dans l'exercice de la nôtre?

Je ne m'avise point de faire le prophète; mais le pays des hypothèses et des probabilités appartient à tout le monde, et chacun est libre de s'y promener. Ayant pris avec vous, Monsieur le marquis, l'engagement de vous dire ma pensée sur la réunion des protestants, je croirais me donner un tort si je passais sous silence une idée qui m'a passé dans la tête, et qui m'a paru mériter quelque attention.

La fermentation germanique est au comble : le protestantisme chancelle visiblement sur ses bases, et manifeste à tous les yeux le grand symptôme de mort pour toutes les institutions et associations imaginables; je veux dire la défiance de leurs propres forces, et je ne sais quel tâtonnement inquiet qui cherche des appuis et ne saisit que l'air. Les plus grandes conversions ont frappé tous les yeux. Une infinité d'autres moins visibles sont d'autant plus importantes qu'on ne les aperçoit point encore. Les préjugés se dissipent; les haines s'éteignent. Le catholicisme, en Angleterre, lève déjà un pied respectueux pour franchir le seuil du parlement, au moment (qui ne peut être fort éloigné) où il y sera appelé par la loi et par l'opinion rassainie. Tout annonce un changement général, une révolution magnifique, dont celle qui vient de finir (à ce qu'on dit) ne fut que le terrible et indispensable préliminaire. Pour rendre certaine cette nouvelle révolution que tous nos vœux doivent appeler, pour l'avancer autant qu'il est possible à l'homme, pour frapper enfin le dernier coup sur le grand ennemi de l'Europe, que nous manque-t-il? Hélas! le dernier et le plus décisif de tous les arguments :

— *La conformité de notre conduite avec nos maximes.* Si l'on pouvait citer nos vertus en preuve de notre croyance, tous les estimables ennemis de cette croyance perdraient leurs préjugés, et se jetteraient dans nos bras.

J'ai l'honneur d'être, etc.

LETTRE A M. LE MARQUIS ...,

SUR

L'ÉTAT DU CHRISTIANISME EN EUROPE.

Paris, le 1ᵉʳ mai 1819.

Monsieur le marquis,

Vous me priez de vous ouvrir mon cœur sur l'une des plus grandes questions qui puissent intéresser aujourd'hui un homme raisonnable. Vous voulez que je vous dise ma pensée sur l'état présent du christianisme en Europe. Je pourrais vous répondre en deux mots : *Voyez, et pleurez ;* mais ce n'est pas ce que vous attendez de moi : essayons donc de vous montrer la profondeur de l'ulcère, la cause du mal, et les remèdes possibles.

Au moment où la fatale réforme éclata en Europe, nos docteurs avertirent ses partisans qu'elle les mènerait droit au socinianisme, c'est-à-dire à rien. Bossuet, comme personne ne l'ignore, insista de toute sa puissance sur cette triste prophétie, aujourd'hui parfaitement vérifiée.

Il était aisé de voir que le protestantisme n'est pas une religion, mais une négation ; que, toutes les fois qu'il affirme, il est catholique ; et que, ne reconnaissant d'autre autorité qu'un livre, qui lui-même, suivant leur belle doctrine, n'était soumis à aucune autorité interprétative, tous les dogmes disparaîtraient incessamment l'un après l'autre. Mais ces spéculations philosophiques ne sont pas à la portée de tous les esprits. Pour le grand nombre, il n'y a que l'expérience; or, cette expérience est arrivée, et chacun peut la contempler. La prétendue réforme a tué le christianisme; et dans la métropole même du protestantisme, à Genève, le corps des pasteurs ayant solennellement abjuré le dogme fondamental de la divinité du Verbe, il ne reste plus de doute sur ce point.

Quoiqu'il n'y ait rien de si scandaleux et de si déplorable en soi-même que l'acte par lequel ces ministres ont déclaré qu'ils ne recevraient plus dans leur corps tout homme qui oserait émettre une opinion *sur la manière dont la nature divine est unie à la personne de Jésus-Christ* (*voy.* la résolution du 3 mai 1817, imprimée dans les *Fragments de l'Histoire ecclésiastique de Genève*, 1817, in-8°, p. 15), sous un certain point de vue cependant, on peut se féliciter de cet acte solennel, qui dit enfin le secret du protestantisme, et ne permet plus le moindre doute à la bonne foi.

Peu importe, au reste, qu'il soit possible de citer des exemples contraires chez tels ou tels individus protestants; car il ne faut jamais raisonner qu'en masse. Les nations ne changent jamais tout à coup de mœurs, de caractère, de religion, etc. Quelques individus se détachent d'abord, d'autres les suivent : quelques-uns défendent les anciennes maximes; mais chaque jour ce nombre privilégié perd quelque unité, et bientôt il ne peut plus s'appeler *nation* ni même *corps;* et c'est à ce point que sont enfin arrivés les protestants.

Il n'y a pas un point de la croyance chrétienne que le protestantisme n'ait attaqué et détruit dans l'esprit de ses partisans : il est arrivé d'ailleurs ce qui ne pouvait pas manquer d'arriver. Ce malheureux système s'est allié avec le philosophisme, qui lui doit ses armes les plus dangereuses; et ces deux ennemis de toute croyance ont exercé sur l'Europe une influence si funeste, qu'on exagère peu en disant que cette belle partie du monde n'a plus de religion.

La révolution française ne fut qu'une suite directe, une conclusion visible et inévitable des principes posés dans le seizième et dans le dix-huitième siècle; et maintenant l'état de l'Europe est tel, qu'il laisse craindre encore les plus violentes convulsions.

Contre ce torrent la force catholique pouvait donner des espérances; mais c'est ici que commence un nouveau malheur bien digne d'occuper les têtes pensantes, et qu'on ne saurait trop déplorer.

Cette force étant bien connue de tous les mécréants de l'Europe, c'est contre elle qu'ils ont tourné tous leurs efforts. Ils savaient bien que le cœur du christianisme est à Rome : c'est donc là qu'ils ont frappé après avoir séduit les princes, et même les princes catholiques, avec un art perfide qui a eu les suites les plus funestes.

Ils ont fouillé l'histoire pour y découvrir des faits qui se sont passés il y a mille ans, et qui nous sont devenus plus étrangers que la guerre de Troie, et ils s'en sont servis pour effrayer les princes; ils ont mis en jeu la raison d'État, toujours sûre de se faire écouter, même lorsqu'elle raconte des fables.

Ils se sont alliés aux jansénistes, calvinistes déguisés, armés depuis leur origine contre la puissance qui n'a cessé de les réprimer.

Par cette épouvantable conjuration, ils ont à peu près anéanti le christianisme en Europe, *même dans les pays catholiques*. Des personnes particulièrement instruites prétendent que l'empereur de Russie, révolté des scandales religieux qu'il a vus à Vienne, en a rapporté des préjugés incurables contre la religion catholique.

Dans un sens ce prince avait raison (si l'on a dit vrai), car il n'y a malheureusement rien de si réel que ces scandales; mais il manquait à côté de lui un ministre courageux, capable de lui dire :

« Vous croyez, sire, voir ici le catholicisme; vous n'en
« voyez que l'absence. Vous voyez les œuvres de Joseph II.
« Avec une imprudence fatale et l'impétuosité d'un jeune
« homme inexpérimenté, il sapa chez lui la puissance du
« souverain pontife. Vous en voyez les résultats, sire : il n'y
« a guère plus de religion à Vienne qu'il n'y en a à Ge-
« nève, et qu'il n'y en aura bientôt chez vous, lorsque cer-
« taines forces que vous ignorez auront reçu leur dévelop-
« pement. »

Il n'y a pas de vérité plus incontestable que la suivante : *Dans l'état où se trouve actuellement l'esprit humain en Europe, le christianisme ne peut être défendu que par le principe catholique, qui ramène tout à l'autorité,*

Mais comment ce principe pourra-t-il se déployer, si les cours persistent dans leur aveuglement? On peut dire que tous les princes sont détrônés dans un sens, puisqu'il n'y en a pas un qui règne autant que son père et son aïeul; et le caractère sacré de la souveraineté s'effaçant tous les jours à mesure que le principe irréligieux se répand, personne ne peut prévoir encore l'excès des malheurs qui s'avancent sur l'Europe.

Si les souverains cependant ne plaçaient pas obstinément leurs mains sur leurs yeux, il suffirait pour eux de contempler un seul objet pour trembler : c'est l'éducation de la jeunesse. L'Allemagne surtout, qui a secoué le plus entièrement le joug catholique, est arrivée à un point qui doit occuper les hommes d'État.

Frédéric II disait : *Si je voulais perdre un pays, je le ferais gouverner par des philosophes.*

Que cette leçon ne soit pas perdue pour les souverains : ils sont trop grands pour être gouvernés, ou pour gouverner par des brochures. Il y a des maximes vénérables, invariables, éternelles, qui mènent les hommes, et dont on ne peut s'écarter sous peine de périr. Mille et mille fois on a dit aux souverains que la base du trône était l'autel. Cette vérité, en général, n'a pas été repoussée ; mais il s'en faut bien qu'elle ait été aperçue dans son vrai jour et dans toute son étendue.

A quoi sert que cette vérité soit reconnue, si elle ne produit rien, si on la reçoit comme une maxime stérile dont on ne sait tirer aucune conclusion ?

Il est impossible de *vouloir* le christianisme si l'on ne veut le principe catholique, sans lequel il n'y a point de christianisme.

Tant que les princes refuseront de reconnaître cette vérité, ils n'auront rien fait ; ils *veulent* la chose sans *vouloir* le moyen de la chose ; ils veulent, et ils ne veulent pas.

L'orgueil, dit l'Écriture, *est le commencement du péché*. On pourrait ajouter, *et de toutes les erreurs*. La plus grande et la plus dangereuse de toutes, dont il est ici question, est encore, comme tant d'autres, une fascination de l'orgueil.

Il y a dans l'enseignement de l'Église catholique une hauteur, une assurance, une inflexibilité qui déplaît à l'autorité temporelle ; celle-ci ne croit pas être maîtresse ou assez maîtresse, partout où il existe un autre pouvoir dont elle ne fait pas ce qu'elle veut.

Elle ne fait pas attention que cet ascendant et cette indépendance sont le caractère naturel et nécessaire de la vérité, en sorte que partout où *il* ne se trouve pas, *elle* ne se trouve pas.

Quelque prince a-t-il jamais imaginé de commander aux mathématiques ? C'est néanmoins précisément la même chose. Dans tous les genres possibles, la vérité est invincible, indépendante et inflexible. Il ne faut donc pas appeler *audace* ou *désobéissance* ce qui n'est que la loi naturelle des choses.

Il est dit, dans l'Évangile, que les peuples qui entendaient la prédication du Sauveur étaient étonnés, parce qu'il ne leur parlait pas comme leurs docteurs, *mais comme ayant la puissance.*

La religion vraie (il ne peut y en avoir qu'une), n'étant que la prédication continuée de ce même homme-Dieu, doit présenter absolument le même caractère. Elle doit parler, enseigner, ordonner *comme ayant la puissance;* celle qui n'a pas ce ton est humaine. Qu'elle ne s'avise point de nous parler du ciel : elle vient d'ailleurs.

La suprématie russe ou anglaise s'accommode mieux sans doute d'une religion souple qui se prête à tous les mouvements de la volonté souveraine; mais cette suprématie peut être sûre qu'elle tient l'erreur sous sa main.

Ce n'est **pas,** au reste, que la suprématie civile ne soit très-bonne où elle est, car sans elle les religions nationales ne pourraient conserver leurs formes. Dès qu'elles ne sont plus animées par l'esprit divin, il faut bien que le bras de chair les soutienne; mais la religion vraie, et par conséquent unique, n'a pas besoin de ce secours : elle marche seule, parce que sa force lui appartient.

Mais cette religion, qu'on croit *hautaine* parce qu'elle est *haute,* est cependant celle qui dit, enseigne et prouve invinciblement, et perpétuellement, et invariablement :

« Que la souveraineté ne vient point des hommes, et
« qu'il n'est pas vrai du tout qu'il n'y a des souverains que
« parce que les hommes ont voulu qu'il y en eût » (ce que la philosophie elle-même démontre jusqu'à l'évidence, quand elle n'est pas ivre);

« Qu'un mauvais souverain ressemble à une grêle *qui*
« *tombe d'en haut,* et qu'il faut laisser passer;

« Que personne n'a droit de le juger, et que rien ne
« peut briser le serment qu'on lui a prêté. »

Ce n'est pas si mal, comme on voit ; mais il y a quelque chose de plus : non-seulement l'Église catholique prêche ces maximes, mais elle les persuade et les fait observer ; elle seule peut se rendre maîtresse du cœur de l'homme et lui commander. L'honnête simplicité dit sérieusement : *Est-ce que nous n'enseignons pas la même chose?* Premièrement, *non*. Mais quand l'assertion serait vraie, il ne s'agit pas de parler, il s'agit de persuader ; il ne s'agit pas d'écrire sur du papier, il faut écrire dans les cœurs. Or, si quelque homme dit qu'une autre religion que la catholique peut s'emparer du cœur de l'homme, le maîtriser, le *christianiser* et le faire mouvoir suivant l'ordre, en vertu du principe divin, cet homme ne sait rien, ne voit rien, et ne comprend rien.

Mais c'est encore ici qu'il faut emprunter des paroles à l'Écriture pour s'écrier : *Où est le sage? où est l'écrivain puissant? où est le véritable démonstrateur de notre inconcevable siècle?* A qui a-t-il été donné une voix assez forte pour arriver jusqu'aux princes, et pour leur faire entendre la plus incontestable des vérités, qu'*ils ne peuvent maintenir les trônes que par la religion, ni maintenir la religion que par le principe catholique?*

Veulent-ils attendre que tout soit perdu, qu'il n'y ait plus en Europe de principe sacré et consacré, et qu'une jeunesse effrénée répète dans toute l'Europe le désolant spectacle de l'Allemagne? C'est cependant le point où nous tendons, s'ils ne se hâtent de retenir l'esprit humain par le seul frein qu'il puisse recevoir.

C'est en vain qu'on voudrait effrayer les princes sur les suites imaginaires de certaines innovations. Que peuvent-ils craindre? On n'attend pas d'eux une action directe contre les différentes religions de leurs pays, ce qui serait contraire à toutes les règles de la sagesse. Il suffit de laisser pénétrer la doctrine catholique, et de la laisser agir à sa manière, doucement et respectueusement.

Lorsqu'il y eut à Saint-Pétersbourg, il y a peu d'années, un mouvement religieux qui fit une certaine sensation, on entendit dire par de fort bonnes gens : *L'empereur craint une guerre civile.* Ces honnêtes discoureurs ne pensaient pas que, *pour se battre, il faut être deux.* Comment peut-on ignorer encore que jamais le catholique ne résiste à l'autorité légitime? On peut l'égorger tant qu'on voudra; il s'y attend, et jamais il ne préviendra son sort en égorgeant à son tour. Des hommes qui ne comprennent pas même les histoires qu'ils lisent, citent les guerres de religion en France, en Angleterre, etc... Mais qu'est-ce que tout cela fait à la question? Lorsqu'une religion est montée sur le trône, si on l'attaque avec les armes, elle se défend avec les armes. C'était le cas des rois de France résistant *chez eux* au protestantisme qui les attaquait *chez eux*. Rien n'est plus simple ni plus juste. Si les rascolnics prenaient les armes en Russie, est-ce que l'empereur ne défendrait pas son trône et la religion de ses États? Mais lorsque le catholicisme se présente chez une puissance non catholique, soit qu'il y arrive de dehors, soit qu'il y prenne naissance par la seule force de la vérité de la grâce, *jamais, jamais,* non *jamais* il n'exercera d'autre force que celle de la persuasion. Jamais il ne conseillera un seul acte de violence. Il pourra monter sur les échafauds; mais, avant de recevoir le coup, il priera pour le prince légitime qui le frappe. Que si, après être monté sur les échafauds, il lui arrive de monter sur le trône, alors il régnera, et si on l'attaque, il se défendra : c'est le droit incontestable de toute souveraineté.

L'histoire est pleine d'exemples dans ce genre, il suffit d'ouvrir les yeux : jamais on ne trouvera d'exemples contraires.

Ainsi les princes ont tout à gagner et rien à perdre en favorisant le catholicisme, avec la prudence que peuvent exiger les différentes circonstances de temps et de lieu.

L'aspect général de l'Europe, sous le rapport religieux, présente certainement le spectacle le plus désolant ; mais le plus grand de tous les maux est bien peu connu.

Comment révéler le profond secret de la religion et de la politique européenne ? Qui osera dire la vérité à celui qui peut tout, et qui ne l'a jamais entendue ? Où trouver un prophète envoyé par Dieu même et marqué de son caractère, qui puisse dire à ce puissant prince, sans manquer au respect et (ce qui est bien heureux encore) à l'amour qui lui est dû : *Vous êtes cet homme?* C'est cependant ce qu'il faudrait dire. Mais y a-t-il un mortel digne d'une telle mission ? Que faut-il donc faire ? Il faut prononcer ces indispensables paroles avec un religieux tremblement, et prier Dieu, qui les inspire, de les porter à l'oreille qui doit les entendre.

Oui : non-seulement les vertus du très-bon, du très-humain, du très-pieux empereur de Russie sont inutiles à la religion, mais il lui a porté des coups sensibles : il n'est pas nécessaire d'ajouter, *sans le vouloir*. Mais les erreurs font souvent plus de mal que les intentions les plus hostiles, et le développement de ces erreurs est un sujet de la dernière importance pour l'Europe.

I.

Cette grande puissance nuit d'abord essentiellement au christianisme par la protection solennelle accordée à Genève, qui en est devenue l'ennemie mortelle. Genève est le centre de l'incrédulité et le cœur du protestantisme. Elle est, de plus, un foyer de rébellion reconnu pour tel par tous les hommes d'État. Les motifs qui lui ont valu une protection extraordinaire sont bien petits en comparaison de ceux qui auraient dû l'exclure. Genève, considérée simplement comme la métropole du protestantisme, devrait être odieuse à l'empereur de Russie, qui professe des dogmes tout contraires, s'il n'était pas conduit, sans pouvoir s'en douter, par cette force encore cachée pour lui, mais visible à d'autres yeux, qui rapproche insensiblement et invinciblement son Église de l'Église protestante, pour les unir et les confondre bientôt parfaitement; à moins qu'il n'arrive une chose qui n'est pas du tout hors du cercle des probabilités : c'est qu'à l'époque où l'Église russe sera devenue notoirement protestante, il n'y ait plus de protestants ailleurs.

Le grand empereur est le premier prince chrétien qui ait fait passer le langage théologique dans la diplomatie; il est le premier qui ait prononcé le nom de *Verbe* dans les actes de sa politique. Comment donc est-il devenu si ardent protecteur de la ville *ennemie du Verbe;* qui, depuis plus d'un demi-siècle, est publiquement accusée de l'avoir renié ; qui n'a jamais su répondre, non à des dévots exaltés, non à des docteurs catholiques, mais à son compatriote Rousseau et aux encyclopédistes, au délateur fameux de cette apostasie, et qui vient enfin de la confesser publiquement par la bouche de ses pasteurs, qui ont déclaré solennellement, par une déclaration consistoriale à jamais célèbre, du 3 mai 1817, qu'*ils n'admettraient plus dans leur corps aucun ministre qui parlerait de la divinité de J. C., ou,* pour adoucir un peu les termes, *qui exprimerait une opinion sur la manière dont la nature divine est unie à la personne de J. C.?*

La protection puissante si malheureusement accordée

à une ville qui le mérite si peu, a doublé son orgueil et son influence, qui déjà étaient terribles. C'est une plaie des plus douloureuses faite au christianisme, et dont se ressentent surtout les pays catholiques cédés à la turbulente république. Qui les soutiendra contre une influence étrangère qui fait trembler tous leurs protecteurs naturels? La raison d'État étant toujours et partout mise avant tout, jamais ces peuples ne pourront être rétablis et maintenus dans leurs libertés religieuses que par celui qui les en a privés.

II.

La grande puissance blesse le christianisme, en second lieu, par l'appui non moins solennel qu'elle donne à la Société biblique, entreprise protestante, et la plus antichrétienne qui jamais ait été imaginée. Cette Société renferme de grands caractères, des hommes pleins de foi et d'illustres protecteurs : qui en doute? Mais les véritables meneurs rient, le soir à table, de ces hommes respectables dont ils consomment l'argent pour arriver à leur but avec un art qui n'a jamais été égalé. L'Église catholique étant, de la manière la plus notoire, fortement et systématiquement opposée à la communication de l'Écriture sainte en langue vulgaire, sans explication et sans distinction de personnes, c'est pour contredire cette maxime que la Société biblique est établie; et comme la maxime catholique ne repose que sur le mal immense qui résulte de l'usage contraire, la Société biblique est établie, de plus, pour produire ce mal que l'Église redoute. *Que tout homme de bonne foi*, engagé dans cette Société, mette la main sur la conscience, et qu'il s'interroge loyalement, il sera forcé de convenir qu'il ne s'agit en effet, dans la Société biblique, que de contredire l'Église catholique.

On répète, *tout homme de bonne foi ;* car il y a dans cette Société un certain nombre de membres qui se moquent des autres, et qui ont bien des pensées plus profondes que celle de *contredire l'Église catholique.* La Société ne renferme-t-elle pas des ariens, des sociniens, des mécréants de tous les genres connus et même notoires?

La souveraineté n'est point faite pour disserter. Elle a d'autres devoirs, une autre destination et d'autres talents. Elle aurait même tort devant Dieu, si elle donnait à des sciences épineuses un temps qui appartient au bonheur des peuples.

La science n'est donc, à l'égard des princes, qu'un simple ministre. C'est à elle à faire des *rapports* pour motiver leurs ordres, et son plus grand devoir est de leur faciliter le travail en respectant leur temps, en évitant les discussions embarrassées, en leur présentant les choses sous des formes simples, et même, s'il est possible, purement expérimentales.

Au nombre de ces vérités ainsi préparées se trouve, si je ne me trompe infiniment, l'observation suivante :

Qu'y a-t-il de plus remarquable dans le monde que le prosélytisme de l'Église catholique? Le soleil est moins connu. L'univers est rempli de ses travaux apostoliques. Depuis les Iroquois jusqu'au Japon, des monuments de toute espèce attestent sa puissance et ses succès dans ce genre.

Cette force est telle, qu'aucune secte ne tiendra devant elle, partout où on laissera le champ libre à l'enseignement catholique. C'est ce qui a fait que plus d'une fois de très-bons princes, professant d'autres religions, et sentant cette prépondérance qu'ils ne pouvaient se cacher, ont cru devoir prendre contre elle des mesures étrangères à leurs maximes ordinaires.

La puissance et le talent de l'Église catholique pour la

propagation de la foi étant donc un fait incontestable, on demande ce qu'il faut penser d'une Société qui veut propager la foi par un moyen que l'Église catholique déclare non-seulement inutile, mais dangereux, perfide, et fait exprès pour nuire à la foi ?

Il y a plus : toutes les personnes qui s'occupent de ces sortes de matières savent que plusieurs théologiens anglais, justement alarmés de la conjuration la plus dangereuse couverte d'un beau nom, ont écrit pour mettre à découvert *le véritable but et les vues cachées de la Société biblique.*

Si le prince qui mettra ces autorités réunies dans un bassin de la balance, veut bien permettre qu'on lui demande, *Que peut-on mettre dans l'autre ?* sa noble conscience n'aura pas de peine à répondre.

Et cependant, nous ne demandons point que les princes étrangers à notre foi, et qui ont admis chez eux la Société biblique, lui retirent brusquement leur protection. Nous savons que les choses sont trop avancées, et que les prétentions extrêmes amènent d'extrêmes inconvénients. Nous demandons seulement que ces princes n'associent, ni par séduction ni par autorité, leurs sujets catholiques à une œuvre expressément condamnée par le souverain pontife. Cette prétention est modérée, et nul de ces princes, s'il est sage, ne s'y refusera. Et quant aux effets de la Société biblique, nous en appelons au temps et à l'expérience.

III.

La grande puissance nuit, en troisième lieu, au christianisme, parce qu'elle ne soupçonne pas, peut-être, ou qu'elle refuse de reconnaître une grande vérité, *qu'il est impossible de frapper sur le catholicisme sans blesser le christianisme en général.*

Faites disparaître le principe catholique, tout de suite les dogmes commenceront à disparaître l'un après l'autre, et bientôt on arrivera au socinianisme. L'expérience s'est faite sous nos yeux, et comme elle était annoncée d'avance par nos docteurs; rien ne manque à la démonstration. Dès l'origine de nos disputes, ils avaient annoncé aux chrétiens séparés qu'ils ne pourraient s'arrêter en chemin. La triste prophétie est maintenant vérifiée; le hideux arianisme lève la tête en Europe, et ses conquêtes augmentent tous les jours. Partout où le principe catholique se retire, il est remplacé plus ou moins rapidement par l'ennemi de toute croyance.

Deux choses à cet égard peuvent tromper les souverains. En premier lieu, l'extérieur de la religion est pris pour la religion. Ils voient chez eux les mêmes formes, les mêmes prières, les mêmes ornements, les mêmes professions de foi écrites et usitées : il est naturel de croire que rien n'a changé. Cependant ils ne voient que l'écorce d'un arbre dont le bois est rongé insensiblement par le venin philosophique, et à la première occasion solennelle l'écorce disparaîtra.

En second lieu, les souverains prennent la force de leur suprématie pour celle de la croyance. Ils se trompent beaucoup. Si l'empereur de Russie retirait tout à coup la puissante main qu'il tient étendue sur la religion; s'il excluait son ministre du siége qu'il occupe dans le synode; s'il permettait à ses prêtres de tous les ordres de prêcher, d'écrire, de dogmatiser et de disputer comme ils l'entendraient, en un clin d'œil il verrait sa religion s'en aller en fumée.

Un évêque russe, membre du synode, s'avisa, il y a peu d'années, de traduire des livres allemands dont la doctrine offensa les anciens de l'Église russe. Le métropolitain de Saint-Pétersbourg accusa l'évêque traducteur de spinosisme. Un religieux, nommé PHILARÈTE, prit les armes, et écrivit contre l'évêque; celui-ci voulut répondre; l'archevêque s'y refusa: le clergé se divisa et prit feu. Qu'on l'eût laissé faire, dans six mois on aurait vu une confusion universelle: mais le souverain arriva avec sa suprématie, éteignit l'incendie d'un souffle, imposa silence à tout le monde, et renvoya l'évêque dans son diocèse, sans discussion ni jugement ecclésiastique. Il fit en cela un acte de grande sagesse; mais la sagesse humaine n'a rien de commun avec la foi: l'acte prouvait que S. M. l'empereur de Russie voulait telle et telle chose, rien de plus.

Si l'on fait disparaître le principe catholique, il ne reste plus rien de divin sur la terre. Ce principe est si fort, qu'il soutient nos ennemis mêmes. Ils ne vivent que par la haine qui les anime contre nous, ils prennent ce sentiment pour le zèle et même pour la foi, tant l'homme est habile à se tromper lui-même; mais si nous disparaissions aujourd'hui, ils disparaîtraient demain. Aussi, un grand homme d'État (M. le baron d'Erlach) disait à un catholique, dans un instant de franchise et d'épanchement: *Nous savons bien que nous n'existons que par vous.*

Que les princes, même séparés, sachent donc bien qu'en attaquant le catholicisme, ils frappent sur les bases du christianisme.

IV.

La grande puissance nuit, en quatrième lieu, au christianisme par l'espèce de persécution qu'elle exerce sur l'Église catholique, directement dans ses propres États, et indirectement ailleurs. Le mot de *persécution* étonnerait bien l'oreille du plus humain des princes, si ce mot pouvait arriver jusqu'à lui ; mais il suffit de s'entendre pour faire disparaître toutes les ambiguïtés. Toute persécution ne suppose pas des roues, des bûchers et des proscriptions : celle de Julien fut beaucoup plus dangereuse que celle de Dioclétien ; et Bonaparte, qui s'y entendait, l'avait reprise avec un talent diabolique. La Russie se vante et se laisse vanter sur sa *tolérance ;* mais on se trompe de part et d'autre. La Russie tolère toutes les erreurs, parce que toutes les erreurs sont amies, et toujours prêtes à s'embrasser. Il n'en est pas de même de la vérité, ou, si l'on veut, de l'Église catholique, qui n'est rien moins que tolérée.

L'empereur de Russie a huit millions de sujets catholiques, au moins. Il en a dix mille dans sa capitale seule ; il va bien sans dire qu'il leur doit la liberté du culte : cela ne s'appelle point *tolérance*, c'est pure *justice*.

Mais il ne faut pas croire que le catholique soit toléré, même en abusant de ce mot, parce qu'on lui permet d'avoir une église et d'entendre la messe. Il n'y a point de tolérance pour une religion qui n'est pas tolérée suivant son essence et ses maximes. Certainement on ne dirait pas que la religion juive fût tolérée dans un pays où l'on obligerait ses sectateurs à travailler ou à jouer la comédie le jour du sabbat.

Or, c'est précisément ce qui arrive en Russie à l'Église catholique. Non-seulement elle n'y est pas libre, mais ses maximes les plus fondamentales, les plus essentielles, les plus *vitales*, s'il est permis de s'exprimer ainsi, y sont contredites et violées sans miséricorde. Les détails sur ce point sont curieux et peu connus.

1° L'Église de Russie repose tout entière sur le système de la suprématie. L'empereur est chef de son Église, et commande sans contradiction ni appel dans le synode par la voix de son *ministre des cultes :* titre funeste inventé par Bonaparte, et substitué, par une fatalité inexplicable, à celui de *procureur général impérial*, que l'habitude avait consacré, et qui n'attristait nullement l'oreille.

Or, cette suprématie, qui est fort bonne où elle est, toutes les autorités de Russie, à la suite de leur souverain, font un effort continuel pour la transporter dans l'Église catholique, où elle est mortelle. Dans tous les pays séparés, la suprématie est excellente et nécessaire ; car si elle ne s'y trouvait pas, où serait la règle ? En peu d'années, on y mettrait le Symbole en thèses, et bientôt en chansons. Mais la religion romaine reconnaissant un chef spirituel, et cette suprématie spirituelle étant l'essence même de cette religion, vouloir lui substituer la suprématie temporelle, c'est anéantir le catholicisme ; et c'est cependant ce qu'on fait sans relâche dans le pays de la tolérance.

Si le patriarche de Constantinople venait se mêler des affaires religieuses de Russie, on croirait justement qu'il a perdu l'esprit : or, il est impossible d'effacer des têtes russes le préjugé qu'il en est de même du pape à l'égard des catholiques russes ; sophisme mortel qui supprime de fait l'Église catholique. Les communications de l'Église russe catholique avec son chef éprouvent tant de chicanes, reçoivent un si grand nombre d'entraves de la part du gouvernement, que c'est pour les fidèles un sujet continuel de douleur. On vit une fois un ministre des affaires étrangères, à Saint-Pétersbourg, refuser de donner cours à une bulle de canonisation (c'était celle du bienheureux Hieronimo de Naples), et la retenir dans son bureau pendant une éternité, sans qu'il fût possible de donner cours à la cérémonie ; et ce ministre des affaires étrangères était luthérien.

C'était un spectacle véritablement curieux que celui d'un ministre d'État luthérien arrêtant une canonisation catholique chez un souverain qui n'était ni catholique ni luthérien, mais qui garantit le libre exercice de leur religion à ses nombreux sujets catholiques.

Pour faire sentir à quel point la prétendue tolérance est illusoire, il suffirait d'observer que les sujets catholiques de Sa Majesté Impériale n'ont point d'accès auprès d'elle comme catholiques, c'est-à-dire qu'ils n'ont aucun organe officiel et de leur religion par lequel ils puissent porter au souverain leurs représentations et leurs doléances. Ils sont obligés de passer par la voie d'un *ministre des cultes*, qui ne sait pas un mot de ce qu'il faudrait savoir, on ne dit pas pour leur rendre justice, mais seulement *pour* les comprendre.

Sa Majesté Impériale, qui est incontestablement le plus grand juge européen en fait de tact, de délicatesse et de convenance, peut être assurée que pour tout homme, et surtout pour tout prêtre catholique, qui doit traiter officiellement une affaire ecclésiastique en Russie, l'antichambre du *ministre des cultes* est, sans contredit, le plus grand des supplices, après toutefois celui d'avoir l'honneur de lui parler.

2° Nous ne tenons à aucun système de haute discipline plus fortement qu'à celui qui nous fait désirer un sacerdoce libre et indépendant, c'est-à-dire propriétaire. Jamais nous n'avons varié sur ce point; jamais nous ne nous sommes laissé séduire par les sophismes de l'incrédulité et de la cupidité. Nous savons bien que, partout où le prêtre est salarié, il est avili; qu'il n'est plus qu'un serviteur timide, ou pour mieux dire un serf de l'autorité qui le paye; et que d'ailleurs, dans cette supposition, au premier coup de tambour c'en est fait du clergé, qui est affamé par son maître même, en attendant qu'il le soit par l'ennemi. Enfin nous avons, pour défendre ce système, mille raisons décisives, tirées de la théorie et de l'expérience.

En Russie, au contraire, le système est tout différent. Un seul acte de la puissance souveraine a dépouillé radicalement le clergé, et lui a pris l'immense somme de tous ses biens dans toute l'étendue de l'empire. Les suites de cet acte décisif sont connues et même notoires : on se dispense de les détailler. Mais voici la grande fatalité qui nous accable. L'autorité russe sentant bien (car rien n'étouffe la voix de la conscience) qu'elle a été injuste, et que le sacerdoce russe doit en grande partie à cette spoliation l'infériorité qui frappe tous les yeux, ne veut pas au moins qu'il y ait chez elle des prêtres mieux traités que les siens; de manière qu'une action continue du gouvernement, tantôt sous une forme et tantôt sous l'autre, tend invariablement à dépouiller l'Église catholique et son clergé. L'empereur de Russie ayant acquis par les derniers traités plusieurs millions de sujets catholiques, nous verrons comment seront traités les biens ecclésiastiques, qui ont déjà fait tenir un grand nombre de discours sinistres; mais ce qui se passa à Saint-Pétersbourg, il n'y a que trois ou quatre ans, fait sentir, mieux que tous les raisonnements, les maximes du gouvernement.

Les anciens souverains de Russie (dans le dernier siècle cependant) avaient donné à l'Église catholique un terrain qui portait une maison médiocre. Ce terrain étant fort avantageusement placé, les Jésuites, administrateurs des biens de l'Église catholique, imaginèrent d'y bâtir une belle maison au profit de l'Église. Ils appelèrent les capitaux catholiques, qui affluèrent tout de suite : la maison s'éleva, et ne devait pas rendre moins de 36,000 roubles annuellement. Chaque année, on payait 15,000 roubles à compte du capital, et les intérêts du reste ; tous les créanciers étaient contents : jamais entreprise ne fut mieux imaginée et mieux conduite.

Tout à coup un conciliabule de ministres imagina d'enlever cette maison à l'Église catholique, sans cérémonie : c'est ce qu'ils firent en effet, laissant tous les esprits justes (sans distinction de culte) frappés d'étonnement et de regret.

Cependant, comme il fallait bien un certain prétexte pour voiler au moins un tel acte, on imagina de dire *que la maison appartenait aux Jésuites qui venaient d'être expulsés, et qu'ainsi la maison devait être confisquée.*

Quand même la maison eût appartenu aux Jésuites, l'acte dont il s'agit aurait été réprouvé également par les maximes de l'équité et par celles de la jurisprudence.

L'équité ne permet pas de prendre le bien d'autrui, sous prétexte que le propriétaire est habillé de noir, ou parce qu'il a le malheur de déplaire.

La jurisprudence défend d'ignorer l'énorme différence qui existe entre la simple *relégation*, laquelle suppose seulement un mécontentement du prince, et le *bannissement*, qui est la suite d'un crime déclaré par un tribunal, et qui emporte *quelquefois* la confiscation des biens.

On prend la liberté de le dire avec une respectueuse franchise : une telle confusion d'idées formerait seule une accusation grave contre une nation entière.

Mais tout cela n'est rien encore, quand on songe que la maison appartenait incontestablement à l'Église, sans qu'il y eût moyen d'élever sur ce point le moindre doute raisonnable. Le don du gouvernement était clair : l'usage et la possession ne l'étaient pas moins. Jamais les Jésuites n'avaient agi qu'en qualité d'administrateurs. Enfin, et c'est tout dire, ils avaient loué cette maison de l'Église pour y établir leur collége, et chaque année le loyer était régulièrement porté dans les livres de compte.

Il semble qu'à de tels faits il n'y avait rien à répondre ; mais rien n'embarrasse la *tolérance* russe. Un des hommes les plus influents de ce pays ne se fit pas difficulté de dire publiquement : *Que signifie donc cette question de savoir à qui appartient la maison ? On la veut, on l'aura ; et tout est dit.* En effet, on la prit, on la retint ; *et tout fut dit.*

L'injustice alla plus loin. Il fallait indemniser les créanciers qui avaient prêté leur argent : on imagina de les renvoyer sur les Jésuites qui avaient des propriétés dans la Pologne russe pour se faire rembourser ainsi par des hommes qui ne leur devaient rien. Voilà comme, en Russie, la tendance générale à la spoliation de l'Église catholique ferme les yeux du pouvoir sur les plus grandes monstruosités. La qualité même de sujets, et de sujets fidèles, ne met point les catholiques à l'abri de cette influence fatale; et c'est ainsi qu'ils sont *tolérés*.

3° Les droits du souverain pontife et sa suprématie spirituelle sont tellement sacrés dans l'Église catholique, qu'ils forment l'essence même de la religion; puisque, si l'on ôtait ce dogme fondamental, nous serions à peu près d'accord avec les Églises russe, grecque, orientale, etc., ou que, du moins, les différends ne tomberaient que sur des points nullement difficiles à éclaircir, pour la bonne foi qui s'y prêterait de part et d'autre. C'est la suprématie pontificale qui forme toute la difficulté, vu que nous y tenons comme à la religion même. Aussi les protestants nous appellent *papistes*, et ils ont grandement raison sur le mot : ils ne se trompent, de la manière la plus déplorable, qu'en donnant une signification injurieuse à un titre d'honneur, signe exclusif de la vérité.

Il ne s'agit point du tout ici de savoir si nous avons raison ou non : il suffit de rappeler que tel est notre dogme fondamental. D'où il suit que gêner nos communications avec le saint-siége, ou gêner sa juridiction à notre égard, c'est, par le fait, supprimer l'Église catholique; et c'est ce que fait encore le gouvernement russe, qui ne cesse de s'immiscer dans celui de l'Église et de vouloir la conduire à sa manière, indépendamment de l'autorité supérieure.

Il existe maintenant en Russie un personnage bizarre,

qui n'a pu appartenir qu'au temps et au lieu où il a vécu :
c'est l'archevêque de Mohiloff, primat catholique de toutes
les Russies, qui était protestant et officier de cavalerie
avant d'être évêque; instrument entre les mains de nos
ennemis mille fois plus dangereux qu'un protestant de
profession, d'une servilité d'ailleurs faite pour dégoûter
un noble pouvoir à qui l'obéissance suffit, et qui est *toujours* prêt à contredire et même à braver le saint-siége,
parce qu'il est *toujours* sûr d'être soutenu.

C'est lui qui dit un jour à la cour, en montrant l'empereur qui passait : *Voilà mon pape, à moi !* Les témoins de
cette admirable profession de foi existent encore à Saint-Pétersbourg. Cet étrange évêque s'avisa un jour de falsifier, dans une de ses lettres pastorales, un texte du concile
de Trente, et un autre texte tiré d'une lettre de Pie VI.
Pour cette double *faute* (on veut bien se contenter de ce
mot), le pape aujourd'hui régnant, le plus doux, le plus
raisonnable, le plus modéré des hommes, ne put cependant se dispenser de lui adresser un bref, où il le blâmait
assez sévèrement et lui ordonnait de se rétracter. Mais
l'évêque de Mohiloff, qui se sentait soutenu, se moqua du
bref et ne se rétracta nullement.

Pour comble de perfection, ce prélat est devenu membre
de la Société biblique. Il arriva même, à cet égard, un événement extrêmement comique (autant, du moins, que ces
choses peuvent être comiques) : c'est que, le jour du corps
de Dieu 1817, l'archevêque se faisant attendre pour la célébration de l'office solennel du matin, l'église étant pleine,
et personne ne sachant à quoi attribuer un retard aussi
extraordinaire, car il était plus de midi et demi, il se
trouva que le prélat assistait à une séance de la *Société
biblique*.

Un évêque catholique, membre de la Société biblique,
est quelque chose de si monstrueux, qu'il est impossible

de l'exprimer. Le pape adressa donc au singulier prélat un autre bref, dont il ne tint pas plus de compte que du précédent, et il fut encore soutenu dans sa rébellion.

Voilà donc un évêque catholique soutenu contre le souverain pontife : c'est comme si l'on déclarait des officiers libres de toute subordination envers leur général; c'est l'anéantissement radical de l'Église.

Les ministres russes, au reste, ont trouvé un moyen commode d'échapper au reproche d'intolérance. Ils soutiennent que ces brefs n'existent pas, quoiqu'ils soient connus de toute l'Europe.

Telle est, en raccourci, la tolérance russe à l'égard de la religion catholique; et il en résulte à l'évidence que si quelque prince, pour éteindre la religion catholique dans ses États sans repandre le sang, demandait à l'homme à la fois le plus habile et le plus envenimé le plan d'une persécution mortelle, mais sourde et indirecte, il serait impossible de lui indiquer, dans ce genre, rien de plus parfait que le plan invariablement suivi dans le pays *de la tolérance*.

On ne saurait trop l'observer, il y a dans l'allure indépendante du catholicisme quelque chose qui choque le maître. Tout ce qui ne plie pas lui déplaît, et il a raison chez lui et temporellement ; car il n'y a pas le moindre doute que si l'on pouvait dire en Russie, non pas seulement *non*, mais seulement *si*, à l'empereur, il ne pourrait plus gouverner, et l'empire finirait; mais on peut même observer en passant qu'il y a dans ce gouvernement, qui nous fait pâlir, un très-grand nombre de compensations ignorées des étrangers, et qui le réconcilient avec l'homme. Mais il ne s'ensuit pas du tout que le même principe puisse être transporté dans la religion, qui se règle par d'autres lois. Lorsque ce puissant prince aura découvert que *la vérité n'a point d'empereur*, il aura fait un pas immense vers cette vérité, et le monde s'en apercevra sur-le-champ.

En attendant, il est démontré que la grande puissance est réellement persécutrice, dans toute la force du terme, à l'égard de la religion catholique, et qu'il en résulte un contre-coup terrible contre le christianisme en général.

V.

La grande puissance nuit, en cinquième lieu, à la cause du christianisme, parce qu'elle n'a pas su écarter de ses lèvres le venin germanique, et qu'il n'y a pas trop moyen de douter qu'elle n'ait embrassé le rêve funeste de la *religiosité*, ou du *christianisme universel*. L'empereur est trop grand naturellement, et d'ailleurs trop ami des grandes choses à la tête desquelles se trouve sa grande renommée, pour n'avoir pas conçu la haute pensée de la réunion des chrétiens : malheureusement (et c'est ici la grande plaie européenne), il s'est représenté le christianisme comme une collection de systèmes ou de sectes différentes sur quelques points, mais toutes bonnes dans le fond, et qu'on peut suivre en sûreté de conscience, pourvu qu'on soit d'accord sur les *dogmes fondamentaux*.

Tandis qu'au contraire il est prouvé, pour la raison autant que pour la théologie, que *la religion est d'un côté, et les sectes de l'autre*.

Ce mot de *secte*, qui signifie *coupure* ou *séparation*, suppose nécessairement un *corps primitif* où la *coupure* s'est faite. On sait, par exemple, que le *rascolnic* forme une *secte* en Russie, parce qu'il s'est séparé de la religion nationale; on sait que l'Église protestante est une *secte*, puisqu'elle a été *coupée* et retranchée de l'Église universelle vers le milieu du seizième siècle, etc.

Ainsi donc, c'est une contradiction dans les termes de soutenir qu'il n'y ait que des *sectes* dans le monde ; et lorsqu'on dit *toutes les sectes chrétiennes*, on ne sait ce qu'on dit, si l'on ne suppose pas un corps antérieur dont elles se sont détachées.

Il n'est donc pas possible qu'il n'y ait que des *sectes* dans le monde ; et ce qui n'est pas moins rigoureusement démontré, c'est qu'il ne peut y avoir *deux corps* dont elles se sont détachées : car si, dans une religion divinement révélée (sur ce point tous les chrétiens sont d'accord), deux associations opposées se prétendent *corps*, l'une ou l'autre a nécessairement tort, puisqu'il ne saurait y avoir deux établissements divins primitifs et opposés : l'une est donc *corps*, et l'autre *secte*.

Donc, *le corps, la religion, l'Église* (c'est tout un) est d'un côté, et les *sectes* sont de l'autre, et il ne s'agit plus que de savoir où est le *corps* : tout le reste sera *secte*.

Il n'y a pas de théorème mathématique plus clair et plus incontestable que ce qu'on vient de lire.

Cette fable des *sectes* et de leur égalité a dû nécessairement en engendrer une autre non moins fatale que la précédente, c'est-à-dire celle des *dogmes fondamentaux et non fondamentaux*.

Cette erreur, au fond, n'est que l'erreur protestante sous une autre forme ; car lorsqu'on en vient à savoir quel est le dogme fondamental, on ne manque pas de nous dire : ***C'est celui qui est clairement contenu dans l'Écriture sainte.*** Mais comme il s'agit précisément de savoir si tel ou tel dogme est contenu dans l'Écriture, il s'ensuit que, sans un tribunal infaillible, tout est en l'air, puisque chacun voit ce qu'il veut dans l'Écriture.

Depuis Arius jusqu'à Calvin, il n'y a pas un seul dogme chrétien qui n'ait été attaqué et nié *par l'Écriture*. Pour tout hérétique, le dogme *fondamental* est celui qu'il juge à propos de retenir, et le dogme *non fondamental* est celui qu'il rejette.

Si l'on proposait à l'empereur de Russie d'abolir ses deux sénats et tous ses tribunaux, en lui disant que chaque plaideur n'a qu'à lire les ukases législatifs et les codes pour savoir s'il a raison ou tort, que dirait le grand prince? On ne lui proposerait cependant que le système protestant sur l'Écriture sainte, c'est-à-dire le système *qui met la loi à la place du juge, tandis que la loi n'existe et ne parle que par le juge.*

Et si l'on ajoutait que, pour éteindre absolument les procès, S. M. I. n'a qu'à faire traduire ces mêmes ukases en russe, en finnois, en esthonien, en lapon, en arménien, en géorgien, en tartare, en kamtchadale, etc., et à multiplier le nombre des exemplaires par centaines de mille, afin qu'il n'y ait pas dans ses vastes États un seul boutiquier, un seul pêcheur, un seul iswochik (cocher public) qui n'eût un exemplaire des lois, que dirait encore le grand souverain? Il verrait certainement, au premier coup d'œil, le résultat de cette profonde mesure : *Multiplication des procès sans aucunes bornes; interprétations extravagantes, et jugements analogues.*

Cette folie, de pure supposition, n'est cependant que l'image naïve de la folie biblique.

L'empereur de Russie, avec *le christianisme universel, les dogmes fondamentaux* et *la Société biblique*, peut donc être certain qu'il est dans le grand chemin de la destruction du christianisme, et qu'il y travaille réellement avec toute la puissance et toutes les saintes intentions qui suffiraient pour faire triompher la sainte loi.

Il y a bien longtemps que les amis de la religion n'ont rien vu d'aussi extraordinaire et d'aussi triste.

A la vérité, le christianisme, en sa qualité d'institution divine, ne peut être détruit *en général;* mais il peut fort bien l'être *ici* ou *là*. Une seule version antique, et même quelques lignes de cette version, mal interprétées par un fanatisme populaire, ont bien pu créer les *rascolnics* russes, ulcère immense qui ronge la religion nationale et fait tous les jours de nouveaux progrès. Qu'arrivera-t-il lorsqu'un peuple simple, et entier dans ses idées, aura la Bible en langue vulgaire dans toutes les éditions *bibliques*? Personne n'en sait rien : ce qu'il y a de sûr, c'est que s'il en résultait un incendie général en Russie, le gouvernement ne recueillerait que ce qu'il aurait semé.

Les détails qui précèdent font parfaitement comprendre, si je ne me trompe infiniment, comment le prince le plus puissant de la chrétienté, et (ce qu'il y a d'étrange) l'un des plus religieux, avec de grands talents, une volonté ferme et d'excellentes intentions, trompé cependant et conduit par des préjugés déplorables, a porté un préjudice immense à la cause du christianisme.

La Providence l'appelait à la plus grande gloire qui ait jamais illustré un souverain, *la réunion des chrétiens.*

Et l'empereur est sourd à l'appel de la Providence!

Que n'est-il possible de lui parler! Mais toute discussion suppose une espèce d'égalité qui permet l'opposition, et ressemble parfois à la dispute : elle a besoin enfin d'une certaine liberté presque entièrement exclue par le respect, surtout à l'égard d'un prince qui, pour le bonheur même de ses peuples (ce qui est aussi vrai qu'invraisemblable), n'a jamais dû connaître la contradiction.

Qui osera donc lui dire : « O bon et puissant monarque,
« vous êtes complétement trompé. Votre *sainte-alliance*
« n'a été signée que par la crainte et la courtoisie : elle
« ne suppose, de votre part, que d'excellentes intentions ;
« mais le résultat, si elle en a un, sera de consolider toutes
« les sectes, et de prouver à la postérité que l'essence du
« christianisme vous avait échappé. »

Si quelque serviteur fidèle avait pu lui tenir à peu près le même discours lorsqu'il était à Paris maître des choses, et pouvant faire ce qu'il voulait; s'il lui avait dit : « Sire, « vous êtes entièrement trompé : une habile perversité vous « attaque par le côté où tous les hommes sont vulnéra- « bles; elle vous montre la gloire où elle n'est pas; elle « vous fait croire qu'il faut conserver toute la révolution, « excepté son chef. Vous appuyez de votre auguste main « le sceau de la légitimité sur tous les forfaits de l'usurpa- « tion et de l'athéisme : au lieu de renverser, comme il le « faudrait et comme vous le pouvez, le trône de Bona- « parte, qui est le scandale de l'univers, vous le conservez « avec une sorte de respect pour y faire monter le roi de « France, qui ne peut manquer de glisser dans peu de « temps, avant de s'apercevoir peut-être qu'il n'est pas à sa « place. Vous conservez, vous exaspérez, vous étendez les « principes révolutionnaires, que vous pouvez étouffer : « bientôt vous les verrez s'étendre de la manière la plus « effrayante, s'unir au fanatisme allemand, et faire trem- « bler l'Europe, etc. »

L'honnête homme courageux qui aurait tenu ce discours au puissant empereur jouirait aujourd'hui de son estime et de sa reconnaissance, puisque l'événement aurait justifié la vérité des principes et la sagesse de l'avis.

Mais puisque enfin le mal est fait, et puisqu'un fantôme de la gloire, pris pour elle-même, a privé l'Europe du résultat que nous avions droit d'attendre, pourquoi le prince qu'on a su écarter d'un champ de gloire qui l'appelait ne se jetterait-il pas dans un autre qui lui est ouvert de même, qu'il est le maître de parcourir librement et sans rival ?

Sa Majesté Impériale, par une fatalité bien malheureuse, n'a jamais pu vaincre entièrement le mouvement intérieur qui l'écarte des catholiques. Dans ces voyages nombreux, où son génie également actif et bienfaisant a cherché l'instruction de toute part, on a pu voir près de lui les hommes les plus étrangers à la foi de son pays : mais une grande tête catholique ne l'a jamais approché, et par conséquent il ne l'a jamais recherchée. Il peut se faire sans doute que la raison politique entre pour quelque chose dans cet éloignement, mais enfin il existe, et il a produit un mal infini, puisqu'il a empêché les grandes vérités d'arriver jusqu'à lui.

Il est difficile de le croire lorsque l'on a été élevé dans des idées directement contraires, et cependant rien n'est plus vrai : de quelque façon qu'on s'y prenne et quelque puissance qu'on y emploie, *toute tentative pour réunir les chrétiens sera toujours vaine, et de plus ridicule ou funeste* (ou l'un et l'autre), *si elle ne commence par une adresse au souverain pontife, et si elle ne se continue sous ses auspices*. On peut lire, à la tête de la Démonstration évangélique de HUET, une lettre de Puffendorff où il dit, après avoir donné à ce livre fameux les éloges qui lui sont dus, *que le projet de la réunion des chrétiens donnerait beaucoup plus d'espérance s'il était entrepris par le saint-siége, que s'il l'était par d'autres hommes quelconques séparés de l'Église romaine.*

Cet aveu, fait par un protestant, et par un homme aussi savant que Puffendorff, est une grande leçon donnée à tout homme qui pourrait et qui voudrait essayer le *grand œuvre*.

Que la puissance se laisse instruire, et nous sommes sauvés ! La politique, prise dans toute l'étendue de ce mot, est infiniment au-dessus de tout ce qu'on est convenu d'appeler *science*, et qu'on estime peut-être trop dans notre siècle. L'*Encyclopédie* entière ne vaut pas la dernière guerre contre les Français, conduite par l'empereur de Russie avec tant de courage, de prudence et d'habileté.

Mais, après avoir rendu avec une parfaite et respectueuse sincérité l'hommage dû à cette sorte de supériorité qui n'appartient nullement à ce qu'on appelle *science*, il est permis d'observer que, lorsqu'il s'agira de certaines recherches pénibles qui exigent le silence du cabinet et de longues lectures, les princes feront bien de nous écouter.

Nul souverain dans l'univers n'a pu rendre (encore aujourd'hui) autant de services à la religion, et bien peu de souverains lui font autant de mal, que l'empereur de Russie. Les causes en sont détaillées dans ce mémoire avec une franchise et une vérité qui ne souffrent pas d'objections. Malheureusement c'est bien le cas de s'écrier en style évangélique : *Comment entendra-t-il, si on ne lui parle pas?*

Mais qui donc lui parlera?—Quand on se demande par quels organes la vérité peut arriver jusqu'à l'empereur de Russie, on ne sait en imaginer que deux parmi les créatures :

Un ange, ou une dame.

LETTRE A M. DE SYON,

OFFICIER AU SERVICE DU PIÉMONT.

Turin, 14 novembre 1820.

Monsieur,

J'ai reçu avec beaucoup de reconnaissance le beau présent que vous venez de me faire, et la lettre obligeante dont vous l'avez accompagné. Quoique je n'aie point l'honneur de vous connaître personnellement, ne croyez pas, Monsieur, que vous me soyez étranger : je connais vos talents et votre mérite personnel ; j'ai toujours pris beaucoup de part à vos succès ; souvent je m'en suis informé, et je vous ai constamment regardé comme un jeune homme destiné à faire un jour beaucoup d'honneur à votre patrie, comme il en fait déjà beaucoup à la jeunesse contemporaine.

L'ouvrage que vous avez eu la bonté de m'adresser annonce un excellent esprit. Le choix seul en est une preuve sensible. Vous avez vu à merveille la supériorité littéraire du dix-neuvième siècle sur le précédent, et la raison de cette supériorité. D'illustres personnages sont fort bien jugés : je n'en excepte que deux, Chateaubriand et Bonald, sur lesquels on peut disputer avec vous. Vous dites que l'Éternel *créa Chateaubriand pour guider l'univers* : on voit bien, excellent jeune homme, que vous avez dix-huit ans ; je vous attends à quarante ; ou, pour mieux dire, je vous y assigne. Pour moi, je suis dispensé de comparaître.

Vous parlez à merveille sur Montesquieu. Tout ce que vous dites sur lui est un fort bon commentaire du fameux mot prononcé par une dame : « *C'est de l'esprit sur les lois.* »

Enfin, Monsieur, je ne vois qu'un seul personnage sur lequel vous avez erré d'une manière scandaleuse. Quand tout le monde vous pardonnerait ce morceau, je n'en demeurerais pas moins inexorable; ainsi, prenez garde à vous.

Si j'avais l'honneur de vous voir, Monsieur, je prendrais la liberté de vous adresser mille questions sur vos goûts, sur vos études, sur vos projets, etc. Car, je vous le répète, je n'ai cessé de prendre à votre personne autant d'intérêt que si j'étais votre proche parent ou votre ami depuis le berceau.

Un morceau qui fait autant d'honneur à votre raison et à votre goût annonce, de votre part, de nouveaux efforts; j'espère que je n'y serai point étranger. Je vous appelle de toutes mes forces dans les camps de la haute philosophie : recourez-y, je vous prie, afin que je puisse vous léguer ma place avant de quitter le champ de bataille.

Je suis, avec une estime et une considération sans bornes,

Monsieur,

Votre humble et très-obéissant serviteur,

Le comte DE MAISTRE.

P. S. Me permettez-vous, Monsieur, de vous faire une petite chicane grammaticale? La particule *de*, en français, ne peut se joindre à un nom propre commençant par une consonne, à moins qu'elle ne suive un titre : ainsi, vous pouvez fort bien dire, *Le vicomte de Bonald a dit*, mais non pas *De Bonald a dit;* il faut dire, *Bonald a dit*, et cependant on disait, *D'Alembert a dit :* ainsi l'ordonne la grammaire. Vous êtes donc obligé, Monsieur, de dire : « *Enfin M. a paru, etc.* » Alors vous ne pourrez plus être traduit en jugement que par la vérité; la grammaire n'aura plus d'action contre nous.

OBSERVATIONS CRITIQUES

SUR UNE ÉDITION DES

LETTRES DE MME DE SÉVIGNÉ,

PUBLIÉES EN 1806,

CHEZ BOSSANGE,

PAR M. PH. A. GROUVELLE,

ANCIEN MINISTRE PLÉNIPOTENTIAIRE.

OBSERVATIONS CRITIQUES

SUR UNE ÉDITION DES

LETTRES DE MME DE SÉVIGNÉ.

Lorsqu'un homme conçoit le projet de se rendre l'éditeur d'un écrivain illustre qui n'existe plus, nous voudrions qu'il y eût un tribunal littéraire auquel cet homme fût tenu de présenter ses titres pour en obtenir une permission, sans laquelle son projet serait considéré comme un délit plus ou moins punissable; à moins qu'il ne s'agît uniquement de réimprimer le texte sans y ajouter une syllabe.

Il faut en effet, dès qu'il s'agit de notes et d'additions, qu'il y ait entre l'auteur et l'éditeur certains rapports indispensables : il faut, s'il est permis de s'exprimer ainsi, qu'il y ait entre eux une certaine *parenté* de goûts, de sentiments et d'opinions, sans laquelle il y aura nécessairement entre les idées de l'auteur et celles de l'éditeur une dissonance choquante et quelquefois scandaleuse.

Parmi les énormités du dix-huitième siècle, nous avons toujours distingué l'édition si connue des *Pensées de Pascal*, par *Condorcet* et *Voltaire*, avec les notes et les observations de ces deux sophistes. C'est un spectacle insupportable, nous ne disons pas pour la piété ou la philosophie, mais pour le simple bon sens et pour la probité, de voir l'irréligion déraisonner ou ricaner au bas de ces pages vénérables où Pascal avait déposé les preuves immortelles de son génie autant que de sa foi.

La gloire, l'honneur, la renommée d'un grand homme sont une propriété de la nation qui l'a produit. Elle doit en être jalouse, et défendre ce dépôt sacré. C'est par ses grands hommes qu'elle est célèbre elle-même ; pour prix de la gloire qu'elle en reçoit, elle doit au moins protéger leur cendre et faire respecter leur mémoire.

Si Pascal eût vécu, irrité de l'attentat commis sur son ouvrage, il aurait poussé un cri d'indignation et de vengeance ; il aurait traîné Condorcet et Voltaire devant les tribunaux, et sûrement le procureur général s'en serait mêlé. Pourquoi donc les Français ont-ils oublié Pascal, parce qu'il est mort? Ils ont bien su blâmer aigrement ce même Voltaire pour s'être permis le ton du persiflage dans son Commentaire sur les œuvres de ce Pierre Corneille *qui ne persifla de sa vie, et fut sublime bonnement* (1). Fallait-il donc traiter une simple irrévérence plus sévèrement qu'un délit?

Ces réflexions nous conduisent, par une pente naturelle, à la nouvelle édition des *Lettres de madame de Sévigné*.

Nous parlerons d'abord du nouvel éditeur et de son travail : nous dirons ensuite, si nous l'osons, quelques mots sur madame de Sévigné.

Nous sommes arrêté d'abord par ce titre d'*ex-législateur* attaché au nom de M. Grouvelle. Qu'est-ce qu'un législateur? C'est un souverain, ou bien c'est l'un de ces hommes extraordinaires qui paraissent de loin en loin pour opérer ce qu'il y a peut-être de plus merveilleux dans le monde, la constitution d'un peuple. C'est un Moïse, un Numa, un Lycurgue, etc. ; jamais il n'a passé jusqu'ici dans la tête d'aucun homme de s'intituler *ex-législateur*,

---

(1) **Expression de Dorat.**

pour avoir été membre d'un conseil ou d'une assemblée législative. On dirait que le caractère de législateur est un état, et qu'on est législateur comme on est colonel ou ambassadeur.

Les hommes n'ont jamais donné, ne donneront jamais, et ne peuvent même donner ce caractère. Les législateurs naissent tels, d'une manière ou d'une autre.

Et quand il en serait autrement, il nous resterait un grand problème à résoudre sur ce titre. Ce serait de nous expliquer comment il peut y avoir des hommes assez courageux pour rappeler des temps épouvantables et le rôle qu'ils y ont joué? Cet honnête Grec qui mit le feu au temple d'Éphèse pour se faire un nom, fut certainement un homme bien avide de renommée; cependant, il se contenta philosophiquement de celle qu'il venait de se procurer à si juste titre, et nous ne lisons nulle part qu'après cette action *lumineuse*, il ait cru devoir s'intituler EX-ARCHITECTE.

Nous sommes fort trompés, si le tribunal dont nous parlions tout à l'heure n'était pas tenté de rejeter la demande de l'éditeur, sans autre examen que celui des titres dont il se pare.

Mais qu'auraient dit les juges si l'accusateur public (car il en faut un dans tous les tribunaux) s'était levé, et avait dit : « Messieurs, celui qui veut donner une nouvelle édi-
« tion de ces Lettres fameuses méprise et déteste ce que
« madame de Sévigné aimait et adorait : il est capable de
« calomnier les plus grands personnages de sa patrie, à
« commencer par madame de Sévigné même ; sa tête est
« remplie d'anecdotes ou controuvées, ou impies, ou in-
« décentes. Il ne montre aucune espèce de connaissances
« utiles ; et ce qu'il ignore le plus profondément, c'est sa
« langue. »

Hélas! la preuve complète de cette accusation se trouve

dans cette nouvelle édition, qui est véritablement une insulte faite à la mémoire de madame de Sévigné, et même à la nation française.

Le marquis de Mirabeau disait jadis, dans *l'Ami des hommes :* « Il n'est maintenant bouquet à Iris ou dissertation sur des eaux chaudes où l'auteur ne veuille insérer sa petite profession de foi d'esprit fort. » C'était la grande folie du dix-huitième siècle : mais comment les restes de ce siècle ne voient-ils pas que le genre humain rétrograde, et qu'ils sont ridicules en pure perte? Encore s'ils n'exposaient que leurs propres écrits, ils seraient les maîtres d'en courir le risque. Que M. Grouvelle soit grand ennemi du christianisme, c'est une affaire entre Dieu et lui, et très-honorable d'ailleurs pour le christianisme ; mais qu'il vienne attacher ses pesants sarcasmes au nom de madame de Sévigné pour les tenir à flot sur le fleuve d'oubli, c'est ce qui n'est pas du tout permis.

Son premier tort (et certes il n'est pas léger), c'est d'avoir présenté madame de Sévigné comme un esprit fort, tandis que l'ensemble de ses Lettres respire la piété la plus éclairée et la plus aimable. Elle penche même un peu vers le rigorisme, et s'accuse de tiédeur de la manière la plus originale. Elle ne parle que de la Providence, c'est le texte de tous ses discours. Saint Augustin est pour elle ce que Descartes était pour madame de Grignan. Nous assistons à toutes ses lectures; presque toutes sont pieuses. Elle voudrait prendre les *Essais de Morale* en *bouillons.*

Nous la suivons à la messe, au sermon, à Ténèbres. Nous mangeons maigre avec elle ; nous l'entendons disputer avec les protestants. Enfin, nous ne croyons pas qu'il y ait rien de plus incontestablement prouvé que la religion et la piété de cette femme célèbre.

Mais l'éditeur en sait sur madame de Sévigné plus qu'elle-même; il cite quelques plaisanteries jetées en volant sur des superstitions populaires, sur la procession d'Aix, sur le chapelet, etc. A ce compte, il n'y aurait que des impies sur la terre.

Pour établir sa thèse favorite au sujet de madame de Sévigné et de madame de Grignan même, M. Grouvelle tire grand parti de la table des matières. En voici des exemples remarquables :

Le cardinal de Retz voulait rendre le chapeau : le pape, qui fut instruit de ce projet, remit au cardinal Spada un bref qui refusait d'avance la démission demandée. Madame de Sévigné, qui mande ce fait à sa fille, se rappelle un trait de la comédie italienne où *Trivelin* fait réponse à une lettre qu'il n'a point encore reçue. Elle écrit : « Le bon « pape a fait, ma très-chère, comme Trivelin ; il a fait et « donné la réponse avant que d'avoir reçu la lettre. » Et quoique le badinage n'ait rien d'indécent, d'autant plus qu'elle entend louer le pape, le respect lui fait cependant ajouter la formule connue, *sans comparaison* (1). Que fait l'éditeur ? il écrit, dans la table des matières, à l'article *Sévigné* : « *Madame de Sévigné compare le pape à* Trivelin. » Cette mauvaise foi est bien répréhensible, et d'ailleurs bien inutile. Quel lecteur n'a pas l'esprit de vérifier la citation ?

Boileau, dont personne ne s'est avisé de contester les sentiments, a dit : *Abîme tout plutôt! c'est l'esprit de l'Eglise.* Sur ces sortes de traits rapides, fruits de l'humeur ou de la gaieté (et que nous ne prétendons cependant point excuser sans distinction), nous citerons à l'éditeur une autorité qu'il ne désavouera point :

« Le premier tort de la plupart des censeurs..... c'est le « penchant à tirer, de petits faits, des conséquences gra-

---

(1) « Le bon pape a fait, ma très-chère, sans comparaison, comme Tri- « velin, etc. » Lettre 310, t. III, p. 56.

« ves ; à juger d'une vie entière sur tel moment ; à mettre
« sur le compte du caractère des traits qui ne sortent que
« de l'imagination. Une personne vive et spirituelle ne
« peint souvent dans ce qu'elle écrit que son impression
« passagère, tandis que le caractère se compose des habi-
« tudes de l'âme (1). »

Il serait trop long de rechercher dans ce livre toutes les preuves d'irréligion que M. Grouvelle s'est plu d'y accumuler. Il ne fait pas attention que le siècle a changé, et que les hommes médiocres qui répètent de nos jours les lazzis impies des coryphées de l'impiété dans le siècle dernier, ressemblent au *Paillasse* de la foire, qui contrefait gauchement les tours de son maître.

Mais M. Grouvelle ne s'aperçoit point de ce ridicule ; pour faire d'abord sa profession de foi, il commence par louer beaucoup Voltaire et Rousseau : il nous dit que Voltaire a montré sur la mort de Madame Henriette d'Angleterre, *comme en tant d'autres choses* (ceci est fin !), « sa
« profonde instruction et son jugement supérieur. » (T. I,
p. 81.)

Nous ne sommes point étonné que Voltaire paraisse à M. Grouvelle *profondément instruit ;* mais les hommes qui le sont réellement savent à quoi s'en tenir, et l'éditeur ne l'est pas tout à fait assez pour contredire ce jugement.

Quant à Rousseau, M. Grouvelle traduit Cicéron pour louer ce fou détestable. Il l'appelle *le plus orateur des philosophes et le plus philosophe des orateurs* (2).

Nous nous contenterons d'indiquer une note sur la procession d'Aix, qu'il serait trop pénible de transcrire. La procession, qui tenait à la simplicité antique, était sans

---

(1) Notice sur madame de Sévigné, t. Ier, p. LXIII.
(2) *Jurisperitorum eloqueniissimus oratorumque jurisperitissimus.* Mais Cicéron parlait de l'illustre Scévola, et il ne fallait pas calquer cette phrase à la vitre pour louer un homme tel que Rousseau.

doute devenue une inconvenance; mais la note est éminemment criminelle.

Un symptôme marquant de la peste irréligieuse, c'est la rage contre les *conversions*. Malheur à l'homme sensé qu'un remords salutaire ramène aux véritables principes! C'est un crime impardonnable aux yeux du parti.

Ne l'avons-nous pas vu dernièrement contester la bonne foi de M. de la Harpe, quoique l'existence du soleil ne soit pas mieux démontrée? M. Grouvelle, fidèle à cette grande maxime de la secte, poursuit dans ses notes les nombreuses conversions indiquées dans les Lettres de madame de Sévigné, et ne fait grâce à aucune. Ainsi, mademoiselle Hamilton *sut très à propos se convertir, lorsque la grande dévotion devint une mode et un bon calcul* (T. I, p. 298, note). Si madame de Sévigné dit en se jouant que l'attrait de la duchesse d'Aumont, qui avait donné dans la grande dévotion, *la portait à ensevelir les morts*, M. Grouvelle nous avertit dans une note que, *s'il faut en croire Bussy, elle rendait d'autres services aux vivants* (1).

Lorsque le cardinal de Retz quitta sa retraite de Commercy pour celle de Saint-Denis, on se hâta, suivant le penchant de la nature humaine, de tourner cette détermination en ridicule, et d'y voir le dessein de se rapprocher des dissipations du monde. Bussy, informé de ces bruits publics, écrivait à je ne sais qui : « On me mande que le car-
« dinal de Retz achève de faire pénitence chez madame
« de Bracciano, etc. » Mais sa cousine lui écrivait le 27 juin 1678 (t. IV, p. 562) : « Le cardinal passe sa vie à

---

(1) Il y a, dans notre manière de voir, très-peu de lâchetés comparables à celle de reprocher d'anciennes erreurs à celui qui les reconnaît, qui s'en afflige, et qui a totalement changé de vie. Mais l'expression soldatesque de M. Grouvelle est particulièrement coupable en ce qu'elle affecte de confondre les temps, pour faire croire que la duchesse se livrait tout à la fois au libertinage et aux œuvres de piété.

« Saint-Denis, très-conformément à la retraite qu'il s'est
« imposée... Il a vu très-peu de monde (à Paris), et il est,
« il y a plus de deux mois, à Saint-Denis... Vous savez
« qu'il s'est acquitté de onze cent mille écus : il n'a reçu
« cet exemple de personne, et personne ne le suivra. En-
« fin, il faut se fier à lui de soutenir sa gageure. Il est bien
« plus régulier qu'en Lorraine, et il est toujours très-digne
« d'être honoré. »

Sur cela, M. Grouvelle nous dit finement : *Madame de Sévigné, amie du cardinal, ne dit pas tout;* et il nous cite ce fragment de Bussy, dont il se garde bien de donner la date. Mais à qui faut-il croire, de Bussy qui rapporte un jugement précipité de la malice humaine, ou de Bussy répondant à sa cousine : « Je suis bien aise que vous
« m'ayez éclairci de la conduite du cardinal de Retz, qui,
« de loin, me paraissait changée; car j'aime à l'estimer,
« et cela me fait croire qu'il soutiendra jusqu'au bout la
« beauté de sa retraite. » (*Ibid.*, p. 363.) Depuis quand peut-on citer des *on dit* et des *on me mande*, contre des faits notoires qui se sont passés à la face de toute la France? *Le héros du bréviaire* (1) a-t-il en effet *achevé sa pénitence auprès de la duchesse de Bracciano?* M. Grouvelle, qui le dit, doit le prouver. A-t-il au contraire *soutenu sa gageure jusqu'à la fin, toujours très-régulier et très-digne d'être honoré?* M. Grouvelle a menti, c'est le mot; et tous les *on dit* possibles ne changent rien à la chose.

On peut bien penser que la célèbre duchesse de la Vallière, d'aimable et pieuse mémoire, n'échappe point à l'œil jaune de M. Grouvelle. Tant de grâces, tant de bonté, tant de vertu naturelle, et enfin tant de véritable piété,

---

(1) On sait que madame de Sévigné appelait Turenne *le héros de la guerre*, et le cardinal de Retz *le héros du bréviaire*. (T. III, p. 127.)

ont placé cette femme au rang de tout ce que le grand siècle a produit de plus intéressant. Elle est encore *aimée*, au pied de la lettre. Les cœurs sensibles s'occupent avec plaisir de *cette violette qui se cachait sous l'herbe, qui était honteuse d'être maîtresse, d'être mère, d'être duchesse* (1); et la postérité répète après madame de Sévigné: *Jamais il n'y en aura sur ce moule* (2). Sa profession dut être un véritable événement dans le temps. *Elle fit cette action, cette belle, comme toutes les autres, c'est-à-dire d'une manière charmante* (3).

Sur cela, l'éditeur ne manque pas de nous avertir au bas de la page que, *depuis plus de trois ans, madame de la Vallière ne recevait à la cour que des affronts de sa rivale et des duretés du roi;* pour faire sentir que le parti qu'elle prit ne fut que le désespoir d'une passion mortifiée. C'est une bien malheureuse tournure d'esprit que celle qui tâche sans cesse de déprimer la vertu, de chercher de mauvais motifs aux actions les plus éclatantes; de se souiller par la calomnie, pour se dispenser de l'admiration. Au reste, sans nous enfoncer dans la morale à propos de ces conversions, nous citerons un charmant théologien qui nous apprend mieux que personne à respecter tous les motifs: « Ah! c'est bien dit; il y a cinq cent mille « routes qui nous mènent au salut... Voilà la route que Dieu « avait marquée à cette jolie femme (madame de la Val- « lière). Elle n'a point dit, les bras croisés: J'attends la « grâce. Mon Dieu! que ce discours me fatigue! Eh! mort « de ma vie, la grâce saura bien vous préparer les chemins. « Les tours, les détours, les bassesses, les laideurs, l'or-

---

(1) Madame de Sévigné, t. V, p. 344.

(2) *Ibid.* Ailleurs elle dit de cette duchesse déjà carmélite: *C'est toute la grâce, c'est tout l'esprit, c'est toute la modestie que vous pouvez imaginer.* (T. III, p. 399.)

(3) Madame de Sévigné, t. III, p. 18.

« gueil, les chagrins, les malheurs, les grandeurs, tout
« sert, tout est mis en œuvre par ce grand ouvrier etc. (1). »

Nous terminerons les citations de ce genre par une note où se montrent tout à la fois l'esprit corrompu et l'esprit de travers qui ont présidé à cette malheureuse édition. Madame de Sévigné dit à sa fille :

« Mais écoutez un miracle : la maréchale de la Ferté
« est tellement convertie, qu'on ne saurait l'être plus sin-
« cèrement... Ninon en est étonnée, ébranlée ; le Saint-Es-
« prit souffle où il veut, etc. (2). »

L'éditeur, en rappelant la mauvaise conduite tenue jadis par cette même femme, nous dit dans une note : « Il faut
« avouer que madame de Sévigné n'était pas juste de met-
« tre à côté d'une telle femme, digne sœur de la fameuse
« comtesse d'Olonne, Ninon, qui, non-seulement n'avait
« jamais trompé ni déshonoré un mari, mais qui même
« resta toujours fidèle à l'amant qu'elle aimait, etc. »

Où donc M. Grouvelle a-t-il pris que madame de Sévigné ait mis la maréchale de la Ferté *à côté* de Ninon ? Si elle les avait comparées dans des temps où elles marchaient l'une et l'autre dans la même route, on aurait peut-être blâmé le parallèle suivant, la manière dont il aurait été exprimé. Mais ici où est la comparaison ? Madame de Sévigné cite la conversion sincère d'une femme coupable : elle dit : *C'est un miracle.* Elle ajoute : *Ninon* (dont la vie était certainement aussi infiniment coupable) *en est étonnée, ébranlée.* Qu'y a-t-il de plus simple et de plus raisonnable ? Il faut que la plume lourde et indécente de M. Grouvelle nous rappelle la comtesse d'Olonne, et nous fasse entendre qu'il met fort au-dessus d'une femme entièrement revenue de ses erreurs une courtisane incorrigible. Nous ne croi-

---

(1) T. V, p. 277.
(2) T. VII, p. 485.

qu'il fût possible d'être à la fois plus injuste, plus ignorant et plus absurde, si nous ne lisions ce qu'il s'est permis d'écrire sur l'immortel Bossuet.

Parmi les grands hommes du grand siècle, il n'en est pas que le siècle suivant ait plus tâché de déprécier. *Urit enim fulgore sui* (1). On n'ose pas tout à fait dire qu'il ne savait pas le français, ou qu'il fût un mauvais évêque ; mais on s'en console par des insinuations malignes qui tendent à blesser ce grand caractère. Les philosophes du dix-huitième siècle se sont évertués sur ce chapitre. M. Grouvelle vient après eux, ne pouvant leur ressembler que par la méchanceté.

Écoutons d'abord M. Grouvelle sur le livre de l'*Exposition de la Foi :* « Dès les premiers temps, dit-il, de la « révolution opérée par Luther, on conçut le plan de rame- « ner les protestants au catholicisme en dressant de cer- « taines formules où les points de dissidence étaient pal- « liés par des explications adroites, ou éludés dans des « énoncés généraux. » (Tom. II, p. 24, note.)

M. Grouvelle ignore tout, et surtout l'histoire. Nous lui donnons le défi solennel de produire *une seule* de ces formules palliatives. Le caractère constant, indélébile de l'Église catholique est une inflexibilité qui a résisté constamment à tous les efforts et à toutes les séductions possibles. Dès qu'on jette des doutes sur quelque point de sa croyance, elle invente un nouveau mot qui termine la question, et n'en revient plus. Ainsi, dans le quatrième siècle, elle prononça le mot de *consubstantiel*. Ainsi, dans le seizième, elle prononça celui de *transsubstantiation*, et ces mots subsisteront jusqu'à la fin du monde.

(1) Boileau a partagé cet honneur : les philosophes du dix-huitième siècle avaient toute sorte de raisons de détester particulièrement l'apôtre de la foi et l'apôtre du goût.

« Bossuet, dit M. Grouvelle, était sorti de
« (de l'Église catholique), mais il le savait bien,
« négociateur, il s'était arrangé pour être désavoué. »
(*Ibid.*)

Bossuet *négociateur!* Bossuet *s'arrangeant pour être
désavoué!* Mais par qui donc a-t-il été désavoué ? Le livre
de l'*Exposition* n'a jamais excité une seule réclamation
dans l'Église : elle l'a traduit dans toutes ses langues
(elle qui les parle toutes), et jamais elle n'a cessé de le
montrer aux protestants comme une formule de foi sur
tous les points contestés.

Mais qu'attendre, ou plutôt que n'attendre pas d'un
homme qui s'oublie au point de critiquer un livre fameux,
nous ne disons pas sans l'avoir *lu*, mais sans l'avoir *regardé ?*

« Les protestants n'y virent (dans ce livre) qu'un arti-
« fice. Leurs soupçons furent fondés, lorsque, loin d'ap-
« prouver cette exposition, les docteurs de Louvain et de
« Paris la condamnèrent, et que le pape lui refusa son ap-
« probation. » (*Ibid.*)

Or, il se trouve qu'une partie notable de ce livre est
occupée par ces approbations données par tous les évêques, par tous les docteurs possibles, et couronnées enfin par celle du pape, donnée dans la forme la plus solennelle. Non, une telle effronterie passe l'imagination.

Le livre des *Variations* est jugé avec la même bonne foi
et la même science. « Les variations d'Églises, dit M. Grou-
« velle, dont les docteurs n'ont point la prétention d'être
« infaillibles, et qui ont posé pour principe la liberté d'exa-
« miner et celle d'interpréter, prouvent peu contre ces
« mêmes Églises. » (Tom. VII, p. 136.)

Ces variations, au contraire, *prouvent* tout contre ceux
qui veulent *prouver* que tout se *prouve* par l'Écriture. Mais
nous ne voulons point disserter ; revenons à Bossuet.

L'éditeur, prêtant de sa propre autorité à ce grand homme un mot qu'il n'a jamais dit, se permet d'ajouter que « Bossuet avait montré une singulière souplesse, et « comme prélat et comme théologien. » (T. VI, p. 315.)

Nous attendons les preuves de cette *singulière souplesse*. En attendant, nous rappellerons que, lorsque Louis XIV lui demanda son avis sur la comédie, il répondit: « Sire, il y a de grands exemples pour, et de grandes « raisons contre ! » que lorsque ce même prince lui demanda ce qu'il aurait fait, si lui, roi de France, avait pris le parti de Fénelon dans l'affaire du quiétisme, Bossuet répondit : « Sire, j'aurais crié bien plus haut ! » qu'en prêchant devant son maître, il lui disait, avec une *singulière souplesse* : « Il n'y a plus pour vous, Sire, qu'un seul « ennemi à redouter : vous-même, Sire, vous-même ; vos « victoires, votre propre gloire ; cette puissance sans bor- « nes, si nécessaire à conduire un État, si dangereuse à se « conduire soi-même. Voilà le seul ennemi dont vous ayez « à vous défier. Qui peut tout, ne peut pas assez ; qui peut « tout, tourne ordinairement sa puissance contre lui- « même, etc. (1). » On calomnie Bossuet ; il suffirait peut-être de le citer.

Le dieu, poursuivant sa carrière,
Verse des torrents de lumière
Sur son obscur blasphémateur.

Cependant nous ne pouvons nous empêcher de dénoncer à l'indignation publique une note sur ce même Bossuet, où l'éditeur se montre *pire que lui-même*. Jadis le procureur général nous en eût dispensés.

Tout le monde sait qu'ayant été chargé, en 1670, de l'éducation du Dauphin, Bossuet se démit de son évêché (de

(1) Bossuet, **Sermon** sur la résurrection, prêché devant le roi.

Condom), *ne pouvant*, disait-il, *garder une épouse avec laquelle il ne vivait pas.* Cette modération n'a pas le bonheur d'obtenir l'approbation de M. Grouvelle ; il pense que Bossuet, prévoyant qu'il aurait un jour un autre évêché, ne faisait pas un grand sacrifice. « Dix ans après, « dit-il, Bossuet obtint l'évêché de Meaux. » (T. I, p. 308, lettre 119e.)

Jusque-là, c'est pure bêtise. En 1670, le Dauphin avait sept à huit ans ; à quatorze ans il était majeur, à dix-huit l'éducation était finie. Dix ans de la vie de Bossuet sont un assez beau présent fait à un prince.

Mais ce que M. Grouvelle ajoute passe l'imagination : « On pourrait dire de cette modération, dit-il, ce qu'on a « dit dans une autre circonstance :

« Quand Jésus-Christ mourut le vendredi, il savait bien « qu'il ressusciterait le dimanche. »

Cette platitude sacrilège est digne d'un athée sans goût, ou d'un laquais sans religion. Les Français qui n'en font pas justice sont bien corrompus ou bien patients.

La rage de cet homme contre la religion et la sainteté est telle, qu'il en est absolument aveuglé ; il perd quelquefois la tête, et se réfute lui-même sans s'en apercevoir. Sainte Françoise de Chantal étant aïeule de madame de Sévigné, M. Grouvelle a saisi cette heureuse occasion de dénigrer madame de Chantal, dans la très-mauvaise notice sur madame de Sévigné qu'il a mise à la tête de sa nouvelle édition (p. XLIV). Il serait difficile d'accumuler en seize lignes plus de déraison et d'ignorance ; mais il faudrait faire un livre sur chaque ligne, si nous voulions tout relever. Il nous suffira d'indiquer une bévue trop originale pour être passée sous silence. « La bienheureuse (1) Chan« tal, nous dit-il, en avait sans doute assez du rôle de mère

---

(1) Pourquoi *bienheureuse ?* Elle est *sainte*. Il faut être exact sur les titres.

« de l'Église et de quelques centaines de visitandines ; car
« elle se dispensa complétement des devoirs d'aïeule. On
« ne voit pas qu'elle ait pris aucun souci de l'orpheline,
« enfant de son fils. »

Nous prendrons la liberté d'observer à l'illustre éditeur que madame de Chantal ayant fondé son ordre et fait ses vœux en 1610, comme il le dit lui-même (1), elle était bien dispensée de veiller à l'éducation de sa petite-fille, qui naquit en 1626, comme il le dit lui-même à la page précédente.

Cette apologie nous paraît *plausible*. Au reste, ceux qui voudront prendre la peine de lire l'histoire de madame de Chantal verront que la manière dont elle se conduisit à l'égard de ses enfants, en quittant le monde, forme précisément un des beaux traits de ce grand caractère, digne de la vénération de tous les hommes qui ne ressemblent pas à M. Grouvelle.

Qu'un polisson, lorsque Louis XIV s'éloigna un instant de madame de Montespan pour mademoiselle de Fontanges, ait fait entrer le nom du père la Chaise dans une mauvaise plaisanterie, cela se conçoit ; qu'un autre polisson, prenant la balle au bond, ait ajouté un mauvais calembour, passe encore ; c'est un de ces badinages répréhensibles qu'on se permettra toujours en société : mais qu'un troisième vienne enregistrer cette pasquinade, comme un éclaircissement historique, au bas d'une lettre de madame de Sévigné, et qu'il écrive dans la table des matières, « LA CHAISE, *confesseur de Louis XIV* ; SA FACI-
« LITÉ, » c'est une infamie. Le père de la Chaise ne fut pas certainement un des caractères les moins remarquables de

---

(1) La baronne de Chantal, en 1610, sous la direction de saint François de Sales, commençait à fonder l'Institut des religieuses de la Visitation. (Notice sur madame de Sévigné, p. XLIV.) On a déjà ici un échantillon du style de M. Grouvelle.

l'époque fameuse où il vécut. Chargé de la tâche la plus difficile, il pouvait être considéré comme un homme constamment en état d'accusation, et privé, par le devoir le plus sacré, du pouvoir de se défendre. Il n'a pu prendre aucune mesure envers la postérité; mais précisément par cette raison, c'est à elle à lui rendre justice. C'est dans les Mémoires de Saint-Simon qu'il faut apprendre à connaître cet homme véritablement sage. Le portrait n'est pas suspect, puisqu'il est dessiné par un ennemi mortel des Jésuites. On y verra le père de la Chaise à la cour sans être de la cour, étranger à toutes les intrigues, ami de tout le monde, mais surtout des malheureux, et n'employant jamais l'ascendant de son ministère sacré que pour amortir les élans d'une volonté terrible. *Vous êtes trop bon, père de la Chaise,* lui disait quelquefois Louis XIV. *Non, Sire,* répondait l'homme apostolique : *c'est vous qui êtes trop dur.*

Il a plu à Louis XIV de raconter cette anecdote à toute sa cour; mais elle en suppose mille autres non moins honorables pour le confesseur. Ce sont là de ces traits dont il aurait dû enrichir son édition; mais, pour cela, il faudrait du goût et de la morale; et M. Grouvelle en manque totalement. Une seule chose lui plaît : c'est le mal. Nous avons surmonté un incroyable dégoût pour lire toutes ses notes. La meilleure est celle qui est parfaitement inutile. Si nous voulions traiter le chapitre de l'indécence, il serait encore plus *riche* que celui de l'irréligion. Mais, en vérité, il serait pénible et même dangereux de transcrire M. Grouvelle. Il suffit de dire que, grâce au travail de M. Grouvelle, les lettres de madame de Sévigné sont devenues un mauvais livre. *La mère en défendra la lecture à sa fille.* Depuis le commentaire sur les Pensées de Pascal, par où nous avons commencé, il n'y a pas d'exemple d'une telle profanation.

Après avoir considéré M. Grouvelle comme moraliste,

il est temps de le considérer comme écrivain. A cet égard, il s'est hâté de dire son secret, car le titre même n'est pas exempt de fautes (1); et, dès la première ligne de l'*Avis* qui commence la première page, on s'aperçoit qu'il ne sait pas le français. Que veut dire, par exemple, cette ligne qui commence l'*Avis* : « Les manuscrits des personnes cé- « lèbres intéressent toujours le public? » Le sens qui se présente le plus naturellement, c'est que les manuscrits qui ont appartenu aux personnes célèbres (par exemple, un manuscrit de Cicéron ou d'Ovide qui aurait appartenu à madame de Sévigné) *intéressent toujours le public*. Si, au contraire, l'éditeur a voulu parler, comme il est clair, des écrits originaux ou autographes des personnes célèbres, alors la seconde phrase est curieuse : « ... *et leur* « *écriture même*, dit M. Grouvelle, est l'objet d'une curio- « sité bien entendue (2). » Il en résulte que *non-seulement l'écriture des personnes célèbres intéresse toujours le public*, mais que *l'écriture même des personnes célèbres est l'objet d'une curiosité bien entendue,* ce qui appartient évidemment à feu M. de la Palisse (3). Cette phrase est très-remarquable, en ce que l'éditeur nous y donne de *prinçault* la mesure de son talent. On y voit d'abord le double défaut qui ne l'abandonne jamais lorsqu'il écrit. Tantôt il n'a que des pensées avortées, et l'expression, comme il est naturel, est aussi obscure que l'idée; tantôt il a bien une pensée, bonne ou mauvaise, mais il ne sait pas l'exprimer.

---

(1) *Édition augmentée de lettres, fragments, notices sur madame de Sévigné et ses amis, etc., etc.* Que veut-il dire? Les *lettres* et les *fragments* sont-ils aussi *sur madame de Sévigné et ses amis?* Dans ce cas, où sont ces lettres *sur madame de Sévigné?* Dans le cas contraire, de quelles lettres s'agit-il? et qui a jamais imaginé d'écrire dans un intitulé : *Nouvelle édition augmentée de lettres?*

(2) Il voulait dire, ou il devait dire, *bien naturelle.*

(3)   *Un quart d'heure avant sa mort,*
        Il était encore en vie.

En d'autres termes, tantôt il ne sait pas ce qu'il veut dire, et tantôt il ne sait pas dire ce qu'il veut dire.

A propos d'un *fac-simile* qui représente quelques lignes tracées par madame de Sévigné, l'éditeur nous dit, à la fin de ce même avis : « Il ne nous reste qu'à certifier la fidé-« lité de l'imitation ; elle est au plus haut point que l'art « puisse atteindre, et l'on sait qu'en ce genre il rivalise « réellement avec la nature. » M. Grouvelle ayant lu souvent que, dans l'imitation d'une figure humaine, d'un oiseau, d'une plante, etc., *l'art rivalise avec la nature*, transporte bravement cette expression au *fac-simile*, et il appelle *nature* un morceau de papier barbouillé d'encre. Cette expression est **belle**, beaucoup moins cependant que celle qui suit : *Les procédés longs et **difficultueux** de cette sorte de gravure*, etc.

Il est réellement *très-difficultueux* de comprendre comment il peut se trouver un Français qui écrive aussi mal.

Dans un Avertissement qui suit cet *Avis*, nous lisons que « l'éditeur, dès longtemps lecteur assidu de madame « de Sévigné, se propose de donner au public précisément « ce qu'il a toujours désiré d'y trouver. » Nous ne savons ce qu'il a toujours désiré DE trouver dans ces lettres ; quant à nous, nous déclarons y avoir toujours trouvé ce que nous désirions, une élégance, une grâce, un naturel dont rien n'approche. **Les commentateurs de Cicéron,** depuis Manuce jusqu'à d'Olivet, n'ont jamais imaginé *de donner au public ce qu'ils avaient toujours désiré de trouver dans les lettres de ce grand homme.* Ils se sont contentés d'expliquer au public ce qu'ils y avaient trouvé. C'est sans doute aussi ce que voulait dire l'éditeur ; mais il ne lui arrive pas une fois de dire ce qu'il veut dire, et d'ailleurs il aurait mal dit. On n'a que faire du travail de M. Grouvelle pour comprendre et goûter les lettres de madame de Sévigné : « La lecture de ces lettres, dit-il, était son plaisir

« de choix; il eût voulu qu'il n'y manquât aucun assaison-
« nement : il s'est étudié à *le* perfectionner. » (*Ibid.,*
Avert., p. 1.) Nous ne savons pas bien *s'il eût voulu perfectionner l'assaisonnement ou le plaisir du choix :* c'est
un secret que nous ne voulons point pénétrer. S'il a voulu
assaisonner son plaisir, il est bien le maître ; son grand
tort est d'avoir rêvé qu'il pouvait *assaisonner* celui des
autres. L'amour-propre n'a jamais été ni plus aveugle ni
plus ridicule. C'est bien à tort, au reste, que M. Grouvelle
nous dit, en parlant de ces lettres, que « leur (1) lecture
« sera à jamais recherchée par tous les esprits, si raffinés
« ou si peu cultivés qu'ils soient. » (*Ib.*) L'éditeur possède
un talent merveilleux pour réunir constamment un barbarisme à une pensée fausse. Il est très-faux que les esprits,
si peu cultivés qu'ils soient, recherchent les lettres de madame de Sévigné. Au contraire, les esprits qui ne sont pas
très-raffinés n'y comprennent rien, ou les goûtent peu.
M. Grouvelle est le premier homme sans goût et sans talent, le premier écrivain détestable que nous ayons vu se
passionner pour ces lettres. — Qui sait, d'ailleurs, si cet
enthousiasme est de bonne foi ?

Si M. Grouvelle avait découvert des lettres inédites de
madame de Sévigné, il aurait certainement rendu un grand
service à la littérature française : il aurait suffi, dans ce
cas, de donner une nouvelle édition de toute la collection,
en retranchant les notes et tout ce qui appartient au nouvel éditeur ; mais, dans ce genre, nous ne lui devons
rien (2).

M. Grouvelle nous apprend que les femmes écrivent au-

---

(1) Nous ne dirons rien de ce *leur :* bientôt nous verrons que M. Grouvelle est brouillé irrévocablement avec le pronom possessif.

(2) Nous comptons pour rien une lettre peu intéressante, et qui lui a été
envoyée trop tard pour être mise à sa place.

trement que les hommes. C'est une vérité du premier ordre, mais qui acquiert encore un mérite nouveau par le développement dont il *l'assaisonne*. M. Grouvelle a découvert que cette différence dure pendant toute la vie de . homme et de la femme; de manière qu'une jeune femme écrit autrement qu'un *bachelier*, et un vieillard autrement qu'une vieille femme. Il semble que le génie ne saurait aller plus loin : point du tout. Cette découverte éblouissante se trouve encore singulièrement *relevée* par l'expression dont il se sert pour l'annoncer au monde : «L'âge « même, dit-il, n'efface point l'empreinte des sexes.» (Avert., t. I, p. VII.)

Nous félicitons bien sincèrement M. Grouvelle sur cette observation lumineuse, qui suppose des connaissances physiologiques très-avancées.

Le goût de M. Grouvelle pour les sujets nouveaux l'a jeté dans la question de savoir *si les femmes doivent écrire*. C'est par là qu'il commence la notice dont il a surchargé cette malheureuse édition.

«Il n'est point de gloire, dit-il, plus contestée que celle « des femmes. » (Notice, t. I, p. VII.)

Avec la permission de l'éditeur, c'est tout le contraire; il n'y a pas de gloire moins contestée, car les hommes étant les distributeurs de la gloire, et les hommes ayant beaucoup de penchant pour les femmes, à ce que nous entendons dire de tous côtés, ils s'empressent de leur rendre toute la justice qui leur est due. Depuis Artémise jusqu'à la femme du gouverneur de Longwich, depuis Judith jusqu'à Jeanne d'Arc, depuis Sapho jusqu'à Olimpia Corelli, depuis Aspasie jusqu'à Ninon de Lenclos, il n'y a pas une femme qui n'ait été célébrée autant pour le moins qu'elle l'a mérité. Personne ne pense à contester la gloire des femmes, mais on dispute très-justement sur l'espèce de gloire qui leur convient. Qu'on nous cite, par exemple, la très-scandaleuse ode de Sapho, adressée à son amie (1), personne plus que nous n'admire cette pièce du côté du talent. Ainsi, *nous ne contestons point la gloire de cette femme;* mais nous disons que, si elle avait élevé des enfants à côté d'un époux, elle aurait un peu mieux tenu sa place dans l'univers.

Après nous avoir révélé qu'*il n'y a pas de gloire plus contestée que celle des femmes*, M. Grouvelle veut bien nous en donner les raisons (c'est pure bonté, comme on sent, car rien ne l'y obligeait) : « Sans doute, dit-il, c'est « parce qu'on est trop peu d'accord sur l'excellence pro- « pre de ce sexe. » C'est, en second lieu, « parce qu'on ne « l'est pas mieux sur sa vraie destination (2). » Mais la meilleure raison est sans contredit la dernière : « C'est « qu'à son égard (à l'égard du sexe) les hommes pensent, « forment comme deux partis opposés. » (*Ibid.*, t. I.)

Voilà qui est clair : *On conteste, parce qu'on n'est pas d'accord;* mais il faut entendre l'éditeur exposer les raisons des deux partis. Voyons d'abord ce que disent les ennemis de la gloire des femmes :

« Les uns voudraient que *cette aimable moitié du genre* « *humain* renfermât dans l'ombre de la vie privée et do- « mestique l'exercice de ses talents particuliers, et même

---

(1)   *Heureux qui, près de toi, pour toi seule soupire,* etc.
Boileau, qui était un homme sage, a traduit en homme sage; mais Catulle ne se gêne pas :

.... *Simul te,*
Lesbia, adspexi, nihil est super mi
.... *quod loquar amens.*

(2) Voici encore un point où nous sommes forcé d'être d'un avis directement contraire à celui de M. Grouvelle. Nous croyons être sûr, par notre propre expérience et par une foule de témoignages irréprochables, que les hommes ont une idée très-claire de la *vraie destination de la femme.*

« cet esprit, *si exquis et si actif qu'il soit, dont la nature*
« l'a favorisé. »

Cette expression, *la plus belle, la plus aimable moitié
du genre humain*, est devenue si fade par la répétition, que nous ne la rencontrons jamais sans nous rappeler ce que Rousseau a dit sur la *rose sans épines*. Au reste, nous avons vu plus haut *des esprits si raffinés ou si peu cultivés qu'ils soient*; ici nous avons *un esprit si exquis et si actif qu'il soit* : c'est une tournure dont la nature, *si riche et si libérale qu'elle soit*, n'a favorisé que M. Grouvelle.

« Ils n'hésitent pas (ces mêmes ennemis de la gloire des
« femmes)… de renvoyer durement au fuseau celles qui,
« *bien ou mal*, s'émancipent à manier la plume ou la
« lyre. »

L'éditeur, qui se dispense volontiers de penser, nous en donne ici un exemple remarquable : il serait difficile d'imaginer quelque chose d'aussi ridicule que ces mots, *bien ou mal;* car c'est très-bien fait, de l'avis de tout le monde, de renvoyer au fuseau la femme qui écrit mal : la dispute ne saurait avoir lieu que pour celle qui est capable de bien écrire. Mais ces mots *bien ou mal* étant souvent répétés ensemble, M. Grouvelle les écrit ensemble mécaniquement, sans s'embarrasser du sens; c'est ainsi qu'ayant lu dans **le Temple du goût**,

D'une main légère il prenait (1)
Le compas, la plume et la lyre,

ces deux derniers mots se sont liés l'un à l'autre dans sa tête, et il écrit *la plume ou la lyre*, quoiqu'il n'y ait pas un homme dans l'univers qui ait songé à défendre la lyre aux femmes. L'éditeur peut aller aux enquêtes chez tous

---

(1) **Voltaire n'a pas dit :**

Sa main légère maniait, etc.

les notaires de sa connaissance, il ne trouvera pas qu'un époux ait jamais stipulé : *Et ne pourra la dame future épouse* manier *sa harpe ou son piano*. Au contraire, *la plus robuste moitié du genre humain* ayant trop souvent besoin d'être désennuyée, la lyre des femmes est pour lui au premier rang des remèdes *désennuyeurs*.

Quant à la *plume*, c'est autre chose. Tel homme qui s'accommode fort d'une femme musicienne ne voudrait point d'une femme auteur. Mais écoutons le plaidoyer contraire ; c'est le triomphe de M. Grouvelle :

« D'autres ont pensé que, la femme n'étant pas seu-
« lement la femelle de l'homme, ou sa nourrice ou sa
« servante, son esprit et son âme entrent dans la com-
« munauté aussi bien que ses charmes ou sa *dextérité pro-*
« *pre* (1), et qu'ainsi, lorsqu'avec ses vertus elle apporte un
« surcroît de dot en talents et en lumières, l'époux serait
« mal reçu à s'en plaindre ; d'autant que ses biens ne pé-
« rissent point avec elle, et deviennent pour ses enfants
« l'héritage le plus assuré. » (*Ibid.*, t. I, Avert., p. xii.)

Quel admirable raisonneur que ce M. Grouvelle ! on peut lui accorder tout, sans qu'il en résulte rien en faveur de la thèse qu'il défend. Accordons que la femme n'est pas seulement la *femelle de l'homme*, qu'elle n'est pas seulement *sa nourrice*, et qu'elle n'est pas seulement *sa servante ;* accordons que *son esprit*, et non-seulement *son esprit, mais encore son âme, doivent entrer dans la communauté ainsi que ses charmes et sa dextérité propre* (2), qu'en

---

(1) Expression pleine de finesse. L'éditeur veut faire sentir que la *dextérité propre*, dans une femme, lui paraît préférable à la *propre dextérité*. Nous sommes de son avis.

(2) M. Grouvelle veut dire sans doute que, lorsqu'une fille se marie, son esprit et son âme ne demeurent point chez son père ; mais que l'un et l'autre sont transportés chez l'époux avec les pieds, les mains, les yeux, la bouche, etc., de la fille, *pour être et demeurer* en commun, *avec la dextérité*

résultera-t-il ? Que les femmes doivent poursuivre la gloire d'auteur ? Point du tout. Où est la conséquence ? « C'est, « nous dit-on, parce que les lumières et les talents des « femmes sont des biens qui ne périssent point avec elle, et « deviennent pour ses enfants l'héritage le plus assuré. » (*Ibid.*) Ah! pour cela, Monsieur l'éditeur, nous vous en demandons bien pardon, mais rien n'est plus faux : il n'y a pas d'héritage moins assuré que celui des talents. Aussi l'éditeur se hâte de nous donner une autre raison. « Tou- « tes les femmes, dit-il, dussent-elles (ce qui n'est pas) « porter les noms d'épouses et de mères (1), la société en- « tière est intéressée au développement complet de tous « les êtres qui la composent. » Passons sur le style : M. Grouvelle voulait-il dire, par hasard, que *tout agent libre doit faire tout ce qu'il peut faire ?* Un moraliste pur, tel que lui, ne saurait avoir cette pensée ; il entend donc seulement dire que *la société est intéressée à ce que chaque homme et chaque femme développent leurs facultés, suivant l'ordre et conformément à l'utilité commune.* Mais voilà que la question recommence ; car l'on demande précisément *s'il est dans l'ordre* que les femmes appliquent leurs facultés aux arts et aux sciences ? On ne croirait pas qu'il fût possible de raisonner plus mal ; cependant M. Grouvelle, toujours prêt à se surpasser, va vous dire quelque chose de plus mauvais. « Si jusqu'à présent

---

propre. Sur cela nous n'avons rien à dire ; et nous convenons de même que, lorsqu'une fille pleine de vertus apporte encore *un surcroît de dot* en talents et en lumières, *l'époux ne doit être reçu* dans aucun tribunal *à se plaindre* de cet *augment*. — Toutes les fois que nous sommes de l'avis de M. Grouvelle, nous nous faisons un devoir de le déclarer, afin qu'on ne nous accuse point de partialité.

(1) M. Grouvelle avoue ici que toutes les femmes ne sont pas destinées à être épouses et mères, et que c'est aux femmes célibataires surtout qu'appartient le domaine des sciences et des lettres. Mais que devient pour elles la raison de l'*héritage assuré ?* L'éditeur veut-il admettre les collatéraux à recueillir l'héritage ?

« les femmes n'ont point enfanté de grands systèmes, pro-
« duit une *Iliade*, conçu *Mérope* ou le *Tartufe*, élevé de
« superbes basiliques, ou égalé le pinceau de Raphaël, en-
« *core ne saurait-on nier* que les arts ne leur doivent des
« progrès et des chefs-d'œuvre. »

Encore est-ce précisément ce qu'on nie : et ce qu'il y a d'extrêmement plaisant, c'est que M. Grouvelle le nie lui-même expressément; car son raisonnement, dépouillé du verbiage qui l'enveloppe, se réduit à ce peu de mots : « *Quoique les femmes n'aient produit jusqu'à présent au-* « *cun chef-d'œuvre dans les arts, encore ne saurait-on* « *nier que les arts ne leur doivent des chefs-d'œuvre.* »

Les Français d'une autre époque auraient appelé cela *grouveler*, et ce verbe serait demeuré dans la langue; mais à présent ils s'embarrassent bien qu'on pense mal, qu'on parle mal, que les Français ne sachent pas le français ; qu'on exhume les grands hommes, qu'on insulte leur mémoire, qu'on souille leurs ouvrages !

Scilicet is stolidis labor est! ea cura quietos sollicitat!...

Comme il est impossible de séparer le style des pensées, nous n'avons pu célébrer la logique de M. Grouvelle sans indiquer au moins les fautes de style; mais ce dernier article est assez important pour exiger un article à part. Ce qui distingue l'éditeur de tous ses confrères les mauvais écrivains, c'est qu'il est toujours et sans exception *ridiculement mauvais*. Ses solécismes tiennent de l'inspiration : on dirait qu'il a toujours à côté de lui un méchant lutin qui lui souffle les expressions les plus baroques; c'est tout ce que la barbarie et la prétention réunies ont jamais produit de plus ineffable.

Le pronom est, comme on sait, le grand écueil des écoliers, dans la langue française; mais sur ce point M. Grouvelle n'a point d'égal.

Dès la troisième page de son Avertissement, M. Grouvelle vous dit, à propos des lettres inédites de madame de Sévigné : « Quelques démarches qu'on eût faites, rien n'a « pu faire ouvrir les portefeuilles où ces trésors *paraissent* « être ensevelis. Nous ne sommes pas même en état de « donner au public, avec la certitude de son existence, l'es- « poir d'en jouir un jour. »

Il faudrait compulser tous les cahiers d'une école de village pour trouver quelque chose de pareil.

Ailleurs il nous dit « qu'un assez grand nombre des « lettres de madame de Sévigné paraîtront nouvelles (1), en « ce qu'elles n'ont jamais été jointes à aucun de ses re- « cueils. » (Avert., p. III.) Ainsi les recueils qu'on a faits des lettres de madame de Sévigné s'appellent, dans le langage de l'éditeur, les *recueils de madame de Sévigné*; c'est une expression toute nouvelle qu'il répète plus bas, à la fin d'un passage charmant :

« Attentif à réunir ici (2) tout ce qui touche madame de « Sévigné, l'éditeur a pensé que, ses enfants (3) tenant « d'elle leurs talents, ce qui nous reste de leur plume était « un supplément presque nécessaire à sa collection (4). »

En premier lieu, nous n'avons jamais ouï dire que madame de Grignan ni son frère *aient laissé une plume*, et qu'il en *reste* des morceaux. Au demeurant, si les enfants de madame de Sévigné ont laissé tomber de leurs plumes

---

(1) Nous pouvons assurer l'éditeur qu'une lettre imprimée dans un livre ne *paraîtra* nouvelle à personne, parce qu'on l'a réimprimée dans un autre livre.

(2) C'est-à-dire dans son Avertissement; il est impossible de donner un autre sens au mot.

(3) Les enfants de l'éditeur, sans doute; le sens n'est pas douteux. Dans ce cas, nous ne saurions trop féliciter ces enfants, s'ils tiennent leurs talents de madame de Sévigné (quoique la manière nous soit inconnue). Certes, ils l'ont échappé belle !

(4) La collection de la plume.

quelques morceaux qui rappellent le talent de leur illustre mère, c'est fort bien fait de les imprimer dans sa collection, mais ce n'est point du tout par la très-mauvaise raison qu'en donne l'éditeur ; autrement *le Sopha* et *l'Écumoire* deviendraient des *suppléments presque nécessaires* aux tragédies de Crébillon.

Le pronom figure d'une manière non moins élégante dans le morceau suivant :

« Madame de Sévigné écrivit dans la jeunesse de la
« langue, à l'époque où elle se fixait sous la plume des
« maîtres. Comme elle vivait également parmi les gens
« de lettres et parmi les gens de cour, il faut croire, etc. »
(Avert., p. xiii.)

Il ne tient qu'à nous d'entendre que madame de Sévigné *se fixait sous la plume des maîtres*, et que *la langue française vivait également parmi les gens de lettres et parmi les gens de cour*. S'il en est ainsi, la langue française a été bien mieux élevée que M. Grouvelle.

Les rabbins disent que chaque mot de l'Écriture contient une infinité de sens. M. Grouvelle s'approche de cette perfection, au moyen de l'usage merveilleux qu'il sait faire du pronom. En nous parlant, par exemple, des fameuses fêtes de Versailles, il nous dit que « madame de
« Sévigné était faite pour orner ce grand théâtre de ses
« propres charmes. » (P. lvi.)

Cela veut dire que madame de Sévigné apporta dans ces fêtes *ses propres charmes*, et point du tout ceux des autres femmes, — ou bien qu'avec ses propres charmes elle orna ce grand théâtre, — ou bien qu'elle orna ce grand théâtre de *ses* propres charmes, c'est-à-dire des charmes qui convenaient à ce théâtre (apparemment parce qu'elle était associée de Lulli et de Quinault), etc. On n'en finirait pas, si l'on voulait dire tout ce que cela veut dire.

Et quant à ce que nous dit encore l'éditeur, que « l'élé-
« gante magnificence de ces fêtes les avait RENDU dignes
« de ce pinceau, etc. » (p. LXVI), nous observerons seulement que le solécisme de *rendu* pour *rendues* n'est pardonné aux enfants que jusqu'à l'âge de douze ans. Or, comme nous savons, à n'en pas douter, que M. Grouvelle existait en 1793, il n'y a plus de miséricorde : le solécisme doit être rangé *dans* SA *collection*.

Il faut finir sur le pronom. Encore une citation cependant ; elle est trop curieuse pour être passée sous silence :

« Madame de Grignan avait à peine vingt ans, et un évé-
« nement qui devait troubler SON bonheur semblait trop
« tardif à cette mère désintéressée. » (P. LVIII.)

Vous croyez peut-être, honorable lecteur, qu'il s'agit ici du bonheur de madame de Grignan ? *Eh bien !* comme disait le sultan Schah-Abbas, *c'est précisément ce qui vous trompe :* il s'agit du bonheur de madame de Sévigné. Vous ne voulez pas le croire : lisez, s'il vous plaît.

Il faudrait sans cesse répéter à M. Grouvelle, si son âge et ses facultés lui permettaient de profiter de l'avis : *D'un mot mis à sa place apprenez la puissance !* C'est la chose la plus indispensable quand on se mêle d'écrire, et celle dont il a le moins d'idée. Tantôt c'est « l'infortuné
« Fouquet qui se voit précipité du faîte des grandeurs
« *dans une prison perpétuelle.* » (Avert., p. LIV.)

Autant vaudrait nous dire qu'un malfaiteur s'est vu précipité *dans une galère perpétuelle.*

Tantôt c'est madame de Sévigné qui, « elle-même
« pourtant, avait repoussé plus d'une occasion. » (*Ibid.*,
p. LVIII.)

On croira peut-être qu'elle avait fait la guerre, et que, semblable aux *Penthésilée*, aux *Camille*, aux *Gildippe*, elle s'était illustrée par de beaux faits d'armes. Hélas ! point du tout. Cela signifie tout simplement qu'elle avait *elle-même pourtant* refusé plus d'un parti qui s'était présenté pour sa fille.

Ici, M. Grouvelle nous avertit très-sagement « qu'il faut « être très-circonspect sur l'amendement du texte » (p. XIII) ; mais il oublie mal à propos d'ajouter un mot sur la *correction des terres*.

Nous apprenons ailleurs une chose dont on ne se serait jamais douté : c'est que « le maréchal d'Humières « voulut, un jour, prendre d'insulte un petit château. » M. Grouvelle ne s'explique pas davantage ; mais, sans nous donner la peine de feuilleter l'histoire du temps, nous supposons que le maréchal donna un soufflet au petit château.

Quelquefois M. Grouvelle enfile des *régimes*, et il oublie le verbe ; ainsi, par exemple, il nous dit que « madame de « Sévigné AVAIT... de la physionomie... des traits expres- « sifs... une taille aisée... une riche chevelure... une santé « brillante... une rare fraîcheur... un teint éclatant... au- « tant de musique qu'on en savait alors, enfin une danse « brillante pour le temps (1). » (Notice, t. I, p. XLV.)

De sorte qu'il se trouve, en fin de compte, que *madame de Sévigné* AVAIT *de la musique et de la danse*. Que cette dame était riche !

Mais, si nous en croyons M. Grouvelle, madame de Sévigné AVAIT bien quelque chose de plus merveilleux ! *Elle avait une stature plus grande que petite.* (Ibid.) Une seule faute de cette nature suffit pour caractériser un écrivain. Elle suppose l'absence totale de ce sentiment intérieur, de ce tact métaphysique sans lequel on ne sait jamais ce qu'on dit. Cette particule comparative PLUS pouvant servir à comparer entre elles des qualités différentes, l'éditeur a

---

(1) Admirez cette superbe répétition : *une santé brillante* et *une danse brillante*.

cru qu'elle pouvait servir aussi à comparer les différents degrés d'une même qualité dans le même sujet ; et que, comme on dit, par exemple, *Il est plus savant que riche*, on pouvait dire de même, *Il est plus savant qu'ignorant*; ce qui s'appelle, dans la langue que M. Grouvelle ignore si parfaitement, *une bêtise*.

S'il eût dit : « Elle avait une stature plutôt grande que petite, » il n'eût été que plat ; et, pour lui, ce serait un gain considérable.

Il arrive quelquefois à M. Grouvelle de prendre totalement congé de la langue française, et alors il devient un phénomène, un miracle de barbarie. C'est ainsi, par exemple, qu'il nous dit, en parlant de madame de Coulanges : « Au contraire de l'esprit de son mari, qui n'avait fait « que le déconsidérer, le SIEN était une dignité. » (Notice, p. LXXXIX.) Et ailleurs nous apprenons que « l'archevê- « que d'Aix était le personnage le moins facile à se laisser « EN imposer. » (Notice, p. LXXXI, note.) Sûrement le laquais de Diderot écrivait mieux.

Que M. Grouvelle soit barbare toutes les fois qu'il veut être ou fin, ou profond, ou éloquent, cela se conçoit. Malheur à l'homme qui ne sait pas une langue, et qui s'avise de hausser le ton ! mais qu'un éditeur intrépide de madame de Sévigné ne sache pas écrire une petite note explicative, une remarque, un avis au lecteur de deux lignes, un misérable *nota bene*, sans laisser échapper un barbarisme, c'est ce qui est véritablement inconcevable. Nous avons éclaté de rire en lisant, à la tête de cette scandaleuse édition, que « les notes ajoutées par l'éditeur se « reconnaîtront à la marque d'une ou plusieurs étoiles. » Les étoiles *seront marquées*, sans doute ; ce qui les étonnera un peu, elles qui *marquaient* toujours. C'est cependant une chose un peu forte, qu'un écrivain qui se présente pour *assaisonner* les lettres de madame de Sévigné, ne sache pas dire en français que *ses notes seront marquées d'une étoile, ou désignées, ou distinguées par une ou par plusieurs étoiles*, puisque étoile il y a ; car nous n'exigeons point que M. Grouvelle s'élève jusqu'au mot *astérisque*.

Nous avons vu précédemment M. Grouvelle se servir d'une table des matières pour mentir et pour calomnier. Il a fait un tour de force encore plus merveilleux en se servant d'un *errata* pour introduire un solécisme dans le texte. Il avait lu, dans une ancienne notice, que Ménage, allant voir madame de Sévigné en Bretagne avec madame de Lavardin, disait des douceurs à cette dernière et lui baisait les mains; sur quoi cette dame lui dit : « Je vois bien que vous RECORDEZ pour madame de Sévigné. » M. Grouvelle, après avoir copié cette anecdote (probablement dans le *Ménagiana*), s'imagine, en y songeant mieux, que le verbe RECORDER est réfléchi ; et ce digne éditeur écrit dans l'*errata* : « Lisez, *vous vous recordez.* » — Bravo !

Au reste, il arrive souvent qu'il y a dans le style quelque chose de plus sérieux que le style : un écrivain qui emploie certaines expressions n'en est pas quitte pour le ridicule. Après que l'homme de goût a ri, le philosophe examine et condamne. M. Grouvelle croirait-il peut-être n'être qu'absurde, lorsqu'en prêtant son langage à l'élégant Bussy, il nous le représente (Notice, p. LIV) *prétendant*, au sujet de sa cousine, *qu'une conduite intacte* AIT caché (1) *un cœur assez* IMPUR ? ou, lorsqu'un raccommodement entre Louis XIV et madame de Montespan devient, sous la plume grossière de l'éditeur, *un* RAPATRIAGE (2) ?

---

(1) *Ait caché*, pour *cachait* ou *cachât* ; c'est un italianisme. *Conduite intacte* ne vaut pas mieux. *Intact* signifie proprement *ce qui n'a jamais été touché*, et, par une métaphore très-naturelle et très-juste, *ce qui n'a jamais été profané*. Ainsi l'on dit *un trésor intact, une vierge intacte, une vertu, une sagesse, une probité intactes,* parce que les noms de ces vertus sont

Ces expressions, comme toutes les choses du monde, se trouvent où elles sont. *Elles sentent les lieux que fréquente l'auteur.*

Nous sommes las, et malheureusement, sans doute, nos lecteurs le sont aussi ; mais nous pouvons les assurer que nous avons à peine effleuré le sujet. Nous finissons, par la raison qu'il faut que tout finisse, comme dit quelque part madame de Sévigné.

Nous ne prétendons point, au reste, contester les véritables talents de M. Grouvelle. Il sait lire, par exemple, et nous publierons même avec empressement qu'*il est capable de lire toute sorte de choses;* — mais il ne sait pas écrire.

Au moins, si une édition déshonorée par tant de défauts présentait quelque compensation, on pourrait, jusqu'à un certain point, pardonner à l'éditeur ; mais nous ne lui devons pas une seule ligne agréable ou utile, et l'ouvrage entier, pour tout ce qui lui appartient, peut s'appeler, à juste titre, *monstrum nulla virtute redemptum.*

M. Grouvelle range sous quatre chefs les avantages de sa nouvelle édition : *Additions,* — *Ordre chronologique,* — *Corrections et éclaircissements du texte,* — *Autres articles ajoutés.* — Nous les examinerons successivement.

Additions. — Où sont-elles ? « Quelques démarches « qu'on ait faites, nous dit-on, *rien n'a pu faire ouvrir les*

---

personnifiés. Mais la *conduite* n'étant qu'une suite d'actions, nulle action ne peut être souillée par une autre : elle est ce qu'elle est, bonne ou mauvaise, par la volonté seule de celui qui la produit. Il faut donc dire *conduite irréprochable.* Tout cela, sans doute, est du sanscrit pour M. Grouvelle. Mais comme il y a encore en Russie et même en France un assez grand nombre d'hommes qui savent le français, nous soumettons ces remarques à leur jugement.

(1) Louvois et Marsillac, alors (depuis) duc de la Rochefoucauld, avaient ménagé au roi un RAPATRIAGE avec madame de Montespan. (T. V, lettre 640, p. 244.)

N. B. *Cette note se reconnaît à la marque d'une étoile.*

« *portefeuilles* où les lettres inédites de madame de Sévi-
« gné sont ensevelies. »

L'éditeur commence donc son chapitre des *Additions* par l'aveu formel qu'il n'a pu faire aucune *addition*. C'est fort bien débuter.

Au bas de cette lettre éloquente, si précieuse par sa date, puisque madame de Sévigné l'écrivit huit ou dix jours avant sa mort, nous lisons cette note de l'éditeur :

« ... Il est probable que cette lettre est la dernière que « madame de Sévigné ait pu écrire. Nous regardons « comme une bonne fortune de l'avoir RECOUVRÉE. » (T. VIII, p. 241.)

Nous demandons à tout homme qui entend le français : ce mot *recouvrée* ne fait-il pas naître l'idée d'une lettre inédite, découverte et publiée pour la première fois? L'éditeur comptait sans doute (et en vérité il n'avait pas tort) sur ces lecteurs inattentifs qui ouvrent un livre par désœuvrement pour le fermer bientôt par lassitude, et qui oublient en un clin d'œil ce qu'ils n'ont lu que pour tuer le temps : mais il en est d'autres qui se rappellent fort bien, en lisant ce mot *recouvrée* dans le huitième volume, ce qu'ils ont lu dans le premier (p. IV de l'Avertissement) : « Cette lettre précieuse, moins encore parce qu'elle était « PRESQUE inconnue que par le moment même où elle fut « écrite. » Ce mot de *presque* est excellent. Il en est de même de cette lettre charmante adressée au président de Moulceau, et que plusieurs personnes ont prise pour une découverte. Ce n'était cependant que l'original d'une lettre déjà imprimée, et connue de tout le monde. Il est même remarquable que cet original est le seul que l'éditeur ait pu se procurer. « Ces originaux, dit-il, étant rares, nous « en avons longtemps recherché sans en pouvoir trouver « un seul. » (Avis à la tête du tome Ier.) A la fin, il a trouvé celui dont nous parlons. Nous ne devons donc absolument rien au nouvel éditeur.

Ordre chronologique. — Il y avait cinq recueils des lettres de madame de Sévigné (Avert., p. VIII) : 1° les lettres de la mère à la fille ; 2° le choix de lettres diverses; 3° les lettres au président de Moulceau ; 4° celles à M. de Pomponne ; 5° celles à Bussy-Rabutin.

Il est permis à tout le monde d'acheter des recueils et de les lire ; on les a imprimés dans cette intention, à ce qu'il nous semble. Aujourd'hui, M. Grouvelle s'empare de ces différentes collections, et les fait imprimer ensemble dans l'ordre chronologique. Il faut l'entendre exalter ce nouvel arrangement, qui n'est au fond qu'une simple manipulation typographique, à la portée du dernier manœuvre littéraire.

« Toutes les lettres, dit M. Grouvelle, sont ici distribuées « suivant l'ordre des temps, en sorte que celles de la mère « à la fille font place, au milieu d'elles, aux lettres à ses « amis, ou aux réponses mêmes de ceux-ci (1). »

Ce grand avantage paraîtra un défaut à plusieurs personnes de goût. Le pêle-mêle dans ce genre n'est agréé que dans les recueils de lettres à différentes personnes. Mais dès qu'il y a une correspondance particulière qui a fourni plusieurs lettres remarquables, surtout par la qua-

---

(1) On serait tenté de croire que M. Grouvelle a ouvert les lettres de la mère à la fille avec des ciseaux, pour en insérer d'autres *au milieu d'elles*. Il semble aussi que madame de Sévigné écrivait à ses amis *et à leurs réponses :* du moins c'est ce que signifie cette phrase : *les lettres à ses amis ou aux réponses*, etc. Mais la phrase qui suit est sans prix : *En sorte que telles de ces dernières* (les lettres des amis ou aux amis), *au lieu d'être rassemblées, se trouvent maintenant éparses.* Et cela pour dire que ces lettres, au lieu d'être rassemblées *mal à propos*, se trouvent maintenant distribuées parmi celles de la mère à la fille, suivant l'ordre des dates. — C'est le *nec-plus-ultrà* de l'ineptie grammaticale.

lité des personnes et par une confiance plus intime, le mélange déplait. On serait très-fâché, par exemple, que les lettres de Cicéron à Atticus eussent reçu *au milieu d'elles* d'autres lettres écrites à une foule de personnages moins importants, et moins intimement liés avec ce grand homme. Dans le recueil des lettres de Pope et à Pope, on trouvera de même que les lettres à Swift, à Arbuthnot, à Craig, etc., sont réunies. Le bon sens dicte cet arrangement. Ainsi, le nouvel ordre que M. Grouvelle fait sonner si haut ne signifie rien, et sera même regardé comme un défaut par un grand nombre de lecteurs.

Correction et éclaircissements du texte. (Avert., p. xii.) — L'idée que madame de Sévigné s'est vue sur le point d'être corrigée par M. Grouvelle nous a donné la chair de poule. Il a sérieusement mis en question « s'il ne convien-« drait point de corriger un assez grand nombre de pas-« sages de ces lettres, soit de ces phrases irrégulière-« ment construites, soit d'autres fautes contre la langue. « Mais, dit-il, la réflexion nous a fait voir plus d'un danger « à cette entreprise. » (P. xiii.)

Il y avait réellement *plus d'un danger* à cette entreprise ; mais jamais M. Grouvelle n'aura le courage de dire, ni même d'apercevoir, la meilleure de toutes les raisons qui devaient l'en détourner. Que dire d'un barbare qui a été tenté de toucher au texte de madame de Sévigné, et qui, dans l'article même où il nous fait confidence de cette tentation épouvantable, écrit cette phrase de carrefour : « On citerait aisément plusieurs tours de phrase qui « lui doivent d'être reçus? » (P. xix.)

Mais enfin, pour cette fois, le démon de l'orgueil ne l'a pas emporté. Et quoique M. Grouvelle ne se doute nullement de sa ridicule médiocrité, il a fait, sur cet article au moins, comme si elle lui était parfaitement connue : *il n'a rien corrigé*. Il est donc inutile de parler de la correction du texte (1). Restent les éclaircissements ; mais nous pouvons assurer qu'ils sont aussi nuls que les corrections. L'éditeur a beau nous dire que plusieurs traits de ces lettres « portent sur des faits sous-entendus ; que, sans la con-« naissance de tel (2) événement, le lecteur ne saurait enten-« dre qu'à moitié ce qu'on en dit... ; qu'à l'aide d'un grand « nombre de mémoires, de lettres, et d'autres recueils plus « communs ou plus rares (3), l'éditeur est parvenu à lever « la plupart de ces voiles, etc. ; » toute cette charlatanerie n'en imposera à personne. On ne peut même contempler sans un mouvement d'indignation l'incroyable hardiesse de l'éditeur, qui ose dire, en parlant de ses notes : « Elles « remplissent les lacunes, servent de transitions, complè-« tent les indications, et font entendre les demi-mots. « Plus d'illusions ni de saillies perdues ! » (P. XVI.)

La plupart de ces mots n'ont point de sens ; mais les derniers supposent un *front qui ne rougit jamais*. S'il y a dans les huit volumes de ces immortelles lettres une seule allusion, une seule saillie *qui lui doive d'être sentie*, nous consentons à lire tous les jours ses notes. Les cheveux nous dressent sur la tête ; n'importe, le mot est lâché.

---

(1) Il avoue cependant un peu plus haut qu'il a fait des retranchements. *On n'a pas craint*, dit-il, *de retrancher ce qui a paru sans intérêt, ou répété en d'autres endroits* (p. IV).
Nous n'avons ni le loisir ni la volonté de comparer scrupuleusement cette édition aux anciennes, pour vérifier ces retranchements ; mais il nous paraît bien difficile que *tout ce qui a paru sans intérêt* à M. Grouvelle ne soit pas excellent.

(2) M. Grouvelle a quelques mots favoris dont il abuse de la manière la plus ridicule. *Tel* ou *tellement* sont du nombre. On le voit ici à l'égard de *tel*. Voici un exemple curieux de TANDIS QUE : *L'archevêque et le coadjuteur* de Paris étaient parents du marquis de Sévigné, TANDIS QUE *sa femme était la nièce du grand prieur du Temple.* (Avert., p. XLV.) On est tenté de dire : *Qu'arriva-t-il après ?*

(3) A quoi se rapportent ces deux *plus ?* où est l'objet de comparaison ? L'éditeur n'a pas une idée nette.

Nous ne reculerons point devant cet horrible anathème (1).

Autres articles ajoutés. — Ces articles sont des notices sur madame de Sévigné et sur ses amis; les premières appartiennent à MM. Suard, de la Harpe et Vauxcelles. Ce sont des morceaux parfaits, connus de tout le monde, et que l'éditeur a jugé à propos de faire réimprimer. Ils servent seulement, dans cette édition, à faire ressortir l'horrible médiocrité de la notice qu'il a osé leur associer. « Il « doit, dit-il, craindre le regard du public pour ce morceau, « et réclamer son indulgence. » (P. xix.) Il a certainement toutes les raisons de craindre le public; mais il n'a pas le moindre droit à son indulgence. Il faut cependant faire, à l'égard de cette notice, une observation singulière : c'est qu'elle ne lui appartient point en entier. Cette pièce a trente-huit pages, dont les vingt premières seulement appartiennent à M. Grouvelle. Après avoir rappelé avec une froideur de complice l'attentat infâme commis sur les restes vénérables de madame de Sévigné (2), il a cédé la plume à un ami qui pense aussi mal que lui, mais qui écrit beaucoup mieux. M. Grouvelle n'est pas en état d'écrire deux lignes des dix-huit dernières pages, depuis l'alinéa « Sans prétendre empiéter, etc. » (P. lxi.)

Il est probable qu'au moment où il était question d'ap-

---

(1) Un mot de madame de Simiane efface d'avance toutes les prétentions de l'éditeur : *Comme ces lettres n'étaient écrites que pour ces deux aimables personnes, elles ne déguisaient par aucun chiffre, ni par aucun nom emprunté, ce qu'elles voulaient s'apprendre* (Notice, p. cxvii). La confiance et la confidence dispensent de l'entortillage, de manière qu'un lecteur intelligent n'est presque jamais arrêté dans cette lecture.

(2) Tout le monde sait que, pendant les horreurs de la révolution française, des forcenés ouvrirent le tombeau de madame de Sévigné, exhumèrent son cadavre, et le jetèrent à la voirie. Voici dans quels termes le *lecteur assidu* parle de cette exécrable profanation : *C'est ce tombeau*, dit-il, *qui, comme on l'a écrit, fut violé à l'époque où la recherche des plombs, et généralement les besoins publics, ont servi de prétexte à bien d'autres attentats* (p. lxi).

précier madame de Sévigné, cette impitoyable conscience qu'il n'est jamais possible d'étouffer entièrement aura pris la liberté d'avertir M. Grouvelle qu'il devait céder la plume à un confident capable de la *manier* d'une manière un peu plus française. Malheureusement il n'était plus temps, puisque l'occasion et l'envie de parler avaient déjà arraché à l'éditeur, sur la personne et le talent de madame de Sévigné, une foule de traits dont la réunion forme sans contredit ce qu'on peut imaginer de plus mal pensé et de plus mal écrit.

Les notices sur les amis de madame de Sévigné n'apprennent rien à ceux qui connaissent le siècle de Louis XIV. Quelques-unes nous ont déplu par l'affectation qui s'y montre de dire sur ces personnages intéressants tout le mal qu'on en peut dire, même celui dont on peut douter. Du reste, toutes ces notices sont écrites en français, et par conséquent elles ne sont point de M. Grouvelle, qui n'a jamais écrit deux lignes dans cette langue. L'auteur (quel qu'il soit) de ces notices a laissé échapper une circonstance intéressante de la vie de madame de la Fayette; mais M. Grouvelle y a suppléé en très-bon style : « Cette dame, nous dit-il, *s'était assez tard avisée* d'ap-« prendre la langue latine. » (Notice sur madame de Sévigné, p. xlv.) Si jamais M. Grouvelle *assez tard s'avise* d'apprendre le français, il rira bien de ses belles tournures.

L'éloge de madame de Sévigné par madame la présidente Brisson est un morceau assez mauvais, quoiqu'il ait remporté le prix de l'Académie de Marseille en 1777. Au lieu de cette fadeur académique, nous aurions lu avec plaisir une lettre du duc de Villars que nous avons vue jadis à la tête d'une édition de Hollande, d'ailleurs assez fautive. Cette lettre, que nous n'avons pu retrouver, et dont nous n'avons plus qu'un souvenir vague, a laissé dans notre esprit l'idée de quelque chose d'intéressant.

Parmi ce recueil d'éloges, que M. Grouvelle intitule *Choix d'éloges*, il en a placé un de sa façon. (On voit bien que c'est lui qui a *choisi*.) Cet éloge est en vers, et il nous a paru, en général, moins barbare que la prose de M. Grouvelle. Quoique ce phénomène ne soit pas rare, il n'est pas aisé d'expliquer comment il est possible d'écrire plus purement, ou moins ridiculement, en vers qu'en prose. Au reste, la manière de M. Grouvelle se retrouve toujours; il appelle le talent de madame de Sévigné *un talent qui du cœur s'échappe* INNOCEMMENT. Ce vers égale ce que nous connaissons de plus *innocent*. Un peu plus bas, que « ma-« dame de Sévigné écrit *sans effort, comme on parle, ou* « *plutôt* COMME ON AIME. » *Écrire comme on aime !* Ah ! pour celle-là, nous ne la savions pas. Mais qu'importe à M. Grouvelle? il écrirait de même : *comme on danse.* Dès qu'une fois on s'est mis bravement au-dessus de l'obligation de penser, tous les mots sont bons.

Voici un modèle d'expression heureuse dont tous nos lecteurs nous sauront gré. Il s'agit de dire tout simplement qu'*en écrivant ses charmantes lettres, madame de Sévigné ne songeait pas plus aux hommes qui devaient vivre après elle qu'à ceux qui l'avaient précédée.* Voici comment l'éditeur exprime cette idée :

> *En semant* SES fleurs ÉPHÉMÈRES
> *Sur chaque ligne qu'elle écrit,*
> *Elle n'a pas plus dans l'esprit*
> *La postérité que* SES *pères.*
>
> (Ibid., p. CXIV).

Éphémère vous-même, monsieur Grouvelle ! il fallait dire *immortelles*. Il valait mieux dire encore *des fleurs*; mais cet homme est *possédé du pronom possessif*, nous en attestons la *postérité et* SES PÈRES.

Quelquefois M. Grouvelle gâte une pensée heureuse par une expression à sa manière :

> *Elle ignorait (heureux destin!)*
> *Que le feuillet volant échappé de sa main,*
> *En suivant de Grignan la route,*
> *De l'immortalité prenait le grand chemin.*

La pensée est assez bonne; mais *feuillet* pour *feuille* gâte tout; *heureux destin*, d'ailleurs, ne vaut rien, ni comme pensée, ni comme rime.

Nous terminerons par un trait inimitable. M. Grouvelle veut dire que *ces lettres, qui étaient le trésor de madame de Grignan, sont devenues celui de tous les gens de goût.* Il ne fallait pas être un aigle pour atteindre à cette idée; mais l'expression dont il l'a revêtue place le poëte dans le ciel :

> *Seule, du trésor de sa fille*
> *Elle fit un trésor public.*

Que ce M. Grouvelle est divertissant, et comme poëte, et comme prosateur, et comme philosophe, et comme critique, etc. ! Nous dirions de tout notre cœur : *Dieu le conserve!* n'était qu'il excite un peu trop souvent le dégoût et l'indignation.

Cet éloge, que l'éditeur intitule *Portrait de Sévigné*, est adressé à une Thémire en l'air, à qui le poëte débite les fadeurs ordinaires. Il lui dit, par exemple :

> *Je vous l'ai dit cent fois, la grâce épistolaire*
> *Est un talent de femme...*

M. Grouvelle peut le répéter autant de fois qu'il le jugera convenable; mais rien n'est plus faux. Le talent d'écrire supérieurement est un *talent d'homme*, comme tous les talents supérieurs. Il est vrai seulement que, *dans le genre agréable*, il s'est trouvé *dans le monde une* femme que son talent inimitable et des circonstances uniques ont placée au premier rang.

Plus d'une Sévigné brille encor dans Paris, à ce que dit M. Grouvelle. A<small>MEN</small>! Mais il nous semble qu'une ville qui a produit tout fraîchement *Théroigne de Méricourt* doit se reposer quelque temps avant d'enfanter à la fois *plus d'une Sévigné*.

Avant de quitter M. Grouvelle, il nous reste à examiner la manière dont il a caractérisé le talent et la personne de madame de Sévigné.

L'ordre qu'il a adopté dans cette nouvelle édition doit relever singulièrement, à ce qu'il croit ou à ce qu'il dit, le style de Sévigné. « Son trait distinctif, dit-il (1), est, si je « ne me trompe, le rare accord d'un goût très-cultivé, « avec une imagination très-riche et un naturel très-origi- « nal. » (Avert., p. x.)

Ce qui signifie, en termes clairs, que le trait distinctif de madame de Sévigné, c'est qu'elle ne ressemble pas à d'autres ; et le *trait distinctif* de cette définition, c'est qu'elle peut servir à tous les cas, comme une formule d'algèbre. M. Grouvelle est trop modeste en disant *si je ne me trompe :* avec la précaution de ne rien dire, il est impossible de se tromper.

Nous ne voulons point, au reste, lui demander ce qu'il entend par *un naturel très-original;* nous l'embarrasserions trop. Écoutons plutôt ce qu'il va nous dire encore sur ce même sujet :

« Mais c'est parce que madame de Sévigné ne ressem- « ble point à d'autres, qu'on s'accoutume à elle. De ce « que son langage et sa physionomie lui sont tellement (2) « propres, il en résulte qu'on finit par s'en étonner

---

(1) Le trait distinctif du style, ou bien le trait distinctif de madame de Sévigné?

(2) Nous avons averti plus haut sur ce mot. C'est un de ceux que l'éditeur n'entend point du tout.

« moins qu'on ne doit, par sentir moins ce singulier mé-
« rite (p. xi). »

Dieu nous préserve de comprendre un seul mot à tout cela ! Au reste, M. Grouvelle est bien heureux quand on ne le comprend pas.

Après de si grands efforts de génie pour caractériser le talent de madame de Sévigné, il est tout simple que l'éditeur s'écrie : « Vous la voyez, vous la signalez (1); *vous ne la confondrez avec aucune autre* (p. x). »

Depuis Guillaume Vadé jusqu'à Pierre Corneille, il ne nous est jamais arrivé de confondre un écrivain avec un autre. D'ailleurs, ce n'est point un mérite de ne ressembler à personne. Ce trait appartient à M. Grouvelle comme à Bossuet. Sur notre parole d'honneur, *nous ne les confondrons ni l'un ni l'autre avec aucun autre.*

Cependant M. Grouvelle, quoiqu'il soit un *lecteur assidu* et un admirateur éclairé de madame de Sévigné, craint cependant que la lecture de ces lettres fameuses ne soit capable de fatiguer certains lecteurs. « Les uns (dit-il)
« sentiront avec peine leur âme au-dessous de cette âme
« FÉCONDE (2). Voilà les premiers mécontents. Il en est
« d'autres ensuite auxquels la diversité dans les nuances
« du sentiment ne suffit pas, et qui la veulent dans les
« sentiments eux-mêmes (p. xi et xii), seconde classe de
« mécontents. Mais ceux-ci forment, sans comparaison, le

---

(1) Ce mot, qui est un barbarisme pris dans ce sens, nous vient des antres du jacobinisme. C'est là où l'on *signalait* les *aristocrates*, où l'on *signalait* les *fanatiques*, où l'on *signalait* les *agitateurs*, les *malveillants*, les *honnêtes gens*, et autres monstres semblables. M. Grouvelle *se signale* encore par ses heureuses expressions :

．．．．．．．．．．．．．．．． *Servabit odorem*
Testa diu．．．．．．．．．．．．．．．．．．．．

(2) Au lieu de *tendre* ou *sensible*. La plume de M. Grouvelle a le rare privilége de rencontrer tous les mots possibles, excepté le bon.

« plus grand nombre. Il faut avouer que ces lecteurs font
« le grand nombre dans UNE SOCIÉTÉ (1) où NON-SEULE-
« MENT les affections naturelles sont émoussées (2), mais
« où SURTOUT (3) on manque de loisir pour savourer la
« jouissance réfléchie qu'on trouverait dans leurs dévelop-
« pements (p. XI et XII). »

D'un seul coup M. Grouvelle pare à ces deux inconvénients, et procure à madame de Sévigné la certitude de n'ennuyer personne. Mais quel est donc ce moyen admirable ? Eh, bon Dieu ! nous l'avons déjà dit : c'est « l'in-
« tercalation des lettres de madame de Sévigné à ses amis,
« et des réponses mêmes de ceux-ci, AU MILIEU de celles
« de la mère à la fille (p. VIII). » Il résulte de cet arrangement merveilleux, 1° que *le lecteur qui sent avec peine son âme trop au-dessous de cette âme féconde*, se console un peu en lisant des lettres où cette âme se montre moins féconde, ou que des âmes stériles écrivent à cette âme féconde ; 2° que le lecteur en *qui non-seulement les affections naturelles sont émoussées, mais qui surtout manque de loisir pour savourer la jouissance réfléchie de leurs développements*, remédie à ce double malheur, *en passant de la diversité des nuances du même sentiment à la diversité des sentiments eux-mêmes* (4).

Et si l'on demande comment il peut se faire que des hommes qui *manquent de loisir* pour suivre le développement d'un seul sentiment se tirent d'affaire en ajoutant

(1) Quelle société ? L'éditeur veut dire *siècle* apparemment : non-seulement il ne dit jamais ce qu'il faut dire, mais pas seulement ce qu'il veut dire.

(2) *Affections émoussées !* Quel style ! On émousse une *cause* au propre et au figuré, mais non un *effet* ; or, toute *affection* est un effet. *Affection émoussée* est aussi absurde que *plaie émoussée*.

(3) *Non-seulement* cette tournure n'est pas élégante, *mais surtout* c'est un barbarisme bien conditionné.

(4) M. Grouvelle ne se doute certainement pas qu'il y ait la moindre différence à dire *les sentiments mêmes* ou *les sentiments eux-mêmes*.

encore à ce travail celui d'étudier les *sentiments intercalés*, quoique *plus calmes* (p. xi), nous répondrons avec révérence : ipse dixit. C'est le sort de M. Grouvelle : un tel homme ne parle point en l'air, et quand il dit une ânerie, il a ses raisons.

Nous trouvons cependant l'éditeur encore plus profond lorsqu'il apprécie le caractère moral de madame de Sévigné. Nous avons vu, plus haut, qu'il n'a pas tenu à lui d'en faire un esprit fort. Maintenant il va mettre en question si elle fut honnête femme. Il faut avouer que M. Grouvelle n'est pas sujet à l'enthousiasme des commentateurs. On se rappelle l'expression élégante employée par l'éditeur en parlant du cœur de madame de Sévigné (1); il revient encore sur ce sujet pour se faire la question suivante :

« Dans ses lettres écrites avec tant d'abandon et, comme
« elle dit elle-même, d'impétuosité, ne laisse-t-elle rien
« échapper de l'histoire de son cœur? Voilà, ajoute-t-il,
« ce que demande le lecteur sentimental, tandis que le
« scrutateur malin de la vertu des femmes voudra savoir
« à quel point la sienne (2) eut à combattre, et si la na-
« ture n'en avait pas tout l'honneur. » (Notice, p. liii.)

Jamais un lecteur sentimental ne fera une question aussi sotte. Au lieu de demander si madame de Sévigné « ne laisse rien échapper, dans ses lettres, de l'histoire de « son cœur, » il lira ces lettres, et il dira ensuite oui ou non; et quant aux « scrutateurs malins, » il ne s'en trouvera certainement aucun assez extravagant pour avoir la prétention de savoir à quel point la vertu d'une femme eut à combattre, ni même si elle eut à combattre; car

---

(1) Suppl., p. 435.
(2) C'est-à-dire, *la vertu du scrutateur.* Ici, il n'y a pas d'amphibologie comme ailleurs; la phrase est parfaitement claire. On voudra bien observer que nous ne laissons pas échapper une seule occasion de louer M. Grouvelle.

c'est ce que nul homme ne peut savoir. C'est après ces profondes discussions que M. Grouvelle nous dit finement : « Mais laissons quelque chose à deviner au lecteur » (p. LIII). Et que voulez-vous donc que nous devinions, lorsque vous déclarez vous-même qu'il n'y a rien à deviner; lorsque vous nous dites, dans cette même page, que la médisance MÊME (1) n'a pu PRÊTER la moindre faiblesse à madame de Sévigné; lorsque vous répétez (p. LXI) qu'elle n'avait reçu aucune teinte des travers de son temps ni de sa société; qu'au milieu des intrigues politiques de tant d'hommes et de femmes illustres, vous ne lui voyez pas la moindre lueur de coquetterie?

Si les actions, les discours et les écrits des hommes ne suffisent plus pour les juger, il n'y a pas de raison qui nous empêche de prendre sainte Thérèse pour une courtisane, Fénelon pour un Tartufe, et M. Grouvelle MÊME pour un grand écrivain.

Si quelque chose pouvait étonner de la part de l'éditeur, ce serait de le voir terminer son ridicule *Avertissement* par cette inconcevable phrase :

« On sentira que les peines qu'il a prises (l'éditeur), ou
« plutôt le plaisir qu'il a trouvé à prendre ces peines,
« *n'est pas le moindre des panégyriques consacrés à cet*
« *aimable génie.* »

Si un homme du premier ordre, si la Harpe, par exemple, avait donné cette édition, nous sommes persuadé, quoiqu'il ne connût pas mal ses forces, qu'il n'aurait jamais osé présenter son travail *comme un des panégyriques les plus distingués consacrés à madame de Sévigné*. Voltaire, qui avait bien aussi une certaine idée de lui-même, ne s'est rien permis de semblable dans son édition de Cor-

---

(1) C'est la *calomnie* qui PRÊTE des faiblesses : la médisance ne fait que les publier. *Même* est l'excès de l'absurdité.

neille. Une seule considération pourrait excuser M. Grouvelle : c'est qu'il ne s'est nullement compris lui-même. Il y a, en effet, dans le trait que nous venons de citer, quelque chose de niais qui semble demander grâce pour la présomption ; mais nous ne savons trop comment il arrive que M. Grouvelle a l'art d'exciter au même degré la pitié et l'indignation. C'est un privilége extraordinaire de *cet aimable génie*.

Durant le long et fastidieux examen que nous avons fait de ce misérable travail, nous avons été continuellement obsédé par le même sentiment : c'est le chagrin que cette idée, conçue par une aussi mauvaise tête, ne soit pas tombée dans celle d'un homme d'esprit, ami des mœurs et des bons principes, tels que la France en possède encore un grand nombre. Peu de livres seraient plus dignes que les Lettres de madame de Sévigné d'un commentaire suivi, et peu de commentaires seraient plus utiles à la jeunesse et plus sûrs de plaire à tous les ordres de lecteurs. Les Lettres de madame de Sévigné sont le véritable *Siècle de Louis XIV*. Le livre qui porte ce nom nous présente, comme beaucoup d'autres, les *événements de ce siècle*. Madame de Sévigné nous peint mieux que personne le *siècle même*. Ce que d'autres nous racontent, elle nous le fait voir : nous assistons à tous les grands faits de cette époque mémorable ; nous vivons à la cour de Louis XIV et dans la société choisie de ce temps. Il est impossible de lire une de ses lettres sans trouver un nom sacré ; rien n'égale le charme de cette lecture. Tous ces grands hommes sont en mouvement ; on les admire dans les autres livres, dans ces lettres on les fréquente.

Mais ce sentiment délicieux se tourne en indignation contre ce plat et coupable éditeur qui a osé y apporter son abjecte médiocrité, et toute la corruption d'un cœur gangrené jusqu'à la dernière fibre.

Nous sommes loin de blâmer la modestie des anciens éditeurs, qui ne se sont permis que des notes de pure nomenclature ; mais enfin, si l'on veut parler et raisonner, il n'y a pas de champ plus beau. Et que dire d'un homme à qui les plus grands noms de la terre et les événements les plus mémorables et les plus intéressants n'ont pu inspirer une seule ligne qui ne soit pas un crime ou une absurdité? Non-seulement il ne sait pas admirer, mais il calomnie, il outrage; il falsifie les objets, il dénature les plus belles choses. Y a-t-il, par exemple, un événement particulier plus intéressant que la profession de la duchesse de la Vallière? Est-il possible d'imaginer un plus grand sacrifice fait à la religion, aux mœurs, à l'opinion publique, etc.?

Quel spectacle que cette église des Carmélites, remplie de tout ce que la capitale avait de plus illustre ! *ces lumières de la France,* non plus, comme dit Bossuet, *obscurcies et couvertes de leur douleur comme d'un nuage,* mais brillantes de toute leur clarté ! ces princes guerriers, ces pontifes ! l'humble victime aux pieds de la reine de France, recevant le voile des mains de son auguste rivale ! Louis XIV dans toute sa gloire, d'autant plus présent qu'il n'y était pas ! et Bossuet en chaire, parlant de notre malheureuse nature UT NUNQUAM HUMANA VOX (1) !

Rien n'empêchait l'éditeur de faire, à propos de cette femme célèbre et de cet événement remarquable, ce qu'il aurait dû faire toute sa vie ; mais, puisqu'il voulait absolument parler, voyons ce qu'il a dit.

---

(1) Madame de Sévigné, qui n'avait point assisté à la cérémonie, écrit (t. III, p. 18) que *le sermon de ce grand homme ne fut point aussi divin qu'on l'espérait.* Ce qui signifie que la première personne qui lui en parla était une tête légère ; ou qu'on fut moins surpris parce qu'on attendait un miracle, comme l'expression même le fait sentir. Quoi qu'il en soit, sans parler ici du sermon entier, qui fait naître de grandes réflexions, le morceau que nous avons en vue est d'une telle supériorité, que jamais homme *inassisté* n'a pu s'élever à ces idées ni à ce ton.

« Il y avait plus de trois ans que la duchesse de la Val-
« lière ne recevait à la cour que des affronts de sa rivale
« et des duretés du roi. Elle n'y était restée, disait-elle,
« que par esprit de pénitence ; elle ajoutait : « Quand la
« vie des Carmélites me paraîtra trop dure, je me souvien-
« drai de ce que ces gens-là m'ont fait souffrir » (montrant
« le roi et madame de Montespan). » (T. III, p. 18, note.)

Voulez-vous connaître un grand caractère ? racontez-lui
une grande action. A l'instant il s'enflamme, et la porte
aux nues. L'effet contraire dévoilera le vilain. Citez-lui ce
qu'on a vu de plus sublime dans l'univers, depuis le sacrifice d'Abraham jusqu'au combat des Thermopyles, et depuis le dévouement de Décius jusqu'à l'*immolation* de
Louis XVI ; son premier mouvement sera de rabaisser.
Rien de plus naturel : l'un exalte ce qui lui appartient,
l'autre déprime ce qui lui est étranger.

RÉFLEXIONS CRITIQUES

D'UN CHRÉTIEN DÉVOUÉ A LA RUSSIE,

SUR L'OUVRAGE DE MÉTHODE,

ARCHEVÊQUE DE TWER,

PUBLIÉ A MOSCOU EN 1805, A L'IMPRIMERIE DU TRÈS-SAINT SYNODE,

Sous ce titre : **Des choses accomplies dans la primitive Église, c'est-à-dire, durant les trois premiers siècles et le commencement du quatrième, et spécialement dans les premiers commencements de l'ère chrétienne.**

LIVRE HISTORIQUE,

SUIVI DES PROLÉGOMÈNES DE L'HISTOIRE ECCLÉSIASTIQUE

ET DE NOTES PAR LE MÊME AUTEUR.

VIRI CHRISTIANI RUSSIÆ AMANTISSIMI

ANIMADVERSIONES

IN LIBRUM METHODII,

ARCHIEPISCOPI TWERENSIS.

Ea est rerum humanarum infelix conditio, ut sæpissime ex hominum factis, quæ probabilitatem secum, ideoque excusationem habent, immanis tamen exoriatur malorum seges: quod quum in multis verum deprehendatur, nusquam tamen evidentius, quam in *abusuum,* quos vocant, seu vitiorum correctione, quæ in politico aut ecclesiastico regimine sensim irrepserunt, fiuntque tandem, labentibus sæculis, etiam tolerantibus viris, quod rarissime, vel quod tantum non semper evenit minus patienter tolerantibus, intolerabilia.

Omnis abusus malum: ex quo primo obtutu sequitur bonum esse quidquid malum tollit; quod tamen non sine subtilissimis distinctionibus verum est: abusus enim quum sit *rei bonæ malus usus*, videndum est, ne in tollendo vitio lædatur rei substantia, in eoque fere semper et turpissime falsi sunt novarum rerum molitores; nam qui equo calcitroni crura frangit, ut vitium frangat, in ἱππιατρίᾳ non admodum clarescet. Quod quanquam sit extra omnem controversiæ aleam positum, aliquid tamen condonandum est humanæ fragilitati; nec, si cum rebellantibus rem habeas, prius *de re* disputandum, quam de *vitio rei* candide confessus sis.

Illud mecum reputans, nunquam de calamitoso Græcorum dissidio aut scripsi aut verba feci, quin lubenter concederem, fatalem culpam in dedecus perniciemque generis humani erupturam, speciem excusationis habuisse pro rerum conditione, quæ in Europa nostra tunc obtinebat. Quæ turbæ, Deus immortalis! Quæ strages, quæ barbaries incubuerat! Romæ vero qui Pontifices, sublata omni libertate electionum a perditissimis hominibus quasi usucaptarum! Ita tum stantibus rebus, quid mirum si Græci nos pro barbaris haberent, nec mente possent perspicere quantum immitia poma putrefactis præstent? Hominum abjectissimi (nam quid infero imperio inferius?) Gothicam barbariem aspernabantur, nec aquilam in ovo videbant, aut cedrum Libani in germine; et tamen Gothi isti et Germani et Cimbri, etc., *Europam invexerunt quidquid est libertatis in orbe,* primique mortalium consociaverunt *res olim dissociabiles, libertatem et principatum* (Montesquieu, *Esprit des lois,* liv. XVII, chap. v). Quid vero sanguis iste possit in scientiis vidit posteritas, et obstupuit : Oriens contra sub flagellis et laqueis et tortoribus torpet marcescitque, nec unquam revalescet, *donec dilatet Deus Japhet, et habitet in tabernaculis Sem* (Genes., cap. ix, v. 27) : atque id forte non longe est.

Quod ait doctissimus Twerensis archiepiscopus (in Prolegomenis, p. 1, § 2) *exteras nationes* (Gallos scilicet, Anglos, Hispanos, Italos, Germanos, etc.) *rebus Græcis invidere,* irridere mihi piaculum foret; benevole igitur, nec sine reverentia sileo.

Illud dolet acerrime, quod Slavo-Ruthenorum nobilissima gens (quæ a gloria nomen habet) ab istis Græculis illaqueari se passa sit, nec Latinam majestatem, cui et lingua et ingenio affinis est, non agnoverit; verum id non tam hominum culpa fuit, quam temporum. Nunc igitur macti animis virtuteque simus : antiqua odia æternæ oblivioni mancipemus, nihilque nisi rei christianæ utilitatem incrementumque cogitemus. Incidimus in mala tempora; nec, puto, Orientales, Ruthenique Orientalium asseclæ apprime norunt, aut forte suspicantur, quo illos nunc ducat inobservabilis manus : ingens illis imminet calamitas, ni transversum anguem in via, qua turmatim itur, videant. Testem in jus voco librum Cl. archiepiscopi Twerensis, in quo ex animi mei sententia invenisse mihi videor imminentem sæculi nostri XVI iterationem in Rutheno imperio eo ipso tempore, quo in aliis Europæ partibus pseudo-reformatos sui jam nunc suppudere incipit; quo etiam in mirabilem quamdam probisque omnibus avidissime exoptatam ἕνωσιν inclinatas partes videre jam aut præsagire queat omnis rerum explorator non omnino plumbeus. Hæc pauca præfatus in librum Cl. Archiepiscopi candide inquiram, non ut vana litigandi cupiditate quid sciam expromam (pauca enim scio, nec si plura scirem, id nunc patere curarem); sed ut quid timeam, et quam jure timeam videat auctor eximius. Quod si mihi contingat esse tam beate, ut nec ipse mihi nec illi in scribendo displiceam,

Sublimi feriam sidera vertice.

Et primo quidem fateor me in titulo libri non parum hærere. *Historia*, inquit Reverendissimus Archiepiscopus, (ἱστορία) *nomen habet* ἀπὸ τοῦ ἱστορεῖν; *quod significat* spectare *sive* lustrare; *ideoque notat narrationem eorum, quibus gestis narrator ipse interfuerit* (Proleg., p. II). Quidni vero et ἱστορία et ἱστορεῖν et alia affinia altius repetenda putemus ab ἵστημι, cujus verbale ἰστέον, aliave hujus verbi μόρφωσις τὸ *historia* pepererit et alia multa? Sane verbum ἱστορεῖν non solum *inquirere* et *sciscitari* audit, sed etiam *litteris mandare;* usus vero, *quem penes arbitrium est et jus et norma loquendi*, de vi ac potestate hujus verbi (*historia*) tam aperte sanxit, ut de eo amplius quæstio esse non possit; et sane si veram historiam non scriberet, nisi qui *rebus gestis oculatus testis interfuit*, nec Herodotus, nec Titus Livius, nec Moses ipse (dempto Exodo) historici forent.

Cl. Auctor, ut vim τοῦ ἱστορῆσαι clarius exponat, Apostolum vocat scribentem ad Galatas (cap. 1. 18): Ἀνῆλθον εἰς Ἱεροσόλυμα ἹΣΤΟΡΗΣΑΙ Πέτρον, pro quo Vulgata dedit, *Veni Jerosolymam videre Petrum;* sed plus est in ἱστορῆσαι, quam in *videre*.

Locum hunc (id obiter dictum sit) egregie commentatus est Bossuetius noster, magnum illud et Galliæ et Ecclesiæ et generis humani decus, in celeberrima oratione quam comitiis ecclesiasticis dixit A. D. 1682 (1). *O tu, quisquis es! sis licet et doctus et sapiens et sanctus, etiam a tertio cœlo nuperus, si christianus es, vade ad Petrum!*

Sed e diverticulo, ut aiunt, *in viam*. Quod non levis hæsitatio inveniatur in titulo libri, id nullo modo mirum est. Causa est, quod aliud dixit, aliud voluit Reverendissimus Archiepiscopus; nam si ex animi sententia scripsisset, sic staret titulus operis: — *De inutilitate et* ἀπραξίᾳ *Summi Pontificis per tria prima Ecclesiæ sæcula, dissertatio historica*. — Id voluit eximius auctor, nec aliud voluit; sed quum rem nollet, aut *aliis*, aut, quod vero similius est, *sibi* ipse fateri, ideo multus est in explicando titulo. Atque id non iratus animadverto (nam quid humanæ naturæ consentaneum magis, quam ut unusquisque partes, quas semel amplexus est, totis viribus tueatur?); sed ut veritatem amice expromam: nec puto ullum esse cordatum

---

(1) Hæc quidem memoriter, sententiam tamen illibatam certus refero.

virum, qui, si rem non peregrinantibus oculis per totum opus introspexerit, rem me acu tetigisse diffiteatur.

Multa fiunt in Ecclesia Catholica sine Romano Pontifice, sicut in familia recte ordinata multa fiunt (ab optimis maxime et obedientibus filiis) sine mandato patris; nam probus omnis bene sponte agit, nec ideo coercitione indiget.

Præterea — *nulla res magna magnum habuit principium;* — hæc est lex, quam *divinam* jure vocare possis, quum in tota rerum natura vigeat, nec ullam unquam exceptionem habuerit. Hinc est quod auctoritas pontificia (res inter magnas maxima) cum ipsamet Ecclesia, cujus fundamentum est, exorsa, infantiam habuerit, dein pubertatem, priusquam in æternam virilitatem adolesceret.

Igitur illi omnes, qui Ecclesiæ matri valedixerunt, toti sunt in Ecclesiæ incunabulis, ut ovantes clamitent, Petri aut Silvestri auctoritatem non eamdem fuisse, quæ deinde Gregorii VII aut Sixti V fuit; quo quidem nescio an aliquid excogitari possit ἀτοπώτερον; nec lepidior videretur qui contenderet, Cæsarem illum qui Pharsali dimicavit, haud eumdem fuisse, qui ante quinquaginta annos in pannis Romæ vagiebat.

Et tamen fratres nostri dissidentes in isto πρωτοψευδεῖ conquiescunt, reclamantibus licet et philosophia et historia et conscientia.

Post hanc quasi velitationem, illustrissimum auctorem cominus aggrediar, diemque illi dicam, et de calvinismo illum (quamvis amantissime) postulabo coram illo judice erroris nescio Βροτοῖς ἅπασιν τῇ συνείδησι Θεῷ. Age vero, a principiis exordiamur.

Christianus omnis, si semel vexilla Summi Pontificis deseruerit, nisi ab inscitia aut superstitione (fœdis custodibus) retineatur, in castra Calvini ex necessitate migrabit: quod quidem nullo negotio demonstratur.

Ecclesiam sine capite, seu supremo præside, non magis cogitatione concipio, quam Ruthenum imperium sine Rutheno imperatore. Imperium civile externas res componit, hominisque manum coercet, delictisque et compedes et gladium et sanguineum corium et infelicem arborem minitatur; contra vero imperium ecclesiasticum, sive ut aiunt *spirituale*, totum est in regendis conscientiis; edicta sua (quæ dogmata audiunt) universis proponit, *vitasque et crimina discit*, et circa moralia intonans.

<blockquote>
Admonet et magna testatur voce per orbem :
Discite justitiam moniti, et non temnere Divos.
</blockquote>

Cæterum utriusque imperii eadem est natura, atque ipsissima indoles; nec fieri potest, ut simul ac unum esse desiit, non evanescat. *Rebellans* in imperio nihil aliud est, nisi *politicus hæreticus;* et vice versa *hæreticus* in Christiano imperio idem est ac *rebellans* in Ecclesia. Singulares Ecclesiæ respectu universitatis se habent ut provinciæ respectu imperii : ast quid possit provincia contra imperium, salvo jure, plane me non videre confiteor. Querelæ adversus imperantem prorsus nihili sunt; nam quis unquam sine causa aut specie rebellavit? Si illa aut illa Ecclesia jus habet imperatorem ecclesiasticum erroris aut νεοχμώσεως insimulare, ut ab ejus communione dissideat, cur itidem Præfecto Twerensi aut Astracanensi jus non erit, imperatorem politicum, vel intolerabilis injuriæ, vel commoti legum fundamenti, vel insolentissimæ tyrannidis reum agere, ut illius imperium detrectet, seque sui juris et nulli potestati, *nisi legibus,* obnoxium palam profiteatur? Ostendat mihi Reverendissimus Archiepiscopus hujuscemodi telum aliquod Summo Pontifici lethale, quodque adversus Ruthenum imperatorem pari successu contorqueri nequeat, *et erit mihi magnus Apollo.*

Frustra igitur vetus inimicitia et spontanea obcæcatio

somnia sibi fingunt, et inauditum τέρας, *unum* scilicet *sine unitate*, quod idem est ac album sine albedine. Nulla erit unquam *catholicitas* (sit venia verbo) *sine unitate;* nec *unitas* sine supremo præside, nec supremus præses, cui pars universitatis oggannire possit.

Frustra iterum sibi blandiuntur omnes ab Ecclesia dissidentes, nomen nescio quod *unitatis* amplectentes; et nunc se *Ecclesiam Græcam* nominatim appellant; quasi vero *Ecclesia Greca* nunc sit et esse possit extra Græciam, et Ecclesia Ruthena tam non sit Græca, quam non Constantinopolitana, aut Antiochena, aut Alexandrina; aut non sibilo exciperetur Patriarcha Constantinopolitanus, si quid in Ecclesiam Ruthenam, aut etiam in Ecclesia Ruthena sanciret! Et nunc se magnifice signant nomine *Ecclesiæ Orientalis*. Ast licet multæ sint Ecclesiæ in *Oriente*, tamen nulla est *Orientalis Ecclesia*. Tolle regem (seu potius reginam) ex alveario; *apes* tibi restabunt, *examen* periit.

Tam igitur Illustrissimum Archiepiscopum, quam viros omnes philosophica mente præditos amanter adjuro, ut mihi extra hypothesim universitatis sub uno et supremo præside signum aliquod ostendant omnium oculis liquido perspicuum, quo posito, *et quid sit et ubi sit* Ecclesia Catholica, non videre sit plane ἀδύνατον.

Ad Concilia forte provocabunt; ast primo quidem nunquam a me impetrare potero, ut credam dissidentes Ecclesias in Concilium œcumenicum (prout apud eas potest esse *œcumenicum*) unquam convenire posse. Testes sint octo tota, quæ a fatali dissidio excurrerunt sæcula; verum hæc missa faciam brevitati consulens. Ad alia pergo. Quomodo Concilium œcumenicum apud Orientales esse poterit, tota reclamante Ecclesia Romana, id est millies millibus hominum cum Summo Pontifice in medio doctissimæ Europæ imperium moderante?

Audio Græcos obstrepentes : « *Vos vero, Latini, quomodo ide...m vitabitis, et Tridentinum Concilium pro œcumenic. habebitis, tota reclamante Ecclesia Orientali?* » Bene est ! illud ipsum exspectabam. Numerus non efficit Concilium œcumenicum. Universalis fuit Synodus Chalcedonensis, in qua D Orientales Episcopi post lectam epistolam Flaviano scriptam immortales illas ediderunt voces, totis audientibus sæculis : *Petrus non moritur! Petrus per os Leonis locutus est!* Verum Nicæna Synodus CCC Episcopis tantum constans itidem universalis fuit. Cum igitur numerus pro determinanda universali synodo nihili sit, quod nuper quærebam iterum quæro : *Detur mihi signum quo mihi certissime innotescat quid sit œcumenica synodus.* Sed cum illud signum, seu, ut aiunt, *character* nec in numero, nec in dignitate, nec in doctrina esse possit; id unum restat, ut sit *in Summo Pontifice*, quo sublato, nec quid sit Ecclesia Catholica, nec quid sit œcumenica synodus ullus mortalium scire valebit.

Hic iterum ab imperio civili ad ecclesiasticum efficacissima illatio educitur. Quid sunt verbi gratia Comitia Anglicana, vulgo *Parlamentum?* Duo ordines, *cum Rege*. Tolle Regem, ubi erit *Parlamentum?* Ubivis, cuique civitati aut castello licitum erit comitia congregare, illaque *Parlamenti* nomine insignire.

Mutentur nomina : ubi est œcumenica synodus, seu Christiani orbis imperiive *Parlamentum?* Ubi Summus Pontifex, quo sublato, nec Romæ erit *Parlamentum*, nec Constantinopoli, nec Petropoli, aut alibi; sed nullibi, aut ubique, quod idem est. Illud etiam subnectere lubet : quo latius patet qualiscumque ditio, eo validius illam postulare *unius* imperium; sed cum Religio Catholica ad orbem totum pertineat, sequitur illam, haud etiam jubente Deo, tamen jubente rerum natura ad formam regni effingendam esse, ut sua esse possit.

Exploso Concilio œcumenico-acephalo (monstrum horrendum, informe, ingens, cui lumen ademptum!), altera restat dissidentibus, sed debilior anchora, nempe *Traditio*, sine qua ipsamet Scriptura, fatente Cl. Auctore, *sine consensu totius antiquitatis non recte explicatur.* (Cap. VI, sect. I, § 79, p. 168.)

Ecce vero jam in limine hæremus. Nonne Catholicus, nonne Lutheranus etiam, aut Calvinista, vel etiam Socinianus, ad traditionem provocant? Clarkius opus suum exitiale (quod sero nimis detestatus est) anglice inscripsit : « *Scripture-Trinity*, id est, *de Trinitate secundum Scripturas.* » Bene dixit Joannes Jacobus Rousseavius in uno ex suis dilucidis intervallis : « *Nec Deus ipse librum cudere posset, de quo homines disputare nequirent.* » Sed si de Scriptura disputant, majorne Patribus honor habebitur ? Quid clarius his verbis : HOC EST CORPUS MEUM ? Petrus tamen clamat : *Si Corpus, non Panis;* Lutherus vero : *Et Panis et Corpus;* Calvinus : *Panis, non Corpus;* Photius silet.

Quid iterum clarius his verbis : « Tu es Petrus, etc. ? » Nec Deus ipse clarius scribere potuit ; nihilo tamen secius præsul doctissimus intrepide adseverabit, me cum meis nescire litteras, nec verba intelligere.

Bellarminus igitur, et Maldonatus, et Petavius, et Bossuetius, et Fenelonius, et Huetius, etc., etc., stipites fuerunt, nec veram traditionem unquam adsecuti sunt. Demus hoc : Tu vero, o bone Patriarcha Constantinopolitane (aliusve : nomina enim non moror) veritatem, quam illi *homunculi* cæcutientes nec e longinquo prospicere potuerunt, oculis TU aquilinis facie ad faciem intueris ? *Credat judæus Apella, non ego;* nec tu ipse (confidenter dico), nec tu ipse (nisi somnians) credis.

Quum igitur utrinque stet, et auctoritati auctoritas respondeat (immodestissimus sit, qui me non modestissimum putet); nec Concilium œcumenicum sine capite esse possit; nec si sit, contra aliud Concilium eodem modo œcumenicum vim aliquam habere possit; nec libri omnes (dempta auctoritate explanante) aliud sint, nisi *Topica* ad disputandum; restat ut vel invitissimi dilabamur ad *Judicium singulare*, quod est cardo totius doctrinæ pseudo-reformatæ.

Atque id quidem apprime novit Conscientia falli nescia. Hinc est, quod apud dissidentes Ecclesia nihil est, nisi nomen inane, vanumque nescio quod phantasma, cui datum non est loqui, *sicut potestatem habenti;* adeo ut, ne extra Rutheni imperii limites exspatiar, spreta synodo, quam floccifaciunt, innumeræ hæreses aut turpissimæ aut absurdissimæ e sinu superstitiosæ plebis scaturiant velut e cadaveribus vermes, quin Episcopi vel mussitare audeant. Deterrimus enim *Rascolnicorum* adversus Ruthenam Synodum ipsissimum jus habet, quod Photius olim contra Summum Pontificem habuit; et dissidens adversus dissidentem nil habet quod loquatur, nisi decantatum illud : « *a, a, a..., nescio loqui :* » valente præcipue in rebus religiosis Lege Romana : « *Quod quisque juris in alium statuerit, ut eodem jure utatur.* »

Dum vero apud infimam plebem stultissimæ, aut, quod pejus est, atrociores δόξαι antiquam religionem misere discerpunt, recens philosophia proceribus imperii et medio Ordini mala pharmaca large propinat; Clerus vero toto bibit ore Calvinum.

.... Quis talia fando
Temperet a lacrymis?

Optimè olim, ut solet, Divus Augustinus : « *Evangelio non crederem, nisi me Ecclesiæ commoveret auctoritas.* » Sed quum nulla sit Ecclesia, ubi Petrus per hæredes non imperat; sequitur, ibi quoque nullam homines habere sat firmam rationem credendi.

Evicta jam veritate posterioris præmissæ ope ineluctabilis theoriæ, pergendum nunc ad experientiam, quæ est quasi *demonstrationis demonstratio*, veritatemque ad ἐναργεστάτην περιφάνειαν provehit. Nec ab alio mortali argumenta petam, quam ab ipsomet clarissimo Præsule, quem juvat primum candidissime pro sua natura loquentem auscultari.

Nam postquam in Calvini doctrinam leniter sane invectus est, hæc non levi pede prætereunda adjicit : « *Hæc sane est disciplina illa, quam* PLURIMI DE NOSTRIS *tantopere laudant deamantque, quasi solus Calvinus meliora saperet, quam Apostoli, eorumque per XV sæcula successores.* » (Cap. VI, sect. 1, § 79, p. 168.)

Habemus confitentes reos! Nam quis unquam suos penitius novit, quam Illustrissimus Archiepiscopus? Viden' jam inclinatas partes, et Ruthenos sacerdotes (hos saltem, qui latine sciunt) a Binghamo musteos, Calvinum jam adfectantes? At nihil vetabat, quin ipsemet Reverendissimus Archiepiscopus de seipso subjunxisset : *et quorum pars magna fui;* nam liber ejus, quem curiosis rimor oculis, totus turget fermento Calvini.

Et primo quidem quis unquam feret nebulonem istum religionis nostræ in bene multis Europæ partibus impurissimum eversorem, Twerensi Archiepiscopo *magnum virum* audire (ibid., p. 168)? Parcius laudat hæresiarchas vir orthodoxus; nec puto, Præsul doctissimus Arium aut Nestorium *magnos viros* vocasset. Hic vero patet arcanum Σχίσεως « *Omnis inimicus Romani Pontificis, amicus noster.* » Atque id bene norunt pseudo-reformati : inter multa exempla quæ mihi præsto sunt, unum seligam velut insignius.

Is, qui ex *Protestantium* familia anglicam fecit catechesim illam Ruthenam jussu imperatoris Petri I, initio sæculi nuper elapsi cusam atque vulgatam, hæc habet in præfatione memoranda verba a me Latio donata.

« Cathechesis ista magni viri, cujus jussu conficta fuit,
« totum spirat ingenium. Ille quidem inimicos duos et
« Suevis et Tataris sæviores feliciter superavit, supersti-
« tionem nempe et ignorantiam, quibus favebat inveterata
« et pervicax contumacia (p. 4)... Confido ope hujus in-
« terpretationis faciliorem evasuram consensionem An-
« glos inter et Ruthenos episcopos, quo simul validiores
« fiant ad concidenda Cleri Romani scelerata et cruenta
« consilia (p. 5)... In multis fidei articulis Rutheni tam Re-
« formatis consentiunt, quam Romanæ Ecclesiæ adver-
« santur... Purgatorium negant... et Covilius noster Can-
« tabrigiensis doctor erudite demonstravit in suis de
« **Græca Ecclesia** commentariis quantum inter se discre-
« pent Græca Synaxis et Pontificiorum transsubstantiatio
« (p. 66). »

(Vid. *The Russian Catechism, composed and published by the order of the Czar; to which is annexed a short account of the church-government and ceremonies of the Moscovites.* London, Meadows, 1725, 8°, by Jenkin Thom. Philipps.)

Quam amanter! quam fraterne! Et quis non impense mirabitur tam avide expetitum fœdus inter duas religiones, quarum dogmata e diametro opponuntur, contra religionem alteram, quæ in omnibus Ruthenæ consentit, demptis tricis aliquibus, quas, cum volent Rutheni, acies Latina momento temporis concidet? A te vero nunc peto, o Divina Conscientia, quæ neminem habes potiorem, nunquid jure meo pro certo habebo, atque adseverabo, *non esse apud Ruthenam Ecclesiam aliud dogma inscriptum cordi, nisi odium Romani Pontificis; sinere vero illam, ut cætera dogmata in libris placide quiescant?* Aliter nunquam enodabitur ænigma illud plus quam Œdipeum *de summa amicitia inter religiones a natura infensissimas.*

Hinc est, quod sacerdotes Rutheni, qui latine aut gallice sciunt (faventene aut irascente Deo, ipse scit), toti sunt in evolvendis pseudo-reformatorum libris, nec catholicos licet doctissimos affinesque consulunt. Exemplum sit Archiepiscopus noster Twerensis, qui Binghamum nobis, et Cavæum, et Usserium, et sexcentos alios usque obtrudit; Petavium vero, aut Bellarminum, aut Thomassinum, aut Cellerium, aut Neumachium, etc., nunquam appellat. Ast quis in atramento natans candidus eveniet? Et revera in vestimento Illustrissimi Præsulis ingentem maculam primo obtutu deprehendo. Ad Binghamum provocat (sect. I, p. 216, not. 2), ut evincet, *orthodoxam Ecclesiam Ruthenam inter sacra sua nihil quidquam retulisse, nisi quod sancti Patres ab ipsis apostolis, virisque apostolicis primum acceperunt,* etc.

Hæreticus igitur, qui et præsentiam Corporis Christi in Eucharistia, et quinque e septem sacramentis, et necessitatem bonorum operum, et hominis αὐτεξουσίαν cum gratia, et hierarchiam respuit, etc., etc.; Deiparæ vero et sanctorum invocationem pro nefanda idololatria stultissime habet; is, inquam, Reverendissimo Archiepiscopo idoneus testis est Ruthenæ orthodoxiæ! Exclamaret zelotes aliquis :

« .... O Pater orbis,
« Unde nefas tantum? »

Ego vero aliter exclamandum censeo : *O frater carissime, sapias tandem, desinasque in tenebris lucem quærere!* Minus aperte, si typis loquerer; ast hic nil vetat sensus veros expromere : manifestum hoc in loco vidi calvinistam. Personatus alias incedit, ut cum supra cit., pag. 168, dixit *doctrinam Calvini per mille et quingentos annos in Ecclesia Christi* PENE *inauditam fuisse.* Ain' tu, Doctissime Archiepiscope, PENE inauditam? Ergo, quod est consequens, PENE damnandam. Hæc et alia bene multa perpendenti occurrit illud virgilianum :

<blockquote>Et fugit ad salices, et se cupit ante videri.</blockquote>

Eamdem in pseudo-reformatos proclivitatem, idem in nos odium arguit nomen istud *Pontificios*, quo nos insignitos video (p. 9 operis et alibi). Quid sibi vult Cl. Archiepiscopus? Numquid et Rutheni *Pontificii* non sunt? Nam si non Pontificii, nec etiam christiani ex eorum ipsa doctrina atque institutione. Præterea, quum verbum istud *Pontificii* continuo a pseudo-reformatis usurpatum sit ut Catholicos seu Romanos nuncupent, verbum in hæresis ore putruit, nec, salvo honore, a cordato theologo unquam eodem sensu sumitur; non aliter quam verbo CIVIS per se honestissimo, a furentibus scurris æternum dedecus in febricitante Gallia inustum fuit.

Verum illo morbo usque laborarunt Græci, ut Nos qui tribus abhinc sæculis bellum gerimus acerrimum cum infensissimis fidei christianæ hostibus, qui et scriptis, et immensis laboribus, et sanguine nostro (id sine invidia dictum sit) decertantes, ut imperii christiani fines proferamus, et sacro-sancta dogmata nobis cum Orientalibus communia sarta tecta, illibataque posteris tradamus, Christique vexillum ab horrente Caucaso ad ultimos Peruvianos ovantes extulimus; Nos tamen, inquam, eodem loco habeant, iisdemque nominibus prope compellent ac Lutherus ipse aut Calvinus, duæ pestes illæ tartareæ in reipublicæ christianæ perniciem natæ. Quod quam sit a recta ratione, atque etiam ab omni ingenui capitis urbanitate absonum, nemo non cæcutiens non videt ; nec alium judicem appello, quam ipsummet Illustrissimum Archiepiscopum sobrie secum recogitantem.

Cuique τῶν μερόπων ἀνθρώπων pulmonem duoque labia habenti licitum est exclamare : *Ego sum catholicus!* Verum heus tu quisquis es christiane dissidens, qui veritatem amas, noli tuæ nec alteri Ecclesiæ credere : quære a Turca vel Judæo qui sint et ubi sint catholici? Responsum accipe, καὶ ἐνὶ φρέσι βάλλεο σῇσι.

Non est igitur cur, reclamante humani generis conscientia, tantopere veteribus odiis Græci indulgeant : jam mitius nobiscum agant, nosque honestius compellent.

Quid dicam nunc de sacramentis, quæ quidem Cl. Auctor partitur in *primaria* et *secundaria* (p. 192-217). Quid sit *primarium* aut *secundarium* in Christi institutionibus, non liquet; sed plus me movent inscriptiones duarum sectionum, quæ sunt de re sacramentaria. Prima enim inscripta est: « De primariis sacramentis et ritibus (p. 192); » alter vero (p. 217), « De sacramentis et ritibus secundi generis. » Quam subdole calamus scriptoris lusit in his epigraphis! Nam prima quidem duobus modis intelligi potest, nempe *de primariis sacramentis simulque de ritibus; vel de primariis sacramentis et de primariis ritibus*. Utrique interpretationi favet indoles linguæ latinæ. Consociationis hujus rituum et sacramentorum, variationisque in inscriptionibus, nulla excogitari potest alia causa, nisi occultum consilium *ritus sacramentis* æquiparandi. Et revera Reverendissimus Auctor jure suo et *plenissima potestate* (ut Reges aiunt) unum e septem sacramentis tollit, nec Confirmationem seu Chrisma vult aliud esse nisi *ritus Baptismi* (sect. I, § 116, p. 200). Rem istam, quum ingentis sit momenti, oculis, ut comicus ait (1), *emissitiis* juvat introspicere.

Ait Auctor in Sectione I, p. 190 : « *Duo cum primis summa auctoritate Jesus Christus instituit atque Ecclesiæ*

---

(1) Plautus in *Aulularia*, act. I, scen. 1, v. 2.

suæ tradidit sacramenta, *Baptismum et Eucharistiam,* »
§ III. In Sectione vero II, sic scribit : « *Eodem tempore Ecclesia christiana aliis etiam utebatur sacramentis et ritibus, iisque diversæ quidem a supradictis dignitatis; attamen divinitus, sive non sine cœlesti admonitu* (*id quod maxime facit auctoritatem*) *institutis; cujus generis sunt* a. *Pœnitentia,* b. *Ordo,* c. *Conjugium, et* d. *Extrema Unctio.* »

Verum enimvero *a, b, c, d,* sunt quatuor. Ast quum superior Sectio de duobus tantum agat sacramentis primariis, *Baptismo* nempe et *Eucharistia;* ex duo vero et quatuor, sex fiant tam Romæ, quam Constantinopoli, quæro nec invenio septimum sacramentum. Nihil enim est aliud *Confirmatio,* ex mente Clarissimi Archiepiscopi, quam *baptizandis adhibita unctio* (Ibid., § 116, p. 200), id est *ritus.*

Nec me fugere potuit insignis distinctio a Cl. Archiepiscopo in Ecclesiam Christi introducta. Ex suis enim (auctoris scilicet) sex sacramentis, tria, Baptismus nempe, Eucharistia, et Pœnitentia, *a Christo Domino* instituta sunt (Sect. I, § 111, p. 192, et Sect. II, § 128, p. 217). Tria vero cætera *a Deo* (Sect. II, § 129, p. 219; § 130, p. 223; § 131, p. 226). Quæ sane distinctio non nihil est; nam quis Talmudis aut Alcorani discipulus negabit institutionem conjugii aut sacerdotii a Deo esse ? Nec temere quidem scripsit Cl. Præsul; imo vero cautissime progreditur, et quasi suspenso calamo chartam attingens tantum, nunc scripta expungit, nunc expuncta restituit, et stans pede in uno alterum profert, refertque vicibus alternis.

De Eucharistia multa sunt, quæ notare possem. Graviora seligam. Post Lutheri Calvinique furores, et turbas XVI sæculi, et concilium Tridentinum, nulli licet heologo de Eucharistia disserenti verbum *Transsubstan-*

tiationis, aut græcum synonymum Μετουσίας, omittere ; non minus quam τὸ Ὁμούσιος seu *Consubstantialis* post Nicænam Synodum. Nec reponant Orientales; *quid ad nos ?*

Ἡμεῖς δὲ κλέος οἷον ἀκούομεν οὐδέ τι ἴδμεν.

Nam non ii sumus in orbe, quos ignorare aut παρορᾶν liceat : et post mota apud nos fidei nostræ fundamenta, maxime circa Eucharistiam a Luthero, a Calvino, et Zuinglio, aliisque tam multis, tamque luctuose doctis hominibus, adeo ut

> .... *Si Pergama dextris*
> *Everti possent, etiam his eversa fuissent,*

nemo credet, orientalem theologum bene rectéque de Eucharistia sentire, qui non planissime atque ore rotundo Transsubstantiationem seu Μετουσίαν dixerit.

Scio, quum olim, jubente Ludovico XIV, magni illius principis legati apud exteros reges inquirerent in fidem dissidentium Ecclesiarum circa Eucharisticum dogma, Ruthenam Synodum bene et Catholice publico testimonio in scriptis respondisse : verum, omisso etiam quid valuerit in his rebus tanti principis auctoritas, non illud quærimus, quid crediderint Rutheni sacerdotes exeunte sæculo XVII; sed quid credant ineunte XIX? Accedit, quod inter dogma scriptum aut creditum, haud parvum discrimen animadvertimus; quum enim corrodente hærese, fides evanuit, scriptæ formulæ et publicæ professiones aliquantisper superstites manent, velut arboris cortex, ligno jam et medulla situ consumptis.

Si quis nunc a Ruthenis præsulibus quæreret, quæ sit eorum fides circa Sacramenta, nullus dubito, quin *Romane* responderent; et tamen quam longe aliter sentiant nullo negotio eruitur ex *Libro historico* typis S. Synodi edito.

De Extrema Unctione minus est dubium, quum apertíssime loquatur Illustrissimus Archiepiscopus; nam primo Unctionem istam *a Deo* institutam esse, et in Ecclesia Christiana sanandis ægrotis adhibitam fuisse docet (Sect. II, § 131, pp. 226-227); quum tamen ex ipsis verbis Apostoli (Jacobi Cap. V, v. 14) ab auctore appellati, et ex totius Ecclesiæ consensu Sacramentum istud valeat etiam *ad remissionem peccatorum;* deinde, ut est mos Reverendissimi Archiepiscopi (quippe qui veros sensus aperte profiteri instituti sui esse non putat) antiquum aliquem Scriptorem appellandi, cujus tamen verba non raro sumit καταχρηστικῶς; Tertulliano hic utitur, ut Extremam Unctionem e numero Sacramentorum radicitus evellat. En locus Tertulliani (Lib. ad Scap., cap. IV): « *Ipse etiam Severus pater Antonini Christianorum memor fuit. Nam et Proculum Christianum... Evhodeæ procuratorem, qui eum aliquando per oleum curaverat, requisivit, et in palatio suo habuit usque ad mortem ejus.* » Ex quo manifeste eruitur, Extremam Unctionem et a viro laico et viro ethnico, ut pharmacum ex apotheca, adhibitam fuisse; quod est plane novum in Ecclesia, vereorque ut in isto casu, nec Sacramentum sit, nec ritus.

Quid multa? Reverendissimus Auctor quum, absoluta Sectione de Baptismo et Eucharistia, inquit: *Eodem tempore Ecclesia Christiana aliis etiam utebatur Sacramentis et ritibus, iisque diversæ quidem a supradictis dignitatis... cujus generis sunt, Pœnitentia,* etc.; nonne aperte profitetur, quatuor ista Sacramenta ex mente sua nil aliud esse, nisi ritus, *cujus generis* plura paucioráve esse potuissent, jubente sola disciplina?

De singularibus nos inter et Græcos contentionibus, hæc maxime notavi.

De Baptismo per *immersionem* aut per *adspersionem*, miror, quod in hac tanta scientiarum luce de nugis adhuc sit digladiandum. Serio hic excandescit Cl. Auctor et bis *Pontificios* nos vocat. In his nolo esse nimius: unum duntaxat aut intorquebo aut retorquebo argumentum.

Ex confessis (ibid. p. 202, in Not.) *adspersio clinicorum*, id est, *lecto decumbentium licite fiebat;* atqui, jubente natura, id est, Deo, omnes infantes sunt *clinici;* ergo, etc. Syllogismus iste non plane mihi videtur esse *telum imbelle sine ictu.* Cæterum omnino disputabile est, quod ait Reverendissimus Auctor, nos *injuria exceptionem sumpsisse pro regula;* nam id rectissime fit, si 1° non sine ratione fiat; 2° si auctoritate fiat; 3° si in exceptione maneat rei substantia, quod ipsemet fatetur Illustrissimus Archiepiscopus.

Quod subjicit, *hunc novum perversumque adspersionis morem accepisse Parvæ Russiæ cives a Pontificiis; quod tamen malum leniter pro more suo sanandum curat universæ Russiæ Synodus* (ibid., p. 203), illud, inquam, fletu excipiendum. Si sapientibus credit venerabilis Synodus, alias res curet, nec muscas venari satagat, dum lupi intra ovilis septa grassantur.

Altera disputatio de Consecratione per *invocationem* aut per *narrationem* mera est logomachia; nam quum legimus in *Libro historico* (Sect. I, § 123, p. 210): *Fuit nimirum ista forma inde ab exordio Ecclesiæ Christi non mera repetitio solius dicti hujus:* Hoc est Corpus meum, etc.; *sed expositio quoque historiæ institutionis una cum precibus ad Deum*, etc.; quis non crederet, consecrationem apud nos fieri tantum *per meram repetitionem*, etc.? Quod tamen a vero prorsus est alienum. Incipit enim augustissima oratio seu *Canon Missæ* a notissima invocatione *Te igitur, clementissime Pater*, etc.; dein iterum, *Hanc igitur oblationem*, etc.; et tertio tandem (ibi maxima δύναμις εὐκτική), *Quam oblationem tu Deus*, etc., *ut nobis Corpus fiat*, etc. Deinde sequitur ἀμέσως historia institutionis,

Qui pridie quam pateretur, etc. Scio, non bene convenire inter theologos quæ sint proprie verba consecrationis efficientia; sed quum inter omnes constet post invocationem et narrata Christi verba factam esse mirandam conversionem; sit vero apud utramque Ecclesiam et Ἐπίκλησις et Διήγησις, nobis tandem contingat esse sanis, et inanibus tricis valedicamus.

Nunc de celeberrima controversia circa diem Paschatis, et de tota agendi ratione Victoris Pontificis, pauca lubet subjicere.

In primis miratus sum, quod Auctor Clarissimus, posteaquam ipsemet de scriptis pseudo-reformatorum etiam optimis rectissime dixerit, *latet anguis in herba* (Proleg., cap. II, § 25, p. 41); det tamen nobis hic Moshemium recoctum, sinatque se ab illo auctore in transversum agi. Primo namque Papa Victor recte sentiebat, nec aliud tuebatur, quam quod deinde sanxit Nicæna Synodus; et multa jam Concilia provincialia in Palæstina, in Ponto, in Mesopotamia, in Galliis, et Corinthi, et Hierosolymis, etc., idem statuerant. Nec Victor solus decreverat, sed consentiente Romano Concilio. Si quid igitur paulo asperius decrevisset in Asianos istos, quibus jam tunc inscitia fatalis erat, jure suo forte fecisset: sed quum Illustrissimus Twerensis Archiepiscopus ignorare minime potuerit quam multis Theologis Historicisve certum sit, aut certo proximum, Papam Victorem intra comminationis fines se continuisse; et ipsemet Eusebius, quem hic testem appellat, non *excommunicavit*, sed scripserit *excommunicare tentavit*, cur Auctor ipsa Eusebii verba recitare nobis renuit, quum alia prope infinita in opere suo nobis dederit αὐτολέξει? Id sane et inveteratam aversationem, et opinionem præjudicatam sapit (1).

---

(1) Eusebii testimonium, quod in controversiam vocatur, apud eumdem,

Verum tota lis ista, si quis in eam accuratius inquirat, mirum quam sit luminibus fœta, et oculos omnes non omnino corneos fulgentibus radiis perstringat. Nullus

Lib. V *Historiæ ecclesiasticæ*, cap. 24, his verbis exaratum invenies : Ἐπὶ τούτοις ὁ μὲν τῆς Ῥωμαίων προεστὼς Βίκτωρ, ἀθρόως τῆς Ἀσίας πάσης ἅμα ταῖς ὁμόροις Ἐκκλεσίαις τὰς Παροικίας ἀτοτέμνειν ὡς ἑτεροδοξούσας, τῆς κοινῆς ἐνώσεως πειρᾶται : quibus luculenter ostenditur, Victorem Papam *separare* quidem *conatum fuisse*, minime vero Asiæ ecclesias a sua communione separasse. Quem enim niti quid agere dicimus, profecto ad quod nititur, id nondum egisse intelligimus.

Non me fugit, contrariæ opinionis propugnaturos, Socratem nempe Lib. V, cap. 22, Halloixium et Caveum in vita Irenæi, quibuscum Twerensis Archiepiscopus fidenter adeo consentit, ad evincendum sententiam excommunicationis a Victore fuisse prolatam, his præsertim inniti immediate sequentibus verbis : καὶ στηλιτεύει γε διὰ γραμμάτων, ἀκοινωνήτους ἄρδην πάντας τοὺς ἐκεῖσε ἀνακηρύττων ἀδέλφους. Verum præterquam quod hæc ab Eusebio non parum obscure narrata esse videntur, et ab aliis græcæ linguæ interpretibus aliter exponuntur ; num quid senserit Eusebius, ut scite observat Cl. Henricus Valesius, aliunde verius, quam ab ipso Eusebio cognosci poterit ? Jam vero is postquam scripsisset, Victorem Asiæ ecclesias a communione *separare conatum esse* ; inde pergit narrare, hoc Victoris consilium nequaquam placuisse omnibus Episcopis, ac præsertim Irenæo, qui in sua, quam nomine fratrum scripsit, epistola τῷ γε μὲν Βίκτωρι προσηκόντως ὡς μὴ ἀποκόπτοι ὅλας Ἐκκλησίας Θεοῦ ἀρχαίου ἔθους παράδοσιν ἐπιτηρούσας, πλεῖστα ἕτερα παραινεῖ. Itaque si Irenæus, teste Eusebio, Victorem adhortatur, ne ob traditi moris observantiam integras Dei Ecclesias a communione rescindat : sane ipsius Eusebii judicio, quum Irenæus hanc epistolam scriberet, Victor a sua communione Asianos nondum absciderat ; nisi forte dicamus, Eusebium hic inducere Irenæum Victori suadentem, ut ab ea ferenda sententia desistat, quæ ab ipso jamdudum prolata fuisset. Quod facto ὡς ἀπειροκάλως ab Eusebio scriberetur, nemo non videt. At, inquies, quod factum antea non fuerat, nonne id a Victore deinde fieri potuit ? Respondeo, hujusmodi facti nullam ab Eusebio prorsus mentionem fieri ; imo per ipsum stare potius, quominus id credibile esse videatur ; ait enim sub finem prædicti capitis : Καὶ ὁ μὲν Εἰρηναῖος φερώνυμός τις ὢν τῇ προσηγορίᾳ, αὐτῷ τε τῷ τρόπῳ εἰρηνοποιὸς, τοιαῦτα ὑπὲρ τῆς τῶν Ἐκκλεσίων εἰρήνης παρεκαλεῖ τε καὶ ἐπρέσβευεν. Fuit igitur Irenæus, asserente Eusebio, Εἰρηνοποιὸς, id est, *pacis conciliator*. Atqui talis profecto non fuisset, nisi placatum Asiæ Ecclesiis Victorem redonasset.

Et hæc quidem dicta sunt, posita eorum veritate, quæ ab Eusebio narrantur ; haud parvi tamen refert observare, Cl. Viros historiæ ecclesiasticæ apprime doctos, tum S. Irenæi epistolam, tum alteram epistolam, quæ Polycrati tribuitur, aut supposititias esse, aut valde depravatas censuisse ;

enim Victoris æqualium *incompetentiam* illi (sit iterum venia verbo); sed aut nimiam severitatem, aut animi impotentiam objecit. Dato igitur (quod est in controversia), Summum Pontificem Asianos istos paulo asperius contrectasse dum illos de Calendario docebat; quæ res potestatem clarius arguit, quam potestatis abusus? Ast, quod pluris est, « Decretum Concilii Romani, » narrante ipso Clarissimo Archiepiscopo, « Papa Victor mittit ad di-
« versos Orbis Episcopos, et Synodorum omnium (quas
« supra memoravi) decretum fuit ὁμόψηφον, nullo unquam
« alio die, quam Dominico, juxta morem et consuetudi-
« nem Romanæ Ecclesiæ, Pascha celebrandum. » (Sect. III, § 133, p. 230.)

Emicat hic jam suprema potestas : quæ vero consecuta sunt, quæque ponderis sunt longe gravioris, illa, inquam, omnia in alterum Caput transtulit Eximius Auctor, nempe in secundum, quod est *de Conciliis primorum Christianorum* (§ 143, pag. 238 et seqq.). An vero putem, ut ea, quæ in partes diduxisset, segnius animos percellerent? Ita quidem primo obtutu suspicari cœpi; at expavi injuriam : de hoc judicium prorsus esto penes Reverendissimum Archiepiscopum; ejus enim conscientiæ hic nolo contradicere.

Utcumque se res habeat, « Theophilus Episcopus Cæsa-
« riensis Romam accersitur a Victore : decretum Romanæ
« Synodi de Paschate *cognovit :* reversus autem domum
« satisfacturus *voto et precibus Victoris* Synodum ipse con-
« vocavit, etc. » (Ibid., § 145, p. 239.)

Ast malum! Quomodo Episcopus Cæsarea Romam *ac-*

---

quemadmodum, si vacat, ex commentationibus cognosces, quas hac de re ediderunt, sane luculentis. Quod quidem breviter hic et ἐν παρόδῳ saltem advertisse, æquum duximus. (*Vide* Felleri *Diction. histor. gallice scriptum*, t. VI, verbo VICTOR.)

(*Note ajoutée postérieurement par l'éditeur.*)

cersitus, ut preces et vota tantum exaudiat, decretumque Romanæ Synodi veluti casu cognoscat? Profecto is, qui *accersit* (si quid latine scio), *jure suo* accersit, et ipse Reverendissimus Archiepiscopus (nunquam sibi, nisi in veritate constans) perpaucis interjectis versiculis Victorem nobis exhibet *regie* agentem, « Cæsariensem sci-
« licet Episcopum Victoris mandatarium acta Synodi
« in Epistola sua exponentem, et *accepta auctoritate* vi-
« dentem tantum sibi opus fuisse (1) (mandatum), quod
« *in mundi observationem* transmitteretur... non solum e
« sua patria, sed etiam ex vicinis provinciis omnes Epis-
« copos et sapientes viros ad Concilium evocantem... Pro-
« ferentem *auctoritatem ad se directam,* et quid sibi ope-
« ris *injunctum fuisset* patefacientem. » (Cap. II, § 145, p. 239.)

Quid imperatorium magis seu ἡγεμονικόν? Nuda narratio suasionem parit; præsertim si meminerimus, hæc acta fuisse exeunte tantum sæculo II°, et quamvis homines doctissimi juxta nobisque infensissimi nullum lapidem non moverint, ut lumen historiæ aut restinguerent aut certe obscurarent; e sinu tamen præjudicatarum opinionum victrix veritas effulget, velut e densissima nube fulgetrum.

Quod autem Papæ Victoris acta doctissimus Twerensis Archiepiscopus *audaciam et furorem Victoris* appellaverit (§ 133, p. 231, et § 145, p. 239), id nollem et cordatissimo et humanissimo viro excidisse de tanto Summoque Pontifice et de sanctissimo Martyre verba facienti; verum hic non tam theologice, quam grammatice a Clarissimo Auctore dissentio. Verba enim ista *audaciam furoremque* illi quidem latina sunt, mihi vero *græca.*

---

(1) Hic desideratur verbum, quod probabilior excidit incuria typographi : hoc fuerit vel *mandatum,* vel *impositum,* vel *commissum,* etc., perinde est.

Quod ait (§ 139, p. 237), *Morem precandi pro defunctis, ut fit in Ecclesia Russiaca derivatum fuisse ex antiquissimis commemorationibus Martyrum, de quibus in Cypriani Epistola* xx (aliter xxxvii), id non parum me intentum tenuit, et si callerem linguam Ruthenam, lubentissime legerem orationem istam de Assumptione Beatæ Mariæ Virginis, quam dixit ipsemet Twerensis Archiepiscopus, et ad quam provocat (ibid.), ut res tota evolvatur; nihil mihi gratius foret, quam scire (ut verbis utar Cardinalis Poliniaci) quæ fibula nectat Assumptionem B. Mariæ V., cum precibus quæ fiunt pro defunctis.

Clarissimum Auctorem oblique hic aliquid moliri tam certum est, quam quod certissimum, si meminerimus præsertim, illum jam more suo multo prius quasi prætentando dixisse, illud in compertis esse, *Patres antiquos pro omnibus Sanctis precatos esse* (§ 125, p. 215).

Verum divinare nolo; *Davus sum, non OEdipus.* Unum sit satis monuisse, nempe omnem rogationem pro defunctis, dempta fide *Purgatorii*, nil, esse nisi anilem superstitionem et scenicum ludum. Nam si inter felicitatem et damnationem æternam nullus sit status medius qualiscumque haud ἀνιάτου pœnæ (quod est Purgatorium), quid sibi volunt lugubres illæ cantilenæ, quibus Sacerdotes aures nobis obtundunt, æraque insulse verberant? Convertat se potius Pontifex ad populum, illumque paucis verbis cum ista Λαῶν ἄφεσι ingenue dimittat: Fratres, homo cujus luctuosas reliquias videtis in hoc feretro, aut salvus est, aut damnatus: utrumque immutabiliter, ideoque in neutrum casum precibus vestris indiget: abite igitur vos, et res vestras agite.

Plura possem; sed festinandum ad amœniora. Primo, quod *Liber historicus* latino sermone scriptus sit, id vehementer probandum est; nam quum ratione argumenti ad omnes Christianos pertineat probe doctos, utique scriptum lingua τῇ καθολικῇ prodiisse bene est; at vero quum homines indocti non sine magno et sui et Christianæ reipublicæ periculo his se immisceant, iterum bene est, librum hunc esse illis obsignatum, quo profecto fit, ut æquo animo ea prætermittant, de quibus recte nequeunt sapienterque judicare. Utinam omnes terrarum orbis viri docti de scientiis nonnisi latino sermone scribant, ita ut rursus sint *labii unius* velut ante Babelicam confusionem a Gallis invectam! Nunc omnes totius pene Europæ gentes insana insanorum imitatione et quasi morbo gallico correptæ, non solum, quæ ad amœniores litteras, sed etiam quæ ad graviores et reconditas doctrinas pertinent, lingua vernacula scribunt, adeo ut mens humana priusquam de rebus cogitet, jam sub verborum inani pondere fatiscat.

1° Historicos Ecclesiasticos e pseudo-reformatorum αἵρεσι quam graphice pinxit Auctor egregius in Prolegomen., p. 9 et seqq.! Hæc quum sapientissime scripta sint, quumque luem germanicam oppido cognoverit, omnesque ac præsertim juvenes monuerit ut gravem afflatum caute devitarent, nolo curiosius quærere an in contrectandis hujusmodi gregis venenatis voluminibus nonnihil impetiginis imbiberint Clarissimi Auctoris manus.

2° Nunquam satis laudanda annotatio in imo margine pag. 41 posita, in qua Illustrissimus Archiepiscopus suos ipse admonet quam cauto pede decurrenda sit historia Byzantina hujus infaustæ ætatis, in qua dissidii febris et Græciæ et Europæ et orbi exitialis Byzantinos corripuerat, illosque a Latinis vehementer abalienaverat.

3° De syntaxi Isidori Mercatoris moderatissime scribit, nec in ampullas neotericorum abit Blondello latrante quasi conlatrantium (p. 46 et seqq.). Nusquam ait Isidori collectanea ansam dedisse novæ ac perversæ disciplinæ in Ecclesiam adscitæ, quod revera est falsissimum. Ad Fleurium lectorem utique remittit, auctorem male doctum (quidquid dicant Galli, *qui sua tantummodo mirantur*), quemque tandem sui ipsius pœnituit, ut videre est in suis operibus postumis; citat præcipue Doctissimus Archiepiscopus Fleurii in Historiam Ecclesiasticam excursus, per se quidem parum catholicos, quorumque immoderationem immoderatiorem adhuc fecit inimica manus in citata editione (ni fallor); quin tamen ex tota hac antipontificia farragine vel hilum Auctor egregius in opus suum transtulerit. Plura, puto, vidit, quam alii e suis partibus, pluraque adhuc fortasse vidit, quam dixit, nec tali silentio fas est ipsum debita laude defraudari; nam veritatem strenue asserenti proximus est nil in eam moliens.

4° Pag. 248, § 149. *Schisma Novatianorum* notat, *qui catholicos ipsorum communionem expetentes denuo baptizabant*: hoc est, quod Galli vocant *alapam alicui in alterius maxillam impingere;* nec illud iterum sua laude privandum est.

5° De symbolis luculentissime disserit (§ 102, p. 185); et licet Illustrissimus Archiepiscopus parum memorem se præbeat effati illius Delphici Μηδὲν ἄγαν, dum sine ulla distinctione asserit, *omnes Episcopos potestatem habere formandi fidei symbola pro sua quisque ecclesia* (ibid., p. 185), non minus evidenter arguit stoliditatem accusationis *interpolati symboli* adversus nos ob tria verba apposite addita, institutæ ab iis ipsis, qui, Macedonio ingravescente, quatuor integros versiculos plaudente Occidentali Ecclesia, inseruerant.

Atque jam antea (§ 68, p. 148) bene monuerat Doctissimus Archiepiscopus, *breviorem Symboli* (Apostolici) *formulam progressu temporis diversas, prout vel res ipsa, vel hæreticæ pravitatis fuga subministrabat, cepisse accessiones, videri*. In quo sane vel morosissimus Aristarchus nil nisi τό *videri* reprehendere possit.

6° Omnes norunt quam multa multi scripserint, ut generis humani fidem de commoratione D. Petri, et de prima Sede in *urbe æterna* constituta, penitus everterent :

> Quanto rectius hic, qui nil molitur inepte!

et de itineribus Petri, et de ejus martyrio Romæ e cruce dicto, anno Neronis xiv, candidissime disserit (§ 45, p. 118, et § 155, p. 270) : nec memorare renuit Romanorum Episcoporum *non contemnendas epistolas;* et Clementis Romani epistolas encyclicas *in omnibus ecclesiis lectas;* et sancti Clementis *potentissimas epistolas* ad Corinthios (§ 27, p. 45, et ibid. p. 46, et § 151, p. 280), etc., etc.

Tandem, quod *de potestate Clavium* ait Doctissimus Archiepiscopus (cap. vii, § 95, p. 178, in Adnot.), *Eam in Evangelio exprimere disciplinam, similitudine ducta ab œconomis et administratoribus domus,* id quidem mihi summopere arrisit; nam quum Christus Dominus Divo Petro dederit non quidem *claves* ἁπλῶς, sed *Claves Regni cœlorum*, sequitur Petrum accepisse tunc *et usque ad consummationem sæculi* in æternitatem temporum *œconomatum et administrationem Regni cœlorum*. munus sane (haud minus, quam epistolæ Romanorum Pontificum) non contemnendum.

In perlegendo toto Illustrissimi et Reverendissimi Archiepiscopi libro, mirum quantus me pervaserit mœror de dissidiis inter christianos usque cogitantem. *Quis furor, o cives!* Quæ vos agunt intemperies? Dum Christiani nominis infensissimi hostes in nos sæviunt, arcemque Religionis gigantæo furore lacessunt, homines titulo Christianorum superbi cum Christiani nominis hostibus male fœderati triumphari se tandem ab ipsis patientur (qui finis erit inevitabilis), si prius de ὁμοθέοις et ὁμοβώμοις et ὁμονόμοις et ὁμοπίστοις triumphare valerent; et Calvinistam, puto, Socinianumve ferent impavide; ὁμόδελφον vero de nomine forsan et enclitico dissentientem, neutiquam. *O cæcas hominum mentes!* Utut vero sint hæc, non sine fletu commemoranda; quum tamen ex altera parte, tantis jam et erroribus, et præjudicatis opinionibus humana mens quasi se defæcaverit, et Divina Providentia immensum nescio quid cogitans horrendis rerum conversionibus, et sævis cladibus homines quasi tritos et subactos futuræ concretioni aptos effecerit; nostrum est divinis obsecundare motibus. Hoc est, cur ille ego infimus fidelium, in rotam tamen jam motum præsentientem impressionem quoque, licet debilissimo pede, fecerim, ut figulus ille Homericus αἶκε θέῃσι. Nam præsens scriptum totum est πειραστικὸν, nec aliud sibi assumit nisi *bonam voluntatem*, cui pax de cœlo dicta est. Ideo nihil acerbe et procaciter dictum; et si quando genio indulgenti subrisisse contigit, id spero blande, nec inurbane factum, salvaque reverentia, qua adversus Illustrissimum et Reverendissimum Archiepiscopum nemo me antecellit. Utinam inter litigantes arbiter a suis renunciaretur! Primus inter meos exclamarem ἄξιος! ἄξιος! ἄξιος! Interim e re christiana esse censui cogitationes meas *de Libro historico* et secreto et in scriptis et lingua in his terrarum tractibus paucis nota cum Clarissimo Auctore communicare, ut illi sint quasi antiqua illa Orobii et Limborchii *amica collatio*, in qua rationibus mere philosophicis innixus (ne aliquid detur studiis partium) evicisse mihi videor, Christianos omnes a sancta sede segregatos simul ac se imbuere litteris incipiunt, in Calvinistarum partes; id est, quidquid in contrarium nitantur, in merum putumque Socinianismum, non posse non gregatim abire.

Plurimas igitur habeo et ago gratias Comiti Paulo Alexandro Strogonovio, quod me *Libri historici* compotem fecerit, mihique ansam dederit summo viro summæ observantiæ testificationem præbendi luculentissimam; nam quorsum hæc, si ea pro inutilibus haberem? Aut quomodo ea pro inutilibus non haberem, nisi me commoverent Insignis Auctoris et egregia indoles et recondita eruditio? Quid possit, si velit, nec ipse homo si non experiatur, novit. *Omnia vincit Amor:* id philosopho et theologo, plusquam deliranti amasio, verum. Omissis igitur odiis et jurgiis, *et nos cedamus Amori;* alacresque viam hanc ingrediamur regiam, quæ in Civitatem sanctam desinit, memores semper illius divinæ vocis ἀληθεύειν ἐν ἀγάπῃ (Ephes., cap. IV, v. 15). Nos certe neminem Christianorum odio habemus, imo neminem non diligimus.

Testis sit Hebdomas illa sanctissima, in qua pro iis, qui illo ipso tempore anathematibus in nos fulminant (vana sane, sed nobis flebilia fulmina), Deum Optimum Maximum amantissime rogamus (1); adeo ut unus ex his, quos *Ministros Sancti Evangelii* vocant pseudo-reformati, ne *Sacerdotes* dicant (sic jubente insuperabili conscientia), præsens olim exclamaverit : « *Hæc est vera mater; date illi filium.* » (*Regum* lib. III, cap. III, v. 27).

Testes sint Summi Pontifices, qui post Lugdunensem Synodum, qua nec sanctior unquam, nec plenior extitit, et post Florentinam alteram itidem solennissimam, in qua, vel Scyropulo texte, Patres absolutissima libertate usi sunt, nunquam ex Cathedra Græcis anathema dixerunt; sed reconciliationi bis celebratæ semper intenti, facta deinde pro infectis habebant, et quasi meminisse horrebant. Testes sint insuper alii Pontifices, qui Orientales Episcopos ad Synodum Tridentinam vocaverunt, sanc-

---

(1) « Oremus etiam pro hæreticis et schismaticis, ut Deus et Dominus
« noster eruat eos ab erroribus universis, et ad Sanctam Matrem Ecclesiam
« catholicam atque apostolicam revocare dignetur.

« Omnipotens sempiterne Deus, qui salvas omnes (*id certe non jansenis-*
« *ticum*), et neminem vis perire, respice ad animas diabolica fraude decep-
« tas, ut, omni hæretica pravitate deposita, errantia corda resipiscant, et ad
« veritatis tuæ redeant unitatem. » (Offic. S. Hebd. pro missa feriæ II.)

teque professi sunt, illam se pro œcumenica non habuisse, non convocatis Orientalibus.

Testis sit præcipue Gregorius XIII, qui Calendarium suum ad astronomicas rationes exactum (opus cum sideribus victurum) Græcis peramanter misit. Hæc omnia sane Summorum Pontificum non vulgarem moderationem et singularem erga dissidentes benevolentiam ostendunt. Secum igitur serio et sane reputent, quam Reipublicæ Christianæ necessarius sit Summus Pontifex. Si non totus fallor, doctissimo Twerensi Archiepiscopo sæpissime, dum res christianas animo versaret, *hæsit aqua*, ut Lutheranis illis, quos in operis præfatione memorat (pag. III), non sine quadam ἀποσιωπήσει mihi valde notata: Videant Græci Antistites, ne Respublica Christiana apud eos quid detrimenti capiat, et de Dictatore cogitent.

Heu vero imbecillis humana mens! Quam pauca videt! Quam pauciora prævidet! Quam paucissima potest! Quid verba sunt, et scripta nostra, et suasionis tentamina, et inania syllogismorum molimina? Æs sonans... cymbalum tinniens (I Cor., c. XIII, v. 1): nec, puto, ulli mortalium sua unquam religio solis argumentorum ponderibus ablata fuit. Lux igitur, uti par est, e sole veniat; isque ter quaterque felix, cui datum fuerit, vice speculi, radios repercussos infundere in oculos Divinæ luci pervios. Cæteris, quos obscuravit lethalis suffusio, nulla spes recreationis et cum luce commercii, ni prius (quod humanum non est) ophthalmia stirpitus evellatur. Salivam igitur suam iterum luto nostro misceat, oculosque aut nictantes, aut errore jam lapidescentes tangat sanatore digito Medicus ille, qui *ipse est vera lux omni homini venienti in hunc mundum*, intonetque efficacissimum illud EPHPHETHA (*Adaperire!*) (Marc., VII, 34.)

Ita vovebam Petropoli, Calendis veris Martii, anno a Theogonia M.DCCC.XII.

GRÆCORUM INTERPRETATIO.

Pag.	lin.	
455	21	ἱππιατριά, veterinaria medicina.
457	13	ἕνωσιν, unitatem.
Ib.	25	ἱστορία, historia.
Ib.	25	ἀπὸ τοῦ ἱστορεῖν, ex historia.
Ib.	29	ἴσημι, scio, novi.
Ib.	29	ἰστέον, adjectiv. verbale ab ἴσημι.
Ib.	29	μόρφωσις, formatio.
458	9	τοῦ ἱστορῆσαι, Gallice *la force d'*istoresai.
Ib.	24	ἀπραξία, cessatio a rebus agendis (Gall. *inaction*).
459	19	ἀτοπώτερον, absurdius (adamussim respondet verbo Gall. *déplacé*).
Ib.	23	πρωτοψευδεῖ, protomendacio (Gall. *sophisme capital* ou *fondamental*).
Ib.	29	Βροτοῖς ἅπασιν, etc., conscientia, quæ omnibus hominibus Deus est. (Senarius est Iambicus διὰ γνωμικῶν, id est, *inter sentensiosos*.)
460	22	Νεοχμώσεως, innovation.
461	1	Τέρας, monstrum, portentum.
Ib.	24	ἀδύνατον, impossibile.
464	24	δόξαι, opiniones.
465	6	ἐναργεστάτην περιφάνειαν, clarissimum in omnem partem prospectum (Gall. *jusqu'à la plus lumineuse évidence*).
Ib.	30	Σχίσεως, divisionis (Gall. *du schisme*).
467	19	αὐτεξουσίαν, liberum arbitrum.
469	1	τῶν μερώπων ἀνθρώπων, articulatim loquentium hominum (dictio homerica).
Ib.	6	καὶ ἐνὶ φρέσι, etc., et in intimis tuis conde præcordiis. (Hemistichium Homericum.)
471	1	Μετουσίας, *metousias*.
Ib.	2	Ὁμούσιος, *omousios*.
Ib.	5	Ἡμεῖς δὲ κλέος, etc. Nos vero famam solam audi-

Pag.	lin.	
		mus, nec quidquam scimus. (Homer. Iliad. II, v. 486), cui consonat illud (Virgilii Æneid. VII, v. 646) : Ad nos vix tenuis famæ perlabitur aura.
471	6	παρορᾷν, conniventibus oculis præterire (Gall. *passer sans regarder*).
472	12	καταχρηστικῶς, per abusionem (Gall. *abusivement*).
473	32	δύναμις εὐκτική, *vis invocatoria*.
Ib.	34	ἀμέσως, sine medio. (Gall. *immédiatement*.)
474	5	Ἐπίκλησις et Διήγησις, invocatio et narratio.
Ib.	30	αὐτολέξει, ad verbum (Gall. *en propres termes*).
475	4	Ἐπὶ τούτοις ὁ μὲν τῆς Ῥωμαίων, etc. Post hæc Victor quidem Romanæ Urbis Antistes, illico universæ Asiæ Diœceses simul cum finitimis Ecclesiis, tanquam rectæ fidei contraria sentientes, a communione *abscindere conatur*. (Eusebii Historia Ecclesiast., liv. v, cap. 24.)
Ib.	15	καὶ στηλιτεύει γε διὰ γραμμάτων, etc., et per litteras proscribit (alii τὸ στηλιτεύει vertunt *notat*, vel *invehitur*) omnes, qui illic erant, fratres; a communione alienos esse pronuntians. (Spectata nempe eorum in contradicendo pervicacia, minime vero ex lata sententia.)
Ib.	23	τῷ γε μὲν Βίκτωρι, etc. Victorem tamen decenter, ne abscindat integras Dei Ecclesias antiqui ritus traditionem diligenter observantes plurimis aliis adhortatur.
Ib.	31	ὡς ἀπειροκάλως, quam inepte, insulse, etc.
Ib.	35	Καὶ ὁ μὲν Εἰρηναῖος, etc., et Irenæus quidem vere dignus nomine suo et appellatione et ipso vitæ instituto *pacis conciliator*, hujusmodi hæc pro Ecclesiarum pace et hortatus est et deprecatus.
476	10	ὁμόψηφον, communi suffragio (Gall. *d'une commune voix*).
Ib.	31	ἐν παρόδῳ, obiter.
477	16	ἡγεμονικὸν, plus sapiens principatum.
478	22	ἀνιάτου, insanabilis (Gall. *irrémédiable*).
Ib.	26	Λαῶν ἄφεσι, populi dimissione.
479	1	τῇ καθολικῇ, catholica.

Pag.	lin.	
479	16	αἵρεσι, secta (Gall. *parti, secte*).
480	20	Μηδὲν ἄγαν, nihil nimis.
481	16	ἁπλῶς, simpliciter.
Ib.	30	ὁμοθέοις et ὁμοβώμοις, etc., quibus communis est cum aliis Deus, et ara, et lex, et fides (Gall. *Hommes qui ont le même Dieu, les mêmes autels, la même loi, la même foi*).
Ib.	32	ὁμόδελφον, fratrem uterinum (Gall. *frère engendré par la même mère*).
482	12	αἴκε θέῃσι, si forte currat. (Gall. *si par hasard elle voulait tourner*). (Phrasis Homerica, Iliad. XVIII, v. 601.)
Ib.	13	πειραστικὸν, tentandi vim habens.
Ib.	20	ἄξιος! ἄξιος! ἄξιος! dignus! dignus! dignus! (Acclamatio Græco-Ruthena in ordinandis sacerdotibus).
483	9	ἀληθεύειν ἐν ἀγάπῃ, facere veritatem in charitate. (Gall. *véritiser dans l'amour*). (Ephes. IV, v. 15.)
484	13	ἀποσιωπήσει, reticentia.

RÉFLEXIONS CRITIQUES

D'UN CHRÉTIEN DÉVOUÉ A LA RUSSIE,

SUR L'OUVRAGE DE MÉTHODE,

ARCHEVÊQUE DE TWER (1).

(Traduction des éditeurs.)

Telle est la triste condition de l'humanité, que très-souvent des actes, que des raisons spécieuses semblent excuser, sont pourtant la source de calamités sans nombre. Cette vérité, qui se manifeste en beaucoup de choses, n'apparaît nulle part avec plus d'évidence que dans ce qu'on appelle la réforme des *abus*, c'est-à-dire des vices qui se sont introduits peu à peu dans le régime politique ou ecclésiastique, et qui, lors même que les hommes les supportent, ou en toute patience, ce qui est très-rare, ou impatiemment, ce qui est plus ordinaire, finissent à la longue par devenir intolérables.

Tout abus est un mal : d'où il suit, au premier coup d'œil, que tout ce qui fait disparaître l'abus doit être un bien ; et pourtant il n'en sera rien, si l'on ne fait soigneusement une distinction très-délicate. L'abus n'étant, en effet, que le mauvais usage d'une chose bonne, il faut prendre garde, en enlevant le vice qui la corrompt, de porter atteinte à sa substance ; et c'est en quoi presque toujours se

---

(1) Twer, chef-lieu du gouvernement civil et militaire de ce nom, sur la rive droite du Volga, au confluent de la Tvertza et de la Tmaka, est l'une des villes les plus importantes de l'empire de Russie, et le centre des affaires commerciales entre Pétersbourg et Moscou.

sont honteusement trompés les novateurs : briser les jambes du cheval qui rue, pour le corriger, n'est pas le fait d'un écuyer habile.

Ce point est hors de toute controverse; mais il faut accorder quelque chose à la fragilité humaine, et lorsqu'on a affaire à des rebelles, commencer par reconnaître de bonne foi le *vice de la chose* avant de discuter sur la chose même.

Pénétré de cette pensée, je n'ai jamais parlé, par écrit ou de vive voix, de la malheureuse séparation des Grecs, sans m'empresser d'avouer que cette faute fatale, source de tant de honte et de calamités pour le genre humain, trouve une espèce d'excuse dans l'état de l'Europe à cette époque. Quels troubles, ô Dieu immortel ! quels bouleversements ! quelle barbarie ! A Rome, quels pontifes ! La liberté des élections pontificales abolie, et cette usurpation comme prescrite au profit d'hommes perdus ! Faut-il donc s'étonner que les Grecs nous aient pris pour des barbares, et qu'il leur ait été impossible de comprendre combien le fruit vert est préférable au fruit pourri ? Les plus abjects des hommes (car y a-t-il rien de plus bas que le Bas-Empire?) regardaient avec mépris la barbarie gothique ; dans l'œuf ils ne voyaient pas l'aigle, dans le germe le cèdre du Liban. Et cependant ces Goths, ces Germains, ces Cimbres, etc., ont, comme le remarque Montesquieu, « cette grande prérogative, que ces nations ont été la source
« de la liberté de l'Europe, c'est-à-dire de presque toute
« celle qui est aujourd'hui parmi les hommes, » et que, les premières, elles ont uni deux choses auparavant incompatibles, « la monarchie et la liberté. » Ce que peut cette race dans les sciences, la postérité l'a vu, et en a été dans l'admiration. L'Orient, au contraire, languit, flétri sous les verges, les chaînes et les bourreaux ; et il ne se relèvera pas, *que Dieu n'ait dilaté Japhet et ne l'ait fait habiter*

dans les tentes de Sem : peut-être aujourd'hui ce moment n'est-il pas éloigné.

Quant à ce que dit le très-docte archevêque de Twer, que les nations étrangères (les Français, les Anglais, les Espagnols, les Italiens, les Allemands, etc.) *portent envie à l'état présent des Grecs,* il serait peu convenable à moi de railler, et il ne m'en coûte pas de garder respectueusement le silence.

On souffre d'une douleur poignante de voir la noble race des Slavo-Russes, qui tire son nom du mot *gloire,* se laissant prendre aux piéges des Grecs dégénérés, et méconnaissant la majesté latine, à laquelle la rattachent des affinités de langue et de génie ; mais ce fut plutôt la faute des temps que celle des hommes. Courage donc ! rejetons dans un éternel oubli les haines antiques ; n'ayons d'autre pensée que le bien et l'agrandissement de la chrétienté. Nous vivons en des temps mauvais : les Orientaux, et les Russes qui marchent avec eux, ne voient pas très-bien, ce me semble, peut-être ne soupçonnent-ils même pas où les conduit maintenant une main invisible. Un immense malheur les menace, s'ils n'aperçoivent pas le serpent couché en travers du chemin où ils vont à l'aventure. J'en prends à témoin le livre de l'illustre archevêque de Twer ; on y voit, si je ne me trompe, apparaître dans un avenir prochain notre seizième siècle, recommençant en Russie au moment même où, dans les autres parties de l'Europe, la honte d'eux-mêmes semble déjà gagner les pseudo-réformés, au moment où tout observateur éclairé peut déjà voir ou prévoir que toutes choses se combinent et se disposent pour former je ne sais quelle admirable unité, objet des ardents désirs de tous les hommes de bien.

Après ces quelques mots de préface, je vais examiner en toute bonne foi le livre de l'illustre archevêque, non dans un vain désir de dispute, ou pour faire parade de mon savoir (je sais peu de chose, et si je savais beaucoup, je ne chercherais pas à le montrer en ce moment), mais afin que l'illustre auteur connaisse mes craintes et les raisons qui les justifient. S'il m'était donné d'écrire sans trop me mécontenter moi-même et sans lui déplaire,

<blockquote>Je porterais le front aussi haut que le ciel.</blockquote>

J'avoue tout d'abord que le titre même du livre n'est pas pour moi d'un médiocre embarras. Le mot *histoire* (ἱστορία), dit le révérendissime archevêque, vient du grec ἱστορεῖν, *qui signifie* considérer *ou* examiner; *il implique donc cette idée, que le narrateur lui-même a été témoin des faits qu'il raconte.*

La racine des termes ἱστορία, ἱστορεῖν, et des autres qui tiennent à ceux-là, peut, ce nous semble, être prise de plus haut, d'ἵστημι, dont la forme ἰστέον (ou toute autre du même verbe) a produit le mot *histoire* et un grand nombre d'autres. Du reste, ἱστορεῖν signifie non-seulement rechercher et prendre des informations, mais encore mettre par écrit; et l'usage, arbitre souverain et sans appel du langage, **a** déterminé si clairement l'étendue et la force de ce mot ***histoire***, que, sur ce point, la controverse n'est même pas possible. S'il n'y avait d'histoire véritable que l'histoire écrite par des témoins oculaires, ni Hérodote, ni Tite-Live, ni Moïse lui-même (si l'on excepte l'Exode), ne seraient des historiens.

L'illustre auteur, pour mieux faire ressortir la force du mot ἱστορῆσαι, invoque l'autorité de l'Apôtre écrivant aux Galates : Ἀνῆλθον εἰς Ἱεροσόλυμα ἱστορῆσαι Πέτρον, ce que la Vulgate rend ainsi : *Veni Jerosolymam* videre *Petrum;* or, ἱστορῆσαι dit plus que *videre*.

Ce passage, pour le dire en passant, est magnifiquement commenté par notre Bossuet, cette gloire de la France, de l'Église et du genre humain, dans le célèbre discours prêché devant l'assemblée du clergé de 1682 :

« Il fallait que le grand Paul, Paul revenu du troisième
« ciel, le vînt voir (1). Non pas Jacques, quoiqu'il y fût,
« un si grand apôtre, frère du Seigneur (2), évêque de
« Jérusalem, appelé le Juste, et également respecté par
« les chrétiens et par les Juifs : ce n'était pas lui que Paul
« devait venir voir; mais il est venu voir Pierre, et le voir,
« selon la force de l'original, comme on vient voir une
« chose pleine de merveilles et digne d'être recherchée, le
« contempler, l'étudier, dit saint Jean Chrysostome (3), et
« le voir comme plus grand aussi bien que comme plus an-
« cien que lui, dit le même Père; le voir néanmoins, non
« pour être instruit, lui que Jésus-Christ instruisait lui-
« même par une révélation si expresse, mais afin de don-
« ner la forme aux siècles futurs, et qu'il demeurât établi
« à jamais que, quelque docte, quelque saint qu'on soit,
« fût-on un autre saint Paul, il faut voir Pierre (4). »

Mais quittons ce détour, comme on dit, et prenons le droit chemin. Si l'on remarque une grande hésitation jusque dans le titre de l'ouvrage, cela n'a rien d'étonnant. La cause en est que le révérendissime archevêque avait dans la pensée autre chose que ce qu'il a dit; s'il avait écrit de l'abondance du cœur, le titre de son livre serait celui-ci :

De l'inutilité et de l'inaction du Souverain Pontife

---

(1) Gal., I, 18.
(2) Ibid., 19.
(3) In epist. ad Galat., cap. I, n° 11, t. X, p. 677.
(4) Sermon *sur l'unité de l'Église*, prêché à l'ouverture de l'assemblée générale du clergé de France, le 9 novembre 1681, au quatrième paragraphe du premier point.

pendant les trois premiers siècles de l'Église, dissertation historique.

Voilà ce qu'a voulu dire l'illustre auteur, pas autre chose. Mais il n'a pu se résoudre à le dire hautement, ou, ce qui est encore plus vraisemblable, il n'a pas voulu se l'avouer à lui-même ; de là la longueur et l'obscurité de son titre. Rien n'est plus conforme à la nature humaine que de chercher à défendre de toutes ses forces la cause qu'on a une fois embrassée. La remarque que je viens de faire ne m'est donc inspirée par aucun sentiment d'irritation, mais par le désir de faire apparaître amicalement la vérité. Je ne pense pas qu'aucun homme sensé, à moins de n'avoir parcouru le livre que d'un œil distrait, refuse de reconnaître que j'ai touché le fond.

Beaucoup de choses se font dans l'Église catholique sans le Pontife romain ; de même que, dans une famille bien ordonnée, beaucoup de choses se font, surtout par les fils les meilleurs et les plus obéissants, sans l'ordre du père ; car tout homme de bien fait le bien spontanément, et n'a pas besoin qu'on l'y contraigne.

De plus, *aucune grande chose n'eut de grands commencements*. C'est une loi que l'on peut, à bon droit, appeler divine, puisqu'elle est en vigueur dans toute la nature, et qu'on ne lui trouva jamais aucune exception. De là vient que l'autorité pontificale (entre les grandes choses la plus grande), née avec l'Église dont elle est le fondement, a eu, comme elle, son enfance et puis sa puberté, avant de parvenir à l'âge d'une éternelle virilité.

Tous ceux donc qui ont abandonné l'Église, leur mère, se plaisent à la montrer toujours dans son berceau, pour crier, d'un ton triomphant, que l'autorité de Pierre ou de Sylvestre n'était pas la même que celle de Grégoire VII ou de Sixte-Quint. Je ne sais si l'on peut concevoir quelque chose de plus absurde ; je trouverais moins plaisant qui viendrait me dire : César vainqueur à Pharsale n'était pas le même que César vagissant dans ses langes à Rome, cinquante ans auparavant.

Et cependant nos frères dissidents s'arrêtent et se reposent sur ce premier sophisme, contre lequel protestent et la philosophie, et l'histoire, et la conscience.

Après cette escarmouche, je vais serrer de plus près l'illustre écrivain, et, quoique dans un sentiment d'amour, l'accuser de calvinisme, l'assignant devant le juge exempt d'erreur,

> Qui pour tous les mortels est la voix de Dieu même,
> La conscience.

A l'œuvre donc, et remontons aux principes.

Tout chrétien qui a une fois déserté le drapeau du Souverain Pontife, à moins qu'il ne soit retenu par l'ignorance ou la superstition (tristes geôlières!), passera nécessairement dans le camp de Calvin. Rien n'est plus facile à démontrer.

Je ne conçois pas plus l'Église sans chef, c'est-à-dire sans une autorité suprême, que je ne conçois l'empire de Russie sans empereur de Russie. La puissance civile règle l'ordre des choses extérieures ; elle retient la main de l'homme, et menace le crime des fers, du glaive, du knout, de la potence. La puissance ecclésiastique ou, comme on la nomme, la puissance spirituelle, est, au contraire, tout entière au gouvernement des consciences : elle promulgue ses lois qu'on appelle dogmes,

> Elle juge la vie et les crimes de l'homme ;

déployant dans l'ordre moral une souveraine autorité,

> Elle enseigne, et sa voix nous redit en tous lieux :
> Apprenez, avertis par mes divins oracles,
> A garder la justice, à respecter les dieux !

Du reste, la nature et l'essence du pouvoir sont les mêmes dans les deux sociétés, et, dans l'une comme dans l'autre, il ne peut cesser d'être *un*, sans cesser d'exister. Dans la société civile, un rebelle n'est autre chose qu'un *hérétique politique* ; et réciproquement, dans la société chrétienne, un *hérétique* n'est autre chose qu'un *révolté* contre l'autorité de l'Église. Les Églises particulières sont à l'Église universelle ce que les provinces sont à l'empire. Or, que peut une province contre l'empire, sans violer le droit? Je ne le vois point. Les sujets de plainte contre le dépositaire de l'autorité ne sont absolument d'aucun poids, car il y a toujours une cause ou un prétexte à la rébellion. Si telle ou telle Église particulière a le droit d'accuser d'erreur ou d'innovation le chef de l'Église, pourquoi le gouverneur de Twer ou d'Astracan n'aurait-il pas aussi le droit d'accuser l'empereur, et de prétendre qu'il commet d'intolérables injustices, qu'il viole les lois fondamentales, ou qu'il se conduit en tyran, afin de lui refuser l'obéisssance, et de se déclarer lui-même indépendant de toute autorité autre que celle des *lois?* Que le révérendissime archevêque me montre quelque trait de ce genre, mortel au Souverain Pontife, qui ne puisse être retourné avec un égal succès contre l'empereur de Russie,

Et erit mihi magnus Apollo.

C'est donc bien vainement qu'une vieille inimitié et un aveuglement volontaire se créent des fantômes et rêvent cette absurdité inouïe : *l'un sans l'unité* ; ce qui est la même chose que *le blanc sans la blancheur.* Il n'y aura jamais de *catholicité* (qu'on me passe l'expression) *sans unité*, ni d'*unité* sans un chef suprême, ni de chef suprême, si une partie du corps qu'il commande a le droit de s'élever contre lui.

C'est aussi bien vainement que les dissidents s'abusent eux-mêmes en embrassant, comme l'unité véritable, je ne sais quel nom d'*unité*. Ils s'appellent tantôt l'*Église grecque*, comme s'il y avait aujourd'hui, comme s'il pouvait y avoir une Église grecque hors de la Grèce; comme si l'Église russe n'était pas aussi loin d'être grecque que d'être Église de Constantinople, d'Antioche ou d'Alexandrie; comme si le patriarche de Constantinople pouvait, sans prêter à rire, ordonner la moindre chose, je ne dis pas à l'Église russe, mais seulement dans cette Église. Tantôt ils se nomment magnifiquement l'*Église orientale;* mais s'il y a beaucoup d'églises dans l'Orient, il n'y a pourtant pas d'Église *orientale* : ôtez le roi ou plutôt la reine de la ruche, il vous restera des abeilles ; vous n'aurez plus d'essaim. J'adjure donc amicalement l'illustre archevêque, et tout homme doué d'un esprit philosophique, de me montrer, en dehors de l'hypothèse d'un chef unique et suprême gouvernant l'Église universelle, un signe quelconque visible à tous les yeux, tel que, ce signe étant posé, il soit tout à fait impossible de ne pas voir *ce qu'est* et *où est* l'Église catholique.

On en appellera peut-être aux conciles ; mais, d'abord, je ne pourrai jamais parvenir à me persuader que les Églises dissidentes puissent jamais se réunir en concile œcuménique (autant qu'un concile peut être œcuménique chez elles). J'en ai pour témoins huit siècles écoulés depuis le moment fatal du schisme. Mais pour abréger, passons là-dessus et avançons. Comment pourra-t-il y avoir un concile œcuménique chez les Orientaux, l'Église romaine réclamant tout entière, l'Église romaine, c'est-à-dire des millions d'hommes et à leur tête le souverain Pontife, pouvoir modérateur de la savante Europe ?

J'entends les Grecs s'écrier : *Et vous, Latins, comment répondrez-vous à ce même argument? Pouvez-vous tenir* pour œcuménique *le concile de Trente, malgré les réclamations de toute l'Église orientale ?* — Très-bien : j'attendais l'objection. Ce n'est pas le nombre qui rend un concile œcuménique. A Chalcédoine, cinq cents évêques de l'Orient, après avoir écouté la lecture de l'épître à Flavien, poussèrent ces acclamations immortelles que tous les siècles ont entendues : *Pierre ne meurt pas ! Pierre a parlé par la bouche de Léon !* et ce fut un concile universel ; mais celui de Nicée le fut aussi, bien qu'on n'y comptât que trois cents évêques. Le nombre n'est donc rien quand il s'agit de déterminer ce qu'est et où se trouve l'universalité ; ce que je cherchais, je le cherche encore : je demande *un signe auquel je puisse reconnaître avec certitude le concile œcuménique.* Ce signe ou *caractère* n'étant ni dans le nombre, ni dans la dignité, ni dans la doctrine, il ne peut être que dans le Souverain Pontife, lequel mis de côté, nul homme sur la terre ne répondra jamais à cette question : Qu'est-ce qu'un concile universel ? Qu'est-ce que l'Église catholique ?

Nous pouvons encore ici argumenter efficacement de la société civile à la société ecclésiastique : Que sont, par exemple, les assemblées anglaises, vulgairement *le parlement ?* Deux ordres avec le roi. Otez le roi, où sera le parlement ? Où l'on voudra. Chaque ville ou chaque bourgade pourra tenir ses comices, et les décorer de ce nom.

Il n'y a qu'à changer les mots : où est le concile véritablement œcuménique, c'est-à-dire le parlement de toute la société chrétienne ? Là où se trouve le Souverain Pontife. Le Souverain Pontife disparu, le parlement ne sera ni à Rome, ni à Constantinople, ni à Pétersbourg, ni ailleurs ; il ne sera nulle part, ou il sera partout, ce qui est absolument la même chose. Ajoutons que plus un empire a d'étendue, plus le pouvoir d'un seul devient pour cet empire une nécessité. Or, la religion catholique appartient à tout l'univers ; il suit donc qu'en vertu de la nature des choses, lors même que ce ne serait point en vertu d'un commandement exprès de Dieu, l'Église, pour rester toujours maîtresse d'elle-même, doit avoir la forme monarchique.

La ressource du concile œcuménique acéphale,

<small>Ce monstre, objet d'horreur, masse informe, aveuglée,</small>

étant ainsi enlevée aux dissidents, il leur reste une autre ancre de salut, mais d'une valeur encore moindre : la tradition, sans laquelle, de l'aveu de l'illustre auteur, l'Écriture elle-même ne peut être sûrement interprétée, l'interprétation n'étant certaine que par le consentement de toute l'antiquité.

Au seuil même de cette question les difficultés se présentent. Est-ce que le catholique, est-ce que le luthérien, ou le calviniste, ou même le socinien, n'en appellent pas à la tradition? Clarke a intitulé l'écrit funeste qu'il détesta trop tard, *Scripture-Trinity*, c'est-à-dire, *De la Trinité d'après les Écritures*. Dans un de ses intervalles lucides, Jean-Jacques Rousseau a fort bien dit : *Dieu lui-même ne pourrait faire un livre sur lequel il fût impossible aux hommes de disputer*. Mais si on n'est pas d'accord sur le sens des Écritures, comment le sera-t-on sur le sens des Pères? Quoi de plus clair que ces paroles : CECI EST MON CORPS ? Et pourtant, lorsque Pierre fait entendre cette parole, *Si c'est le corps, ce n'est plus le pain*, Luther dit : *C'est le pain et le corps ;* et Calvin : *C'est le pain, et non pas le corps*. Photius se tait.

Et encore, quoi de plus clair que ces paroles : *Tu es Pierre*, etc.? Dieu lui-même a-t-il pu rien écrire qui fût moins obscur? Le très-docte prélat nous accusera cependant, moi et les miens, intrépidement, de ne savoir pas nos lettres et de ne pas saisir le sens des mots.

Ainsi Bellarmin, Maldonat, Pétau, Bossuet, Fénelon, Huet, etc., etc., furent des hommes sans intelligence et ne connurent jamais la véritable tradition. Accordons-le : mais toi, ô excellent patriarche de Constantinople (ou tout autre, car je ne m'arrête pas aux noms), tu contemples sans doute face à face, de ton regard d'aigle, la vérité, que ces chétifs mortels ne purent pas même apercevoir de leurs yeux clignotants?

Credat judæus Apella ! — non Ego.

Et, je le dis entre nous, toi-même tu ne le crois pas, si ce n'est dans tes rêves.

Puisque donc des autorités opposées se font équilibre (celui-là serait peu modeste qui n'admirerait pas ma modestie), et puisqu'il ne peut y avoir de concile œcuménique sans un chef; puisque si, dans cette hypothèse, un concile œcuménique était possible, il serait sans autorité et sans force contre tout autre concile, œcuménique au même titre; puisque, abstraction faite de l'autorité qui les interprète, les livres ne servent qu'à alimenter la dispute, il ne reste qu'à nous laisser dissoudre, malgré nos répugnances, par le principe du jugement privé, base et fondement de toute la doctrine des pseudo-réformés.

Et c'est ce que voit fort bien la conscience, qui ne peut se tromper. De là vient que, chez les dissidents, l'Église n'est qu'un vain nom, qu'un fantôme, et qu'il ne lui est pas donné de parler *comme ayant puissance*. Cela est tellement vrai, qu'en Russie (je ne veux pas m'étendre hors des limites de l'empire), au mépris du Synode, dont elles ne tiennent aucun compte, d'innombrables hérésies, ou d'une infamie ou d'une absurdité que rien n'égale, surgissent incessamment du sein d'une populace superstitieuse, comme les vers du cadavre, sans que les évêques aient seulement le courage de faire entendre un murmure. C'est qu'en effet le dernier des rascolnics a, contre le Synode de Russie, absolument le même droit qu'avait autrefois Photius contre le Souverain Pontife. Le dissident n'a rien à objecter au dissident, si ce n'est le mot connu :

Ah! ah! ah! je ne sais que dire.

et c'est surtout en matière de religion que s'applique l'axiome de la loi romaine : *Chacun doit être jugé d'après le droit qu'il fait valoir contre les autres.*

Pendant que, dans le bas peuple, les croyances les plus stupides, et qui pis est les plus atroces, mettent misérablement en lambeaux l'antique religion, la philosophie moderne verse à flots, aux grands de l'empire et aux classes moyennes, des breuvages empoisonnés; quant au clergé, il boit à longs traits le calvinisme.

Au récit de tels maux qui retiendrait ses larmes ?

Saint Augustin disait jadis, avec la justesse qui lui est propre : « Je ne croirais pas à l'Évangile, si l'autorité de l'Église ne m'y faisait croire. » Or, là où Pierre ne commande pas par ses successeurs, il n'y a point d'Église; d'où il suit que là aussi les hommes n'ont aucune raison assez forte de garder la foi.

Nous avons prouvé, par d'irréfutables arguments, la vérité de cette proposition : « Point de Souverain Pontife, point d'Église. » Écoutons maintenant l'expérience, qui est, pour ainsi parler, la démonstration de la démonstration, et qui met la vérité dans tout l'éclat de l'évidence. C'est à l'illustre prélat lui-même que j'emprunterai mes arguments; écoutons-le parler avec la candeur qui le distingue.

Après s'être élevé, avec douceur toutefois, contre la doctrine de Calvin, il écrit ces paroles sur lesquelles il importe de ne pas passer à pieds joints : « Telle est cette « doctrine qu'un grand nombre des NÔTRES louent si fort « et qui leur inspire tant d'amour ; comme si le seul Cal- « vin en savait plus que les apôtres et que leurs succes- « seurs pendant quinze siècles. »

Nous avons l'aveu des coupables : qui peut mieux et plus à fond connaître les SIENS que l'illustre archevêque ? Ne voyez-vous pas sur quelle pente on est placé, et les prêtres russes (ceux du moins qui savent le latin), tout enivrés de Bingham (1) qu'ils viennent de lire, se faire déjà les disciples de Calvin? Le révérendissime archevêque aurait pu ajouter :

Et moi-même je fus parmi ces malheureux.

Son livre, que je fouille d'un œil curieux, est en effet tout gonflé du levain calviniste. Et d'abord, comment supporter que ce misérable, qui fut dans plusieurs parties de l'Europe le destructeur infâme de notre religion, soit traité de *grand homme* par l'archevêque de Twer? Un orthodoxe loue les hérésiarques avec moins d'effusion, et je doute que le docte prélat voulût accorder le titre de grand homme à Arius ou à Nestorius. Ceci nous donne le secret du schisme ; *Tout ennemi du Souverain Pontife est notre ami.* Les pseudo-réformés le savent : entre plusieurs exemples que j'ai sous la main, je citerai le suivant comme particulièrement remarquable.

Le protestant auteur du catéchisme russe, en anglais, que l'empereur Pierre Ier fit imprimer et publier au commencement du siècle dernier, a mis dans la préface de ce livre les paroles mémorables que je traduis :

(1) Bingham (George), théologien anglican, né en 1715 et mort en 1800, avait publié en 1774, à l'occasion de l'*Apologie* de Théophile Lindsay, une *Défense de la doctrine et de la liturgie de l'Église anglicane.*

« Ce catéchisme est tout pénétré du génie du grand
« homme par les ordres duquel il fut composé, et qui
« dompta victorieusement deux ennemis plus féroces que
« le Suédois et le Tartare, je veux dire la superstition et
« l'ignorance, que défendait une résistance invétérée et
« opiniâtre... J'ai la confiance que cette traduction con-
« tribuera à rendre plus facile l'accord entre les évêques
« anglicans et les évêques russes, afin que, réunis, ils
« soient plus forts pour ruiner les entreprises de sang et
« de scélératesse du clergé romain... En beaucoup d'arti-
« cles de foi, les Russes s'accordent avec les réformés au-
« tant qu'ils sont contraires à l'Église romaine... Ils nient
« le purgatoire... Et, dans ses commentaires sur l'Église
« grecque, notre docteur de l'université de Cambridge,
« Cowel (1), a démontré avec beaucoup d'érudition com-
« bien différent la cène grecque et la transsubstantiation
« des pontificaux. »

Quelle tendresse! quelle fraternité! Et qui n'admirerait
un si ardent désir de réunir dans une étroite alliance deux
religions, diamétralement opposées l'une à l'autre par
tous leurs dogmes, contre une autre religion qui s'accorde
de tout point avec la religion russe, si on fait abstraction
de quelques difficultés que le génie latin tranchera en un
moment, dès que les Russes le voudront bien?

Et maintenant je m'adresse à toi, ô divine conscience,
à toi qui n'as de préférence pour personne : N'aurai-je pas
le droit de tenir pour certain et d'affirmer *que l'Église
russe n'a qu'un seul dogme qui lui tienne au cœur, la
haine du Pontife romain, et qu'elle laisse tous les autres
reposer tranquillement dans les livres*. Autrement, quel

---

(1) Cowel (Jean), né à Erensborough en 1545, enseigna le droit à Cambridge
en 1612; il fut emprisonné pour son *Dictionnaire du droit*, intitulé *l'Interprète*, lequel fut condamné au feu. Il attaquait la loi naturelle, pour exalter
d'autant la loi civile.

Œdipe nous donnera le mot de cette énigme, *d'une souveraine amitié entre des religions qui sont par nature ennemies irréconciliables?* De là vient que les prêtres russes, qui (par un effet de la miséricorde ou de la colère de Dieu, lui seul le sait!) savent le latin ou le français, ne sont occupés que des livres publiés par les pseudo-réformés; tandis que, malgré l'affinité des deux religions, ils ne daignent pas consulter les ouvrages des catholiques même les plus savants. L'archevêque de Twer nous en est lui-même un exemple : il nous jette sans cesse à la tête et Bingham, et Cave, et Usher, et cent autres; mais vous chercheriez vainement dans ses écrits les noms de Pétau, de Bellarmin, de Thomassin, de Cellier, de Mamachi, etc. Or, on ne sort pas tout blanc d'un bain d'encre. Et, en effet, je vois du premier coup d'œil, sur le vêtement de l'illustre prélat, une tache énorme. Il en appelle à Bingham pour prouver que *l'Église russe orthodoxe n'admit jamais rien dans l'ordre des choses saintes que ce que les saints Pères ont eux-mêmes reçu en premier lieu ou des apôtres en personne, ou des hommes apostoliques, etc.*

Ainsi, un hérétique qui nie et la présence du corps du Christ dans l'Eucharistie, et cinq des sept sacrements, et la nécessité des bonnes œuvres, et le libre arbitre de l'homme sous l'empire de la grâce, et la hiérarchie, etc.; un hérétique qui regarde stupidement comme une idolâtrie abominable l'invocation de la Mère de Dieu et des Saints; cet hérétique, dis-je, a tout ce qu'il faut aux yeux du révérendissime archevêque pour rendre témoignage de l'orthodoxie russe. Un zélateur s'écrierait :

D'où vient, père du monde, une telle impiété?

Pour moi, je dirai, dans un autre sentiment : *O frère bienaimé, reviens à la sagesse, et cesse de chercher la lumière dans les ténèbres*. Si je devais publier cet écrit, je parlerais moins ouvertement, mais ici rien ne m'oblige de cacher ma pensée : le passage que je viens de citer me révèle un vrai calviniste. Ailleurs, l'auteur se couvre d'un masque, comme lorsqu'il dit : *Pendant quinze cents ans la doctrine de Calvin fut* PRESQUE INCONNUE *dans l'Église du Christ.* Presque inconnue, ô très-docte archevêque! elle n'est donc que *presque condamnable?* Ce trait et bien d'autres semblables rappellent, à qui les lit avec réflexion, le vers de Virgile :

> Elle fuit sous le saule, et cherche le regard.

Le penchant pour les réformés et la haine contre nous se trahissent encore dans ce nom de *pontificaux* dont le prélat nous honore en divers endroits de son livre. Que prétend donc l'illustre archevêque? Les Russes, par hasard, ne sont-ils pas aussi pontificaux? S'ils ne le sont pas, il suit de leur doctrine même et de leur institution qu'ils ne sont pas même chrétiens. D'ailleurs, employé constamment par les pseudo-réformés pour désigner les catholiques ou romains, ce mot *pontificaux* s'est corrompu dans la bouche de l'hérésie, et aucun théologien honnête ne peut honorablement le prendre dans le même sens. Il en est de cette expression comme du mot *citoyen*, qui en soi n'a rien d'outrageant assurément, et que des énergumènes bouffons marquèrent en France, pendant la crise révolutionnaire, d'une flétrissure indélébile.

Voilà trois siècles que nous soutenons la guerre la plus formidable contre les ennemis les plus acharnés de la foi chrétienne : par nos écrits, par d'immenses travaux, au prix de notre sang (ceci soit dit sans intention blessante), nous luttons pour reculer les frontières de l'empire chrétien, et pour transmettre à la postérité, purs de toute corruption et à l'abri de toute attaque, les dogmes sacrés qui nous sont communs avec les Orientaux; nous avons porté triomphant le drapeau du Christ des sommets du Caucase aux plaines du Pérou; et cependant la haine des Grecs contre nous est telle, qu'ils nous témoignent les mêmes sentiments et nous insultent des mêmes noms que Luther lui-même ou Calvin, ces deux pestes sorties de l'enfer pour la ruine de la république chrétienne. Quel aveugle ne verrait combien une telle conduite est contraire à la droite raison, et même à la simple urbanité qui doit distinguer tout honnête homme? Je m'en rapporte au jugement de l'illustre archevêque lui-même, pour peu qu'il veuille y réfléchir de sang-froid.

Tout individu de la *race parlante* qui a des poumons et des lèvres peut s'écrier : *Je suis catholique!* Mais qui que tu sois, chrétien dissident, si tu aimes la vérité, ne t'en rapporte ni à ton Église ni à la mienne; adresse-toi aux Turcs ou aux Juifs, demande-leur quels sont et où sont les catholiques; écoute la réponse,

Et médite-la bien dans le fond de ton cœur.

C'est donc sans raison que les Grecs nous poursuivent de ces vieilles haines contre lesquelles proteste la conscience du genre humain. Qu'ils cessent de nous traiter avec si peu d'égards, et de nous injurier.

Parlerai-je maintenant des sacrements, que l'illustre auteur partage en *primaires* et *secondaires?* Peut-on comprendre qu'il y ait du primaire et du secondaire dans ce qui est de l'institution du Christ? Mais je suis encore plus frappé des titres des deux sections du livre consacrées à la même matière. Le premier est celui-ci : *De primariis sacramentis et ritibus;* le second : *De sacramentis et ritibus secundi generis.* Avec quel art la plume de l'écrivain se joue dans ces intitulés! Le premier peut en effet s'entendre de ces deux manières : *Des sacrements primaires et des rites*, ou bien : *Des sacrements primaires et des rites primaires*. La langue latine se prête à l'une comme à l'autre interprétation. Quelle peut être la raison de cette association des mots *rites* et *sacrements*, et des diverses façons dont ils sont disposés dans les deux titres? Il est impossible d'en imaginer d'autre que le secret dessein de représenter les sacrements comme de simples rites. Et, de fait, le révérendissime auteur, de sa propre autorité *et pleine puissance*, comme parlent les rois, supprime un des sept sacrements, décidant que la Confirmation n'est qu'un rit du Baptême. Ce point étant d'une importance extrême, examinons-le à fond, et, comme parle le poëte, *avec des yeux d'espion*.

L'auteur, dans la première section, s'exprime ainsi : *Jésus-Christ a principalement institué par son autorité suprême, et transmis à son Église, deux sacrements : le Baptême et l'Eucharistie.*

Puis, voici ce qu'il écrit dans la deuxième section : *A la même époque, l'Église chrétienne avait aussi d'autres sacrements et rites. Ceux-ci n'avaient pas, il est vrai, la même dignité que les précédents; mais cependant ils avaient été institués divinement, c'est-à-dire, ils ne l'avaient pas été sans quelque commandement céleste (et c'est là surtout ce qui fait l'autorité). De ce genre sont : A. la Pénitence, B. l'Ordre, C. le Mariage, et D. l'Extrême-onction.*

A, B, C, D sont quatre; or, dans la première section, il n'est question que de deux sacrements primaires, le Baptême et l'Eucharistie; et comme, à Constantinople aussi bien qu'à Rome, deux et quatre ne font que six, je cherche sans pouvoir le trouver le septième sacrement. La Confirmation n'est, en effet, d'après l'illustre archevêque, qu'*une onction faite sur la personne de ceux que l'on doit baptiser*, c'est-à-dire un simple rit.

Je suis également frappé de la distinction, si digne de remarque, introduite dans l'Église du Christ par l'illustre prélat. De ses six sacrements (à lui auteur, bien entendu), trois, le Baptême, l'Eucharistie et la Pénitence, ont été institués *par le Christ Notre-Seigneur;* les trois autres, *par Dieu.* Cette distinction signifie bien quelque chose ; car y a-t-il un disciple du Talmud ou de l'Alcoran qui nie que le mariage ou le sacerdoce soient de Dieu ? Et l'illustre prélat n'écrit pas à la légère ; bien loin de là, il ne marche qu'avec précaution ; c'est à peine s'il touche le papier du bout de sa plume : tantôt il efface, tantôt il rétablit ce qu'il vient d'effacer, et, debout sur un seul pied, on le voit tour à tour avancer et retirer l'autre.

Quant à ce qu'il dit de l'Eucharistie, je pourrais faire de nombreuses remarques ; je m'arrête aux points les plus graves.

Après les fureurs de Luther et de Calvin, les troubles du seizième siècle et le concile de Trente, il n'est permis à aucun théologien qui traite de l'Eucharistie de négliger le mot *transsubstantiation* ou son synonyme grec μετουσίας, pas plus qu'après le concile de Nicée il n'était permis de laisser de côté le mot ὁμοούσιος ou *consubstantiel.* Que les Orientaux ne répondent point : *Qu'est-ce que cela nous fait ?*

On nous en a parlé, mais nous n'en savons rien.

Nous ne sommes pas de ceux qui occupent dans le monde assez peu de place pour qu'on puisse ignorer leur existence, ou passer sans les voir. Quand les fondements de notre foi ont été soulevés chez nous, surtout en ce qui touche l'Eucharistie, par Luther, par Calvin, par Zwingle, par les autres en si grand nombre et d'un si funeste savoir,

> Que Pergame par eux eût été renversée,
> Si Pergame eût pu l'être,

personne ne croira qu'un théologien de l'Orient qui refuse d'employer franchement le mot *transsubstantiation* ou μετουσίαν, ait sur l'Eucharistie une doctrine saine et exacte.

Je sais que jadis, lorsque les ambassadeurs de Louis XIV demandèrent, par ordre de ce grand prince, aux rois étrangers des informations sur la foi des Églises dissidentes touchant le dogme de l'Eucharistie, le synode de Russie répondit par un témoignage écrit et public, conforme de tout point à la doctrine catholique. Mais, sans rechercher ici de quel poids pouvait être en pareille matière l'autorité d'un si grand roi, nous ne demandons pas maintenant *quelle était la croyance* des prêtres russes à la fin du dix-septième siècle; nous demandons quelle est cette croyance au commencement du dix-neuvième? Il convient d'ajouter qu'en fait de dogmes, on remarque souvent une grande différence entre ce qui s'écrit et ce que l'on croit : lorsque, rongée par l'hérésie, la foi a disparu, les formules écrites et les professions de foi publiques survivent encore un temps, comme l'écorce de l'arbre quand le bois et la moelle sont déjà pourris.

Si aujourd'hui on demandait aux évêques russes quelle est leur foi touchant les sacrements, leur réponse serait *romaine*, cela est indubitable; mais que leur foi soit tout autre, cela ressort manifestement du livre historique qui nous occupe, livre *publié à l'imprimerie du saint synode*.

Quant à l'Extrême-Onction, le doute serait encore moins permis, car l'illustre archevêque s'exprime très-clairement. Il commence par dire que cette onction a été instituée *par Dieu*, et qu'elle a été employée dans l'Église chrétienne pour la guérison des malades. Or, des paroles mêmes de l'apôtre que l'auteur invoque, et du consentement de toute l'Église, il résulte que ce sacrement a la vertu, non-seulement de guérir les malades, mais aussi de remettre les péchés.

Le révérendissime archevêque, lorsqu'il ne croit pas utile à son dessein de dire trop ouvertement sa pensée, a coutume d'alléguer quelque ancien auteur, pour tirer de ses paroles des conséquences qu'elles ne renferment pas. Recourant à ce procédé, il se sert de Tertullien pour rayer complétement l'Extrême-Onction du nombre des sacrements. Voici le passage qu'il cite :

« Sévère lui-même, père d'Antonin, se montra favorable « aux chrétiens, car il voulut avoir auprès de lui le chré- « tien Proculus... intendant d'Evhodœus, qui l'avait jadis « guéri au moyen de l'huile ; et il le garda dans son palais « jusqu'à sa mort. »

D'où il suit manifestement que l'Extrême-Onction a été administrée par un laïque à un païen, comme un remède tiré de la pharmacie. Cela est assez nouveau dans l'Église, et je crains même que, dans ce cas, il n'y ait pas eu plus de *rit* que de *sacrement*.

A quoi bon insister? Lorsque, après avoir terminé la section consacrée au Baptême et à l'Eucharistie, l'auteur ajoute : *A la même époque, l'Église chrétienne usait aussi d'autres sacrements et rites. Ceux-ci n'avaient pas, il est vrai, la même dignité que les précédents... De ce genre sont la Pénitence, l'Ordre, le Mariage et l'Extrême-Onction :* n'est-ce pas dire ouvertement que, dans sa pensée, ces quatre sacrements ne sont que de simples rites, du genre de ceux dont le nombre peut diminuer ou augmenter, cela dépendant uniquement de la discipline ?

Quant aux points particuliers, sur lesquels il y a discussion entre nous et les Grecs, voici ce que j'ai noté :

Sur le Baptême par immersion ou par aspersion, je m'étonne que, lorsque la science a fait une si grande lumière, on ait encore à livrer des batailles pour de tels enfantillages. L'auteur s'enflamme à ce sujet très-sérieusement, et nous appelle par deux fois *pontificaux*. Je ne voudrais pas m'arrêter à ceci plus qu'il ne faut, et je ne pousserai ou rétorquerai qu'un seul argument.

De l'aveu de l'auteur, on pouvait très-licitement baptiser par aspersion les malades contraints de garder le lit. Or, la nature, c'est-à-dire Dieu, le voulant ainsi, les enfants se trouvent tous dans cette catégorie. Donc, etc.

Ce syllogisme ne me paraît pas être tout à fait un *trait impuissant et sans portée;* et je trouve contestable de tout point ce que dit à ce sujet l'illustre écrivain, que nous avons, par une indignité criante, de l'exception fait la règle. De l'exception faire la règle est fort sage, 1° si on ne le fait pas sans raison; 2° si cela est fait par l'autorité; 3° si l'exception conserve la substance de la chose. Or, le très-illustre archevêque avoue que, dans le cas en question, ces trois conditions sont remplies.

Quant à ce qu'il ajoute, que *les habitants de la Petite-Russie ont reçu des pontificaux cette nouvelle et perverse coutume de l'aspersion,* mais que *le synode de toute la Russie s'occupe de guérir ce mal avec douceur, selon sa coutume,* on ne peut vraiment que s'en désoler. Si le vénérable synode veut bien en croire les hommes éclairés, il s'occupera d'autre chose, et ne perdra pas le temps à faire la chasse aux mouches, quand les loups sont dans le bercail.

Pour ce qui est de la controverse sur la consécration par invocation ou par narration, on ne peut y voir qu'une pure logomachie. Lorsqu'on lit, en effet, ces paroles de notre auteur : *Dès l'origine de l'Église chrétienne, cette forme fut assurément, non pas une pure répétition de cette seule parole,* CECI EST MON CORPS, *etc., mais encore une exposition de l'histoire de l'institution, accompagnée de prières adressées à Dieu,* etc., qui ne croirait que chez

nous la consécration se fait *par une pure répétition*, etc.?
Et pourtant rien n'est plus faux. L'auguste prière ou *canon de la messe* commence par cette invocation si connue : *Te igitur, clementissime Pater,* etc.; et puis : *Hanc igitur oblationem;* et enfin une troisième fois : *Quam oblationem tu Deus,* etc., *Ut nobis corpus fiat,* etc. (et là se trouve la supplication dans sa plus grande force); après quoi suit l'histoire de l'institution : *Qui pridie quam pateretur,* etc.

Je sais que les théologiens ne sont pas parfaitement d'accord sur la question de savoir quelles sont les paroles qui font proprement la consécration; mais pour tous il est constant qu'après que l'invocation a eu lieu, et que les paroles du Christ ont été prononcées, le mystère est accompli. Il y a donc dans l'une et l'autre Église et invocation et narration : que cela nous suffise, ayons un peu de bon sens, et laissons là les vaines disputes.

Nous devons maintenant dire quelques mots de la controverse fameuse sur le jour où l'on doit célébrer la pâque, et de la conduite que tint le pape Victor dans toute cette affaire.

Je m'étonne d'abord que l'illustre auteur, après avoir appliqué aux écrits des pseudo-réformés, même les meilleurs, ces mots, *Le serpent y est caché sous les fleurs*, vienne nous servir du Mosheim réchauffé, et se laisse entraîner par cet auteur dans les écarts de la passion. Il faut remarquer, en premier lieu, que Victor avait raison; il ne fit que soutenir ce que le concile de Nicée sanctionna plus tard, et ce qu'avaient déjà établi un grand nombre de conciles provinciaux dans la Palestine, le Pont, la Mésopotamie, les Gaules, à Corinthe, à Jérusalem, etc. De plus, le décret de Victor n'émanait pas de sa seule autorité; il l'avait rendu, le concile romain y donnant son consentement. Si donc il avait agi avec trop de rigueur contre ces Asiatiques auxquels leur propre ignorance était dès lors si fatale, cette rigueur même eût peut-être été dans son droit. Mais l'illustre archevêque de Twer ne peut pas ignorer qu'aux yeux d'un très-grand nombre de théologiens et d'historiens il est certain, ou à peu près certain, que Victor se contenta de menacer ; et Eusèbe lui-même, dont le prélat invoque le témoignage, n'écrit pas, *Il excommunia*, mais bien, *Il fut sur le point d'excommunier*. Pourquoi donc l'auteur refuse-t-il de rapporter les paroles d'Eusèbe, lui qui, en tant d'autres endroits de son livre, a soin de transcrire mot pour mot les auteurs dont il invoque le témoignage ? De telles façons d'agir sentent la passion et le préjugé (1).

(1) Ce passage d'Eusèbe se trouve au liv. v de l'*Histoire ecclésiastique*, c. 24 ; il porte : « Déterminé par tout cela, Victor, qui était alors à la tête de « l'Église romaine, *entreprend de retrancher* de la communion et de l'unité « de l'Église, comme différant de foi et d'opinion, les églises de toute l'Asie « et celles qui leur sont limitrophes. » De ces paroles il résulte clairement que le pape Victor *entreprit de séparer*, mais que cependant il ne sépara pas de sa communion les églises de l'Asie. Car il est bien évident que ce qu'un homme s'efforce de faire, il ne l'a pas encore fait. Je sais bien que les défenseurs de l'opinion contraire (Socrate, l. v, c. 22, Halloix et Cave dans la Vie de saint Irénée), avec lesquels l'archevêque de Twer est si pleinement d'accord, pour prouver que la sentence d'excommunication fut réellement fulminée, appuient surtout sur ces paroles d'Eusèbe, qui suivent immédiatement celles que nous venons de citer : « *Il proscrit* (d'autres traduisent : Il *signale* ou Il *réprimande*) tous ceux de ses frères qui se trouvaient en ces lieux, les déclarant séparés de sa communion. » (Non pas, bien entendu, *ex lata sententia*, mais s'ils refusaient de se conformer à ses décisions.) Mais, outre que tout ce récit d'Eusèbe est fort obscur, et qu'on traduit ces paroles de diverses manières, Henri Valois fait observer que personne ne peut mieux nous apprendre ce qu'Eusèbe a réellement voulu dire, qu'Eusèbe lui-même. Or, après avoir dit que Victor avait entrepris de séparer de sa communion les églises de l'Asie, il ajoute que cette résolution ne plut pas à tous les évêques, et qu'elle déplut surtout à Irénée, qui, dans la lettre qu'il écrivit au nom de ses frères, exhorta Victor à ne pas « séparer de « la communion de l'Église des églises entières, pour l'observance d'un rit « qu'elles tenaient de la tradition. » Ainsi, d'après Eusèbe, lorsque saint Irénée écrivait sa lettre, Victor n'avait pas encore excommunié les Asiatiques, à moins qu'on ne dise qu'Eusèbe a voulu nous représenter saint Irénée comme priant le pape de ne pas rendre une sentence déjà rendue. Et qui ne

Mais quiconque examinera attentivement cette question, sera surpris de la trouver pleine de lumières dont l'éclat doit nécessairement pénétrer tout œil qui n'est pas entièrement épaissi. Personne n'allégua contre Victor son *incompétence;* on ne lui reprocha qu'une sévérité trop grande ou de l'impuissance. Accordons, ce qui est en question, que le Souverain Pontife traita ces Asiatiques, instruits par lui du jour où doit se célébrer la fête de Pâques, un peu trop rudement : y a-t-il quelque chose, je le demande, qui puisse attester plus manifestement le fait du pouvoir, que l'abus même du pouvoir? Ce n'est pas tout : selon le récit de l'illustre archevêque lui-même, « le pape Victor envoya aux divers
« évêques de l'univers le décret du concile romain, et tous
« les synodes (ci-dessus rappelés) décrétèrent de même
« que, conformément à l'usage et à la coutume de l'Église
« romaine, on ne doit pas célébrer la pâque un autre jour
« que le dimanche. »

Dans cet acte éclate la suprême puissance : les faits qui en furent la conséquence sont encore plus pressants; l'illustre auteur les relègue tous dans un autre chapitre, le second, intitulé *Des conciles des premiers chrétiens.*

---

voit l'absurdité de cette hypothèse? Mais, dira-t-on, ce qu'il n'avait pas encore fait alors, Victor a pu le faire ensuite. Je réponds qu'Eusèbe ne fait mention de rien de semblable ; bien plus, il parle de manière à rendre la chose tout à fait incroyable; car voici ce que nous trouvons à la fin du chapitre déjà cité : « Irénée, digne de son nom et de la vie qu'il avait em-
« brassée, fut le conciliateur de cette paix qu'il avait conseillée et implorée
« pour les églises. » Comment Irénée a-t-il été le *conciliateur de la paix,* si cette paix qu'il demandait, Victor ne l'a pas donnée?

Tout ce qui précède est dit en supposant la vérité du récit d'Eusèbe; mais il importe de remarquer que des hommes très-versés dans la connaissance de l'histoire ecclésiastique regardent et la lettre de saint Irénée et une autre lettre venue jusqu'à nous sous le nom de Polycrate, ou comme apocryphes, ou du moins comme profondément altérées. On a fait pour le prouver des commentaires très-savants que l'on peut consulter, si on en a le temps. Mais nous n'avons pas cru inutile de faire en passant ces observations sommaires. (Voyez le *Dictionnaire* de Feller, au mot VICTOR.)

A-t-il voulu disperser les rayons de ce foyer de lumière, afin d'en diminuer la force? Au premier abord, j'ai eu ce soupçon; j'ai craint ensuite qu'il ne fût injuste. J'en laisse juge le révérendissime archevêque; je ne prétends pas entrer en discussion avec sa conscience.

Quoi qu'il en soit, Théophile, évêque de Césarée, ayant été, dit notre auteur, mandé à Rome par Victor, *y eut connaissance* du décret du concile romain sur la pâque; et, de retour chez lui, pour satisfaire *au vœu et aux prières de Victor*, il convoqua lui-même un concile, etc.

Ceci ne laisse pas d'être étrange. Un évêque est *mandé* de Césarée à Rome, et pourquoi? Simplement pour recevoir des prières et l'expression d'un désir. S'il lui arrive d'avoir connaissance du décret en question, c'est presque par hasard. Si je sais le latin, le mot *accersit* implique cependant que celui qui mande a le droit de mander; et le révérendissime archevêque (qui n'est jamais d'accord avec lui-même que lorsqu'il se trouve dans la vérité) nous montre en effet, quelques lignes plus bas, Victor agissant comme revêtu de la puissance souveraine. Il nous présente, en effet, « l'évêque de Césarée, mandataire de
« Victor, exposant dans sa lettre les actes du concile,
« ayant pour cela *reçu l'autorité* nécessaire, considérant la
« grandeur de l'œuvre dont il était chargé, et qu'*il devait*
« *transmettre, afin qu'elle fût accomplie* dans tout l'uni-
« vers...; appelant au concile, non-seulement de sa patrie,
« mais encore des provinces voisines, tous les évêques et
« tous les hommes en réputation de sagesse...; se préva-
« lant de l'*autorité qui lui était confiée*, et expliquant ce
« qu'il lui avait été *enjoint* de faire. »

Où jamais se manifesta d'une manière plus éclatante le pouvoir suprême? Le simple récit porte avec soi la persuasion, surtout lorsqu'on se souvient que ces choses se passaient à la fin du deuxième siècle. Les hommes les plus érudits et en même temps les plus acharnés contre nous n'ont rien négligé pour éteindre, ou du moins pour obscurcir sur ce point la lumière de l'histoire; et tous leurs efforts n'ont abouti qu'à faire jaillir de la nuit des préjugés la vérité victorieuse, comme l'éclair jaillit du plus épais nuage.

Quant aux actes à propos desquels le très-docte archevêque de Twer nous parle *de l'audace et de la fureur de Victor,* je regrette d'entendre un homme si éclairé et si poli s'exprimer de la sorte sur un si grand pape et sur un martyr d'une telle sainteté; mais, en ceci, la discussion entre l'illustre auteur et moi est plutôt grammaticale que théologique : les expressions *audaciam furoremque* sont latines à ses yeux, pour moi elles sont *grecques.*

L'illustre auteur prétend que *la coutume de prier pour les morts, comme on le fait dans l'Église russe, a sa source* dans les antiques commémorations des martyrs dont parle saint Cyprien. Ceci ne pique pas peu ma curiosité; et si je savais le russe, je lirais avec le plus grand plaisir ce discours sur l'Assomption de la bienheureuse Vierge Marie, qu'a récitée lui-même l'archevêque de Twer, et qu'il allègue pour expliquer ce point. Rien ne me serait plus agréable que d'apprendre *quel lien peut rattacher,* pour me servir des expressions du cardinal de Polignac, l'Assomption de la très-sainte Vierge Marie aux prières pour les morts.

L'illustre auteur prépare ici quelque piége, cela est aussi certain que les choses les plus certaines, surtout si nous nous rappelons que, déjà beaucoup plus haut, il a dit par manière d'essai, selon son habitude : C'est une chose connue, que *les anciens Pères priaient pour tous les saints.*

Je ne prétends pas deviner :

Je suis un homme simple, et non pas un OEdipe.

Il me suffit de remarquer que, la foi au purgatoire étant ôtée, toute prière pour les morts n'est que superstition ridicule et pure comédie. Si, entre la félicité et la damnation éternelle, il n'y a pas un état intermédiaire quelconque, un état de peine qui ne soit pas sans remède, c'est-à-dire un purgatoire, que nous veut-on avec ces chants lugubres que les prêtres nous cornent aux oreilles, frappant l'air d'un vain bruit comme des insensés? Que le pontife se tourne plutôt vers le peuple pour le congédier, en lui adressant ingénument ce court adieu :

Frères bien-aimés, l'homme dont vous voyez dans ce cercueil les restes funèbres, est sauvé ou damné à jamais. C'est pourquoi, dans aucun cas, il n'a besoin de vos prières. Allez donc, et faites vos affaires.

J'aurais beaucoup à ajouter; mais j'ai hâte d'arriver à la partie la plus agréable de ma tâche. 1° Que le *Livre historique* soit écrit en latin, cela est tout à fait digne d'approbation, à raison des matières qui y sont traitées; il s'adresse à tous les chrétiens instruits, il convenait donc qu'il fût écrit dans la langue *catholique*. D'un autre côté, comme les ignorants, pour leur malheur et pour le malheur de la république chrétienne, ont la manie de se mêler de ces controverses, il est très-bon également que ce livre soit pour eux un livre scellé, et qu'ils laissent tranquillement passer des questions sur lesquelles ils ne peuvent prononcer conformément à la raison et à la sagesse. Et plût à Dieu que dans tout l'univers les hommes instruits n'écrivissent qu'en latin sur tout ce qui ressort de la science! plût à Dieu qu'ils fussent tous ainsi d'une *seule lèvre*, comme cela était avant cette confusion des langues que la France a introduite dans le monde. Aujourd'hui, toutes les nations de l'Europe, par une imitation insensée des insensés, et comme travaillées du mal français, écrivent chacune dans sa propre langue, non-seulement les livres de littérature, mais encore les ouvrages relatifs aux sciences les plus sérieuses et les plus difficiles à pénétrer ; il en résulte que l'esprit de l'homme, avant même qu'il lui ait été possible de commencer à s'occuper du fond des choses, s'est déjà épuisé à soulever le fardeau inutile des mots.

2° L'illustre auteur fait, des historiens ecclésiastiques qu'a produits l'hérésie des pseudo-réformés, un tableau achevé. Rien n'est écrit avec plus de sagesse ; la contagion allemande lui est connue, et il a soin d'avertir ses lecteurs, et surtout la jeunesse, de fuir cet air empoisonné. Je ne veux donc pas rechercher indiscrètement si, en maniant les livres vénéneux de la secte, les mains du prélat n'ont pas reçu quelque atteinte de ce contact impur.

3° On ne saurait trop louer la note par laquelle l'illustre archevêque rappelle lui-même aux siens avec quelles précautions on doit lire les historiens de l'époque à jamais déplorable où, pour le malheur de la Grèce, de l'Europe, de tout l'univers, la fièvre de la discorde saisit les Byzantins, et les sépara violemment des Latins.

4° Il parle avec beaucoup de modération de la compilation d'Isidore Mercator, et il ne tombe point dans les exagérations ridicules de tous ces modernes, dont les aboiements répondent aux aboiements de Blondel (1). Nulle part, dit le prélat, le recueil d'Isidore n'a donné lieu à l'introduction dans l'Église d'une discipline nouvelle et perverse : en effet, rien de plus faux que ces accusations. Il renvoie le lecteur à Fleury, auteur fort mal instruit, quoi que puissent dire les Français, *qui n'admirent qu'eux-mêmes,* et qui a fini par regretter ses torts, comme on peut le voir dans ses œuvres posthumes. L'illustre arche-

---

(1) Blondel, né à Châlons-sur-Marne en 1591, ministre en 1614, professeur d'histoire à Amsterdam en 1630, mort en 1655, a laissé le *Pseudo-Isidorus et Turvianus vapulantes.*

vêque cite particulièrement les *Discours de Fleury sur l'histoire ecclésiastique*, discours de soi peu catholiques, et dont, si je ne me trompe, une main ennemie a, dans l'édition alléguée, exagéré encore l'exagération. L'illustre auteur n'a rien fait passer dans son ouvrage de tout ce fatras antipontifical. Il y a vu pourtant, à mon avis, beaucoup de choses qui ont échappé aux autres défenseurs de sa cause, et peut-être a-t-il vu plus encore qu'il n'indique. Il n'est pas permis de refuser la louange que mérite un tel silence; celui qui ne fait rien contre la vérité est bien près de celui qui la défend avec courage.

5° Il dit, en parlant du schisme des novatiens : *Ils rebaptisaient les catholiques qui demandaient à être admis dans leur propre communion.* C'est ce que les Français appellent *souffleter quelqu'un sur la joue d'un autre*, et ce trait aussi est digne d'éloges.

6° Il traite des symboles de la manière la plus remarquable ; et quoique l'illustre archevêque mette un peu en oubli ce mot de l'oracle, *Rien de trop*, lorsqu'il affirme sans aucune distinction que *tous les évêques ont le pouvoir de former des symboles de foi, chacun pour sa propre Église*, il n'en fait pas moins ressortir la stupidité de ceux qui, pour une addition nécessaire de trois mots, nous accusent d'avoir *interpolé le symbole*, et qui eux-mêmes, au temps où l'hérésie de Macédonius prenait du développement, ont inséré dans le symbole quatre versets entiers, aux applaudissements de l'Église d'Occident.

Le docte archevêque avait, du reste, déjà très-justement remarqué que *la formule abrégée du symbole* (apostolique) *semble avoir reçu, dans le cours des temps, diverses additions, selon que l'exigeait ou la chose même, ou la nécessité d'écarter la perversité hérétique.* Sauf le mot *semble*, l'Aristarque le plus pointilleux ne trouverait rien à reprendre dans ce passage.

7° Tout le monde sait quelle immense quantité d'écrits ont été faits pour établir, contre la foi du genre humain, que saint Pierre n'a jamais fixé sa résidence, ni constitué le siége souverain de l'Église, dans la *ville éternelle.*

Plus sage, et repoussant toute folle entreprise,

l'auteur parle en toute sincérité des voyages de Pierre et de son martyre, à Rome, par la croix, l'an XIV du règne de Néron. Il ne lui répugne pas même de rappeler que *les épîtres des Pontifes romains ne sont pas méprisables;* que les encycliques de Clément de Rome *étaient lues dans toutes les Églises;* et de parler des épîtres, *d'une si grande autorité,* de saint Clément aux Corinthiens.

Enfin, le docte archevêque dit, du pouvoir des clefs, que *dans l'Évangile* il exprime *la discipline par une similitude prise des économes et administrateurs de la famille,* et cela me plaît infiniment; car Notre Seigneur Jésus-Christ ayant donné à saint Pierre, non pas simplement des clefs, mais *les clefs du royaume des cieux,* il s'ensuit que saint Pierre a reçu alors, et *jusqu'à la consommation des siècles,* pour **toute** la durée des temps, *l'économat et l'administration du royaume des cieux,* charge dont on peut dire assurément, aussi bien que des épîtres des Pontifes romains, qu'*elle n'est pas méprisable.*

En lisant le livre de l'illustrissime et révérendissime archevêque, je n'ai cessé de réfléchir aux divisions des chrétiens, et je ne puis exprimer de quel sentiment de tristesse cette pensée m'a pénétré. *Quelle fureur, ô citoyens!* quelles furies vous poussent? Pendant que les ennemis les plus acharnés du nom chrétien fondent sur nous, et dirigent contre la forteresse de la religion une attaque vraiment gigantesque, des hommes, fiers de porter ce nom, feront avec eux une alliance coupable : consolés d'être à leur tour enchaînés au char de triomphe des ennemis du christianisme (ce qui arrivera inévitablement), si d'abord ils peuvent triompher de ceux qui ont le même Dieu, les mêmes autels, les mêmes lois, la même foi qu'eux-mêmes, ils ne craindront pas de se joindre au calvinisme, au socinianisme ; mais s'unir au fils de leur propre mère, qui diffère avec eux sur un nom peut-être et une particule, jamais ! *O aveuglement de l'esprit humain !*

On ne songe point à tout cela sans douleur ; mais, d'un autre côté, l'esprit humain s'est déjà purifié de si grandes erreurs et de tant de préjugés, et la Providence, préparant je ne sais quoi d'immense, a, par de si horribles bouleversements et de si affreuses calamités, comme broyé et pétri les hommes pour les rendre propres à former l'unité future, qu'il est impossible de méconnaître le mouvement divin auquel chacun de nous est tenu de coopérer dans la mesure de ses forces. Voilà pourquoi moi, le dernier des fidèles, j'ai donné aussi mon coup, quoique d'un pied débile, à la roue déjà frémissante de l'impulsion qu'elle va recevoir, me disant, comme le potier d'Homère :

Voyons si par hasard elle voudrait tourner.

Tout cet écrit n'est en effet qu'un essai ; il n'a d'autre prétention que celle de cette *bonne volonté* à qui la paix fut annoncée du haut des cieux. Rien n'y est dit dans un sentiment d'aigreur ou d'orgueil ; et si parfois, cédant à la nature, il m'est arrivé de sourire, j'espère l'avoir fait sans rudesse et sans impertinence, et en gardant le respect, que personne ne porte plus loin que moi, envers l'illustrissime et révérendissime archevêque. Plût à Dieu que les siens le choisissent pour arbitre entre les deux partis !

je serais le premier à crier parmi les miens : *Il est digne !*
il est digne ! il est digne ! En attendant, j'ai cru que c'était un devoir envers la cause chrétienne, de faire connaître
ma pensée sur le *Livre historique*, et de la communiquer
à l'illustre auteur, secrètement, par écrit, et en une langue connue de peu de personnes dans cette partie du
monde, afin que ce fût entre nous une *discussion amicale*,
pareille à celle qu'eurent autrefois Orobio et Limborch (1).
M'appuyant uniquement sur des raisons philosophiques,
afin de ne rien donner à l'esprit de parti, je crois avoir démontré que les chrétiens séparés du saint-siége, dès qu'ils
commencent à avoir quelque science, se trouvent tous
conduits, quoi qu'ils fassent pour l'éviter, à tomber par
troupes dans l'abîme du calvinisme, et de là dans celui du
pur socinianisme.

Je dois donc et je témoigne toute ma reconnaissance
au comte Paul-Alexandre Strogonof, de m'avoir procuré
le *Livre historique,* et de m'avoir ainsi fourni l'occasion de
donner un témoignage non équivoque de ma respectueuse
considération à un homme d'un si grand mérite ; car à
quoi bon cet écrit, si je l'estime inutile ? Et comment ne
pas le croire inutile, si les qualités distinguées et la pro-

(1) Limborch (Philippe de), né à Amsterdam en 1623, ministre en 1657, et
ensuite professeur de théologie à Amsterdam jusqu'à sa mort en 1712, eut,
sur la vérité de la religion chrétienne, une conférence dont on a longtemps
parlé avec le juif Orobio (Isaac de Castro). Celui-ci, né à Séville de parents
chrétiens en apparence, mais juifs en réalité, fut, quoique baptisé, élevé par
eux dans les principes du judaïsme. Après avoir passé trois ans dans les prisons de l'inquisition, il quitta l'Espagne et passa à Toulouse, où il vécut plusieurs années sous le nom de dom Balthasar, et se conduisant extérieurement
comme s'il était catholique. Au bout d'un certain temps, il se retira à Amsterdam, où il reçut la circoncision et le nom d'Isaac, et il y mourut en 1687,
dans la plus complète indifférence en matière de religion. Ce fut à Amsterdam qu'eut lieu sa fameuse conférence avec Limborch, qui en publia le résumé sous ce titre : *Amica collatio de veritate religionis christianæ cum
erudito judæo,* où l'on trouve trois opuscules dans lesquels Orobio, de son
côté, résume ses arguments.

fonde érudition de l'illustre auteur ne me persuadaient le contraire? Ce que peut l'homme avec de la volonté, l'homme lui-même ne le sait pas, à moins d'en faire l'expérience. *L'amour surmonte tous les obstacles* : cela est vrai pour le philosophe et pour le théologien, plus encore que pour l'homme épris d'une folle passion. Renonçant donc à la haine et aux disputes, *cédons à l'amour;* et d'un cœur joyeux entrons dans cette voie royale qui aboutit à la cité sainte, nous souvenant toujours de cette parole divine : *Accomplissant la vérité dans l'amour.*

Pour nous, nous le disons avec assurance, nous n'avons de haine contre aucun chrétien ; loin de là, il n'est personne que nous n'aimions : j'en ai pour témoin cette grande et très-sainte semaine, pendant laquelle nous prions avec effusion de cœur le Dieu tout bon et tout-puissant, pour ceux qui, au même moment, fulminent contre nous des anathèmes (foudres sans vertu, il est vrai, mais que nous n'en devons pas moins déplorer). Un de ceux que les pseudo-réformés appellent *ministres du saint Évangile*, n'osant leur donner le nom de *prêtres*, tant la conscience a de pouvoir sur l'homme, se trouvait un jour présent pendant cette prière (1); touché de ces accents d'amour, il s'écria : *C'est elle qui est la mère, rendez-lui son enfant !*

J'en ai pour témoins les Souverains Pontifes. Depuis le concile de Lyon (il n'y en eut jamais ni de plus saint ni de plus nombreux) ; depuis le concile de Florence, qui fut

---

(1) « Prions aussi pour les hérétiques et les schismatiques, afin que Dieu, Notre-Seigneur, les tire de toutes les erreurs, et daigne les ramener à notre sainte mère l'Église catholique et apostolique.

« Dieu tout-puissant et éternel, par qui tous sont sauvés (*ceci n'est pas dit assurément dans un sens janséniste*), et qui ne veux la perte de personne, regarde les âmes trompées par la ruse du diable, afin que, renonçant à toute perversité hérétique, les cœurs errants se repentent, et reviennent à l'unité de ta vérité! (*Office de la semaine sainte, à la messe du jeudi saint.*)

également un des plus solennels, et dans lequel, au témoignage de Scyropule, les Pères usèrent de la liberté la plus absolue, les Papes n'ont jamais lancé d'anathème contre les Grecs. Cherchant toujours, au contraire, à procurer la réconciliation réalisée deux fois, ils regardaient comme non avenu ce qui s'était fait ensuite, et semblaient en écarter le souvenir avec horreur.

J'en ai pour témoins ces autres Souverains Pontifes qui appelèrent au concile de Trente les évêques de l'Orient, professant saintement qu'ils n'auraient pas tenu ce concile pour œcuménique, si cette convocation n'avait pas été faite.

J'en ai pour témoin surtout Grégoire XIII, qui, après avoir, d'après les lois astronomiques, réformé son calendrier (œuvre qui vivra autant que les astres), l'envoya aux Grecs de la manière la plus affectueuse.

Tous ces actes des Pontifes romains n'attestent-ils pas une haute modération et une singulière bienveillance pour les dissidents?

Que l'on veuille donc bien considérer sérieusement et saintement combien est nécessaire à la république chrétienne le Souverain Pontife. Si je ne me trompe de tout point, pendant que le docte archevêque de Twer appliquait son esprit à l'étude des affaires de la chrétienté, *l'eau lui a très-souvent manqué* (1), pour me servir ici des paroles de Luther qu'il rappelle dans sa préface, avec une intention de réticence que j'ai fort remarquée.

Que les évêques grecs prennent garde que chez eux la république chrétienne ne soit en péril, et qu'ils songent au Dictateur!

O faiblesse de l'esprit de l'homme! qu'il voit peu de choses! Et ce qu'il prévoit est beaucoup moins encore! ce

---

(1) *Aqua mihi hæret in hac causa,* Cette affaire m'offre des difficultés insurmontables. (*Cicéron.*)

qu'il peut, presque rien ! Que sont nos paroles et nos écrits, et tous ces efforts pour persuader, et tout ce vain appareil de syllogismes? *airain sonnant, cymbale retentissante!* Croit-on que jamais aucun des mortels se soit laissé ravir sa religion par la seule force du raisonnement? Que le jour donc (cela est juste) vienne du soleil, et bienheureux celui à qui il sera donné de réfléchir ses rayons comme un miroir, et de les répandre dans les yeux ouverts à la lumière divine ! Pour ceux qu'une vapeur mortelle a aveuglés, nul espoir de guérison et de retour à la lumière avant que l'ophthalmie ne soit arrachée jusque dans sa racine. Or, l'homme ne peut rien de semblable. Qu'il daigne donc encore une fois mêler sa salive à notre boue, et toucher de son doigt sauveur les yeux clignotants ou déjà pétrifiés par l'erreur, ce médecin qui lui-même est la vraie lumière *pour tout homme venant en ce monde!* qu'il prononce le tout-puissant *Ephphetha* (Ouvrez-vous)!

Tels étaient les vœux que j'exprimais, à Pétersbourg, le 1ᵉʳ jour de mars de l'année de l'avénement du Fils de Dieu 1812.

TABLE

DU SECOND VOLUME.

	Pages
162. — A M. l'abbé Vuarin..................................	3
163. — A M. l'abbé Rey, vicaire général de Chambéry.....	5
164. — A M. l'abbé Rey, vicaire général de Chambéry.....	6
165. — A mademoiselle Constance de Maistre.............	9
166. — A M. le comte de Marcellus.......................	11
167. — † A M. l'abbé Vuarin.............................	14
168. — A M. le vicomte de Bonald, à Paris...............	16
169. — † A M. l'abbé Vuarin.............................	18
170. — A madame de Maistre.............................	20
171. — † A M. l'abbé Vuarin, curé de Genève............	21
172. — A M. l'abbé de Lamennais........................	24
173. — A M. le vicomte de Bonald, à Paris...............	27
174. — † A M. l'abbé Vuarin.............................	29
A madame la comtesse d'Edling, né de Stourdza...........	33
A la même...	37
A la même...	40
A la même...	42
A la même...	43
A la même...	46
A la même...	48
Lettre de M. le baron d'Erlach de Spietz, ancien bailli de Lausanne, à M. le comte de Maistre......................	53
Lettre du chevalier Nicolas de Maistre à madame la comtesse Ponte, née de Ruffin.............................	56
Lettre du roi Louis XVIII au comte de Maistre.............	59
Réponse du comte de Maistre.............................	ib.
Lettre du comte de Maistre à l'empereur Alexandre.........	60
Réponse de Sa Majesté Impériale.........................	61

	Pages.
Lettre du vicomte de Bonald au comte de Maistre............	61
Lettre du vicomte de Bonald au comte de Maistre............	69
Lettre du vicomte de Bonald au comte de Maistre............	75
Lettre du vicomte de Bonald au comte de Maistre............	78
Lettre du vicomte de Bonald au comte de Maistre............	82
Lettre du vicomte de Bonald au comte de Maistre............	85
Lettre du vicomte de Bonald au comte de Maistre............	88
Lettre du vicomte de Bonald au comte de Maistre............	91
Lettre du vicomte de Bonald au comte de Maistre............	97
Lettre du vicomte de Bonald au comte de Maistre............	100
Lettre du vicomte de Bonald au comte de Maistre............	105
Lettre du vicomte de Bonald au comte de Maistre............	107
Lettre de M. l'abbé Rey, vicaire général de l'archevêque de Chambéry, depuis évêque d'Annecy....................	112
Lettre de M. Alphonse de Lamartine à M. le comte de Maistre.	114
Lettre de M. l'abbé F. de Lamennais à M. le comte de Maistre.	116
Lettre de M. l'abbé F. de Lamennais à M. le comte de Maistre.	117
Lettre de M. l'abbé F. de Lamennais à M. le comte de Maistre.	120
Lettre du marquis Henri de Costa, gentilhomme de la chambre de S. M. le roi de Sardaigne, chef de l'état-major général, etc., père d'Eugène, à son ami, l'auteur du discours..	125
Discours à madame la marquise de Costa, sur la vie et la mort de son fils Alexis-Louis-Eugène de Costa, lieutenant au corps des grenadiers royaux de S. M. le roi de Sardaigne.......	127
Cinq paradoxes, à madame la marquise de Nav..., lettre à l'auteur...	163
Réponse à la lettre du 10 mai.........................	164
Premier paradoxe....................................	165
Deuxième paradoxe..................................	173
Troisième paradoxe..................................	178
Quatrième paradoxe..................................	184
Cinquième paradoxe..................................	199
Discours du citoyen Cherchemot, commissaire du pouvoir exécutif près l'administration centrale du M..., le jour de la fête de la souveraineté du peuple.....................	219
S. Ém. le cardinal Maury.............................	231
Lettre à M. le comte Jean Potocki. — Quelques mots sur la chronologie biblique.................................	236

A M. le comte Jean Potocki......................................	237
A une Dame protestante, sur la maxime qu'*un honnête homme ne change jamais de religion*.............................	257
Lettre à une Dame russe, sur la nature et les effets du schisme, et sur l'unité catholique......................................	265
Cinq lettres sur l'éducation publique en Russie, à M. le comte Rasoumowski, ministre de l'instruction publique.........	281
Esquisse du morceau final des *Soirées de Saint-Pétersbourg*..	340
Discours qui devait être prononcé dans l'église catholique de Saint-Pétersbourg, à l'occasion du service divin célébré par le ministre de S. M. le roi de Sardaigne, au nom des sujets de ce prince, pour rendre grâce à Dieu de l'heureux retour de Sa Majesté dans ses États de terre ferme................	344
Lettre à M. le marquis ..., sur la fête séculaire des protestants..	359
Lettre à M. le marquis ..., sur l'état du christianisme en Europe...	369
Lettre à M. de Syon, officier au service de Piémont..........	399
Observations critiques sur une édition des *Lettres de madame de Sévigné*, publiées en 1806, chez Bossange, par M. Ph. A. Grouvelle, ancien ministre plénipotentiaire.............	405
Viri christiani Russiæ amantissimi Animadversiones in librum Methodii, archiepiscopi Twerensis...............	455
Réflexions critiques d'un chrétien très-attaché à la Russie, sur l'ouvrage de Méthode, archevêque de Twer. (Traduction.)	489

FIN DE LA TABLE DU SECOND ET DERNIER VOLUME.

www.ingramcontent.com/pod-product-compliance
Lightning Source LLC
Chambersburg PA
CBHW051357230426
43669CB00011B/1678